2024年版

Deru-jun
Takkenshi

出る順

宅建士

過去30年

良問厳選模試

合格の
れっく
LEC

JN021113

はしがき

＜本書の目的＞

　本書は、宅地建物取引士試験（以下、宅建士試験）の合格を目指す方向けに、ＬＥＣが30年以上にわたり蓄積してきた過去問データの中から"良問"を"厳選"して編集した過去問模試です。宅建士試験は合格率15〜17％の難関試験ですが、毎年のように出題される問題があり、"良問（合否を決める頻出問題）"をどれだけ正解できるかが合否の鍵を握ります。しかし、一般的な年度別過去問題集には、その年のみで以降は一度も出題されたことがない問題や、滅多に出題されない問題など、"捨て問（正解できなくても合否に影響のない問題）"と呼ばれる問題が多数含まれており、それらに時間を割くのは勿体ないことです。そこで、合否を決める良問だけを厳選した本書を利用して、合格への最短ロードを走りましょう。

＜本書の特長＞

　本書の特長は、①過去30年間の過去問データの中から良問を厳選し、②その良問を難易度別に「基礎編」、「中級編」、「上級編」に分類し、③50問×6回分の「模試型」に編集している点です。基本書等で一通り学習が終わった方は、最初に比較的易しい「基礎編」から解答し、自信がついてきたところで、段階的に「中級編」、「上級編」へとステップアップしてください。また、本書にはWEB無料成績診断がついておりますので、ご自身の解答を入力いただくことで、平均点や正解率などを確認いただくことが出来ます。また弊社独自のリサーチによる本試験当時の正解率も解説に記載しておりますので、様々なデータを基に復習していただくことが可能です。是非お役立てください。

　勿論、掲載されている問題については、最新の法改正に完全対応しておりますので、ご安心ください。

＜本書の収録問題＞

　本書は、50問×6回分の計300問に加え、最新年度（令和5年度）の過去問を収録しています。弊社発刊の過去問題集『出る順宅建士 ウォーク問 過去問題集』に収録されている問題を中心に、未収録の問題を加え、本試験のように問題の難易度バランスを考慮しながら編集しています。なお、より多くの問題を解きたい方は、『出る順宅建士 ウォーク問 過去問題集』や予想模試『出る順宅建士 当たる！直前予想模試』をお求めください。

　本書を最大限に活用し、ぜひとも2024年の合格を勝ち取ってください。

2024年2月吉日

株式会社　東京リーガルマインド
LEC総合研究所　宅建士試験部

本書の特長と使い方

1. 本書の特長

「本番」に強い
受験生になろう！

・LECが誇る30年間の宅建士試験過去問データベースから、今年の本試験突破を手繰り寄せる良質な過去問を厳選！「取り外し式」で6回分、トータル300問収録しています。良問を本試験と同様の「模試型」で解くことで、実戦的な知識が身に付きます。

・各回の問題レベルを「基礎編」「中級編」「上級編」の3段階に設定しています。自身の実力に合わせて解くことで、着実にステップアップできます。

・購入者特典のWEB無料成績診断も付いているので、是非活用しましょう！

・最新の本試験問題（令和5年度）も全問収録！

2. 本書の使い方

「本番」を想定して
スタンバイしよう！

・各回の難易度や合格推定点を次のように設定しています。

易 ↑ 難 ↓	基礎編……第1回・第2回問題（合格推定点　38点・37点） 中級編……第3回・第4回問題（合格推定点　36点・36点） 上級編……第5回・第6回問題（合格推定点　34点・32点）

・1回分ごとに問題冊子を取り外しできます。1回分の問題を本番と同じ2時間で解いて、実戦感覚を養いましょう。

・解いた後に、出題分野ごとの正解数を振り返ると、自身の不得意分野が浮かび上がってきます。解答＆解説を読み、理解が不足している箇所はしっかりテキストで復習しましょう。

・何度か繰り返し解き、理解度を高めましょう。間違えた問題は、「チェック」欄に☑を入れ、徹底的に復習し、本番までに穴をなくしておきましょう。

・解答後にWEB無料成績診断も利用することで、自身の弱点を確認し、効率的に復習することが出来るようになります。

間違った問題には、チェックをつけて、徹底的に復習し、理解を深めましょう！

出題項目・正解一覧＆成績診断

科目	問	出題項目	正解	チェック	科目	問	出題項目	正解	チェック
権利関係	1	意思表示	4	☐☐	宅建業法	26	宅建業の意味	1	☐☐
	2	代理	2	☐☐		27	事務所の設置	2	☐☐
	3	債務不履行・解除	4	☐☐		28	免許の申請	1	☐☐
	4	契約不適合責任	1	☐☐		29	免許の効力	3	☐☐
	5	賃貸借	1	☐☐		30	宅地建物取引士の登録	1	☐☐
	6	委任	2	☐☐		31	営業保証金	4	☐☐
	7	抵当権	4	☐☐		32	弁済業務保証金	3	☐☐
	8	保証・連帯債務	2	☐☐		33	媒介・代理契約	3	☐☐
	9	不法行為	1	☐☐		34	広告等に関する規制	1	☐☐
	10	相続	4	☐☐		35	重要事項の説明	2	☐☐
	11	借地借家法（借地）	2	☐☐		36	37条書面	1	☐☐
	12	借地借家法（借家）	4	☐☐		37	報酬額の制限	3	☐☐
	13	建物区分所有法	3	☐☐		38	その他の業務上の規制	2	☐☐
	14	不動産登記法	4	☐☐		39	手続きの総合問題	1	☐☐
法令上の制限	15	国土利用計画法	3	☐☐		40	監督・罰則	2	☐☐
	16	都市計画の内容	3	☐☐		41	自ら売主制限総合	4	☐☐
	17	開発行為の規制等	3	☐☐		42	クーリング・オフ	2	☐☐
	18	建築基準法総合	1	☐☐		43	自ら売主制限総合	3	☐☐
	19	建築基準法総合	2	☐☐		44	重要事項の説明	2	☐☐
	20	盛土規制法	4	☐☐		45	住宅瑕疵担保履行法	4	☐☐
	21	土地区画整理法	4	☐☐	5問免除	46	住宅金融支援機構法	4	☐☐
	22	農地法	3	☐☐		47	景品表示法	4	☐☐
税・価格	23	印紙税	3	☐☐		48	景品表示法	2	☐☐
	24	不動産取得税	2	☐☐		49	土地	4	☐☐
	25	不動産鑑定評価基準	2	☐☐		50	建物	4	☐☐

科目別の成績			総合成績
科目（問題番号）	正答／正答目標		合計
権利関係（問1～問14）	点／10点		
宅建業法（問26～問45）	点／18点		**点**
法令上の制限（問15～問22）	点／6点		
税・価格（問23～問25）	点／2点		この回の合格推定点は **38** 点です。
5問免除（問46～問50）	点／4点		

科目毎の「正答目標」を達成し、効率良く得点を積み重ねていきましょう！

──ーガルマインド　2024年版 出　順宅建士 過去30年良　厳選模試

「合格推定点」をクリアできたら、次の問題にチャレンジしましょう！

●本書購入者特典のご案内●

1. WEB無料成績診断

①合格可能性がわかる！

全6回分の問題を各回ごとに採点を行い、成績診断をしますので、個人成績やサービスをご利用頂いた方々の中での順位・偏差値がわかります。また、ＬＥＣ独自のレベル判定などから本試験での推定順位を算出します。

②問題ごとの重要度がわかる

各回、各肢ごとの正解率、各肢の選択率（何％の方が肢の何番を選んだか）等を成績表につけますので、問題の難度、重要度もデータ上から判明するので、復習の目安になります。

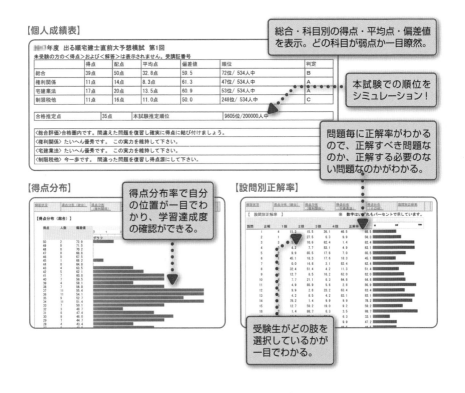

2. 「WEB無料成績診断」の受け方

手順①

※採点サービスは2024年7月1日〜2024年10月17日となります。

「LEC Myページ」に入ります。

※Myページをお持ちでない方は、Myページを作るところからスタート！

改正資料や統計情報など、合格に不可欠なツールが閲覧、ダウンロードできます。作成にかかる時間は5分程度。
Myページの作成はこちらから⇒ https://online.lec-jp.com/mypage/

【「LEC My ページ」とは】
LECの各種サービスを利用するための機能・情報が1カ所に集まった、あなた専用のページです。
最新の情報や割引クーポンの入手など、受験生に役立つ特典が満載！登録料・利用料ともに無料です。

手順②

Myページができたら、Myページの「ScoreOnline」をクリック

「ScoreOnline」を
クリック

手順③

「無料成績診断・書籍模試」を選択し、「2024年度宅建（書籍）」→「過去30年良問厳選模試」→「回数」の順にクリック

「無料成績診断・書籍模試」を選択(※)

（※）LECの有料講座（模試）をお申込でない方は、「無料成績診断書籍模試」だけが表示されます。

「2024年度宅建（書籍）」をクリックし「過去30年良問厳選模試」と「回数」を選択

手順④

成績診断を行う方は「受験」をクリック。そして、下記のパスワードを入力すると解答入力画面に進みます。後日成績表をご覧になるときは「閲覧」をクリックしてください。

パスワード　**244743**

解答入力期間：2024年7月1日〜2024年10月17日
採点結果公開日：7月5日　※以降毎週金曜日更新
成績表公開日：8月30日

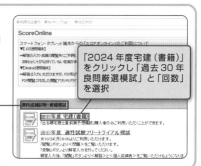

「受験」をクリック
→パスワードを入力したら
いよいよ解答を入力！

宅建士試験ガイダンス

1. 宅地建物取引士って何をする人なの？

　宅地建物取引士は、不動産取引に関する法律問題のアドバイザーです。一般の人にとって、不動産の購入は一生に1度か2度であることが多いもの。しかも、一生をかけて支払うような大金が動きます。したがって、慎重にも慎重を重ねて取引しなくてはなりません。しかし、いかんせん、一般の人には、不動産の取引についての知識も経験もないのが通常です。このような人に法律的なアドバイスをすることが宅地建物取引士の仕事です。宅地建物取引士がいい加減なアドバイスをしてしまうと、一生気に入らない家に住むことにもなりかねません。大げさに言えば、人の一生を預かる仕事といえます。このように、宅地建物取引士の役割はとても重要なのです。

2. 宅建士試験って難しいの？

　過去10年間の宅建士試験の合格率は以下のとおりです。100人受験して15～17人程度しか合格できない、難しい試験といえます。

年度	申込者数(人)	受験者数(人)	合格者数(人)	合格点	合格率(%)
2014	238,343	192,029	33,670	32 点	17.5
2015	243,199	194,926	30,028	31 点	15.4
2016	245,742	198,463	30,589	35 点	15.4
2017	258,511	209,354	32,644	35 点	15.6
2018	265,444	213,993	33,360	37 点	15.6
2019	276,019	220,797	37,481	35 点	17.0
2020 (10月)	204,163	168,989	29,728	38 点	17.6
2020 (12月)	55,121	35,261	4,610	36 点	13.1
2021 (10月)	256,704	209,749	37,579	34 点	17.9
2021 (12月)	39,814	24,965	3,892	34 点	15.6
2022	283,856	226,048	38,525	36 点	17.0
2023	289,096	233,276	40,025	36 点	17.2

3. 受験概要

〔受験資格〕　年齢、性別、学歴等に関係なく、誰でも受験することができる
〔願書配布〕　7月上旬（予定）
〔願書受付〕　郵送による申込み：配布日から7月中旬まで（予定）
　　　　　　　インターネットによる申込み：配布日から7月下旬まで（予定）
〔受験手数料〕8,200円（予定）
〔試験日〕　　10月第3日曜日　午後1時〜3時（予定）
〔合格発表〕　11月下旬（予定）
〔問い合わせ先〕（一財）不動産適正取引推進機構　試験部
　　　　　　　〒105-0001　東京都港区虎ノ門3-8-21　第33森ビル3階
　　　　　　　https://www.retio.or.jp/

4. 出題科目にはどんなものがあるの？

　権利関係、宅建業法、法令上の制限、税・価格の評定、5問免除対象科目の5科目から、4肢択一形式で50問出題されます。各科目の出題数は下記のとおりです。

	出題内訳	出題数
権利関係	民法・借地借家法・建物区分所有法・不動産登記法	14問
宅建業法	宅建業法・住宅瑕疵担保履行法	20問
法令上の制限	都市計画法・建築基準法・国土利用計画法・農地法・土地区画整理法・盛土規制法・その他の法令	8問
税・価格の評定	地方税・所得税・その他の国税：2問 不動産鑑定評価基準・地価公示法：1問	3問
5問免除対象科目	独立行政法人住宅金融支援機構法：1問 不当景品類及び不当表示防止法：1問 統計・不動産の需給：1問 土地：1問 建物：1問	5問

冊子の使い方

「問題冊子」を区切っている色紙を残したまま、「問題冊子」を取り外し、ご利用ください。

※抜き取りの際の破損等による返品・交換には応じられませんのでご注意ください。

解答用紙の使い方

「問題冊子」を抜き取った後の色紙の裏表紙を破線に沿って切り取り、コピーしてご利用ください。

CONTENTS

問題冊子

解答・解説

インターネット情報提供サービス

登録無料

お届けするフォロー内容

法改正情報

宅建NEWS（統計情報）

アクセスして試験に役立つ最新情報を手にしてください。

登録方法 情報閲覧にはLECのMyページ登録が必要です。

LEC東京リーガルマインドのサイトにアクセス
https://www.lec-jp.com/

⬇

▷ Myページ ログイン をクリック

⬇

Myページ ID・会員番号をお持ちの方 / Myページお持ちでない方 LECで初めてお申込頂く方

Myページ ログイン / **Myページ 登録**

⬇ ⬇

必須

Myページ内 希望資格として **宅地建物取引士** を選択して、 希望資格を追加 ❯ をクリックしてください。

ご選択頂けない場合は、情報提供が受けられません。
また、ご登録情報反映に半日程度時間を要します。しばらく経ってから再度ログインをお願いします（時間は通信環境により異なる可能性がございます）。

※サービス提供方法は変更となる場合がございます。その場合もMyページ上でご案内いたします。
※インターネット環境をお持ちでない方はご利用いただけません。ご了承ください。
※上記の図は，登録の手順を示すものです。Webの実際の画面と異なります。

注目

本書ご購入者のための特典

①**2024年法改正情報（2024年8月下旬公開予定）**

②**2024年「宅建NEWS（統計情報）」（2024年5月中旬と8月下旬に公開予定）**

〈注意〉上記情報提供サービスは，2024年宅建士試験前日までとさせていただきます。予めご了承ください。

1

冊子の使い方

この色紙を残したまま、「問題冊子」を
取り外し、ご利用ください。

※抜き取りの際の破損等による返品・交換には応じられません
　のでご注意ください。

解答用紙の使い方

「問題冊子」を抜き取った後の色紙の裏
表紙を破線に沿って切り取り、コピー
してご利用ください。

2024年版 出る順宅建士 過去30年良問厳選模試

第 **1** 回 問 題

基礎編①

 合格推定点 **38**点

 制 限 時 間 **2**時間

①問題は、2ページから30ページまでの50問です。
②問題の中の法令に関する部分は、2024年4月1日現在施行されている規定に基づいて出題されてます。

問1 AがBに甲土地を売却し，Bが所有権移転登記を備えた場合に関する次の記述のうち，民法の規定及び判例によれば，誤っているものはどれか。

❶ AがBとの売買契約をBの詐欺を理由に取り消した後，CがBから甲土地を買い受けて所有権移転登記を備えた場合，AC間の関係は対抗問題となり，Aは，いわゆる背信的悪意者ではないCに対して，登記なくして甲土地の返還を請求することができない。

❷ AがBとの売買契約をBの詐欺を理由に取り消す前に，Bの詐欺について悪意のCが，Bから甲土地を買い受けて所有権移転登記を備えていた場合，AはCに対して，甲土地の返還を請求することができる。

❸ Aの売却の意思表示に法律行為の目的及び取引上の社会通念に照らして重要な錯誤がある場合，Aに重大な過失がなければ，Aは，Aが取り消す前にBから甲土地を買い受けた悪意のCに対して，錯誤による当該意思表示の取消しを主張して，甲土地の返還を請求することができる。

❹ Aの売却の意思表示に法律行為の目的及び取引上の社会通念に照らして重要な錯誤がある場合，BがAに錯誤があることを過失なく知らなかったときにおいて，Aに重大な過失があったとしても，AはBに対して，錯誤による当該意思表示の取消しを主張して，甲土地の返還を請求することができる。

(本試験2019年 問2改題)

問2 A所有の甲土地につき，Aから売却に関する代理権を与えられていないBが，Aの代理人として，Cとの間で売買契約を締結した場合における次の記述のうち，民法の規定及び判例によれば，誤っているものはどれか。なお，表見代理は成立しないものとする。

❶ Bの無権代理行為をAが追認した場合には，AC間の売買契約は有効となる。

❷ Aの死亡により，BがAの唯一の相続人として相続した場合，Bは，Aの追認拒絶権を相続するので，自らの無権代理行為の追認を拒絶することができる。

❸ Bの死亡により，AがBの唯一の相続人として相続した場合，AがBの無権代理行為の追認を拒絶しても信義則には反せず，AC間の売買契約が当然に有効になるわけではない。

❹ Aの死亡により，BがDとともにAを相続した場合，DがBの無権代理行為を追認しない限り，Bの相続分に相当する部分においても，AC間の売買契約が当然に有効になるわけではない。

(本試験2012年 問4出題)

問3 債務不履行に基づく損害賠償請求権に関する次の記述のうち，民法の規定及び判例によれば，誤っているものはどれか。

❶ AがBと契約を締結する前に，信義則上の説明義務に違反して契約締結の判断に重要な影響を与える情報をBに提供しなかった場合，Bが契約を締結したことにより被った損害につき，Aは，不法行為による賠償責任を負うことはあっても，債務不履行による賠償責任を負うことはない。

❷ AB間の利息付金銭消費貸借契約において，利率に関する定めがない場合，借主Bが債務不履行に陥ったことによりAがBに対して請求することができる遅延損害金は，年3パーセントの利率により算出する。

❸ AB間でB所有の甲不動産の売買契約を締結した後，Bが甲不動産をCに二重譲渡してCが登記を具備した場合，AはBに対して債務不履行に基づく損害賠償請求をすることができる。

❹ AB間の金銭消費貸借契約において，借主Bは当該契約に基づく金銭の返済をCからBに支払われる売掛代金で予定していたが，その入金がなかった（Bの責めに帰すべき事由はない。）ため，返済期限が経過してしまった場合，Bは債務不履行には陥らず，Aに対して遅延損害金の支払義務を負わない。

(本試験 2012年 問8改題)

問4 宅地建物取引業者であるAが，自らが所有している甲土地を宅地建物取引業者でないBに売却した場合のAの責任に関する次の記述のうち，民法及び宅地建物取引業法の規定並びに判例によれば，誤っているものはどれか。

❶ 売買契約で，Aが一切の契約不適合責任を負わない旨を合意したとしても，Aは甲土地の引渡しの日から2年以内に通知を受けた場合は，契約不適合責任を負わなければならない。

❷ 甲土地に設定されている抵当権が実行されてBが所有権を失った場合，Bが甲土地に抵当権が設定されていることを知っていたとしても，BはAB間の売買契約を解除することができる。

❸ Bが契約不適合責任を追及する場合には，引渡しを受けた甲土地の品質に関する契約不適合の存在を知った時から1年以内にその契約不適合の事実をAに通知すればよく，1年以内に訴訟を提起して契約不適合責任を追及するまでの必要はない。

❹ 売買契約で，Aは甲土地の引渡しの日から2年間だけ契約不適合責任を負う旨を合意したとしても，Aが知っていたのにBに告げなかった契約内容に不適合な事実については，契約不適合責任に基づく損害賠償請求権が時効で消滅するまで，Bは当該損害賠償を請求できる。

(本試験 2008年 問9改題)

問5 次の1から4までの記述のうち，民法の規定，判例及び下記判決文によれば，正しいものはどれか。

（判決文）

賃貸人は，特別の約定のないかぎり，賃借人から家屋明渡を受けた後に前記の敷金残額を返還すれば足りるものと解すべく，したがつて，家屋明渡債務と敷金返還債務とは同時履行の関係にたつものではないと解するのが相当であり，このことは，賃貸借の終了原因が解除（解約）による場合であつても異なるところはないと解すべきである。

❶ 賃借人の家屋明渡債務が賃貸人の敷金返還債務に対し先履行の関係に立つと解すべき場合，賃借人は賃貸人に対し敷金返還請求権をもって家屋につき留置権を取得する余地はない。

❷ 賃貸借の終了に伴う賃借人の家屋明渡債務と賃貸人の敷金返還債務とは，1個の双務契約によって生じた対価的債務の関係にあるものといえる。

❸ 賃貸借における敷金は，賃貸借の終了時点までに生じた債権を担保するものであって，賃貸人は，賃貸借終了後賃借人の家屋の明渡しまでに生じた債権を敷金から控除することはできない。

❹ 賃貸借の終了に伴う賃借人の家屋明渡債務と賃貸人の敷金返還債務の間に同時履行の関係を肯定することは，家屋の明渡しまでに賃貸人が取得する一切の債権を担保することを目的とする敷金の性質にも適合する。

（本試験 2021年10月 問1出題）

問6 Aが，A所有の不動産の売買をBに対して委任する場合に関する次の記述のうち，民法の規定によれば，正しいものはどれか。なお，A及びBは宅地建物取引業者ではないものとする。

❶ 不動産のような高価な財産の売買を委任する場合には，AはBに対して委任状を交付しないと，委任契約は成立しない。

❷ Bは，委任契約をする際，有償の合意をしない限り，報酬の請求をすることができないが，委任事務のために使った費用とその利息は，Aに請求することができる。

❸ Bが当該物件の価格の調査など善良な管理者の注意義務を怠ったため，不動産売買についてAに損害が生じたとしても，報酬の合意をしていない以上，AはBに対して賠償の請求をすることができない。

❹ 委任はいつでも解除することができるから，有償の合意があり，売買契約成立寸前にAが理由なく解除してBに不利益を与えたときでも，BはAに対して損害賠償を請求することはできない。

（本試験 2002年 問 10 改題）

問7 Aは，Bに対する貸付金債権の担保のために，当該貸付金債権額にほぼ見合う評価額を有するB所有の更地である甲土地に抵当権を設定し，その旨の登記をした。その後，Bはこの土地上に乙建物を築造し，自己所有とした。この場合，民法の規定及び判例によれば，次の記述のうち正しいものはどれか。

❶ Aは，Bに対し，乙建物の築造行為は，甲土地に対するAの抵当権を侵害する行為であるとして，乙建物の収去を求めることができる。

❷ Bが，甲土地及び乙建物の双方につき，Cのために抵当権を設定して，その旨の登記をした後（甲土地についてはAの後順位），Aの抵当権が実行されるとき，乙建物のために法定地上権が成立する。

❸ Bが，乙建物築造後，甲土地についてのみ，Dのために抵当権を設定して，その旨の登記をした場合（甲土地についてはAの後順位），Aの抵当権及び被担保債権が存続している状態で，Dの抵当権が実行されるとき，乙建物のために法定地上権が成立する。

❹ Aは，乙建物に抵当権を設定していなくても，甲土地とともに乙建物を競売することができるが，優先弁済権は甲土地の代金についてのみ行使できる。

（本試験 2002年 問 6 出題）

問8 AからBとCとが負担部分2分の1として連帯して1,000万円を借り入れる場合と，DからEが1,000万円を借り入れ，Fがその借入金返済債務についてEと連帯して保証する場合とに関する次の記述のうち，民法の規定によれば，正しいものはどれか。

❶ Aが，Bに対して債務を免除した場合にはCが，Cに対して債務を免除した場合にはBが，それぞれ500万円分の債務を免れる。Dが，Eに対して債務を免除した場合にはFが，Fに対して債務を免除した場合にはEが，それぞれ全額の債務を免れる。

❷ Aが，Bに対して履行を請求した効果はCには及ばず，Cに対して履行を請求した効果もBには及ばない。Dが，Eに対して履行を請求した効果はFに及び，Fに対して履行を請求した効果はEに及ばない。

❸ Bについて時効が完成した場合にはCが，Cについて時効が完成した場合にはBが，それぞれ500万円分の債務を免れる。Eについて時効が完成した場合にはFが，Fについて時効が完成した場合にはEが，それぞれ全額の債務を免れる。

❹ AB間の契約が無効であった場合にはCが，AC間の契約が無効であった場合にはBが，それぞれ1,000万円の債務を負う。DE間の契約が無効であった場合はFが，DF間の契約が無効であった場合はEが，それぞれ1,000万円の債務を負う。

(本試験 2008年 問6改題)

問9 Aに雇用されているBが，勤務中にA所有の乗用車を運転し，営業活動のため顧客Cを同乗させている途中で，Dが運転していたD所有の乗用車と正面衝突した（なお，事故についてはBとDに過失がある。）場合における次の記述のうち，民法の規定及び判例によれば，正しいものはどれか。

❶ Aは，Cに対して事故によって受けたCの損害の全額を賠償した。この場合，Aは，BとDの過失割合に従って，Dに対して求償権を行使することができる。

❷ Aは，Dに対して事故によって受けたDの損害の全額を賠償した。この場合，Aは，被用者であるBに対して求償権を行使することはできない。

❸ 事故によって損害を受けたCは，AとBに対して損害賠償を請求することはできるが，Dに対して損害賠償を請求することはできない。

❹ 事故によって損害を受けたDは，Aに対して損害賠償を請求することはできるが，Bに対して損害賠償を請求することはできない。

(本試験 2013年 問9出題)

問10 相続の承認及び放棄に関する次の記述のうち，民法の規定によれば，誤っているものはどれか。

❶ 相続の放棄をする場合，その旨を家庭裁判所に申述しなければならない。

❷ 相続人が数人あるときは，限定承認は，共同相続人の全員が共同してのみこれをすることができる。

❸ 相続人が，自己のために相続の開始があったことを知った時から3カ月（家庭裁判所が期間の伸長をした場合は当該期間）以内に，限定承認又は放棄をしなかったときは，単純承認をしたものとみなされる。

❹ 被相続人の子が，相続の開始後に相続放棄をした場合，その者の子がこれを代襲して相続人となる。

(本試験 2002年 問12 出題)

問11 Aが，Bに土地を賃貸し，Bがその土地上に建物を所有している場合の契約終了に伴う建物買取請求権に関する次の記述のうち，借地借家法の規定及び判例によれば，誤っているものはどれか。

❶ AB間の借地契約が，公正証書により10年の事業専用の目的で締結された場合には，Bは建物買取請求権を有しない。

❷ 建物買取請求権は，契約終了の理由を問わず，Bの債務不履行を原因とする契約終了の場合にも，BはAに対して建物の買取りを請求することができる。

❸ BがAの承諾を得て土地をCに転貸し，建物を譲渡した場合，AB間，BC間の契約が，ともに期間満了し更新がなければ，CはAに対し直接建物買取請求権を有する。

❹ Bが適法にAに建物買取請求権を行使すると，その所有権は直ちにBからAに移転するが，BはAが代金を支払うまで，建物の引渡しを拒むことができる。

(本試験 2002年 問13 改題)

問12 Ａが所有する甲建物をＢに対して３年間賃貸する旨の契約をした場合における次の記述のうち，借地借家法の規定によれば，正しいものはどれか。

❶ ＡがＢに対し，甲建物の賃貸借契約の期間満了の１年前に更新をしない旨の通知をしていれば，ＡＢ間の賃貸借契約は期間満了によって当然に終了し，更新されない。

❷ Ａが甲建物の賃貸借契約の解約の申入れをした場合には申入れ日から３月で賃貸借契約が終了する旨を定めた特約は，Ｂがあらかじめ同意していれば，有効となる。

❸ Ｃが甲建物を適法に転借している場合，ＡＢ間の賃貸借契約が期間満了によって終了するときに，Ｃがその旨をＢから聞かされていれば，ＡはＣに対して，賃貸借契約の期間満了による終了を対抗することができる。

❹ ＡＢ間の賃貸借契約が借地借家法第38条の定期建物賃貸借で，契約の更新がない旨を定めるものである場合，当該契約前にＡがＢに契約の更新がなく期間の満了により終了する旨を記載した書面を交付し又はＢの承諾を得て電磁的方法による提供をして説明しなければ，契約の更新がない旨の約定は無効となる。

(本試験 2017年 問 12 改題)

問13 建物の区分所有等に関する法律に関する次の記述のうち，誤っているものはどれか。

❶ 管理者は，少なくとも毎年１回集会を招集しなければならない。

❷ 区分所有者の５分の１以上で議決権の５分の１以上を有するものは，管理者に対し，会議の目的たる事項を示して，集会の招集を請求することができるが，この定数は規約で減ずることはできない。

❸ 集会の招集の通知は，区分所有者が管理者に対して通知を受け取る場所をあらかじめ通知した場合には，管理者はその場所にあててすれば足りる。

❹ 集会は，区分所有者全員の同意があれば，招集の手続を経ないで開くことができる。

(本試験 2017年 問 13 出題)

問14 不動産登記の申請に関する次の記述のうち，誤っているものはどれか。

❶ 登記の申請を共同してしなければならない者の一方に登記手続をすべきことを命ずる確定判決による登記は，当該申請を共同してしなければならない者の他方が単独で申請することができる。

❷ 相続又は法人の合併による権利の移転の登記は，登記権利者が単独で申請することができる。

❸ 登記名義人の氏名若しくは名称又は住所についての変更の登記又は更正の登記は，登記名義人が単独で申請することができる。

❹ 所有権の登記の抹消は，所有権の移転の登記の有無にかかわらず，現在の所有権の登記名義人が単独で申請することができる。

(本試験 2005年 問 16 出題)

問15 国土利用計画法第 23 条の届出 (以下この問において「事後届出」という。) に関する次の記述のうち，正しいものはどれか。

❶ 宅地建物取引業者Aが，自己の所有する市街化区域内の 2,000 ㎡の土地を，個人B，個人Cに 1,000 ㎡ずつに分割して売却した場合，B，Cは事後届出を行わなければならない。

❷ 個人Dが所有する市街化区域内の 3,000 ㎡の土地を，個人Eが相続により取得した場合，Eは事後届出を行わなければならない。

❸ 宅地建物取引業者Fが所有する市街化調整区域内の 6,000 ㎡の一団の土地を，宅地建物取引業者Gが一定の計画に従って，3,000 ㎡ずつに分割して購入した場合，Gは事後届出を行わなければならない。

❹ 甲市が所有する市街化調整区域内の 12,000 ㎡の土地を，宅地建物取引業者Hが購入した場合，Hは事後届出を行わなければならない。

(本試験 2019年 問 22 出題)

問16 都市計画法に関する次の記述のうち，誤っているものはどれか。

❶ 都市計画区域は，一体の都市として総合的に整備し，開発し，及び保全される必要がある区域であり，2以上の都府県にまたがって指定されてもよい。

❷ 都市計画は，都市計画区域内において定められるものであるが，道路や公園などの都市施設については，特に必要があるときは当該都市計画区域外においても定めることができる。

❸ 市街化区域は，既に市街地を形成している区域であり，市街化調整区域は，おおむね10年以内に市街化を図る予定の区域及び市街化を抑制すべき区域である。

❹ 無秩序な市街化を防止し，計画的な市街化を進めるため，都市計画区域を市街化区域と市街化調整区域に区分することができるが，すべての都市計画区域において区分する必要はない。

（本試験 2002 年 問 17 出題）

問17 都市計画法の開発許可に関する次の記述のうち，正しいものはどれか。なお，この問における都道府県知事とは，地方自治法に基づく指定都市，中核市及び施行時特例市にあってはその長をいうものとする。

❶ 都道府県知事は，開発許可の申請があったときは，申請があった日から21日以内に，許可又は不許可の処分をしなければならない。

❷ 開発行為とは，主として建築物の建築の用に供する目的で行う土地の区画形質の変更をいい，建築物以外の工作物の建設の用に供する目的で行う土地の区画形質の変更は開発行為には該当しない。

❸ 開発許可を受けた者は，開発行為に関する工事を廃止したときは，遅滞なく，その旨を都道府県知事に届け出なければならない。

❹ 開発行為を行おうとする者は，開発許可を受けてから開発行為に着手するまでの間に，開発行為に関係がある公共施設の管理者と協議し，その同意を得なければならない。

（本試験 2004 年 問 18 出題）

問18 建築基準法に関する次の記述のうち，正しいものはどれか。

❶ 防火地域にある建築物で，外壁が耐火構造のものについては，その外壁を隣地境界線に接して設けることができる。

❷ 高さ30ｍの建築物には，原則として非常用の昇降機を設けなければならない。

❸ 準防火地域内においては，延べ面積が2,000㎡の共同住宅は準耐火建築物としなければならない。

❹ 延べ面積が1,000㎡を超える耐火建築物は，防火上有効な構造の防火壁又は防火床によって有効に区画し，かつ，各区画における床面積の合計をそれぞれ1,000㎡以内としなければならない。

（本試験 2016年 問18改題）

問19 建築基準法（以下この問において「法」という。）に関する次の記述のうち，誤っているものはどれか。

❶ 田園住居地域内においては，建築物の高さは，一定の場合を除き，10m又は12mのうち当該地域に関する都市計画において定められた建築物の高さの限度を超えてはならない。

❷ 一の敷地で，その敷地面積の40％が第二種低層住居専用地域に，60％が第一種中高層住居専用地域にある場合は，原則として，当該敷地内には大学を建築することができない。

❸ 都市計画区域の変更等によって法第3章の規定が適用されるに至った際現に建築物が立ち並んでいる幅員2ｍの道で，特定行政庁の指定したものは，同章の規定における道路とみなされる。

❹ 容積率規制を適用するに当たっては，前面道路の境界線又はその反対側の境界線からそれぞれ後退して壁面線の指定がある場合において，特定行政庁が一定の基準に適合すると認めて許可した建築物については，当該前面道路の境界線又はその反対側の境界線は，それぞれ当該壁面線にあるものとみなす。

（本試験 2018年 問19出題）

問20 宅地造成及び特定盛土等規制法に関する次の記述のうち，誤っているものはどれか。なお，この問において「都道府県知事」とは，地方自治法に基づく指定都市及び中核市にあってはその長をいうものとする。

❶ 宅地造成等工事規制区域内において，過去に宅地造成等に関する工事が行われ現在は工事主とは異なる者がその工事が行われた土地を所有している場合，当該土地の所有者は，宅地造成に伴う災害が生じないよう，その土地を常時安全な状態に維持するように努めなければならない。

❷ 宅地造成等工事規制区域内において行われる宅地造成等に関する工事について許可をする都道府県知事は，当該許可に，工事の施行に伴う災害を防止するために必要な条件を付することができる。

❸ 宅地を宅地以外の土地にするために行う土地の形質の変更は，宅地造成に該当しない。

❹ 宅地造成等工事規制区域内において，切土であって，当該切土をする土地の面積が400㎡で，かつ，高さ1mの崖を生ずることとなるものに関する工事を行う場合には，一定の場合を除き，都道府県知事の許可を受けなければならない。

(本試験 2018年 問20 改題)

問21 土地区画整理法に関する次の記述のうち，誤っているものはどれか。

❶ 施行者は，換地処分を行う前において，換地計画に基づき換地処分を行うため必要がある場合においては，施行地区内の宅地について仮換地を指定することができる。

❷ 仮換地が指定された場合においては，従前の宅地について権原に基づき使用し，又は収益することができる者は，仮換地の指定の効力発生の日から換地処分の公告がある日まで，仮換地について，従前の宅地について有する権利の内容である使用又は収益と同じ使用又は収益をすることができる。

❸ 施行者は，仮換地を指定した場合において，特別の事情があるときは，その仮換地について使用又は収益を開始することができる日を仮換地の指定の効力発生日と別に定めることができる。

❹ 土地区画整理組合の設立の認可の公告があった日後，換地処分の公告がある日までは，施行地区内において，土地区画整理事業の施行の障害となるおそれがある土地の形質の変更を行おうとする者は，当該土地区画整理組合の許可を受けなければならない。

(本試験 2016年 問21 出題)

問22 農地法（以下この問において「法」という。）に関する次の記述のうち、正しいものはどれか。

❶ 山林を開墾し現に水田として耕作している土地であっても、土地登記簿上の地目が山林である限り、法の適用を受ける農地には当たらない。

❷ 農業者が、住宅を建設するために法第4条第1項の許可を受けた農地をその後住宅建設の工事着工前に宅地として売却する場合、改めて法第5条第1項の許可を受ける必要はない。

❸ 耕作目的で農地の売買契約を締結し、代金の支払をした場合でも、法第3条第1項の許可を受けていなければその所有権の移転の効力は生じない。

❹ 農業者が、自ら農業用倉庫として利用する目的で自己の所有する農地を転用する場合には、転用する農地の面積の規模にかかわらず、法第4条第1項の許可を受ける必要がある。

（本試験 2006年 問25 出題）

問23 印紙税に関する次の記述のうち、正しいものはどれか。

❶ 「建物の電気工事に係る請負代金は1,100万円（うち消費税額及び地方消費税額100万円）とする」旨を記載した工事請負契約書について、印紙税の課税標準となる当該契約書の記載金額は1,100万円である。

❷ 「Aの所有する土地（価額5,000万円）とBの所有する土地（価額4,000万円）とを交換する」旨の土地交換契約書を作成した場合、印紙税の課税標準となる当該契約書の記載金額は4,000万円である。

❸ 国を売主、株式会社Cを買主とする土地の売買契約において、共同で売買契約書を2通作成し、国とC社がそれぞれ1通ずつ保存することとした場合、C社が保存する契約書には印紙税は課されない。

❹ 「契約期間は10年間、賃料は月額10万円、権利金の額は100万円とする」旨が記載された土地の賃貸借契約書は、記載金額1,300万円の土地の賃借権の設定に関する契約書として印紙税が課される。

（本試験 2020年10月 問23 出題）

問24 不動産取得税に関する次の記述のうち，正しいものはどれか。

❶ 令和6年4月に住宅以外の家屋を取得した場合，不動産取得税の標準税率は，100分の3である。

❷ 令和6年4月に宅地を取得した場合，当該取得に係る不動産取得税の課税標準は，当該宅地の価格の2分の1の額とされる。

❸ 不動産取得税は，不動産の取得に対して，当該不動産の所在する都道府県が課する税であるが，その徴収は特別徴収の方法がとられている。

❹ 令和6年4月に床面積250㎡である新築住宅に係る不動産取得税の課税標準の算定については，当該新築住宅の価格から1,200万円が控除される。

(本試験 2006年 問28改題)

問25 不動産の鑑定評価に関する次の記述のうち，正しいものはどれか。

❶ 不動産の価格を求める鑑定評価の手法は，原価法，取引事例比較法及び収益還元法に大別されるが，鑑定評価に当たっては，案件に即してこれらの三手法のいずれか1つを適用することが原則である。

❷ 取引事例比較法とは，まず多数の取引事例を収集して適切な事例の選択を行い，これらに係る取引価格に必要に応じて事情補正及び時点修正を行い，かつ，地域要因の比較及び個別的要因の比較を行って求められた価格を比較考量し，これによって対象不動産の試算価格を求める手法である。

❸ 収益還元法は，文化財の指定を受けた建造物等の一般的に市場性を有しない不動産も含め基本的にすべての不動産に適用すべきものであり，自用の不動産といえども賃貸を想定することにより適用されるものである。

❹ 賃料の鑑定評価において，支払賃料とは，賃料の種類の如何を問わず賃貸人等に支払われる賃料の算定の期間に対応する適正なすべての経済的対価をいい，純賃料及び不動産の賃貸借等を継続するために通常必要とされる諸経費等から成り立つものである。

(本試験 2001年 問29改題)

問26 宅地建物取引業の免許（以下この問において「免許」という。）に関する次の記述のうち，宅地建物取引業法の規定によれば，正しいものはいくつあるか。

ア Aの所有する商業ビルを賃借しているBが，フロアごとに不特定多数の者に反復継続して転貸する場合，AとBは免許を受ける必要はない。

イ 宅地建物取引業者Cが，Dを代理して，Dの所有するマンション（30戸）を不特定多数の者に反復継続して分譲する場合，Dは免許を受ける必要はない。

ウ Eが転売目的で反復継続して宅地を購入する場合でも，売主が国その他宅地建物取引業法の適用がない者に限られているときは，Eは免許を受ける必要はない。

エ Fが借金の返済に充てるため，自己所有の宅地を10区画に区画割りして，不特定多数の者に反復継続して売却する場合，Fは免許を受ける必要はない。

❶ 一つ

❷ 二つ

❸ 三つ

❹ なし

（本試験 2014年 問 26 出題）

問27 宅地建物取引業法第3条第1項に規定する事務所（以下この問において「事務所」という。）に関する次の記述のうち，正しいものはどれか。

❶ 事務所とは，契約締結権限を有する者を置き，継続的に業務を行うことができる施設を有する場所を指すものであるが，商業登記簿に登載されていない営業所又は支店は事務所には該当しない。

❷ 宅地建物取引業を営まず他の兼業業務のみを営んでいる支店は，事務所には該当しない。

❸ 宅地建物取引業者は，主たる事務所については，免許証，標識及び国土交通大臣が定めた報酬の額を掲げ，従業者名簿及び帳簿を備え付ける義務を負う。

❹ 宅地建物取引業者は，その事務所ごとに一定の数の成年者である専任の宅地建物取引士を置かなければならないが，既存の事務所がこれを満たさなくなった場合は，30日以内に必要な措置を執らなければならない。

（本試験 2022年 問 26 出題）

問28 宅地建物取引業の免許（以下この問において「免許」という。）に関する次の記述のうち，正しいものはどれか。

❶ 免許を受けようとするA社に，刑法第204条（傷害）の罪により懲役1年（刑の全部の執行猶予2年）の刑に処せられ，その執行猶予期間を満了した者が役員として在籍している場合，その満了の日から5年を経過していなくとも，A社は免許を受けることができる。

❷ 免許を受けようとするB社に，刑法206条（現場助勢）の罪により罰金の刑に処せられた者が非常勤役員として在籍している場合，その刑の執行が終わってから5年を経過していなくとも，B社は免許を受けることができる。

❸ 免許を受けようとするC社に，刑法第208条（暴行）の罪により拘留の刑に処せられた者が役員として在籍している場合，その刑の執行が終わってから5年を経過していなければ，C社は免許を受けることができない。

❹ 免許を受けようとするD社に，刑法第209条（過失傷害）の罪により科料の刑に処せられた者が非常勤役員として在籍している場合，その刑の執行が終わってから5年を経過していなければ，D社は免許を受けることができない。

（本試験 2012年 問 26 出題）

問29 次の記述のうち，宅地建物取引業法の規定によれば，誤っているものはどれか。

❶ 宅地建物取引業の免許の有効期間は5年であり，免許の更新の申請は，有効期間満了の日の90日前から30日前までの間に行わなければならない。

❷ 宅地建物取引業者から免許の更新の申請があった場合において，有効期間の満了の日までにその申請について処分がなされないときは，従前の免許は，有効期間の満了後もその処分がなされるまでの間は，なお効力を有する。

❸ 個人である宅地建物取引業者A（甲県知事免許）が死亡した場合，Aの相続人は，Aの死亡の日から30日以内に，その旨を甲県知事に届け出なければならない。

❹ 法人である宅地建物取引業者B（乙県知事免許）が合併により消滅した場合，Bを代表する役員であった者は，その日から30日以内に，その旨を乙県知事に届け出なければならない。

（本試験 2021年 12月 問 29 出題）

問30 宅地建物取引士の登録（以下この問において「登録」という。）及び宅地建物取引士証に関する次の記述のうち、民法及び宅地建物取引業法の規定によれば、正しいものはいくつあるか。

ア 登録を受けている者は、宅地建物取引士証の交付を受けていない場合は、その住所に変更があっても、登録を受けている都道府県知事に変更の登録を申請する必要はない。

イ 宅地建物取引士証を亡失し、その再交付を申請している者は、再交付を受けるまでの間、宅地建物取引業法第35条に規定する重要事項の説明をする時は、宅地建物取引士証に代えて、再交付申請書の写しを提示すればよい。

ウ 甲県知事から宅地建物取引士証の交付を受けている者が、宅地建物取引士としての事務を禁止する処分を受け、その禁止の期間中に本人の申請により登録が消除された場合は、その者が乙県で宅地建物取引士資格試験に合格したとしても、当該期間が満了しないときは、乙県知事の登録を受けることができない。

❶ 一つ

❷ 二つ

❸ 三つ

❹ なし

（本試験 2010年 問 30 改題）

問31 宅地建物取引業者A（国土交通大臣免許）が、宅地建物取引業法の規定に基づき供託する営業保証金に関する次の記述のうち、正しいものはどれか。

❶ Aは、営業保証金を主たる事務所又はその他の事務所のいずれかの最寄りの供託所に供託することができる。

❷ Aが営業保証金を供託した旨は、供託所から国土交通大臣あてに通知されることから、Aがその旨を直接国土交通大臣に届け出る必要はない。

❸ Aとの取引により生じた電気工事業者の工事代金債権について、当該電気工事業者は、営業継続中のAが供託している営業保証金から、その弁済を受ける権利を有する。

❹ 営業保証金の還付により、営業保証金の額が政令で定める額に不足することとなった場合、Aは、国土交通大臣から不足額を供託すべき旨の通知書の送付を受けた日から2週間以内にその不足額を供託しなければならない。

（本試験 2009年 問 30 出題）

問32 宅地建物取引業保証協会（以下この問において「保証協会」という。）に関する次の記述のうち，宅地建物取引業法の規定によれば，誤っているものはどれか。

❶ 保証協会は，その名称，住所又は事務所の所在地を変更しようとするときは，あらかじめ，その旨を国土交通大臣に届け出なければならない。

❷ 保証協会は，新たに社員が加入したときは，直ちに，その旨を当該社員である宅地建物取引業者が免許を受けた国土交通大臣又は都道府県知事に報告しなければならない。

❸ 宅地建物取引業者で保証協会に加入しようとする者は，その加入した日から1週間以内に，政令で定める額の弁済業務保証金分担金を当該保証協会に納付しなければならない。

❹ 保証協会の社員は，自らが取り扱った宅地建物取引業に係る取引の相手方から当該取引に関する苦情について解決の申出が保証協会にあり，保証協会から説明を求められたときは，正当な理由がある場合でなければ，これを拒んではならない。

(本試験 2021年 12月 問 39 出題)

問33 宅地建物取引業者Ａ社が，Ｂから自己所有の甲宅地の売却の媒介を依頼され，Ｂと媒介契約を締結した場合における次の記述のうち，宅地建物取引業法の規定によれば，正しいものはいくつあるか。

ア Ａ社が，Ｂとの間に専任媒介契約を締結し，甲宅地の売買契約を成立させたときは，Ａ社は，遅滞なく，登録番号，取引価格，売買契約の成立した年月日，売主及び買主の氏名を指定流通機構に通知しなければならない。

イ Ａ社は，Ｂとの間に媒介契約を締結し，Ｂに対して甲宅地を売買すべき価額又はその評価額について意見を述べるときは，その根拠を明らかにしなければならない。

ウ Ａ社がＢとの間に締結した専任媒介契約の有効期間は，Ｂからの申出により更新することができるが，更新の時から3月を超えることができない。

❶ 一つ
❷ 二つ
❸ 三つ
❹ なし

(本試験 2013年 問 28 出題)

問34 宅地建物取引業者が行う広告に関する次の記述のうち，宅地建物取引業法の規定によれば，正しいものはどれか。

❶ 宅地建物取引業者は，宅地の造成又は建物の建築に関する工事が完了するまでの間は，当該工事に必要な都市計画法に基づく開発許可，建築基準法に基づく建築確認その他法令に基づく許可等の処分があった後でなければ，当該工事に係る宅地又は建物の売買その他の業務に関する広告をすることはできない。

❷ 宅地建物取引業者が，複数の区画がある宅地の売買について，数回に分けて広告をするときは，最初に行う広告以外には取引態様の別を明示する必要はない。

❸ 宅地建物取引業者は，建物の貸借の媒介において広告を行った場合には，依頼者の依頼の有無にかかわらず，報酬とは別に，当該広告の料金に相当する額を受領することができる。

❹ 宅地建物取引業の免許を取り消された者は，免許の取消し前に建物の売買の広告をしていれば，当該建物の売買契約を締結する目的の範囲内においては，なお宅地建物取引業者とみなされる。

（本試験 2011年 問 36 出題）

問35 宅地建物取引業者が行う宅地建物取引業法第 35 条に規定する重要事項の説明に関する次の記述のうち，誤っているものはどれか。なお，説明の相手方は宅地建物取引業者ではないものとする。

❶ 区分所有建物の売買の媒介を行う場合，当該 1 棟の建物及びその敷地の管理が委託されているときは，その委託を受けている者の氏名（法人にあっては，その商号又は名称）及び住所（法人にあっては，その主たる事務所の所在地）を説明しなければならない。

❷ 土地の売買の媒介を行う場合，移転登記の申請の時期の定めがあるときは，その内容を説明しなければならない。

❸ 住宅の売買の媒介を行う場合，宅地内のガス配管設備等に関して，当該住宅の売買後においても当該ガス配管設備等の所有権が家庭用プロパンガス販売業者にあるものとするときは，その旨を説明する必要がある。

❹ 中古マンションの売買の媒介を行う場合，当該マンションの計画的な維持修繕のための費用の積立てを行う旨の規約の定めがあるときは，その内容及び既に積み立てられている額について説明しなければならない。

（本試験 2017年 問 41 出題）

問36 宅地建物取引業者Ａが宅地建物取引業法第37条の規定により交付すべき書面（以下この問において「37条書面」という。）に関する次の記述のうち，正しいものはどれか。なお，この問においては，電磁的方法により提供する場合を考慮しないものとする。

❶ Ａが媒介により建物の貸借の契約を成立させたときは，37条書面に借賃の額並びにその支払の時期及び方法を記載しなければならず，また，当該書面を契約の各当事者に交付しなければならない。

❷ Ａが媒介により宅地の貸借の契約を成立させた場合において，当該宅地の引渡しの時期について重要事項説明書に記載して説明を行ったときは，その内容を37条書面に記載する必要はない。

❸ Ａが自ら売主として宅地建物取引業者である買主と建物の売買契約を締結した場合，37条書面に宅地建物取引士をして記名させる必要はない。

❹ Ａが自ら売主として宅地の売買契約を締結した場合，代金についての金銭の貸借のあっせんに関する定めがある場合における当該あっせんに係る金銭の貸借が成立しないときの措置については，37条書面に記載する必要はない。

（本試験 2020年10月 問33 改題）

問37 宅地建物取引業者Ａ（消費税課税事業者）が売主Ｂ（消費税課税事業者）からＢ所有の土地付建物の媒介の依頼を受け，買主Ｃとの間で売買契約を成立させた場合，ＡがＢから受領できる報酬の上限額は，次のうちどれか。なお，土地付建物の代金は6,600万円（うち，土地代金は4,400万円）で，消費税額及び地方消費税額を含むものとする。

❶ 1,980,000円

❷ 2,046,000円

❸ 2,178,000円

❹ 2,244,000円

（本試験 2009年 問41 改題）

問38 宅地建物取引業者Ａが行う業務に関する次の記述のうち，宅地建物取引業法の規定に違反するものはいくつあるか。

ア Ａは，自ら売主として，建物の売買契約を締結するに際し，買主が手付金を持ち合わせていなかったため手付金の分割払いを提案し，買主はこれに応じた。

イ Ａは，建物の販売に際し，勧誘の相手方から値引きの要求があったため，広告に表示した販売価格から100万円値引きすることを告げて勧誘し，売買契約を締結した。

ウ Ａは，土地の売買の媒介に際し重要事項の説明の前に，宅地建物取引士ではないＡの従業者をして媒介の相手方に対し，当該土地の交通等の利便の状況について説明させた。

エ Ａは，投資用マンションの販売に際し，電話で勧誘を行ったところ，勧誘の相手方から「購入の意思がないので二度と電話をかけないように」と言われたことから，電話での勧誘を諦め，当該相手方の自宅を訪問して勧誘した。

❶ 一つ

❷ 二つ

❸ 三つ

❹ 四つ

（本試験 2018年 問 40 出題）

問39 宅地建物取引業法に規定する宅地建物取引士に関する次の記述のうち，正しいものはどれか。

❶ 都道府県知事は，その登録を受けている宅地建物取引士が，他人に自己の名義の使用を許し，その他人がその名義を使用して宅地建物取引士である旨の表示をしたとき，当該宅地建物取引士に対し，必要な指示をすることができる。

❷ 宅地建物取引業者は，10戸以上の一団の建物の分譲について案内所を設置して行う場合，その案内所において業務に従事する者の数に対する宅地建物取引士の数の割合が5分の1以上の成年者である専任の宅地建物取引士を置かなければならない。

❸ 宅地建物取引業者の従業者である宅地建物取引士は，本人の同意がある場合を除き，正当な理由がある場合でも，宅地建物取引業の業務を補助したことについて知り得た秘密を他に漏らしてはならない。

❹ 宅地建物取引士Aは，甲県知事から事務の禁止の処分を受け，宅地建物取引士証を甲県知事に提出したが，禁止処分の期間が満了した場合は，返還の請求がなくても，甲県知事は，直ちに宅地建物取引士証をAに返還しなければならない。

（本試験 2005年 問 32 出題）

問40 宅地建物取引業者Ａ（甲県知事免許）に対する監督処分に関する次の記述のうち，宅地建物取引業法の規定によれば，**誤っているもの**はどれか。

❶ Ａが，乙県の区域内の業務に関し乙県知事から受けた業務停止の処分に違反した場合でも，乙県知事は，Ａの免許を取り消すことはできない。

❷ Ａが，乙県の区域内の業務に関し乙県知事から指示を受け，その指示に従わなかった場合でも，甲県知事は，Ａに対し業務停止の処分をすることはできない。

❸ Ａが，甲県の区域内の業務に関し甲県知事から指示を受け，その指示に従わなかった場合で，情状が特に重いときであっても，国土交通大臣は，Ａの免許を取り消すことはできない。

❹ Ａの取締役が宅地建物取引業の業務に関し，建築基準法の規定に違反したとして罰金刑に処せられた場合，甲県知事は，Ａに対して必要な指示をすることができる。

（本試験 2006年 問 45 出題）

問41 宅地建物取引業者Ａが，自ら売主として宅地建物取引業者でない買主Ｂとの間で宅地の売買契約を締結した場合における次の記述のうち，民法及び宅地建物取引業法の規定並びに判例によれば，**正しいもの**はどれか。

❶ 当事者の債務不履行を理由とする契約の解除に伴う損害賠償の予定額を定めていない場合，損害賠償の請求額は売買代金の額を超えてはならない。

❷ 当事者の債務不履行を理由とする契約の解除に伴う損害賠償の予定額を売買代金の２割とし，違約金の額を売買代金の１割とする定めは，これらを合算した額が売買代金の３割を超えていないことから有効である。

❸ Ａが，当該売買契約の解除を行う場合は，Ｂに対して「手付の倍額を現実に提供して，契約を解除する。」という意思表示を書面で行うことのみをもって，契約を解除することができる。

❹ Ａは，当該売買契約の締結日にＢから手付金を受領し，翌日，Ｂから内金を受領した。その２日後，ＡがＢに対して，手付の倍額を現実に提供することにより契約解除の申出を行った場合，Ｂは，契約の履行に着手しているとしてこれを拒むことができる。

（本試験 2010年 問 39 改題）

問42 宅地建物取引業者である売主Aが，宅地建物取引業者Bの媒介により宅地建物取引業者ではない買主Cと新築マンションの売買契約を締結した場合において，宅地建物取引業法第37条の2の規定に基づくいわゆるクーリング・オフに関する次の記述のうち，正しいものはいくつあるか。

ア AとCの間で，クーリング・オフによる契約の解除に関し，Cは契約の解除の書面をクーリング・オフの告知の日から起算して8日以内にAに到達させなければ契約を解除することができない旨の特約を定めた場合，当該特約は無効である。

イ Cは，Bの事務所で買受けの申込みを行い，その3日後に，Cの自宅近くの喫茶店で売買契約を締結した場合，クーリング・オフによる契約の解除はできない。

ウ Cは，Bからの提案によりCの自宅で買受けの申込みを行ったが，クーリング・オフについては告げられず，その10日後に，Aの事務所で売買契約を締結した場合，クーリング・オフによる契約の解除はできない。

エ クーリング・オフについて告げる書面には，Bの商号又は名称及び住所並びに免許証番号を記載しなければならない。

❶ 一つ

❷ 二つ

❸ 三つ

❹ なし

（本試験 2018年 問37 出題）

問43 宅地建物取引業者Ａが，自ら売主として，宅地建物取引業者でないＢとの間で建物の売買契約を締結する場合における次の記述のうち，民法及び宅地建物取引業法の規定によれば，正しいものはどれか。

❶ Ｃが建物の所有権を有している場合，ＡはＢとの間で当該建物の売買契約を締結してはならない。ただし，ＡがＣとの間で，すでに当該建物を取得する契約（当該建物を取得する契約の効力の発生に一定の条件が付されている。）を締結している場合は，この限りではない。

❷ Ａは，Ｂとの間における建物の売買契約において，「Ｂが，契約不適合担保責任を追及するためのその不適合をＡに通知する期間は，建物の引渡しの日から１年間とする」旨の特約を付した。この場合，当該特約は無効となり，ＢがＡに対して契約不適合である旨の通知をすべき期間は，当該引渡しの日から２年間となる。

❸ Ａは，Ｂから喫茶店で建物の買受けの申込みを受け，翌日，同じ喫茶店で当該建物の売買契約を締結した際に，その場で契約代金の２割を受領するとともに，残代金は５日後に決済することとした。契約を締結した日の翌日，ＡはＢに当該建物を引き渡したが，引渡日から３日後にＢから宅地建物取引業法第37条の２の規定に基づくクーリング・オフによる契約の解除が書面によって通知された。この場合，Ａは，契約の解除を拒むことができない。

❹ ＡＢ間の建物の売買契約における「宅地建物取引業法第37条の２の規定に基づくクーリング・オフによる契約の解除の際に，ＡからＢに対して損害賠償を請求することができる」旨の特約は有効である。

(本試験2015年 問34 改題)

問44 宅地建物取引業者が行う宅地建物取引業法第35条に規定する重要事項の説明及び書面の交付に関する次の記述のうち，正しいものはどれか。なお，説明の相手方は宅地建物取引業者ではないものとする。

❶ 宅地建物取引業者ではない売主に対しては，買主に対してと同様に，宅地建物取引士をして，契約締結時までに重要事項を記載した書面を交付して，その説明をさせなければならない。

❷ 重要事項の説明及び書面の交付は，取引の相手方の自宅又は勤務する場所等，宅地建物取引業者の事務所以外の場所において行うことができる。

❸ 宅地建物取引業者が代理人として売買契約を締結し，建物の購入を行う場合は，代理を依頼した者に対して重要事項の説明をする必要はない。

❹ 重要事項の説明を行う宅地建物取引士は専任の宅地建物取引士でなくてもよいが，書面に記名する宅地建物取引士は専任の宅地建物取引士でなければならない。

(本試験 2015年 問 29 改題)

問45 特定住宅瑕疵担保責任の履行の確保等に関する法律に基づく住宅販売瑕疵担保保証金の供託又は住宅販売瑕疵担保責任保険契約の締結に関する次の記述のうち，正しいものはどれか。

❶ 宅地建物取引業者は，自ら売主として宅地建物取引業者である買主との間で新築住宅の売買契約を締結し，その住宅を引き渡す場合，住宅販売瑕疵担保保証金の供託又は住宅販売瑕疵担保責任保険契約の締結を行う義務を負う。

❷ 自ら売主として新築住宅を販売する宅地建物取引業者は，住宅販売瑕疵担保保証金の供託をする場合，宅地建物取引業者でない買主へのその住宅の引渡しまでに，買主に対し，保証金を供託している供託所の所在地等について記載した書面を交付又は買主の承諾を得て電磁的方法による提供をして説明しなければならない。

❸ 自ら売主として新築住宅を宅地建物取引業者でない買主に引き渡した宅地建物取引業者は，基準日に係る住宅販売瑕疵担保保証金の供託及び住宅販売瑕疵担保責任保険契約の締結の状況について届出をしなければ，当該基準日以後，新たに自ら売主となる新築住宅の売買契約を締結することができない。

❹ 住宅販売瑕疵担保責任保険契約を締結している宅地建物取引業者は，当該保険に係る新築住宅に，構造耐力上主要な部分及び雨水の浸入を防止する部分の瑕疵（構造耐力又は雨水の浸入に影響のないものを除く。）がある場合に，特定住宅販売瑕疵担保責任の履行によって生じた損害について保険金を請求することができる。

（本試験 2015年 問 45 改題）

問46 独立行政法人住宅金融支援機構（以下この問において「機構」という。）に関する次の記述のうち，誤っているものはどれか。

❶ 機構は，子どもを育成する家庭又は高齢者の家庭に適した良好な居住性能及び居住環境を有する賃貸住宅の建設又は改良に必要な資金の貸付けを業務として行っている。

❷ 機構は，証券化支援事業（買取型）において，債務者又は債務者の親族が居住する住宅のみならず，賃貸住宅の建設又は購入に必要な資金の貸付けに係る金融機関の貸付債権についても譲受けの対象としている。

❸ 機構は，証券化支援事業（買取型）において，バリアフリー性，省エネルギー性，耐震性，耐久性・可変性に優れた住宅を取得する場合に，貸付金の利率を一定期間引き下げる制度を実施している。

❹ 機構は，マンション管理組合や区分所有者に対するマンション共用部分の改良に必要な資金の貸付けを業務として行っている。

（本試験 2016年 問 46 出題）

問47 宅地建物取引業者が行う広告に関する次の記述のうち，不当景品類及び不当表示防止法（不動産の表示に関する公正競争規約を含む。）の規定によれば，正しいものはどれか。

❶ 建築基準法第 28 条（居室の採光及び換気）の規定に適合した採光及び換気のための窓等がなくても，居室として利用できる程度の広さがあれば，広告において居室として表示できる。

❷ 新築分譲マンションの販売広告において，住戸により修繕積立金の額が異なる場合であって，全ての住戸の修繕積立金を示すことが困難であるときは，全住戸の平均額のみ表示すればよい。

❸ 私道負担部分が含まれている新築住宅を販売する際，私道負担の面積が全体の5％以下であれば，私道負担部分がある旨を表示すれば足り，その面積までは表示する必要はない。

❹ 建築工事に着手した後に，その工事を相当の期間にわたり中断していた新築分譲マンションについては，建築工事に着手した時期及び中断していた期間を明瞭に表示しなければならない。

（本試験 2014年 問 47 出題）

問48 宅地建物取引業者が行う広告に関する次の記述のうち，不当景品類及び不当表示防止法（不動産の表示に関する公正競争規約を含む。）の規定によれば，正しいものはどれか。

❶ 宅地建物取引業者が自ら所有する不動産を販売する場合の広告には，取引態様の別として「直販」と表示すればよい。

❷ 改築済みの中古住宅について，改築済みである旨を表示して販売する場合，広告中には改築した時期及び改築の内容を明示しなければならない。

❸ 取引しようとする物件の周辺に存在するデパート，スーパーマーケット等の商業施設については，現に利用できるものでなければ広告に表示することはできない。

❹ 販売する土地が有効な利用が阻害される著しい不整形画地であっても，実際の土地を見れば不整形画地であることは認識できるため，当該土地の広告にはその旨を表示する必要はない。

（本試験 2012年 問 47 改題）

問49 土地に関する次の記述のうち，最も不適当なものはどれか。

❶ 山麓の地形の中で，地すべりによってできた地形は一見なだらかで，水はけもよく，住宅地として好適のように見えるが，末端の急斜面部等は斜面崩壊の危険度が高い。

❷ 台地の上の浅い谷は，豪雨時には一時的に浸水することがあり，現地に入っても気付かないことが多いが，住宅地としては注意を要する。

❸ 大都市の大部分は低地に立地しているが，この数千年の間に形成され，かつては湿地や旧河道であった地域が多く，地震災害に対して脆弱で，また洪水，高潮，津波等の災害の危険度も高い。

❹ 低地の中で特に災害の危険度の高い所は，扇状地の中の微高地，自然堤防，廃川敷となった旧天井川等であり，比較的危険度の低い所が沿岸部の標高の低いデルタ地域，旧河道等である。

（本試験 2018年 問 49 出題）

問50 建築の構造に関する次の記述のうち，最も不適当なものはどれか。

❶ 耐震構造は，建物の柱，はり，耐震壁などで剛性を高め，地震に対して十分耐えられるようにした構造である。

❷ 免震構造は，建物の下部構造と上部構造との間に積層ゴムなどを設置し，揺れを減らす構造である。

❸ 制震構造は，制震ダンパーなどを設置し，揺れを制御する構造である。

❹ 既存不適格建築物の耐震補強として，制震構造や免震構造を用いることは適していない。

(本試験 2013年 問 50 出題)

MEMO

第1回　解答用紙

得点 ／50

問題番号	解　答　番　号
第1問	① ② ③ ④
第2問	① ② ③ ④
第3問	① ② ③ ④
第4問	① ② ③ ④
第5問	① ② ③ ④
第6問	① ② ③ ④
第7問	① ② ③ ④
第8問	① ② ③ ④
第9問	① ② ③ ④
第10問	① ② ③ ④
第11問	① ② ③ ④
第12問	① ② ③ ④
第13問	① ② ③ ④
第14問	① ② ③ ④
第15問	① ② ③ ④
第16問	① ② ③ ④
第17問	① ② ③ ④
第18問	① ② ③ ④
第19問	① ② ③ ④
第20問	① ② ③ ④
第21問	① ② ③ ④
第22問	① ② ③ ④
第23問	① ② ③ ④
第24問	① ② ③ ④
第25問	① ② ③ ④

問題番号	解　答　番　号
第26問	① ② ③ ④
第27問	① ② ③ ④
第28問	① ② ③ ④
第29問	① ② ③ ④
第30問	① ② ③ ④
第31問	① ② ③ ④
第32問	① ② ③ ④
第33問	① ② ③ ④
第34問	① ② ③ ④
第35問	① ② ③ ④
第36問	① ② ③ ④
第37問	① ② ③ ④
第38問	① ② ③ ④
第39問	① ② ③ ④
第40問	① ② ③ ④
第41問	① ② ③ ④
第42問	① ② ③ ④
第43問	① ② ③ ④
第44問	① ② ③ ④
第45問	① ② ③ ④
第46問	① ② ③ ④
第47問	① ② ③ ④
第48問	① ② ③ ④
第49問	① ② ③ ④
第50問	① ② ③ ④

冊子の使い方

この色紙を残したまま、「問題冊子」を
取り外し、ご利用ください。

※抜き取りの際の破損等による返品・交換には応じられません
のでご注意ください。

解答用紙の使い方

「問題冊子」を抜き取った後の色紙の裏
表紙を破線に沿って切り取り、コピー
してご利用ください。

2024年版 出る順宅建士
過去30年良問厳選模試

第 2 回 問 題

基礎編②

 合格推定点 **37**点

 制 限 時 間 **2**時間

①問題は、2ページから31ページまでの50問です。
②問題の中の法令に関する部分は、2024年4月1日現在施行されている規定に基づいて出題されてます。

問1 AがBに対し土地の売却の意思表示をしたが，その意思表示は錯誤によるものであった（なお，BはAの錯誤につき善意無過失である）。この場合，次の記述のうち，民法の規定及び判例によれば，正しいものはどれか。

❶ 錯誤が法律行為の目的及び取引上の社会通念に照らして重要なものである場合であっても，この売却の意思表示を取り消すことはできない。

❷ 錯誤が，売却の意思表示をなすについての動機に関するものであり，それを当該意思表示の内容としてAがBに対して表示した場合であっても，この売却の意思表示を取り消すことはできない。

❸ 錯誤を理由としてこの売却の意思表示を取り消すことができる場合，表意者であるAに重過失があるときは，Aは，原則として，自らその取消しを主張することができない。

❹ 錯誤を理由としてこの売却の意思表示を取り消すことができる場合，表意者であるAがその錯誤を認めていないときは，Bはこの売却の意思表示の取消しを主張できる。

（本試験 2005年 問2改題）

問2 意思無能力者又は制限行為能力者に関する次の記述のうち，民法の規定及び判例によれば，正しいものはどれか。

❶ 意思能力を欠いている者が土地を売却する意思表示を行った場合，その親族が当該意思表示を取り消せば，取消しの時点から将来に向かって無効となる。

❷ 土地を売却すると，土地の管理義務を免れることになるので，未成年者が土地を売却するに当たっては，その法定代理人の同意は必要ない。

❸ 成年被後見人が成年後見人の事前の同意を得て土地を売却する意思表示を行った場合，成年後見人は，当該意思表示を取り消すことができる。

❹ 被保佐人が保佐人の事前の同意を得て土地を売却する意思表示を行った場合，保佐人は，当該意思表示を取り消すことができる。

（本試験 2003年 問1改題）

問3 A所有の甲土地を占有しているBによる権利の時効取得に関する次の記述のうち，民法の規定及び判例によれば，正しいものはどれか。

❶ Bが父から甲土地についての賃借権を相続により承継して賃料を払い続けている場合であっても，相続から20年間甲土地を占有したときは，Bは，時効によって甲土地の所有権を取得することができる。

❷ Bの父が11年間所有の意思をもって平穏かつ公然に甲土地を占有した後，Bが相続によりその占有を承継し，引き続き9年間所有の意思をもって平穏かつ公然に占有していても，Bは，時効によって甲土地の所有権を取得することはできない。

❸ Aから甲土地を買い受けたCが所有権の移転登記を備えた後に，Bについて甲土地所有権の取得時効が完成した場合，Bは，Cに対し，登記がなくても甲土地の所有者であることを主張することができる。

❹ 甲土地が農地である場合，BがAと甲土地につき賃貸借契約を締結して20年以上にわたって賃料を支払って継続的に耕作していても，農地法の許可がなければ，Bは，時効によって甲土地の賃借権を取得することはできない。

(本試験 2015年 問4出題)

問4 AがBの代理人としてB所有の甲土地について売買契約を締結した場合に関する次の記述のうち，民法の規定及び判例によれば，正しいものはどれか。

❶ Aが甲土地の売却を代理する権限をBから書面で与えられている場合，A自らが買主となって売買契約を締結したときは，Aは甲土地の所有権を当然に取得する。

❷ Aが甲土地の売却を代理する権限をBから書面で与えられている場合，AがCの代理人となってBC間の売買契約を締結したときは，Cは甲土地の所有権を当然に取得する。

❸ Aが無権代理人であってDとの間で売買契約を締結した後に，Bの死亡によりAが単独でBを相続した場合，Dは甲土地の所有権を当然に取得する。

❹ Aが無権代理人であってEとの間で売買契約を締結した後に，Aの死亡によりBが単独でAを相続した場合，Eは甲土地の所有権を当然に取得する。

(本試験 2008年 問3出題)

問5 AのBからの借入金100万円の弁済に関する次の記述のうち、民法の規定及び判例によれば、誤っているものはどれか。

❶ Aの兄Cは、Aが反対しても、Bの承諾があれば、Bに弁済することができる。

❷ Aの保証人DがBに弁済した場合、Dは、Aの承諾がなくても、Bに代位することができる。

❸ B名義の領収証をEが持参したので、AがEに弁済した場合において、Eに受領権限がなくても、Aが過失無くしてその事情を知らなかったときは、Aは、免責される。

❹ Aは、弁済に当たり、Bに対して領収証を請求し、Bがこれを交付しないときは、その交付がなされるまで弁済を拒むことができる。

(本試験1993年 問6改題)

問6 Aは、Aが所有している甲土地をBに売却した。この場合に関する次の記述のうち、民法の規定及び判例によれば、誤っているものはどれか。

❶ 甲土地を何らの権原なく不法占有しているCがいる場合、BがCに対して甲土地の所有権を主張して明渡請求をするには、甲土地の所有権移転登記を備えなければならない。

❷ Bが甲土地の所有権移転登記を備えていない場合には、Aから建物所有目的で甲土地を賃借して甲土地上にD名義の登記ある建物を有するDに対して、Bは自らが甲土地の所有者であることを主張することができない。

❸ Bが甲土地の所有権移転登記を備えないまま甲土地をEに売却した場合、Eは、甲土地の所有権移転登記なくして、Aに対して甲土地の所有権を主張することができる。

❹ Bが甲土地の所有権移転登記を備えた後に甲土地につき取得時効が完成したFは、甲土地の所有権移転登記を備えていなくても、Bに対して甲土地の所有権を主張することができる。

(本試験2019年 問1出題)

問7 ＡがＢに対する債務の担保のためにＡ所有建物に抵当権を設定し，登記をした場合に関する次の記述のうち，民法の規定及び判例によれば，正しいものはどれか。

❶ Ａが通常の利用方法を逸脱して，建物の損傷行為を行う場合，Ａの債務の弁済期が到来していないときでも，Ｂは，抵当権に基づく妨害排除請求をすることができる。

❷ 抵当権の登記に債務の利息に関する定めがあり，他に後順位抵当権者その他の利害関係者がいない場合でも，Ｂは，Ａに対し，満期のきた最後の２年分を超える利息については抵当権を行うことはできない。

❸ 第三者の不法行為により建物が焼失したのでＡがその損害賠償金を受領した場合，Ｂは，Ａの受領した損害賠償金に対して物上代位をすることができる。

❹ 抵当権の消滅時効の期間は20年であるから，ＡのＢに対する債務の弁済期から10年が経過し，その債務が消滅しても，Ａは，Ｂに対し抵当権の消滅を主張することができない。

（本試験 1995年 問6改題）

問 8 次の１から４までの記述のうち，民法の規定，判例及び下記判決文によれば，正しいものはどれか。

（判決文）

　私力の行使は，原則として法の禁止するところであるが，法律に定める手続によつたのでは，権利に対する違法な侵害に対抗して現状を維持することが不可能又は著しく困難であると認められる緊急やむを得ない特別の事情が存する場合においてのみ，その必要の限度を超えない範囲内で，例外的に許されるものと解することを妨げない。

❶　権利に対する違法な侵害に対抗して法律に定める手続によらずに自力救済することは，その必要の限度を超えない範囲内であれば，事情のいかんにかかわらず許される。

❷　建物賃貸借契約終了後に当該建物内に家財などの残置物がある場合には，賃貸人の権利に対する違法な侵害であり，賃貸人は賃借人の同意の有無にかかわらず，原則として裁判を行わずに当該残置物を建物内から撤去することができる。

❸　建物賃貸借契約の賃借人が賃料を１年分以上滞納した場合には，賃貸人の権利を著しく侵害するため，原則として裁判を行わずに，賃貸人は賃借人の同意なく当該建物の鍵とシリンダーを交換して建物内に入れないようにすることができる。

❹　裁判を行っていては権利に対する違法な侵害に対抗して現状を維持することが不可能又は著しく困難であると認められる緊急やむを得ない特別の事情が存する場合には，その必要の限度を超えない範囲内で例外的に私力の行使が許される。

（本試験 2021年 12月 問１出題）

問9 Aに雇用されているBが，勤務中にA所有の乗用車を運転し，営業活動のため得意先に向かっている途中で交通事故を起こし，歩いていたCに危害を加えた場合における次の記述のうち，民法の規定及び判例によれば，正しいものはどれか。

❶ BのCに対する損害賠償義務が消滅時効にかかったとしても，AのCに対する損害賠償義務が当然に消滅するものではない。

❷ Cが即死であった場合には，Cには事故による精神的な損害が発生する余地がないので，AはCの相続人に対して慰謝料についての損害賠償責任を負わない。

❸ Aの使用者責任が認められてCに対して損害を賠償した場合には，AはBに対して求償することができるので，Bに資力があれば，最終的にはAはCに対して賠償した損害額の全額を常にBから回収することができる。

❹ Cが幼児である場合には，被害者側に過失があるときでも過失相殺が考慮されないので，AはCに発生した損害の全額を賠償しなければならない。

（本試験 2012年 問9出題）

問10 請負契約に関する次の記述のうち，民法の規定及び判例によれば，誤っているものはどれか。

❶ 請負契約が請負人の責めに帰すべき事由によって中途で終了し，請負人が施工済みの部分に相当する報酬に限ってその支払を請求することができる場合，注文者が請負人に請求できるのは，注文者が残工事の施工に要した費用のうち，請負人の未施工部分に相当する請負代金額を超える額に限られる。

❷ 請負契約が注文者の責めに帰すべき事由によって中途で終了した場合，請負人は，残債務を免れるとともに，注文者に請負代金全額を請求できるが，自己の債務を免れたことによる利益を注文者に償還しなければならない。

❸ 請負契約の目的物に種類又は品質に関する契約不適合がある場合，注文者は，請負人から修補に代わる損害の賠償を受けていなくとも，特別の事情がない限り，報酬全額を支払わなければならない。

❹ 請負人が契約不適合を理由とする責任を負わない旨の特約をしたときであっても，知りながら告げなかった事実については，その責任を免れることはできない。

（本試験 2017年 問7改題）

問11 借地人Aが，令和5年9月1日に甲地所有者Bと締結した建物所有を目的とする甲地賃貸借契約に基づいてAが甲地上に所有している建物と甲地の借地権とを第三者Cに譲渡した場合に関する次の記述のうち，民法及び借地借家法の規定によれば，正しいものはどれか。

❶ 甲地上のA所有の建物が登記されている場合には，AがCと当該建物を譲渡する旨の合意をすれば，Bの承諾の有無にかかわらず，CはBに対して甲地の借地権を主張できる。

❷ Aが借地権をCに対して譲渡するに当たり，Bに不利になるおそれがないにもかかわらず，Bが借地権の譲渡を承諾しない場合には，AはBの承諾に代わる許可を与えるように裁判所に申し立てることができる。

❸ Aが借地上の建物をDに賃貸している場合には，AはあらかじめDの同意を得ておかなければ，借地権を譲渡することはできない。

❹ AB間の借地契約が専ら事業の用に供する建物（居住の用に供するものを除く。）の所有を目的とし，かつ，存続期間を20年とする借地契約である場合には，AはBの承諾の有無にかかわらず，借地権をCに対して譲渡することができ，CはBに対して甲地の借地権を主張できる。

（本試験 2005年 問13 改題）

問12 AはBと，B所有の甲建物につき，居住を目的として，期間3年，賃料月額20万円と定めて賃貸借契約（以下この問において「**本件契約**」という。）を締結した。この場合における次の記述のうち，借地借家法の規定及び判例によれば，誤っているものはどれか。

❶ AもBも相手方に対し，本件契約の期間満了前に何らの通知もしなかった場合，従前の契約と同一の条件で契約を更新したものとみなされるが，その期間は定めがないものとなる。

❷ BがAに対し，本件契約の解約を申し入れる場合，甲建物の明渡しの条件として，一定額以上の財産上の給付を申し出たときは，Bの解約の申入れに正当事由があるとみなされる。

❸ 甲建物の適法な転借人であるCが，Bの同意を得て甲建物に造作を付加した場合，期間満了により本件契約が終了するときは，CはBに対してその造作を時価で買い取るよう請求することができる。

❹ 本件契約が借地借家法第38条の定期建物賃貸借で，契約の更新がない旨を定めた場合でも，BはAに対し，同条所定の通知期間内に，期間満了により本件契約が終了する旨の通知をしなければ，期間3年での終了をAに対抗することができない。

（本試験 2016年 問12 出題）

問13 建物の区分所有等に関する法律（以下この問において「法」という。）に関する次の記述のうち，誤っているものはどれか。

❶ 管理者は，利害関係人の請求があったときは，正当な理由がある場合を除いて，規約の閲覧を拒んではならない。

❷ 規約に別段の定めがある場合を除いて，各共有者の共用部分の持分は，その有する専有部分の壁その他の区画の内側線で囲まれた部分の水平投影面積の割合による。

❸ 一部共用部分に関する事項で区分所有者全員の利害に関係しないものは，区分所有者全員の規約に定めることができない。

❹ 法又は規約により集会において決議すべきとされた事項であっても，区分所有者全員の書面による合意があったときは，書面による決議があったものとみなされる。

（本試験 2011年 問 13 出題）

問14 所有権保存の登記に関する次の記述のうち，誤っているものはどれか。

❶ 所有権の登記がされていない建物について，その所有権が自己にあることを確定判決によって確認された者は，当該建物の所有権保存の登記を申請することができる。

❷ 土地の登記簿の表題部に被相続人が所有者として記載されている場合において，その相続人が複数あるときは，共同相続人の1人は，自己の持分についてのみ所有権保存の登記を申請することができる。

❸ 土地収用法による収用によって土地の所有権を取得した者は，直接自己名義に当該土地の所有権保存の登記を申請することができる。

❹ 1棟の建物を区分した建物の登記簿の表題部所有者から所有権を取得した者は，直接自己名義に当該建物の所有権保存の登記を申請することができる。

（本試験 2000年 問 14 改題）

問15 国土利用計画法第 23 条に規定する届出（以下この問において「事後届出」という。）に関する次の記述のうち，正しいものはどれか。

❶ 市街化区域内の土地（面積 2,500 ㎡）を購入する契約を締結した者は，その契約を締結した日から起算して 3 週間以内に事後届出を行わなければならない。

❷ A が所有する監視区域内の土地（面積 10,000 ㎡）を B が購入する契約を締結した場合，A 及び B は事後届出を行わなければならない。

❸ 都市計画区域外に所在し，一団の土地である甲土地（面積 6,000 ㎡）と乙土地（面積 5,000 ㎡）を購入する契約を締結した者は，事後届出を行わなければならない。

❹ 市街化区域内の甲土地（面積 3,000 ㎡）を購入する契約を締結した者が，その契約締結の 1 月後に甲土地と一団の土地である乙土地（面積 4,000 ㎡）を購入することとしている場合においては，甲土地の事後届出は，乙土地の契約締結後に乙土地の事後届出と併せて行うことができる。

（本試験 2016年 問 15 出題）

問16 都市計画法に関する次の記述のうち，正しいものはどれか。

❶ 地区計画は，建築物の建築形態，公共施設その他の施設の配置等からみて，一体としてそれぞれの区域の特性にふさわしい態様を備えた良好な環境の各街区を整備し，開発し，及び保全するための計画であり，用途地域が定められている土地の区域においてのみ定められる。

❷ 都市計画事業の認可の告示があった後においては，当該都市計画事業を施行する土地内において，当該事業の施行の障害となるおそれがある土地の形質の変更を行おうとする者は，都道府県知事及び当該事業の施行者の許可を受けなければならない。

❸ 都市計画事業については，土地収用法の規定による事業の認定及び当該認定の告示をもって，都市計画法の規定による事業の認可又は承認及び当該認可又は承認の告示とみなすことができる。

❹ 特別用途地区は，用途地域内の一定の地区における当該地区の特性にふさわしい土地利用の増進，環境の保護等の特別の目的の実現を図るため当該用途地域の指定を補完して定める地区である。

（本試験 2006年 問 18 出題）

問17 都市計画法の開発許可に関する次の記述のうち，正しいものはどれか。

❶ 開発許可申請書には，予定建築物の用途のほか，その構造，設備及び予定建築価額を記載しなければならない。

❷ 開発許可の申請は，自己が所有している土地についてのみ行うことができる。

❸ 開発許可を受けた開発区域内の土地においては，開発工事完了の公告があるまでの間は，原則として，建築物を建築することができない。

❹ 開発許可処分については，開発審査会の裁決を経なければ，その取消しの訴えを提起することができない。

（本試験 2001年 問 19 改題）

問18 建築基準法に関する次の記述のうち，正しいものはどれか。

❶ 建築物の高さ 31m 以下の部分にある全ての階には，非常用の進入口を設けなければならない。

❷ 防火地域内にある 3 階建ての木造の建築物を増築する場合，その増築に係る部分の床面積の合計が 10㎡以内であれば，その工事が完了した際に，建築主事等又は指定確認検査機関の完了検査を受ける必要はない。

❸ 4 階建ての事務所の用途に供する建築物の 2 階以上の階にあるバルコニーその他これに類するものの周囲には，安全上必要な高さが 1.1m 以上の手すり壁，さく又は金網を設けなければならない。

❹ 建築基準法の改正により，現に存する建築物が改正後の規定に適合しなくなった場合，当該建築物の所有者又は管理者は速やかに当該建築物を改正後の建築基準法の規定に適合させなければならない。

（本試験 2018年 問 18 改題）

問19 第二種低層住居専用地域に指定されている区域内の土地（以下この問において「区域内の土地」という。）に関する次の記述のうち，建築基準法の規定によれば，正しいものはどれか。ただし，特定行政庁の許可については考慮しないものとする。

❶ 区域内の土地においては，美容院の用途に供する部分の床面積の合計が100㎡である2階建ての美容院を建築することができない。

❷ 区域内の土地においては，都市計画において建築物の外壁又はこれに代わる柱の面から敷地境界線までの距離の限度を2m又は1.5mとして定めることができる。

❸ 区域内の土地においては，高さが9mを超える建築物を建築することはできない。

❹ 区域内の土地においては，建築物を建築しようとする際，当該建築物に対する建築基準法第56条第1項第2号のいわゆる隣地斜線制限の適用はない。

（本試験 2007年 問 22 出題）

問20 宅地造成及び特定盛土等規制法に関する次の記述のうち，誤っているものはどれか。なお，この問において「都道府県知事」とは，地方自治法に基づく指定都市及び中核市にあってはその長をいうものとする。

❶ 都道府県知事は，宅地造成等工事規制区域内の土地について，宅地造成等に伴う災害を防止するために必要があると認める場合には，その土地の所有者に対して，擁壁等の設置等の措置をとることを勧告することができる。

❷ 宅地造成等工事規制区域の指定の際に，当該宅地造成等工事規制区域内において宅地造成等に関する工事を行っている者は，当該工事について改めて都道府県知事の許可を受けなければならない。

❸ 宅地造成等工事規制区域内において，宅地造成等に関する工事の許可を受けた者が，工事施行者を変更する場合には，遅滞なくその旨を都道府県知事に届け出ればよく，改めて許可を受ける必要はない。

❹ 宅地造成等工事規制区域内において，宅地を造成するために切土をする土地の面積が500㎡であって盛土が生じない場合，切土をした部分に生じる崖の高さが1.5mであれば，都道府県知事の許可は必要ない。

（本試験 2015年 問 19 改題）

問21 土地区画整理法に関する次の記述のうち，誤っているものはどれか。

❶ 換地計画において参加組合員に対して与えるべきものとして定められた宅地は，換地処分の公告があった日の翌日において，当該宅地の所有者となるべきものとして換地計画において定められた参加組合員が取得する。

❷ 換地計画において換地を定める場合においては，換地及び従前の宅地の位置，地積，土質，水利，利用状況，環境等が照応するように定めなければならない。

❸ 土地区画整理組合の設立の認可の公告があった日後，換地処分の公告がある日までは，施行地区内において，土地区画整理事業の施行の障害となるおそれがある土地の形質の変更を行おうとする者は，当該土地区画整理組合の許可を受けなければならない。

❹ 土地区画整理組合の組合員は，組合員の3分の1以上の連署をもって，その代表者から理由を記載した書面を土地区画整理組合に提出して，理事又は監事の解任を請求することができる。

（本試験 2021年10月 問20 出題）

問22 農地に関する次の記述のうち，農地法（以下この問において「法」という。）の規定によれば，正しいものはどれか。

❶ 市街化区域内の農地を耕作のために借り入れる場合，あらかじめ農業委員会に届出をすれば，法第3条第1項の許可を受ける必要はない。

❷ 市街化調整区域内の4ヘクタールを超える農地について，これを転用するために所有権を取得する場合，農林水産大臣の許可を受ける必要がある。

❸ 銀行から500万円を借り入れるために農地に抵当権を設定する場合，法第3条第1項又は第5条第1項の許可を受ける必要がある。

❹ 相続により農地の所有権を取得した者は，遅滞なく，その農地の存する市町村の農業委員会にその旨を届け出なければならない。

（本試験 2017年 問15 出題）

問23 租税特別措置法第 36 条の 2 の特定の居住用財産の買換えの場合の長期譲渡所得の課税の特例に関する次の記述のうち，正しいものはどれか。

❶ 譲渡資産とされる家屋については，その譲渡に係る対価の額が 5,000 万円以下であることが，適用要件とされている。

❷ 買換資産とされる家屋については，譲渡資産の譲渡をした日からその譲渡をした日の属する年の 12 月 31 日までに取得をしたものであることが，適用要件とされている。

❸ 譲渡資産とされる家屋については，その譲渡をした日の属する年の 1 月 1 日における所有期間が 5 年を超えるものであることが，適用要件とされている。

❹ 買換資産とされる家屋については，その床面積のうち自己の居住の用に供する部分の床面積が 50㎡以上のものであることが，適用要件とされている。

(本試験 2007年 問 26 出題)

問24 固定資産税に関する次の記述のうち，正しいものはどれか。

❶ 固定資産税を既に全納した者が，年度の途中において土地の譲渡を行った場合には，その譲渡後の月数に応じて税額の還付を受けることができる。

❷ 固定資産税の税率は，1.7％を超えることができない。

❸ 固定資産税の納期は，4 月，7 月，12 月及び 2 月中において，当該市町村の条例で定めることとされているが，特別の事情がある場合においては，これと異なる納期を定めることができる。

❹ 200 ㎡以下の住宅用地に対して課する固定資産税の課税標準は，課税標準となるべき価格の 2 分の 1 の額とする特例措置が講じられている。

(本試験 2020 年 12 月 問 24 出題)

問25 地価公示法に関する次の記述のうち，**誤っている**ものはどれか。

❶ 都市及びその周辺の地域等において，土地の取引を行う者は，取引の対象土地に類似する利用価値を有すると認められる標準地について公示された価格を指標として取引を行うよう努めなければならない。

❷ 地価公示は，土地鑑定委員会が，毎年1回，2人以上の不動産鑑定士の鑑定評価を求め，その結果を審査し，必要な調整を行って，標準地の正常な価格を判定し，これを公示するものである。

❸ 標準地の正常な価格とは，土地について，自由な取引が行われるとした場合に通常成立すると認められる価格をいい，当該土地に地上権がある場合には，その地上権が存するものとして通常成立すると認められる価格をいう。

❹ 標準地の鑑定評価は，近傍類地の取引価格から算定される推定の価格，近傍類地の地代等から算定される推定の価格及び同等の効用を有する土地の造成に要する推定の費用の額を勘案して行われる。

(本試験2002年 問29 改題)

問26 宅地建物取引業の免許（以下この問において「免許」という。）に関する次の記述のうち，**正しい**ものはどれか。

❶ 宅地建物取引業を営もうとする者は，同一県内に2以上の事務所を設置してその事業を営もうとする場合にあっては，国土交通大臣の免許を受けなければならない。

❷ Aが，B社が甲県に所有する1棟のマンション（20戸）を，貸主として不特定多数の者に反復継続して転貸する場合，Aは甲県知事の免許を受けなければならない。

❸ C社が乙県にのみ事務所を設置し，Dが丙県に所有する1棟のマンション（10戸）について，不特定多数の者に反復継続して貸借の代理を行う場合，C社は乙県知事の免許を受けなければならない。

❹ 宅地建物取引業を営もうとする者が，国土交通大臣又は都道府県知事から免許を受けた場合，その有効期間は，国土交通大臣から免許を受けたときは5年，都道府県知事から免許を受けたときは3年である。

(本試験2011年 問26 出題)

問27 宅地建物取引業の免許（以下この問において「免許」という。）に関する次の記述のうち，宅地建物取引業法の規定によれば，正しいものはどれか。

❶ 宅地建物取引業者Aが免許の更新の申請を行った場合において，免許の有効期間の満了の日までにその申請について処分がなされないときは，Aの従前の免許は，有効期間の満了によりその効力を失う。

❷ 甲県に事務所を設置する宅地建物取引業者B（甲県知事免許）が，乙県所在の宅地の売買の媒介をする場合，Bは国土交通大臣に免許換えの申請をしなければならない。

❸ 宅地建物取引業を営もうとする個人Cが，懲役の刑に処せられ，その刑の執行を終えた日から5年を経過しない場合，Cは免許を受けることができない。

❹ いずれも宅地建物取引士ではないDとEが宅地建物取引業者F社の取締役に就任した。Dが常勤，Eが非常勤である場合，F社はDについてのみ役員の変更を免許権者に届け出る必要がある。

（本試験 2018年 問 36 出題）

問28 宅地建物取引業者が売主である新築分譲マンションを訪れた買主Ａに対して，当該宅地建物取引業者の従業者Ｂが行った次の発言内容のうち，宅地建物取引業法の規定に違反しないものはいくつあるか。

ア Ａ：眺望の良さが気に入った。隣接地は空地だが，将来の眺望は大丈夫なのか。

Ｂ：隣接地は，市有地で，現在，建築計画や売却の予定がないことを市に確認しました。将来，建つとしても公共施設なので，市が眺望を遮るような建物を建てることは絶対ありません。ご安心ください。

イ Ａ：先日来たとき，５年後の転売で利益が生じるのが確実だと言われたが本当か。

Ｂ：弊社が数年前に分譲したマンションが，先日高値で売れました。このマンションはそれより立地条件が良く，また，近隣のマンション価格の動向から見ても，５年後値上がりするのは間違いありません。

ウ Ａ：購入を検討している。貯金が少なく，手付金の負担が重いのだが。

Ｂ：弊社と提携している銀行の担当者から，手付金も融資の対象になっていると聞いております。ご検討ください。

エ Ａ：昨日，申込証拠金10万円を支払ったが，都合により撤回したいので申込証拠金を返してほしい。

Ｂ：お預かりした10万円のうち，社内規程上，お客様の個人情報保護のため，申込書の処分手数料として，5,000円はお返しできませんが，残金につきましては法令に従いお返しします。

❶ 一つ

❷ 二つ

❸ 三つ

❹ なし

（本試験 2015年 問 41 出題）

問29 宅地建物取引業法に関する次の記述のうち，正しいものはどれか。

❶ 甲県に事務所を設置する宅地建物取引業者（甲県知事免許）が，乙県所在の物件を取引する場合，国土交通大臣へ免許換えの申請をしなければならない。

❷ 宅地建物取引業者（甲県知事免許）は，乙県知事から指示処分を受けたときは，その旨を甲県知事に届け出なければならない。

❸ 免許を受けようとする法人の政令で定める使用人が，覚せい剤取締法違反により懲役刑に処せられ，その刑の執行を終わった日から5年を経過していない場合，当該使用人が取締役に就任していなければ当該法人は免許を受けることができる。

❹ 宅地建物取引業に関し不正又は不誠実な行為をするおそれが明らかな者は，宅地建物取引業法の規定に違反し罰金の刑に処せられていなくても，免許を受けることができない。

（本試験 2013年 問 43 出題）

問30 宅地建物取引士資格登録（以下この問において「登録」という。）及び宅地建物取引士証に関する次の記述のうち，宅地建物取引業法の規定によれば，正しいものはどれか。

❶ 宅地建物取引士A（甲県知事登録）が，宅地建物取引業者B社（乙県知事免許）に従事した場合，Aは乙県知事に対し，甲県知事を経由して登録の移転を申請しなければならない。

❷ 宅地建物取引士Cが，宅地建物取引業者D社を退職し，宅地建物取引業者E社に就職したが，CはD社及びE社においても専任の宅地建物取引士ではないので，宅地建物取引士資格登録簿の変更の登録は申請しなくてもよい。

❸ Fは，不正の手段により登録を受けたとして，登録の消除の処分の聴聞の期日及び場所が公示された後，自らの申請により，登録が消除された。Fは，登録が消除された日から5年を経過せずに新たに登録を受けることができる。

❹ 宅地建物取引士Gは，宅地建物取引士証の有効期間内に更新をせず，有効期間の満了日から2週間後に宅地建物取引士証の交付を受けた。その2週間の間にGに重要事項説明を行わせた宅地建物取引業者H社は業務停止処分を受けることがある。

（本試験 2004年 問 34 出題）

問31 宅地建物取引業者Ａ（甲県知事免許）の営業保証金に関する次の記述のうち，宅地建物取引業法の規定によれば，誤っているものはどれか。なお，Ａは，甲県内に本店と一つの支店を設置して事業を営んでいるものとする。

❶ Ａが販売する新築分譲マンションの広告を受託した広告代理店は，その広告代金債権に関し，Ａが供託した営業保証金からその債権の弁済を受ける権利を有しない。

❷ Ａは，免許の有効期間の満了に伴い，営業保証金の取戻しをするための公告をしたときは，遅滞なく，その旨を甲県知事に届け出なければならない。

❸ Ａは，マンション３棟を分譲するための現地出張所を甲県内に設置した場合，営業保証金を追加して供託しなければ，当該出張所でマンションの売買契約を締結することはできない。

❹ Ａの支店でＡと宅地建物取引業に関する取引をした者は，その取引により生じた債権に関し，1,500万円を限度として，Ａが供託した営業保証金からその債権の弁済を受ける権利を有する。

（本試験2007年 問37出題）

問32 宅地建物取引業者Ａが宅地建物取引業保証協会（以下この問において「保証協会」という。）に加入した場合に関する次の記述のうち，宅地建物取引業法の規定によれば，正しいものはどれか。

❶ Ａが保証協会に加入する前に，Ａと宅地建物取引業に関し取引をした者（宅地建物取引業者を除く）は，弁済業務保証金について弁済を受けることができない。

❷ Ａは保証協会に加入した後に新たに事務所を開設したときは，その日から２週間以内に，営業保証金500万円を主たる事務所のもよりの供託所に供託しなければならない。

❸ Ａがその一部の事務所を廃止したため，保証協会が弁済業務保証金分担金をＡに返還しようとするときは，保証協会は，弁済業務保証金の還付請求権者に対し，一定期間内に認証を受けるため申し出るべき旨の公告を行う必要はない。

❹ Ａが，保証協会から弁済業務保証金の還付に係る還付充当金を納付すべき旨の通知を受けた日から２週間以内に，通知された額の還付充当金を保証協会に納付しない場合，保証協会は納付をすべき旨の催告をしなければならず，催告が到達した日から１月以内にＡが納付しない場合は，Ａは社員としての地位を失う。

（本試験2005年 問45改題）

問33 宅地建物取引業者A社が，Bから自己所有の宅地の売買の媒介を依頼された場合における次の記述のうち，宅地建物取引業法の規定によれば，正しいものはどれか。なお，電磁的方法により提供する場合については考慮しないものとする。

❶ A社は，Bとの間で締結した媒介契約が専任媒介契約であるか否かにかかわらず，所定の事項を指定流通機構に登録しなければならない。

❷ A社は，Bとの間で専任媒介契約を締結したときは，Bからの申出があれば，所定の事項を指定流通機構に登録しない旨の特約を定めることができる。

❸ A社は，Bとの間で専任媒介契約を締結し，所定の事項を指定流通機構に登録したときは，その登録を証する書面を遅滞なくBに引き渡さなければならない。

❹ A社は，Bとの間で専任媒介契約を締結した場合，当該宅地の売買契約が成立したとしても，その旨を指定流通機構に通知する必要はない。

（本試験 2011年 問 31 改題）

問34 次の記述のうち，宅地建物取引業法の規定に違反しないものの組合せとして，正しいものはどれか。なお，この問において「建築確認」とは，建築基準法第6条第1項の確認をいうものとする。

ア 宅地建物取引業者Aは，建築確認の済んでいない建築工事完了前の賃貸住宅の貸主Bから当該住宅の貸借の媒介を依頼され，取引態様を媒介と明示して募集広告を行った。

イ 宅地建物取引業者Cは，建築確認の済んでいない建築工事完了前の賃貸住宅の貸主Dから当該住宅の貸借の代理を依頼され，代理人として借主Eとの間で当該住宅の賃貸借契約を締結した。

ウ 宅地建物取引業者Fは，自己の所有に属しない宅地について，自ら売主として，宅地建物取引業者Gと売買契約の予約を締結した。

エ 宅地建物取引業者Hは，農地の所有者Iと建物の敷地に供するため農地法第5条の許可を条件とする売買契約を締結したので，自ら売主として宅地建物取引業者ではない個人JとI所有の農地の売買契約を締結した。

❶ ア，イ

❷ ア，エ

❸ イ，ウ

❹ ウ，エ

（本試験 2021年 12月 問 38 出題）

問35 宅地建物取引業者Ａが，マンションの分譲に際して行う宅地建物取引業法第35条の規定に基づく重要事項の説明に関する次の記述のうち，正しいものはどれか。なお，説明の相手方は宅地建物取引業者ではないものとする。

❶ 当該マンションの建物又はその敷地の一部を特定の者にのみ使用を許す旨の規約の定めがある場合，Ａは，その内容だけでなく，その使用者の氏名及び住所について説明しなければならない。

❷ 建物の区分所有等に関する法律第2条第4項に規定する共用部分に関する規約がまだ案の段階である場合，Ａは，規約の設定を待ってから，その内容を説明しなければならない。

❸ 当該マンションの建物の計画的な維持修繕のための費用の積立を行う旨の規約の定めがある場合，Ａは，その内容を説明すれば足り，既に積み立てられている額については説明する必要はない。

❹ 当該マンションの建物の計画的な維持修繕のための費用を特定の者にのみ減免する旨の規約の定めがある場合，Ａは，買主が当該減免対象者であるか否かにかかわらず，その内容を説明しなければならない。

（本試験 2008年 問 37 改題）

問36 宅地建物取引業者が建物の貸借の媒介を行う場合における宅地建物取引業法第35条に規定する重要事項の説明に関する次の記述のうち，正しいものはどれか。なお，説明の相手方は宅地建物取引業者ではないものとする。

❶ 当該建物が住宅の品質確保の促進等に関する法律第5条第1項に規定する住宅性能評価を受けた新築住宅であるときは，その旨を説明しなければならない。

❷ 当該建物が既存の建物であるときは，既存住宅に係る住宅の品質確保の促進等に関する法律第6条第3項に規定する建設住宅性能評価書の保存の状況について説明しなければならない。

❸ 当該建物が既存の建物である場合，石綿使用の有無の調査結果の記録がないときは，石綿使用の有無の調査を自ら実施し，その結果について説明しなければならない。

❹ 当該建物が建物の区分所有等に関する法律第2条第1項に規定する区分所有権の目的であるものであって，同条第3項に規定する専有部分の用途その他の利用の制限に関する規約の定めがあるときは，その内容を説明しなければならない。

（本試験 2019年 問 28 出題）

問37 宅地建物取引業者A社が宅地建物取引業法第37条の規定により交付すべき書面（以下この問において「37条書面」という。）に関する次の記述のうち，宅地建物取引業法の規定によれば，正しいものの組合せはどれか。なお，この問においては，電磁的方法により提供する場合を考慮しないものとする。

ア A社は，建物の貸借に関し，自ら貸主として契約を締結した場合に，その相手方に37条書面を交付しなければならない。

イ A社は，建物の売買に関し，その媒介により契約が成立した場合に，当該売買契約の各当事者のいずれに対しても，37条書面を交付しなければならない。

ウ A社は，建物の売買に関し，その媒介により契約が成立した場合に，天災その他不可抗力による損害の負担に関する定めがあるときは，その内容を記載した37条書面を交付しなければならない。

エ A社は，建物の売買に関し，自ら売主として契約を締結した場合に，その相手方が宅地建物取引業者であれば，37条書面を交付する必要はない。

❶ ア，イ

❷ イ，ウ

❸ ウ，エ

❹ ア，エ

（本試験 2013年 問31 改題）

問38 宅地建物取引業者A（消費税課税事業者）は貸主Bから建物の貸借の媒介の依頼を受け，宅地建物取引業者C（消費税課税事業者）は借主Dから建物の貸借の媒介の依頼を受け，BとDの間での賃貸借契約を成立させた。この場合における次の記述のうち，宅地建物取引業法（以下この問において「法」という。）の規定によれば，正しいものはどれか。なお，1か月分の借賃は9万円（消費税等相当額を含まない。）である。

❶ 建物を店舗として貸借する場合，当該賃貸借契約において200万円の権利金（権利設定の対価として支払われる金銭であって返還されないものをいい，消費税等相当額を含まない。）の授受があるときは，A及びCが受領できる報酬の限度額の合計は220,000円である。

❷ AがBから49,500円の報酬を受領し，CがDから49,500円の報酬を受領した場合，AはBの依頼によって行った広告の料金に相当する額を別途受領することができない。

❸ Cは，Dから報酬をその限度額まで受領できるほかに，法第35条の規定に基づく重要事項の説明を行った対価として，報酬を受領することができる。

❹ 建物を居住用として貸借する場合，当該賃貸借契約において100万円の保証金（Dの退去時にDに全額返還されるものとする。）の授受があるときは，A及びCが受領できる報酬の限度額の合計は110,000円である。

（本試験 2017年 問26 改題）

問39 宅地建物取引業法に規定する宅地建物取引士証，従業者証明書，従業者名簿，帳簿及び標識に関する次の記述のうち，誤っているものはどれか。

❶ 宅地建物取引業者の従業者は，宅地建物取引業者が発行する従業者証明書をその業務に従事する間，常に携帯し，取引の関係者から請求があったときは，従業者証明書を提示しなければならないが，従業者が宅地建物取引士である場合は，宅地建物取引士証の提示をもってこれに代えることができる。

❷ 宅地建物取引業者は，その事務所ごとに従業者名簿を備え，取引の関係者から請求があったときは，当該名簿をその者の閲覧に供しなければならないが，当該名簿を事務所のパソコンのハードディスクに記録し，ディスプレイの画面に表示する方法で閲覧に供することもできる。

❸ 宅地建物取引業者は，その事務所ごとにその業務に関する帳簿を備え，取引のあったつど，所定の事項を記載しなければならないが，当該帳簿の記載事項を事務所のパソコンのハードディスクに記録し，必要に応じ当該事務所においてパソコンやプリンタを用いて紙面に印刷することが可能な環境を整えることで，当該帳簿への記載に代えることができる。

❹ 宅地建物取引業者は，売主として一団の宅地建物の分譲を当該物件から約500 m離れた駅前に案内所を設置して行う場合，当該物件の所在する場所及び案内所のそれぞれに，免許証番号，主たる事務所の所在地等の所定の事項を記載した標識を掲示しなければならない。

（本試験 2007年 問 45 出題）

問40 宅地建物取引業者Aが，自ら売主として，宅地建物取引業者でないBと建物の売買契約を締結する場合に関する次の記述のうち，宅地建物取引業法（以下この問において「法」という。）及び民法の規定によれば，正しいものはどれか。

❶ Bが契約の履行に着手するまでにAが売買契約の解除をするには，手付の3倍に当たる額をBに現実に提供しなければならないとの特約を定めることができる。

❷ Aの違約によりBが受け取る違約金を売買代金の額の10分の3とするとの特約を定めることができる。

❸ Bから法第37条の2の規定に基づくいわゆるクーリング・オフによる売買契約の解除があった場合でも，Aが契約の履行に着手していれば，AはBに対して，それに伴う損害賠償を請求することができる。

❹ Bが契約不適合担保責任を追及するための通知期間として，引渡しの日から2年で，かつ，Bが契約不適合を発見した時から30日以内とする特約を定めることができる。

(本試験2008年 問40 改題)

問41 宅地建物取引業者Aが自ら売主として締結した建物の売買契約について，買主が宅地建物取引業法第37条の2の規定に基づき売買契約の解除をする場合に関する次の記述のうち，正しいものはどれか。

❶ 宅地建物取引業者でない買主Bは，建物の物件の説明を自宅で受ける申し出を行い，自宅でこの説明を受け，即座に買受けを申し込んだ。後日，勤務先の近くのホテルのロビーで売買契約を締結した場合，Bは売買契約の解除はできない。

❷ 宅地建物取引業者でない買主Cは，建物の物件の説明をAの事務所で受け，翌日，出張先から電話で買受けを申し込んだ。後日，勤務先の近くの喫茶店で売買契約を締結した場合，Cは売買契約の解除はできない。

❸ 宅地建物取引業者である買主Dは，建物の物件の説明をAの事務所で受けた。後日，Aの事務所近くの喫茶店で買受けを申し込むとともに売買契約を締結した場合，Dは売買契約の解除はできる。

❹ 宅地建物取引業者でない買主Eから売買契約の解除があった場合で，この契約の解除が法的要件を満たし，かつ，Aが手付金を受領しているとき，Aは契約に要した費用を手付金から控除して返還することができる。

(本試験2002年 問45 出題)

問42 宅地建物取引業者Ａが自ら売主となって宅地建物の売買契約を締結した場合に関する次の記述のうち，宅地建物取引業法の規定に違反するものはどれか。なお，この問において，ＡとＣ以外の者は宅地建物取引業者でないものとする。

❶ Ｂの所有する宅地について，ＢとＣが売買契約を締結し，所有権の移転登記がなされる前に，ＣはＡに転売し，Ａは更にＤに転売した。

❷ Ａの所有する土地付建物について，Ｅが賃借していたが，Ａは当該土地付建物を停止条件付でＦに売却した。

❸ Ｇの所有する宅地について，ＡはＧと売買契約の予約をし，Ａは当該宅地をＨに転売した。

❹ Ｉの所有する宅地について，ＡはＩと停止条件付で取得する売買契約を締結し，その条件が成就する前に当該物件についてＪと売買契約を締結した。

（本試験 2005年 問 35 出題）

問43 宅地建物取引業者Ａ（甲県知事免許）に対する監督処分に関する次の記述のうち，宅地建物取引業法（以下この問において「法」という。）の規定によれば，正しいものはどれか。

❶ Ａは，自らが売主となった分譲マンションの売買において，法第35条に規定する重要事項の説明を行わなかった。この場合，Ａは，甲県知事から業務停止を命じられることがある。

❷ Ａは，乙県内で宅地建物取引業に関する業務において，著しく不当な行為を行った。この場合，乙県知事は，Ａに対し，業務停止を命ずることはできない。

❸ Ａは，甲県知事から指示処分を受けたが，その指示処分に従わなかった。この場合，甲県知事は，Ａに対し，１年を超える期間を定めて，業務停止を命ずることができる。

❹ Ａは，自ら所有している物件について，直接賃借人Ｂと賃貸借契約を締結するに当たり，法第35条に規定する重要事項の説明を行わなかった。この場合，Ａは，甲県知事から業務停止を命じられることがある。

（本試験 2016年 問 26 出題）

問44 宅地建物取引業法（以下この問において「法」という。）に規定する宅地建物取引士及び宅地建物取引士証に関する次の記述のうち，正しいものはどれか。

❶ 宅地建物取引業者は，20戸以上の一団の分譲建物の売買契約の申込みのみを受ける案内所を設置し，売買契約の締結は事務所で行う場合，当該案内所には専任の宅地建物取引士を置く必要はない。

❷ 未成年者は，成年者と同一の行為能力を有していたとしても，成年に達するまでは宅地建物取引士の登録を受けることができない。

❸ 宅地建物取引士は，法第35条の規定による重要事項説明を行うにあたり，相手方から請求があった場合にのみ，宅地建物取引士証を提示すればよい。

❹ 宅地建物取引士資格試験に合格した日から1年以内に宅地建物取引士証の交付を受けようとする者は，登録をしている都道府県知事の指定する講習を受講する必要はない。

(本試験 2011年 問28 出題)

問45 宅地建物取引業者Aが自ら売主として，宅地建物取引業者でない買主Bに新築住宅を販売する場合における次の記述のうち，特定住宅瑕疵担保責任の履行の確保等に関する法律の規定によれば，正しいものはどれか。

❶ Bが建設業者である場合，Aは，Bに引き渡した新築住宅について，住宅販売瑕疵担保保証金の供託又は住宅販売瑕疵担保責任保険契約の締結を行う義務を負わない。

❷ Aは，基準日に係る住宅販売瑕疵担保保証金の供託及び住宅販売瑕疵担保責任保険契約の締結の状況について届出をしなければ，当該基準日から3週間を経過した日以後，新たに自ら売主となる新築住宅の売買契約を締結してはならない。

❸ Aは，住宅販売瑕疵担保保証金の供託をする場合，Bに対する供託所の所在地等について記載した書面の交付（電磁的方法による提供を含む。）及び説明を，Bに新築住宅を引き渡すまでに行えばよい。

❹ Aが住宅販売瑕疵担保保証金を供託する場合，当該住宅の床面積が55㎡以下であるときは，新築住宅の合計戸数の算定に当たって，2戸をもって1戸と数えることになる。

(本試験 2013年 問45 改題)

問46 独立行政法人住宅金融支援機構（以下この問において「機構」という。）に関する次の記述のうち，誤っているものはどれか。

❶ 機構は，住宅の建設又は購入に必要な資金の貸付けに係る金融機関の貸付債権の譲受けを業務として行っているが，当該住宅の建設又は購入に付随する土地又は借地権の取得に必要な資金の貸付けに係る貸付債権については，譲受けの対象としていない。

❷ 機構は，災害により，住宅が滅失した場合において，それに代わるべき建築物の建設又は購入に必要な資金の貸付けを業務として行っている。

❸ 機構は，貸付けを受けた者とあらかじめ契約を締結して，その者が死亡した場合に支払われる生命保険の保険金を当該貸付けに係る債務の弁済に充当する団体信用生命保険に関する業務を行っている。

❹ 機構が証券化支援事業（買取型）により譲り受ける貸付債権は，自ら居住する住宅又は自ら居住する住宅以外の親族の居住の用に供する住宅を建設し，又は購入する者に対する貸付けに係るものでなければならない。

（本試験 2013年 問 46 出題）

問47 宅地建物取引業者が行う広告に関する次の記述のうち，不当景品類及び不当表示防止法の規定によれば，正しいものはどれか。

❶ 不動産の販売広告において，自己の販売する物件の価格等の取引条件が競争事業者のものより有利である旨表示し，一般消費者を誘引して顧客を獲得しても，その表示内容を裏付ける合理的な根拠を広告に示していれば，不当表示となるおそれはない。

❷ 不動産の販売広告に係る甲物件の取引を顧客が申し出た場合に，甲物件に案内することを拒否したり，甲物件の難点を指摘して取引に応じることなく顧客に他の物件を勧めたときでも，甲物件が存在していれば，その広告は不当表示となるおそれはない。

❸ 新聞の折込広告において，分譲住宅40戸の販売を一斉に開始して1年経過後，売れ残った住宅30戸の販売を一時中止し，その6カ月後に一般日刊新聞紙の紙面広告で当該住宅を「新発売」と表示して販売したときでも，広告媒体が異なるので，不当表示となるおそれはない。

❹ 市街化調整区域内に所在する土地（開発許可を受けた開発区域内の土地その他の一定の土地を除く。）の販売広告においては，「市街化調整区域」と表示し，このほかに「現在は建築不可」と表示さえすれば，市街化区域への区分の変更が行われる予定がないとしても，不当表示となるおそれはない。

（本試験1999年 問47改題）

問48 宅地建物取引業者が行う広告等に関する次の記述のうち, 不当景品類及び不当表示防止法 (不動産の表示に関する公正競争規約の規定を含む。) によれば, 正しいものはどれか。

❶ 平成 15 年 4 月 1 日に建築され, 平成 22 年 4 月 1 日に増築された既存住宅を令和 6 年 4 月 1 日から販売する場合, 当該増築日を起算点として「築 14 年」と表示してもよい。

❷ 建築基準法で規定する道路に 2 m 以上接していない土地に建築物を建築しようとしても, 原則として建築基準法第 6 条第 1 項の確認を受けることはできないため, 「建築不可」又は「再建築不可」と明示しなくてもよい。

❸ 新築賃貸マンションの賃料については, パンフレット等の媒体を除き, 標準的な 1 住戸 1 ヵ月当たりの賃料を表示すれば足りる。

❹ 宅地の造成又は建物の建築に関する工事の完了前であっても, 宅地建物取引業法第 33 条に規定する許可等の処分があった後であれば, 当該工事に係る宅地又は建物の内容又は取引条件その他取引に関する表示をしてもよい。

(本試験 2009年 問 47 改題)

問49 土地の形質に関する次の記述のうち, 誤っているものはどれか。

❶ 地表面の傾斜は, 等高線の密度で読み取ることができ, 等高線の密度が高い所は傾斜が急である。

❷ 扇状地は山地から平野部の出口で, 勾配が急に緩やかになる所に見られ, 等高線が同心円状になるのが特徴的である。

❸ 等高線が山頂に向かって高い方に弧を描いている部分は尾根で, 山頂から見て等高線が張り出している部分は谷である。

❹ 等高線の間隔の大きい河口付近では, 河川の氾濫により河川より離れた場所でも浸水する可能性が高くなる。

(本試験 2008年 問 49 出題)

問50 建築物の材料に関する次の記述のうち，誤っているものはどれか。

❶ 集成材は，単板等を積層したもので，伸縮・変形・割れなどが生じにくくなるため，大規模な木造建築物の骨組みにも使用される。

❷ 木材の強度は，含水率が大きい状態の方が大きくなるため，建築物に使用する際には，その含水率を確認することが好ましい。

❸ 鉄筋コンクリート造に使用される骨材，水及び混和材料は，鉄筋をさびさせ，又はコンクリートの凝結及び硬化を妨げるような酸，塩，有機物又は泥土を含んではならない。

❹ 鉄は，炭素含有量が多いほど，引張強さ及び硬さが増大し，伸びが減少するため，鉄骨造には，一般に炭素含有量が少ない鋼が用いられる。

（本試験 2003年 問 50 出題）

第2回　解答用紙

問題番号	解　答　番　号	問題番号	解　答　番　号
第1問	① ② ③ ④	第26問	① ② ③ ④
第2問	① ② ③ ④	第27問	① ② ③ ④
第3問	① ② ③ ④	第28問	① ② ③ ④
第4問	① ② ③ ④	第29問	① ② ③ ④
第5問	① ② ③ ④	第30問	① ② ③ ④
第6問	① ② ③ ④	第31問	① ② ③ ④
第7問	① ② ③ ④	第32問	① ② ③ ④
第8問	① ② ③ ④	第33問	① ② ③ ④
第9問	① ② ③ ④	第34問	① ② ③ ④
第10問	① ② ③ ④	第35問	① ② ③ ④
第11問	① ② ③ ④	第36問	① ② ③ ④
第12問	① ② ③ ④	第37問	① ② ③ ④
第13問	① ② ③ ④	第38問	① ② ③ ④
第14問	① ② ③ ④	第39問	① ② ③ ④
第15問	① ② ③ ④	第40問	① ② ③ ④
第16問	① ② ③ ④	第41問	① ② ③ ④
第17問	① ② ③ ④	第42問	① ② ③ ④
第18問	① ② ③ ④	第43問	① ② ③ ④
第19問	① ② ③ ④	第44問	① ② ③ ④
第20問	① ② ③ ④	第45問	① ② ③ ④
第21問	① ② ③ ④	第46問	① ② ③ ④
第22問	① ② ③ ④	第47問	① ② ③ ④
第23問	① ② ③ ④	第48問	① ② ③ ④
第24問	① ② ③ ④	第49問	① ② ③ ④
第25問	① ② ③ ④	第50問	① ② ③ ④

冊子の使い方

この色紙を残したまま、「問題冊子」を取り外し、ご利用ください。

※抜き取りの際の破損等による返品・交換には応じられませんのでご注意ください。

解答用紙の使い方

「問題冊子」を抜き取った後の色紙の裏表紙を破線に沿って切り取り、コピーしてご利用ください。

2024年版 出る順宅建士
過去30年良問厳選模試

第3回
問題

中級編①

 合格推定点 **36**点

 制限時間 **2**時間

①問題は、2ページから32ページまでの50問です。
②問題の中の法令に関する部分は、2024年4月1日現在施行されている規定に基づいて出題されてます。

問1 A所有の甲土地についてのAB間の売買契約に関する次の記述のうち，民法の規定及び判例によれば，正しいものはどれか。

❶ Aは甲土地を「1,000万円で売却する」という意思表示を行ったが当該意思表示はAの真意ではなく，Bもその旨を知っていた。この場合，Bが「1,000万円で購入する」という意思表示をすれば，AB間の売買契約は有効に成立する。

❷ AB間の売買契約が，AとBとで意を通じた仮装のものであったとしても，Aの売買契約の動機が債権者からの差押えを逃れるというものであることをBが知っていた場合には，AB間の売買契約は有効に成立する。

❸ Aが第三者Cの強迫によりBとの間で売買契約を締結した場合，Bがその強迫の事実を知っていたか否かにかかわらず，AはAB間の売買契約に関する意思表示を取り消すことができる。

❹ AB間の売買契約が，Aが泥酔して意思無能力である間になされたものである場合，Aは，酔いから覚めて売買契約を追認するまではいつでも売買契約を取り消すことができ，追認を拒絶すれば，その時点から売買契約は無効となる。

(本試験2007年 問1出題)

問2 制限行為能力者に関する次の記述のうち，民法の規定及び判例によれば，正しいものはどれか。

❶ 古着の仕入販売に関する営業を許された未成年者は，成年者と同一の行為能力を有するので，法定代理人の同意を得ないで，自己が居住するために建物を第三者から購入したとしても，その法定代理人は当該売買契約を取り消すことができない。

❷ 被保佐人が，不動産を売却する場合には，保佐人の同意が必要であるが，贈与の申し出を拒絶する場合には，保佐人の同意は不要である。

❸ 成年後見人が，成年被後見人に代わって，成年被後見人が居住している建物を売却する際，後見監督人がいる場合には，後見監督人の許可があれば足り，家庭裁判所の許可は不要である。

❹ 被補助人が，補助人の同意を得なければならない行為について，同意を得ていないにもかかわらず，詐術を用いて相手方に補助人の同意を得たと信じさせていたときは，被補助人は当該行為を取り消すことができない。

(本試験2016年 問2出題)

問3 AからB，BからCに，甲地が順次売却され，AからBに対する所有権移転登記がなされた。この場合,民法の規定及び判例によれば,次の記述のうち誤っているものはどれか。

❶ Aが甲地につき全く無権利の登記名義人であった場合，真の所有者Dが所有権登記をBから遅滞なく回復する前に，Aが無権利であることにつき善意のCがBから所有権移転登記を受けたとき，Cは甲地の所有権をDに対抗できる。

❷ BからCへの売却後，AがAB間の契約を適法に解除して所有権を取り戻した場合，Aが解除を理由にして所有権登記をBから回復する前に，その解除につき善意のCがBから所有権移転登記を受けたときは，Cは甲地の所有権をAに対抗できる。

❸ BからCへの売却前に，AがAB間の契約を適法に解除して所有権を取り戻した場合，Aが解除を理由にして所有権登記をBから回復する前に，その解除につき善意のCがBから甲地を購入し，かつ，所有権移転登記を受けたときは，Cは甲地の所有権をAに対抗できる。

❹ BからCへの売却前に，取得時効の完成により甲地の所有権を取得したEがいる場合，Eがそれを理由にして所有権登記をBから取得する前に，Eの取得時効につき善意のCがBから甲地を購入し，かつ，所有権移転登記を受けたときは，Cは甲地の所有権をEに対抗できる。

(本試験 2001年 問5出題)

問 4 相続に関する次の記述のうち，民法の規定によれば，誤っているものはどれか。

❶ 相続回復の請求権は，相続人又はその法定代理人が相続権を侵害された事実を知った時から5年間行使しないときは，時効によって消滅する。

❷ 被相続人の子が相続開始以前に死亡したときは，その者の子がこれを代襲して相続人となるが，さらに代襲者も死亡していたときは，代襲者の子が相続人となることはない。

❸ 被相続人に相続人となる子及びその代襲相続人がおらず，被相続人の直系尊属が相続人となる場合には，被相続人の兄弟姉妹が相続人となることはない。

❹ 被相続人の兄弟姉妹が相続人となるべき場合であっても，相続開始以前に兄弟姉妹及びその子がいずれも死亡していたときは，その者の子（兄弟姉妹の孫）が相続人となることはない。

（本試験 2020年 10月 問 8 改題）

問 5 売主Ａ・買主Ｂ間の建物売買契約（所有権移転登記は行っていない。）が解除され，建物の所有者Ａが，Ｂ居住の建物をＣに売却して所有権移転登記をした場合に関する次の記述のうち，民法の規定及び判例によれば，正しいものはどれか。

❶ Ａが，Ｂに対して建物をＣのために占有することを指示し，Ｃがそれを承諾しただけでは，ＡがＣに建物を引き渡したことにはならない。

❷ Ｂが建物占有中に，地震によって玄関のドアが大破したので修繕し，その費用を負担した場合でも，ＢはＣに対してその負担額の償還を請求することはできない。

❸ Ｂは，占有中の建物の一部をＤに使用させ賃料を受領した場合，その受領額をＣに償還しなければならない。

❹ Ｃが暴力によって，Ｂから建物の占有を奪った場合，ＢはＣに占有回収の訴えを提起できるが，ＣはＢに対抗できる所有権があるので占有回収の訴えについては敗訴することはない。

（本試験 2002年 問 3 出題）

問 6 代理に関する次の記述のうち，民法の規定及び判例によれば，誤っているものはいくつあるか。

ア 代理権を有しない者がした契約を本人が追認する場合，その契約の効力は，別段の意思表示がない限り，追認をした時から将来に向かって生ずる。

イ 不動産を担保に金員を借り入れる代理権を与えられた代理人が，本人の名において当該不動産を売却した場合，相手方において本人自身の行為であると信じたことについて正当な理由があるときは，表見代理の規定を類推適用することができる。

ウ 代理人は，行為能力者であることを要しないが，代理人が後見開始の審判を受けたときは，代理権が消滅する。

エ 代理人の意思表示の効力が意思の不存在，詐欺，強迫又はある事情を知っていたこと若しくは知らなかったことにつき過失があったことによって影響を受けるべき場合には，その事実の有無は，本人の選択に従い，本人又は代理人のいずれかについて決する。

❶ 一つ

❷ 二つ

❸ 三つ

❹ 四つ

（本試験 2014年 問2出題）

問 7 法定地上権に関する次の1から4までの記述のうち，民法の規定，判例及び判決文によれば，誤っているものはどれか。

（判決文）

　土地について1番抵当権が設定された当時，土地と地上建物の所有者が異なり，法定地上権成立の要件が充足されていなかった場合には，土地と地上建物を同一人が所有するに至った後に後順位抵当権が設定されたとしても，その後に抵当権が実行され，土地が競落されたことにより1番抵当権が消滅するときには，地上建物のための法定地上権は成立しないものと解するのが相当である。

❶　土地及びその地上建物の所有者が同一である状態で，土地に1番抵当権が設定され，その実行により土地と地上建物の所有者が異なるに至ったときは，地上建物について法定地上権が成立する。

❷　更地である土地の抵当権者が抵当権設定後に地上建物が建築されることを承認した場合であっても，土地の抵当権設定時に土地と所有者を同じくする地上建物が存在していない以上，地上建物について法定地上権は成立しない。

❸　土地に1番抵当権が設定された当時，土地と地上建物の所有者が異なっていたとしても，2番抵当権設定時に土地と地上建物の所有者が同一人となれば，土地の抵当権の実行により土地と地上建物の所有者が異なるに至ったときは，地上建物について法定地上権が成立する。

❹　土地の所有者が，当該土地の借地人から抵当権が設定されていない地上建物を購入した後，建物の所有権移転登記をする前に土地に抵当権を設定した場合，当該抵当権の実行により土地と地上建物の所有者が異なるに至ったときは，地上建物について法定地上権が成立する。

（本試験 2009年 問7出題）

問8 保証に関する次の記述のうち，民法の規定及び判例によれば，誤っているものはどれか。

❶ 保証人となるべき者が，主たる債務者と連絡を取らず，同人からの委託を受けないまま債権者に対して保証したとしても，その保証契約は有効に成立する。

❷ 保証人となるべき者が，口頭で明確に特定の債務につき保証する旨の意思表示を債権者に対してすれば，その保証契約は有効に成立する。

❸ 連帯保証ではない場合の保証人は，債権者から債務の履行を請求されても，まず主たる債務者に催告すべき旨を債権者に請求できる。ただし，主たる債務者が破産手続開始の決定を受けたとき，又は行方不明であるときは，この限りでない。

❹ 連帯保証人が2人いる場合，連帯保証人間に連帯の特約がなくとも，連帯保証人は各自全額につき保証責任を負う。

（本試験 2010年 問8出題）

問9 売買代金債権（以下この問において「債権」という。）の譲渡に関する次の記述のうち，民法の規定によれば，誤っているものはどれか。

❶ 譲渡制限の意思表示がされた債権が譲渡された場合，当該債権譲渡の効力は妨げられないが，債務者は，その債権の全額に相当する金銭を供託することができる。

❷ 債権が譲渡された場合，その意思表示の時に債権が現に発生していないときは，譲受人は，その後に発生した債権を取得できない。

❸ 譲渡制限の意思表示がされた債権の譲受人が，その意思表示がされていたことを知っていたときは，債務者は，その債務の履行を拒むことができ，かつ，譲渡人に対する弁済その他の債務を消滅させる事由をもって譲受人に対抗することができる。

❹ 債権の譲渡は，譲渡人が債務者に通知し，又は債務者が承諾をしなければ，債務者その他の第三者に対抗することができず，その譲渡の通知又は承諾は，確定日付のある証書によってしなければ，債務者以外の第三者に対抗することができない。

（本試験 2021年10月 問6出題）

問10 ＡがＢから建物所有の目的で土地を買い受ける契約をしたが，ＡＢ間に特約はなかった。この場合，民法の規定及び判例によれば，次の記述のうち誤っているものはどれか。

❶ この土地がＣ所有であることをＡが知って契約した場合でも，Ｂがこの土地をＣから取得してＡに移転できないときには，Ａは，Ｂに対して契約を解除することができる。

❷ この土地の８割の部分はＢの所有であるが，２割の部分がＤの所有である場合で，ＢがＤ所有の部分を取得してＡに移転できないことをＡが知って契約したときは，Ａは，Ｂに対して契約を解除することができない。

❸ この土地が抵当権の目的とされており，その実行の結果Ｅが競落したとき，Ａは，Ｂに対して契約を解除することができる。

❹ Ａに引き渡された土地の８割が都市計画街路の区域内にあり，契約内容に適合しないものである場合，Ａは，Ｂに対して契約を解除することができる。

(本試験 1996年 問 8 改題)

問11 Ａが居住用の甲建物を所有する目的で，期間30年と定めてＢから乙土地を賃借した場合に関する次の記述のうち，借地借家法の規定及び判例によれば，正しいものはどれか。なお，Ａは借地権登記を備えていないものとする。

❶ Ａが甲建物を所有していても，建物保存登記をＡの子Ｃ名義で備えている場合には，Ｂから乙土地を購入して所有権移転登記を備えたＤに対して，Ａは借地権を対抗することができない。

❷ Ａが甲建物を所有していても，登記上の建物の所在地番，床面積等が少しでも実際のものと相違している場合には，建物の同一性が否定されるようなものでなくても，Ｂから乙土地を購入して所有権移転登記を備えたＥに対して，Ａは借地権を対抗することができない。

❸ ＡＢ間の賃貸借契約を公正証書で行えば，当該契約の更新がなく期間満了により終了し，終了時にはＡが甲建物を収去すべき旨を有効に規定することができる。

❹ Ａが地代を支払わなかったことを理由としてＢが乙土地の賃貸借契約を解除した場合，契約に特段の定めがないときは，Ｂは甲建物を時価で買い取らなければならない。

(本試験 2016年 問 11 出題)

問12 賃貸人と賃借人との間で，建物につき，期間5年として借地借家法第38条に定める定期借家契約（以下「定期借家契約」という。）を締結する場合と，期間5年として定期借家契約ではない借家契約（以下「普通借家契約」という。）を締結する場合に関する次の記述のうち，民法及び借地借家法の規定によれば，正しいものはどれか。なお，借地借家法第40条に定める一時使用目的の賃貸借契約は考慮しないものとする。

❶ 賃借権の登記をしない限り賃借人は賃借権を第三者に対抗することができない旨の特約を定めた場合，定期借家契約においても，普通借家契約においても，当該特約は無効である。

❷ 賃貸借契約開始から3年間は賃料を増額しない旨の特約を定めた場合，定期借家契約においても，普通借家契約においても，当該特約は無効である。

❸ 期間満了により賃貸借契約が終了する際に賃借人は造作買取請求をすることができない旨の規定は，定期借家契約では有効であるが，普通借家契約では無効である。

❹ 賃貸人も賃借人も契約期間中の中途解約をすることができない旨の規定は，定期借家契約では有効であるが，普通借家契約では無効である。

（本試験 2015年 問 12 出題）

問13 建物の区分所有等に関する法律に関する次の記述のうち，正しいものはどれか。

❶ 管理者が選任されていない場合，集会においては，規約に別段の定めがある場合及び別段の決議をした場合を除いて，集会を招集した区分所有者の1人が議長となる。

❷ 集会の招集の通知は，会日より少なくとも2週間前に発しなければならないが，この期間は規約で伸縮することができる。

❸ 集会の議事録が書面で作成されているときは，議長及び集会に出席した区分所有者の1人がこれに署名をしなければならない。

❹ 区分所有者は，規約に別段の定めがない限り集会の決議によって，管理者を選任することができる。この場合，任期は2年以内としなければならない。

（本試験 2015年 問 13 出題）

問14 不動産の登記に関する次の記述のうち，不動産登記法の規定によれば，誤っているものはどれか。

❶ 新築した建物又は区分建物以外の表題登記がない建物の所有権を取得した者は，その所有権の取得の日から1月以内に，所有権の保存の登記を申請しなければならない。

❷ 登記することができる権利には，抵当権及び賃借権が含まれる。

❸ 建物が滅失したときは，表題部所有者又は所有権の登記名義人は，その滅失の日から1月以内に，当該建物の滅失の登記を申請しなければならない。

❹ 区分建物の所有権の保存の登記は，表題部所有者から所有権を取得した者も，申請することができる。

(本試験 2016年 問14 出題)

問15 国土利用計画法第23条の届出（以下この問において「事後届出」という。）に関する次の記述のうち，正しいものはどれか。なお，この問において「都道府県知事」とは，地方自治法に基づく指定都市にあってはその長をいうものとする。

❶ 都市計画区域外において，A市が所有する面積15,000㎡の土地を宅地建物取引業者Bが購入した場合，Bは事後届出を行わなければならない。

❷ 事後届出において，土地売買等の契約に係る土地の土地に関する権利の移転又は設定の対価の額については届出事項ではない。

❸ 市街化区域を除く都市計画区域内において，一団の土地である甲土地（C所有，面積3,500㎡）と乙土地（D所有，面積2,500㎡）を宅地建物取引業者Eが購入した場合，Eは事後届出を行わなければならない。

❹ 都道府県知事は，土地利用審査会の意見を聴いて，事後届出をした者に対し，当該事後届出に係る土地の利用目的について必要な変更をすべきことを勧告することができ，勧告を受けた者がその勧告に従わない場合，その勧告に反する土地売買等の契約を取り消すことができる。

(本試験 2022年 問22 出題)

問16 都市計画法に関する次の記述のうち，**誤っている**ものはどれか。

❶ 田園住居地域内の農地の区域内において，土地の形質の変更を行おうとする者は，一定の場合を除き，市町村長の許可を受けなければならない。

❷ 風致地区内における建築物の建築については，一定の基準に従い，地方公共団体の条例で，都市の風致を維持するため必要な規制をすることができる。

❸ 市街化区域については，少なくとも用途地域を定めるものとし，市街化調整区域については，原則として用途地域を定めないものとする。

❹ 準都市計画区域については，無秩序な市街化を防止し，計画的な市街化を図るため，都市計画に市街化区域と市街化調整区域との区分を定めなければならない。

(本試験 2018年 問16 出題)

問17 都市計画法に関する次の記述のうち，**正しい**ものはどれか。ただし，許可を要する開発行為の面積については，条例による定めはないものとし，この問において「都道府県知事」とは，地方自治法に基づく指定都市，中核市及び施行時特例市にあってはその長をいうものとする。

❶ 準都市計画区域において，店舗の建築を目的とした 4,000㎡の土地の区画形質の変更を行おうとする者は，あらかじめ，都道府県知事の許可を受けなければならない。

❷ 市街化区域において，農業を営む者の居住の用に供する建築物の建築を目的とした 1,500㎡の土地の区画形質の変更を行おうとする者は，都道府県知事の許可を受けなくてよい。

❸ 市街化調整区域において，野球場の建設を目的とした 8,000㎡の土地の区画形質の変更を行おうとする者は，あらかじめ，都道府県知事の許可を受けなければならない。

❹ 市街化調整区域において，医療法に規定する病院の建築を目的とした 1,000㎡の土地の区画形質の変更を行おうとする者は，都道府県知事の許可を受けなくてよい。

(本試験 2019年 問16 出題)

問18 建築基準法に関する次の記述のうち，正しいものはどれか。

❶ 公衆便所及び巡査派出所については，特定行政庁の許可を得ないで，道路に突き出して建築することができる。

❷ 近隣商業地域内において，客席の部分の床面積の合計が 200 ㎡以上の映画館は建築することができない。

❸ 建築物の容積率の算定の基礎となる延べ面積には，老人ホームの共用の廊下又は階段の用に供する部分の床面積は，算入しないものとされている。

❹ 日影による中高層の建築物の高さの制限に係る日影時間の測定は，夏至日の真太陽時の午前 8 時から午後 4 時までの間について行われる。

(本試験 2020 年 10 月 問 18 出題)

問19 建築基準法（以下この問において「法」という。）に関する次の記述のうち，誤っているものはどれか。

❶ 地方公共団体は，延べ面積が 1,000 ㎡を超える建築物の敷地が接しなければならない道路の幅員について，条例で，避難又は通行の安全の目的を達するために必要な制限を付加することができる。

❷ 建蔽率の限度が 10 分の 8 とされている地域内で，かつ，防火地域内にある耐火建築物については，建蔽率の制限は適用されない。

❸ 建築物が第二種中高層住居専用地域及び近隣商業地域にわたって存する場合で，当該建築物の過半が近隣商業地域に存する場合には，当該建築物に対して法第 56 条第 1 項第 3 号の規定（北側斜線制限）は適用されない。

❹ 建築物の敷地が第一種低層住居専用地域及び準住居地域にわたる場合で，当該敷地の過半が準住居地域に存する場合には，作業場の床面積の合計が 100 ㎡の自動車修理工場は建築可能である。

(本試験 2013 年 問 18 出題)

問20 宅地造成及び特定盛土等規制法に関する次の記述のうち，誤っているものはどれか。なお，この問において「都道府県知事」とは，地方自治法に基づく指定都市及び中核市にあってはその長をいうものとする。

❶ 宅地造成等工事規制区域内において宅地造成等に関する工事を行う場合，宅地造成等に伴う災害を防止するために行う高さ4mの擁壁の設置に係る工事については，政令で定める資格を有する者の設計によらなければならない。

❷ 宅地造成等工事規制区域内において行われる切土であって，当該切土をする土地の面積が600㎡で，かつ，高さ1.5mの崖を生ずることとなるものに関する工事については，都道府県知事の許可が必要である。

❸ 宅地造成等工事規制区域内において行われる盛土であって，当該盛土をする土地の面積が300㎡で，かつ，高さ1.5mの崖を生ずることとなるものに関する工事については，都道府県知事の許可が必要である。

❹ 都道府県知事は，宅地造成等工事規制区域内の土地について，宅地造成等に伴う災害の防止のため必要があると認める場合においては，その土地の所有者，管理者，占有者，工事主又は工事施行者に対し，擁壁等の設置等の措置をとることを勧告することができる。

(本試験 2013年 問 19 改題)

問21 土地区画整理法に関する次の記述のうち，誤っているものはどれか。

❶ 土地区画整理事業の施行者は，換地処分を行う前において，換地計画に基づき換地処分を行うため必要がある場合においては，施行地区内の宅地について仮換地を指定することができる。

❷ 仮換地が指定された場合においては，従前の宅地について権原に基づき使用し，又は収益することができる者は，仮換地の指定の効力発生の日から換地処分の公告がある日まで，仮換地について，従前の宅地について有する権利の内容である使用又は収益と同じ使用又は収益をすることができる。

❸ 土地区画整理事業の施行者は，施行地区内の宅地について換地処分を行うため，換地計画を定めなければならない。この場合において，当該施行者が土地区画整理組合であるときは，その換地計画について都道府県知事及び市町村長の認可を受けなければならない。

❹ 換地処分の公告があった場合においては，換地計画において定められた換地は，その公告があった日の翌日から従前の宅地とみなされ，換地計画において換地を定めなかった従前の宅地について存する権利は，その公告があった日が終了した時において消滅する。

(本試験 2009年 問 21 出題)

問22 農地に関する次の記述のうち，農地法（以下この問において「法」という。）の規定によれば，正しいものはどれか。

❶ 相続により農地を取得する場合は，法第3条第1項の許可を要しないが，相続人に該当しない者に対する特定遺贈により農地を取得する場合も，同項の許可を受ける必要はない。

❷ 法第2条第3項の農地所有適格法人の要件を満たしていない株式会社は，耕作目的で農地を借り入れることはできない。

❸ 法第3条第1項又は法第5条第1項の許可が必要な農地の売買について，これらの許可を受けずに売買契約を締結しても，その所有権の移転の効力は生じない。

❹ 農業者が，市街化調整区域内の耕作しておらず遊休化している自己の農地を，自己の住宅用地に転用する場合，あらかじめ農業委員会へ届出をすれば，法第4条第1項の許可を受ける必要がない。

（本試験 2016年 問 22 出題）

問23 住宅用家屋の所有権の移転登記に係る登録免許税の税率の軽減措置（以下この問において「軽減措置」という。）に関する次の記述のうち，正しいものはどれか。

❶ 軽減措置の適用対象となる住宅用家屋は，床面積が100㎡以上で，その住宅用家屋を取得した個人の居住の用に供されるものに限られる。

❷ 軽減措置は，贈与により取得した住宅用家屋に係る所有権の移転登記には適用されない。

❸ 軽減措置に係る登録免許税の課税標準となる不動産の価額は，売買契約書に記載された住宅用家屋の実際の取引価格である。

❹ 軽減措置の適用を受けるためには，その住宅用家屋の取得後6か月以内に所有権の移転登記をしなければならない。

（本試験 2009年 問 23 出題）

問24 不動産取得税に関する次の記述のうち，正しいものはどれか。

❶ 不動産取得税は，不動産の取得があった日の翌日から起算して3月以内に当該不動産が所在する都道府県に申告納付しなければならない。

❷ 不動産取得税は不動産の取得に対して課される税であるので，家屋を改築したことにより当該家屋の価格が増加したとしても，新たな不動産の取得とはみなされないため，不動産取得税は課されない。

❸ 相続による不動産の取得については，不動産取得税は課されない。

❹ 一定の面積に満たない土地の取得については，不動産取得税は課されない。

(本試験 2018年 問24 出題)

問25 不動産の鑑定評価に関する次の記述のうち，不動産鑑定評価基準によれば，正しいものはどれか。

❶ 不動産の価格を求める鑑定評価の手法は，原価法，取引事例比較法及び収益還元法に大別され，鑑定評価に当たっては，これらの三手法を併用すべきこととされている。

❷ 土地についての原価法の適用において，宅地造成直後と価格時点とを比べ，公共施設等の整備等による環境の変化が価格水準に影響を与えていると認められる場合には，地域要因の変化の程度に応じた増加額を熟成度として加算できる。

❸ 特殊価格とは，市場性を有する不動産について，法令等による社会的要請を背景とする鑑定評価目的の下で，正常価格の前提となる諸条件を満たさない場合における不動産の経済価値を適正に表示する価格をいう。

❹ 収益還元法は，対象不動産が将来生み出すであろうと期待される純収益の現在価値の総和を求めることにより対象不動産の試算価格を求める手法であることから，賃貸用不動産の価格を求める場合に有効であり，自用の住宅地には適用すべきでない。

(本試験 2008年 問29 改題)

問26 次の記述のうち，宅地建物取引業法（以下この問において「法」という。）の規定によれば，正しいものはいくつあるか。

ア 都市計画法に規定する工業専用地域内の土地で，建築資材置き場の用に供されているものは，法第2条第1号に規定する宅地に該当する。

イ 社会福祉法人が，高齢者の居住の安定確保に関する法律に規定するサービス付き高齢者向け住宅の貸借の媒介を反復継続して営む場合は，宅地建物取引業の免許を必要としない。

ウ 都市計画法に規定する用途地域外の土地で，倉庫の用に供されているものは，法第2条第1号に規定する宅地に該当しない。

エ 賃貸住宅の管理業者が，貸主から管理業務とあわせて入居者募集の依頼を受けて，貸借の媒介を反復継続して営む場合は，宅地建物取引業の免許を必要としない。

❶ 一つ

❷ 二つ

❸ 三つ

❹ 四つ

（本試験 2015年 問 26 出題）

問27 宅地建物取引業者の従業者名簿に関する次の記述のうち，宅地建物取引業法の規定に違反しないものはどれか。

❶ 従業者名簿に，従業者の氏名，生年月日及び主たる職務内容を記載したが，宅地建物取引士であるか否かの別は記載しなかった。

❷ 従業者名簿を，最終の記載をした日から5年間保存し，その後直ちに廃棄した。

❸ 従業者名簿を，それぞれの事務所ごとに作成して備え付け，主たる事務所に一括して備え付けることはしなかった。

❹ 取引の関係者から従業者名簿の閲覧を求められたが，宅地建物取引業法第45条に規定する秘密を守る義務を理由に，この申出を断った。

（本試験 1997年 問 30 改題）

問28 宅地建物取引業者が，その業務に関して行う次の行為のうち，宅地建物取引業法の規定に違反するものはいくつあるか。

ア 都市計画法による市街化調整区域内の土地について，「近々，市街化区域と市街化調整区域との区分（区域区分）を定めることが都道府県の義務でなくなる。」と記載し，当該土地について，すぐにでも市街化区域に変更されるがごとく表示して広告すること

イ 定期建物賃貸借を媒介する場合に，宅地建物取引業法第35条に規定する重要事項の説明において，期間の定めがない旨の説明を行うこと

ウ 建築に関する工事の完了前において，建築基準法第6条第1項の確認を受ける必要のある建物について，その確認の申請後，確認を受ける前に，当該確認を受けることができるのは確実である旨表示して，当該建物の分譲の広告をすること

エ 競売開始決定がなされた自己の所有に属しない宅地について，裁判所による競売の公告がなされた後，入札前に，自ら売主として宅地建物取引業者でない者と当該宅地の売買契約を締結すること

❶ 一つ

❷ 二つ

❸ 三つ

❹ 四つ

（本試験 2001年 問 34 改題）

問29 宅地建物取引業の免許（以下この問において「免許」という。）に関する次の記述のうち，誤っているものはどれか。

❶ A社の役員Bは，宅地建物取引業者C社の役員として在籍していたが，その当時，C社の役員Dがかつて禁錮以上の刑に処せられ，その刑の執行が終わった日から5年を経過していないとしてC社は免許を取り消されている。この場合，A社は，C社が免許を取り消されてから5年を経過していなくても，免許を受けることができる。

❷ E社の役員のうちに，刑法第246条の詐欺罪により罰金の刑に処せられ，その刑の執行が終わった日から5年を経過しない者がいる場合，E社は免許を受けることができない。

❸ F社の役員のうちに，指定暴力団の構成員がいた場合，暴力団員による不当な行為の防止等に関する法律の規定に違反していなくても，F社は免許を受けることができない。

❹ 宅地建物取引業者G社は，引き続いて1年以上事業を休止したときは，免許の取消しの対象となる。

（本試験 2011年 問27 出題）

問30 宅地建物取引業法に規定する営業保証金に関する次の記述のうち，誤っているものはどれか。

❶ 宅地建物取引業者は，主たる事務所を移転したことにより，その最寄りの供託所が変更となった場合において，金銭のみをもって営業保証金を供託しているときは，従前の供託所から営業保証金を取り戻した後，移転後の最寄りの供託所に供託しなければならない。

❷ 宅地建物取引業者は，事業の開始後新たに事務所を設置するため営業保証金を供託したときは，供託物受入れの記載のある供託書の写しを添附して，その旨を免許を受けた国土交通大臣又は都道府県知事に届け出なければならない。

❸ 宅地建物取引業者は，一部の事務所を廃止し営業保証金を取り戻そうとする場合には，供託した営業保証金につき還付を請求する権利を有する者に対し，6月以上の期間を定めて申し出るべき旨の公告をしなければならない。

❹ 宅地建物取引業者は，営業保証金の還付があったために営業保証金に不足が生じたときは，国土交通大臣又は都道府県知事から不足額を供託すべき旨の通知書の送付を受けた日から2週間以内に，不足額を供託しなければならない。

（本試験 2017年 問32 出題）

問31 1棟の建物に属する区分所有建物の貸借の媒介を行う場合の宅地建物取引業法第35条の規定に基づく重要事項の説明に関する次の記述のうち，誤っているものはどれか。

❶ 当該1棟の建物の敷地に関する権利の種類及び内容を説明しなければならない。

❷ 台所，浴室，便所その他の当該区分所有建物の設備の整備の状況について説明しなければならない。

❸ 当該1棟の建物及びその敷地の管理がA（個人）に委託されている場合には，Aの氏名及び住所を説明しなければならない。

❹ 貸借契約終了時における敷金その他の金銭の精算に関する事項が定まっていない場合には，その旨を説明しなければならない。

（本試験1999年 問41出題）

問32 次の記述のうち，宅地建物取引業法の規定によれば，正しいものはどれか。

❶ 都道府県知事は，不正の手段によって宅地建物取引士資格試験を受けようとした者に対しては，その試験を受けることを禁止することができ，また，その禁止処分を受けた者に対し2年を上限とする期間を定めて受験を禁止することができる。

❷ 宅地建物取引士の登録を受けている者が本籍を変更した場合，遅滞なく，登録をしている都道府県知事に変更の登録を申請しなければならない。

❸ 宅地建物取引士の登録を受けている者が死亡した場合，その相続人は，死亡した日から30日以内に登録をしている都道府県知事に届出をしなければならない。

❹ 甲県知事の宅地建物取引士の登録を受けている者が，その住所を乙県に変更した場合，甲県知事を経由して乙県知事に対し登録の移転を申請することができる。

（本試験2009年 問29出題）

問33 宅地建物取引業法第35条に規定する重要事項の説明に関する次の記述のうち，正しいものはどれか。なお，説明の相手方は宅地建物取引業者ではないものとする。

❶ 宅地建物取引業者は，自ら売主として分譲マンションの売買を行う場合，管理組合の総会の議決権に関する事項について，管理規約を添付して説明しなければならない。

❷ 宅地建物取引業者は，分譲マンションの売買の媒介を行う場合，建物の区分所有等に関する法律第2条第4項に規定する共用部分に関する規約の定めが案の段階であっても，その案の内容を説明しなければならない。

❸ 宅地建物取引業者は，マンションの1戸の貸借の媒介を行う場合，建築基準法に規定する容積率及び建蔽率に関する制限があるときは，その制限内容を説明しなければならない。

❹ 宅地建物取引業者は，マンションの1戸の貸借の媒介を行う場合，借賃以外に授受される金銭の定めがあるときは，その金銭の額，授受の目的及び保管方法を説明しなければならない。

(本試験 2013年 問33 改題)

問34 宅地建物取引業者Aが，自ら売主として，宅地建物取引業者でないBと宅地の売買契約を締結した場合，宅地建物取引業法第37条の2の規定に基づくいわゆるクーリング・オフについてAがBに告げるときに交付すべき書面の内容に関する次の記述のうち，誤っているものはどれか。

❶ Aについては，その商号又は名称及び住所並びに免許証番号，Bについては，その氏名（法人の場合，その商号又は名称）及び住所が記載されていなければならない。

❷ Bは，クーリング・オフについて告げられた日から起算して8日を経過するまでの間は，代金の全部を支払った場合を除き，書面によりクーリング・オフによる契約の解除を行うことができることが記載されていなければならない。

❸ クーリング・オフによる契約の解除は，Bが当該契約の解除を行う旨を記載した書面を発した時にその効力を生ずることが記載されていなければならない。

❹ Bがクーリング・オフによる契約の解除を行った場合，Aは，それに伴う損害賠償又は違約金の支払をBに請求することができないこと，また，売買契約の締結に際し，手付金その他の金銭が支払われているときは，遅滞なくその全額をBに返還することが記載されていなければならない。

(本試験 2016年 問44 出題)

問35 甲県知事の宅地建物取引士資格登録（以下この問において「登録」という。）を受け，乙県内の宅地建物取引業者の事務所に勤務している宅地建物取引士Ａに関する次の記述のうち，宅地建物取引業法の規定によれば，正しいものはどれか。

❶ Ａは，不正の手段により登録を受けたとして，登録の消除の処分の聴聞の期日及び場所が公示された後，自らの申請によりその登録が消除された場合，当該申請に相当の理由がなくとも，登録が消除された日から5年を経ずに新たに登録を受けることができる。

❷ Ａが甲県知事から事務の禁止の処分を受け，その禁止の期間が満了していないときは，Ａは宅地建物取引士としてすべき事務を行うことはできないが，Ａは乙県知事に対して，甲県知事を経由して登録の移転の申請をすることができる。

❸ Ａは，宅地建物取引士証の有効期間の更新を受けようとするときは，必ず甲県知事が指定する講習で交付の申請前1年以内に行われるものを受講しなければならない。

❹ Ａは，禁錮以上の刑に処せられ登録が消除された場合は，速やかに，宅地建物取引士証を甲県知事に返納しなければならない。

（本試験 2006年 問 32 改題）

問36 宅地建物取引業者Ａが，自ら売主として宅地建物取引業者でない買主Ｂとの間で締結した売買契約に関する次の記述のうち，宅地建物取引業法の規定によれば，正しいものはいくつあるか。

ア Ａは，Ｂとの間で建築工事完了後の建物に係る売買契約（代金3,000万円）において，「Ａが契約の履行に着手するまでは，Ｂは，売買代金の1割を支払うことで契約の解除ができる」とする特約を定め，Ｂから手付金10万円を受領した。この場合，この特約は有効である。

イ Ａは，Ｂとの間で建築工事完了前の建物に係る売買契約（代金3,000万円）を締結するに当たり，保険事業者との間において，手付金等について保証保険契約を締結して，手付金300万円を受領し，後日保険証券をＢに交付した。

ウ Ａは，Ｂとの間で建築工事完了前のマンションに係る売買契約（代金3,000万円）を締結し，その際に手付金150万円を，建築工事完了後，引渡し及び所有権の登記までの間に，中間金150万円を受領したが，合計額が代金の10分の1以下であるので保全措置を講じなかった。

❶ 一つ

❷ 二つ

❸ 三つ

❹ なし

（本試験 2015年 問40 出題）

問37 宅地建物取引業者Ａ社（国土交通大臣免許）が行う宅地建物取引業者Ｂ社（甲県知事免許）を売主とする分譲マンション（100戸）に係る販売代理について，Ａ社が単独で当該マンションの所在する場所の隣地に案内所を設けて売買契約の締結をしようとする場合における次の記述のうち，宅地建物取引業法（以下この問において「法」という。）の規定によれば，正しいものの組合せはどれか。なお，当該マンション及び案内所は甲県内に所在するものとする。

ア Ａ社は，マンションの所在する場所に法第50条第1項の規定に基づく標識を掲げなければならないが，Ｂ社は，その必要がない。

イ Ａ社が設置した案内所について，売主であるＢ社が法第50条第2項の規定に基づく届出を行う場合，Ａ社は当該届出をする必要がないが，Ｂ社による届出書については，Ａ社の商号又は名称及び免許証番号も記載しなければならない。

ウ Ａ社は，成年者である専任の宅地建物取引士を当該案内所に置かなければならないが，Ｂ社は，当該案内所に成年者である専任の宅地建物取引士を置く必要がない。

エ Ａ社は，当該案内所に法第50条第1項の規定に基づく標識を掲げなければならないが，当該標識へは，Ｂ社の商号又は名称及び免許証番号も記載しなければならない。

❶ ア，イ

❷ イ，ウ

❸ ウ，エ

❹ ア，エ

（本試験 2012年 問 42 出題）

問38 宅地建物取引業者A及び宅地建物取引業者B（共に消費税課税事業者）が受け取る報酬に関する次の記述のうち，正しいものはいくつあるか。

ア Aが居住用建物の貸借の媒介をするに当たり，依頼者からの依頼に基づくことなく広告をした場合でも，その広告が貸借の契約の成立に寄与したとき，Aは，報酬とは別に，その広告料金に相当する額を請求できる。

イ Aは売主から代理の依頼を受け，Bは買主から媒介の依頼を受けて，代金4,000万円の宅地の売買契約を成立させた場合，Aは売主から277万2,000円，Bは買主から138万6,000円の報酬をそれぞれ受けることができる。

ウ Aは貸主から，Bは借主から，それぞれ媒介の依頼を受けて，共同して居住用建物の賃貸借契約を成立させた場合，貸主及び借主の承諾を得ていれば，Aは貸主から，Bは借主からそれぞれ借賃の1.1か月分の報酬を受けることができる。

❶ 一つ

❷ 二つ

❸ 三つ

❹ なし

（本試験2014年 問37 出題）

問39 宅地建物取引業者Ａが宅地建物取引業法（以下この問において「法」という。）第37条の規定により交付すべき書面（以下この問において「37条書面」という。）に関する次の記述のうち，法の規定によれば，正しいものはいくつあるか。なお，本問においては，電磁的方法により提供する場合を考慮しないものとする。

ア Ａは，その媒介により建築工事完了前の建物の売買契約を成立させ，当該建物を特定するために必要な表示について37条書面で交付する際，法第35条の規定に基づく重要事項の説明において使用した図書の交付により行った。

イ Ａが自ら貸主として宅地の定期賃貸借契約を締結した場合において，借賃の支払方法についての定めがあるときは，Ａは，その内容を37条書面に記載しなければならず，借主が宅地建物取引業者であっても，当該書面を交付しなければならない。

ウ 土地付建物の売主Ａは，買主が金融機関から住宅ローンの承認を得られなかったときは契約を無条件で解除できるという取決めをしたが，自ら住宅ローンのあっせんをする予定がなかったので，37条書面にその取決めの内容を記載しなかった。

エ Ａがその媒介により契約を成立させた場合において，契約の解除に関する定めがあるときは，当該契約が売買，貸借のいずれに係るものであるかを問わず，37条書面にその内容を記載しなければならない。

❶ 一つ

❷ 二つ

❸ 三つ

❹ 四つ

（本試験2019年 問36改題）

問40 宅地建物取引業者Ａが，Ｂから自己所有の宅地の売買の媒介を依頼された場合における当該媒介に係る契約に関する次の記述のうち，宅地建物取引業法（以下この問において「法」という。）の規定によれば，正しいものはどれか。

❶ Ａは，Ｂとの間で専任媒介契約を締結し法第34条の2第1項の規定に基づき交付すべき書面を作成したときは，宅地建物取引士に当該書面の記載内容を確認させた上で，当該宅地建物取引士をして記名押印させなければならない。

❷ Ａは，Ｂとの間で有効期間を2月とする専任媒介契約を締結した場合，Ｂの申出により契約を更新するときは，更新する媒介契約の有効期間は当初の有効期間を超えてはならない。

❸ Ａは，Ｂとの間で一般媒介契約（専任媒介契約でない媒介契約）を締結する際，Ｂから媒介契約の有効期間を6月とする旨の申出があったとしても，当該媒介契約において3月を超える有効期間を定めてはならない。

❹ Ａは，Ｂとの間で締結した媒介契約が一般媒介契約であるか，専任媒介契約であるかにかかわらず，宅地を売買すべき価額をＢに口頭で述べたとしても，法第34条の2第1項の規定に基づき交付すべき書面に当該価額を記載しなければならない。

（本試験 2010年 問 33 改題）

問41 甲県知事の宅地建物取引士資格登録（以下この問において「登録」という。）を受けている宅地建物取引士Ａへの監督処分に関する次の記述のうち，宅地建物取引業法の規定によれば，正しいものはどれか。

❶ Ａは，乙県内の業務に関し，他人に自己の名義の使用を許し，当該他人がその名義を使用して宅地建物取引士である旨の表示をした場合，乙県知事から必要な指示を受けることはあるが，宅地建物取引士として行う事務の禁止の処分を受けることはない。

❷ Ａは，乙県内において業務を行う際に提示した宅地建物取引士証が，不正の手段により交付を受けたものであるとしても，乙県知事から登録を消除されることはない。

❸ Ａは，乙県内の業務に関し，乙県知事から宅地建物取引士として行う事務の禁止の処分を受け，当該処分に違反したとしても，甲県知事から登録を消除されることはない。

❹ Ａは，乙県内の業務に関し，甲県知事又は乙県知事から報告を求められることはあるが，乙県知事から必要な指示を受けることはない。

（本試験 2013年 問 42 出題）

問42 宅地建物取引業者Ａが行う業務に関する次の記述のうち，宅地建物取引業法（以下この問において「法」という。）の規定に違反しないものはいくつあるか。

ア Ａは，法第49条に規定されている業務に関する帳簿について，業務上知り得た秘密が含まれているため，当該帳簿の閉鎖後，遅滞なく，専門業者に委託して廃棄した。

イ Ａは，宅地の売却を希望するＢと専任代理契約を締結した。Ａは，Ｂの要望を踏まえ，当該代理契約に指定流通機構に登録しない旨の特約を付したため，その登録をしなかった。

ウ Ａの従業者Ｃは，投資用マンションの販売において，勧誘に先立ちＡの名称を告げず，自己の氏名及び契約締結の勧誘が目的であることを告げたうえで勧誘を行ったが，相手方から関心がない旨の意思表示があったので，勧誘の継続を断念した。

エ Ａは，自ら売主として新築マンションを分譲するに当たり，売買契約の締結に際して買主から手付を受領した。その後，当該契約の当事者の双方が契約の履行に着手する前に，Ａは，手付を買主に返還して，契約を一方的に解除した。

❶ 一つ

❷ 二つ

❸ 三つ

❹ なし

（本試験 2017年 問 28 出題）

問43 宅地建物取引士と宅地建物取引士証に関する次の記述のうち，宅地建物取引業法（以下この問において「法」という。）の規定に違反しないものはどれか。

❶ Aは，専任の宅地建物取引士として従事していた宅地建物取引業者B社を退職し，宅地建物取引業者C社に専任の宅地建物取引士として従事することとなり，B社は宅地建物取引業者名簿登載事項の変更の届出をAの退職から半年後に，C社はAの就任から10日後に当該届出を行った。

❷ Dは，宅地建物取引業者が業務に関し展示会を実施する場所であって，宅地又は建物の売買の契約を締結する国土交通省令で定める場所（業務に従事する者11名）における唯一の専任の宅地建物取引士である。

❸ Eは，自らが有する宅地建物取引士証の有効期間が満了して半年になるが，宅地建物取引士資格登録をしている都道府県知事が指定する講習を受講したので，当該宅地建物取引士証の更新の申請をせず，宅地建物取引士としてすべき事務を行っている。

❹ Fは，宅地建物取引士として宅地の売買に係る法第37条の書面の交付を買主に対して行い，その際，買主から宅地建物取引士証の提示を求められたが，法第35条の重要事項の説明を行う際に提示していたので，これを拒んだ。

（本試験2002年 問31出題）

問44 宅地建物取引業保証協会（以下この問において「保証協会」という。）の社員である宅地建物取引業者Ａに関する次の記述のうち，宅地建物取引業法の規定によれば，正しいものはどれか。

❶ Ａは，保証協会の社員の地位を失った場合，Ａとの宅地建物取引業に関する取引により生じた債権に関し権利を有する者に対し，6月以内に申し出るべき旨の公告をしなければならない。

❷ 保証協会は，Ａの取引の相手方から宅地建物取引業に係る取引に関する苦情を受けた場合は，Ａに対し，文書又は口頭による説明を求めることができる。

❸ Ａは，保証協会の社員の地位を失った場合において，保証協会に弁済業務保証金分担金として150万円の納付をしていたときは，全ての事務所で営業を継続するためには，1週間以内に主たる事務所の最寄りの供託所に営業保証金として1,500万円を供託しなければならない。

❹ Ａは，その一部の事務所を廃止したときは，保証協会が弁済業務保証金の還付請求権者に対し，一定期間内に申し出るべき旨の公告をした後でなければ，弁済業務保証金分担金の返還を受けることができない。

（本試験 2018年 問44 出題）

問45 宅地建物取引業者Ａが，自ら売主として，宅地建物取引業者でないＢに新築住宅を販売する場合における次の記述のうち，特定住宅瑕疵担保責任の履行の確保等に関する法律の規定によれば，正しいものはどれか。

❶ Ａは，住宅販売瑕疵担保保証金を供託する場合，当該住宅の床面積が 100 ㎡以下であるときは，新築住宅の合計戸数の算定に当たって，2 戸をもって 1 戸と数えることになる。

❷ Ａは，当該住宅をＢに引き渡した日から 3 週間以内に，住宅販売瑕疵担保保証金の供託又は住宅販売瑕疵担保責任保険契約の締結の状況について，宅地建物取引業の免許を受けた国土交通大臣又は都道府県知事に届け出なければならない。

❸ Ａは，住宅販売瑕疵担保保証金の供託をする場合，Ｂに対し，当該住宅の売買契約を締結するまでに，供託所の所在地等について記載した書面を交付又はＢの承諾を得て電磁的方法による提供をして説明しなければならない。

❹ Ａは，住宅瑕疵担保責任保険法人と住宅販売瑕疵担保責任保険契約の締結をした場合，Ｂが住宅の引渡しを受けた時から 10 年以内に当該住宅を転売したときは，住宅瑕疵担保責任保険法人にその旨を申し出て，当該保険契約の解除をしなければならない。

(本試験 2016年 問 45 改題)

問46 独立行政法人住宅金融支援機構（以下この問において「機構」という。）に関する次の記述のうち，誤っているものはどれか。

❶ 機構は，地震に対する安全性の向上を主たる目的とする住宅の改良に必要な資金の貸付けを業務として行っている。

❷ 機構は，証券化支援事業（買取型）において，住宅の改良に必要な資金の貸付けに係る貸付債権について譲受けの対象としている。

❸ 機構は，高齢者の家庭に適した良好な居住性能及び居住環境を有する住宅とすることを主たる目的とする住宅の改良（高齢者が自ら居住する住宅について行うものに限る。）に必要な資金の貸付けを業務として行っている。

❹ 機構は，市街地の土地の合理的な利用に寄与する一定の建築物の建設に必要な資金の貸付けを業務として行っている。

(本試験 2014年 問 46 出題)

問47 宅地建物取引業者が行う広告に関する次の記述のうち，不当景品類及び不当表示防止法（不動産の表示に関する公正競争規約を含む。）の規定によれば，正しいものはどれか。

❶ 新築分譲マンションの販売広告で完成予想図により周囲の状況を表示する場合，完成予想図である旨及び周囲の状況はイメージであり実際とは異なる旨を表示すれば，実際に所在しない箇所に商業施設を表示するなど現況と異なる表示をしてもよい。

❷ 宅地の販売広告における地目の表示は，登記簿に記載されている地目と現況の地目が異なる場合には，登記簿上の地目のみを表示すればよい。

❸ 住戸により管理費が異なる分譲マンションの販売広告を行う場合，全ての住戸の管理費を示すことが広告スペースの関係で困難なときには，1住戸当たりの月額の最低額及び最高額を表示すればよい。

❹ 工事完成後8か月しか経過していない分譲住宅については，入居の有無にかかわらず新築分譲住宅と表示してもよい。

(本試験 2013年 問 47 改題)

問48 宅地建物取引業者が行う広告に関する次の記述のうち，不当景品類及び不当表示防止法（不動産の表示に関する公正競争規約を含む。）の規定によれば，正しいものはどれか。

❶ 新築分譲マンションの販売広告において，近隣のデパート，スーパーマーケット，コンビニエンスストア，商店等の商業施設は，将来確実に利用できる施設であっても，現に利用できるものでなければ表示することができない。

❷ 有名な旧跡から直線距離で 1,100 m の地点に所在する新築分譲マンションの名称に当該旧跡の名称を用いることができる。

❸ 土地の販売価格については，1区画当たりの価格並びに1㎡当たりの価格及び1区画当たりの土地面積のいずれも表示しなければならない。

❹ 新築分譲マンションの修繕積立金が住戸により異なる場合，広告スペースの関係で全ての住戸の修繕積立金を示すことが困難であっても，修繕積立金について全住戸の平均額で表示することはできない。

(本試験 2021年 12 月問 47 改題)

問49 日本の土地に関する次の記述のうち，最も不適当なものはどれか。

❶ 国土を山地と平地に大別すると，山地の占める比率は，国土面積の約75%である。

❷ 火山地は，国土面積の約7%を占め，山林や原野のままの所も多く，水利に乏しい。

❸ 台地・段丘は，国土面積の約12%で，地盤も安定し，土地利用に適した土地である。

❹ 低地は，国土面積の約25%であり，地盤も安定し，土地利用に適した土地である。

（本試験 2013年 問 49 出題）

問50 建築物の構造と材料に関する次の記述のうち，不適当なものはどれか。

❶ 常温において鉄筋と普通コンクリートの熱膨張率は，ほぼ等しい。

❷ コンクリートの引張強度は，圧縮強度より大きい。

❸ 木材の強度は，含水率が大きい状態のほうが小さくなる。

❹ 集成材は，単板などを積層したもので，大規模な木造建築物に使用される。

（本試験 2010年 問 50 出題）

第3回　解答用紙

得点 　　　／50

問題番号	解 答 番 号				問題番号	解 答 番 号			
第1問	①	②	③	④	第26問	①	②	③	④
第2問	①	②	③	④	第27問	①	②	③	④
第3問	①	②	③	④	第28問	①	②	③	④
第4問	①	②	③	④	第29問	①	②	③	④
第5問	①	②	③	④	第30問	①	②	③	④
第6問	①	②	③	④	第31問	①	②	③	④
第7問	①	②	③	④	第32問	①	②	③	④
第8問	①	②	③	④	第33問	①	②	③	④
第9問	①	②	③	④	第34問	①	②	③	④
第10問	①	②	③	④	第35問	①	②	③	④
第11問	①	②	③	④	第36問	①	②	③	④
第12問	①	②	③	④	第37問	①	②	③	④
第13問	①	②	③	④	第38問	①	②	③	④
第14問	①	②	③	④	第39問	①	②	③	④
第15問	①	②	③	④	第40問	①	②	③	④
第16問	①	②	③	④	第41問	①	②	③	④
第17問	①	②	③	④	第42問	①	②	③	④
第18問	①	②	③	④	第43問	①	②	③	④
第19問	①	②	③	④	第44問	①	②	③	④
第20問	①	②	③	④	第45問	①	②	③	④
第21問	①	②	③	④	第46問	①	②	③	④
第22問	①	②	③	④	第47問	①	②	③	④
第23問	①	②	③	④	第48問	①	②	③	④
第24問	①	②	③	④	第49問	①	②	③	④
第25問	①	②	③	④	第50問	①	②	③	④

冊子の使い方

この色紙を残したまま、「問題冊子」を
取り外し、ご利用ください。

※抜き取りの際の破損等による返品・交換には応じられません
のでご注意ください。

解答用紙の使い方

「問題冊子」を抜き取った後の色紙の裏
表紙を破線に沿って切り取り、コピー
してご利用ください。

2024年版 出る順宅建士
過去30年良問厳選模試

第4回 問題

中級編②

 合格推定点 **36**点

 制限時間 **2時間**

①問題は、2ページから31ページまでの50問です。
②問題の中の法令に関する部分は、2024年4月1日現在施行されている規定に基づいて出題されてます。

問1 Aが，Bの欺罔行為によって，A所有の建物をCに売却する契約をした場合に関する次の記述のうち，民法の規定及び判例によれば，誤っているものはどれか。

❶ Aは，Bが欺罔行為をしたことを，Cが知っているとき又は知ることができたときでないと，売買契約の取消しをすることができない。

❷ AがCに所有権移転登記を済ませ，CがAに代金を完済した後，詐欺による有効な取消しがなされたときには，登記の抹消と代金の返還は同時履行の関係になる。

❸ Aは，詐欺に気が付いていたが，契約に基づき，異議を留めることなく所有権移転登記手続をし，代金を請求していた場合，詐欺による取消しをすることはできない。

❹ Cが当該建物を，詐欺について善意無過失のDに転売して所有権移転登記を済ませても，Aは詐欺による取消しをして，Dから建物の返還を求めることができる。

(本試験2002年 問1改題)

問2 AがBに対して建物の建築工事を代金3,000万円で注文し，Bがこれを完成させた。この場合に関する次の記述のうち，民法の規定及び判例によれば，正しいものはどれか。

❶ 請負契約の目的物たる建物に種類・品質に関する契約内容の不適合がある場合において，目的物の修補が可能であれば，AはBに対して損害賠償請求を行う前に，修補を請求しなければならない。

❷ 請負契約の目的物たる建物に種類・品質に関する契約内容の不適合があるためにこれを建て替えざるを得ない場合には，Aは当該建物の建替えに要する費用相当額の損害賠償を請求することができる。

❸ 請負契約の目的物たる建物に種類・品質に関する契約内容の不適合があり，修補に要する費用が契約代金を超える場合には，Aは請負契約を解除することができない。

❹ 請負契約の目的物たる建物の種類・品質に関する契約内容の不適合について，Bが担保責任を負わない旨の特約をした場合には，Aは当該建物の契約不適合についてBの責任を一切追及することができなくなる。

(本試験2006年 問6改題)

問3 ＡはＢに甲建物を売却し，ＡからＢに対する所有権移転登記がなされた。ＡＢ間の売買契約の解除と第三者との関係に関する次の記述のうち，民法の規定及び判例によれば，正しいものはどれか。

❶ ＢがＢの債権者Ｃとの間で甲建物につき抵当権設定契約を締結し，その設定登記をした後，ＡがＡＢ間の売買契約を適法に解除した場合，Ａはその抵当権の消滅をＣに主張できない。

❷ Ｂが甲建物をＤに賃貸し引渡しも終えた後，ＡがＡＢ間の売買契約を適法に解除した場合，Ａはこの賃借権の消滅をＤに主張できる。

❸ ＢがＢの債権者Ｅとの間で甲建物につき抵当権設定契約を締結したが，その設定登記をする前に，ＡがＡＢ間の売買契約を適法に解除し，その旨をＥに通知した場合，ＢＥ間の抵当権設定契約は無効となり，Ｅの抵当権は消滅する。

❹ ＡがＡＢ間の売買契約を適法に解除したが，ＡからＢに対する甲建物の所有権移転登記を抹消する前に，Ｂが甲建物をＦに賃貸し引渡しも終えた場合，Ａは，適法な解除後に設定されたこの賃借権の消滅をＦに主張できる。

（本試験 2004年 問9出題）

問 4 土地の転貸借に関する次の1から4までの記述のうち，民法の規定，判例及び下記判決文によれば，誤っているものはどれか。

（判決文）

　土地の賃借人が賃貸人の承諾を得ることなく右土地を他に転貸しても，転貸について賃貸人に対する背信行為と認めるに足りない特段の事情があるため賃貸人が民法第612条第2項により賃貸借を解除することができない場合において，賃貸人が賃借人（転貸人）と賃貸借を合意解除しても，これが賃借人の賃料不払等の債務不履行があるため賃貸人において法定解除権の行使ができるときにされたものである等の事情のない限り，賃貸人は，転借人に対して右合意解除の効果を対抗することができず，したがって，転借人に対して賃貸土地の明渡を請求することはできないものと解するのが相当である。

❶　土地の賃借人が無断転貸した場合において賃貸人に対する背信行為と認めるに足りない特段の事情があるため賃貸人が無断転貸を理由に賃貸借契約を解除できないときであっても，賃貸借契約を合意解除したときは，賃貸人は転借人に対して賃貸土地の明渡しを請求することができる。

❷　土地の賃貸人が転貸借について承諾を与えた場合には，賃貸人は，無断転貸を理由としては賃貸借契約を解除することはできないが，賃借人と賃貸借契約を合意解除することは可能である。

❸　土地の賃借人が無断転貸した場合，賃貸人は，賃貸借契約を民法第612条第2項により解除できる場合とできない場合があり，土地の賃借人が賃料を支払わない場合にも，賃貸人において法定解除権を行使できる場合とできない場合がある。

❹　土地の賃借人が無断転貸した場合，転借人は，賃貸人と賃借人との間で賃貸借契約が合意解除されたとしても，賃貸人からの賃貸土地の明渡し請求を拒絶することができる場合がある。

（本試験 2015年　問9出題）

問 5 Aは，Bに対して貸付金債権を有しており，Aはこの貸付金債権をCに対して譲渡した。この場合，民法の規定及び判例によれば，次の記述のうち誤っているものはどれか。

❶ 貸付金債権に譲渡禁止特約が付いている場合で，Cが譲渡禁止特約の存在を過失なく知らないとき，BはCに対して債務の履行を拒むことはできない。

❷ Bが債権譲渡を承諾しない場合，CがBに対して債権譲渡を通知するだけでは，CはBに対して自分が債権者であることを主張することができない。

❸ Aが貸付金債権をDに対しても譲渡し，Cへは確定日付のない証書，Dへは確定日付のある証書によってBに通知した場合で，いずれの通知もBによる弁済前に到達したとき，Bへの通知の到達の先後にかかわらず，DがCに優先して権利を行使することができる。

❹ Aが貸付金債権をEに対しても譲渡し，Cへは令和6年10月10日付，Eへは同月9日付のそれぞれ確定日付のある証書によってBに通知した場合で，いずれの通知もBによる弁済前に到達したとき，Bへの通知の到達の先後にかかわらず，EがCに優先して権利を行使することができる。

(本試験 2003年 問8改題)

問 6 遺産分割に関する次の記述のうち，民法の規定及び判例によれば，正しいものはどれか。

❶ 被相続人は，遺言によって遺産分割を禁止することはできず，共同相続人は，遺産分割協議によって遺産の全部又は一部の分割をすることができる。

❷ 共同相続人は，既に成立している遺産分割協議につき，その全部又は一部を全員の合意により解除した上，改めて遺産分割協議を成立させることができる。

❸ 遺産に属する預貯金債権は，相続開始と同時に当然に相続分に応じて分割され，共同相続人は，その持分に応じて，単独で預貯金債権に関する権利を行使することができる。

❹ 遺産の分割は，共同相続人の遺産分割協議が成立した時から効力を生ずるが，第三者の権利を害することはできない。

(本試験 2019年 問6改題)

問7 共有に関する次の記述のうち，民法の規定及び判例によれば，誤っているものはどれか。

❶ 各共有者は，いつでも共有物の分割を請求することができるが，5年を超えない期間内であれば，分割をしない旨の契約をすることができる。

❷ 共有物の分割請求が裁判所になされた場合において，分割によってその価格を著しく減少させるおそれがあるときは，裁判所は共有物の競売を命じることができる。

❸ 各共有者は，共有物の不法占拠者に対し，妨害排除の請求を単独で行うことができる。

❹ 他の共有者との協議に基づかないで，自己の持分に基づいて1人で現に共有物全部を占有する共有者に対し，他の共有者は単独で自己に対する共有物の明渡しを請求することができる。

（本試験2011年 問3改題）

問8 不動産に関する物権変動の対抗要件に関する次の記述のうち，民法の規定及び判例によれば，誤っているものはどれか。

❶ 不動産の所有権がAからB，BからC，CからDと転々譲渡された場合，Aは，Dと対抗関係にある第三者に該当する。

❷ 土地の賃借人として当該土地上に登記ある建物を所有する者は，当該土地の所有権を新たに取得した者と対抗関係にある第三者に該当する。

❸ 第三者のなした登記後に時効が完成して不動産の所有権を取得した者は，当該第三者に対して，登記を備えなくても，時効取得をもって対抗することができる。

❹ 共同相続財産につき，相続人の一人から相続財産に属する不動産につき所有権の全部の譲渡を受けて移転登記を備えた第三者に対して，他の共同相続人は，自己の持分を登記なくして対抗することができる。

（本試験2021年12月 問6出題）

問 9 ①不動産質権と②抵当権に関する次の記述のうち，民法の規定によれば，誤っているものはどれか。

❶ ①では，被担保債権の利息のうち，満期となった最後の2年分についてのみ担保されるが，②では，設定行為に別段の定めがない限り，被担保債権の利息は担保されない。

❷ ①は，10年を超える存続期間を定めたときであっても，その期間は10年となるのに対し，②は，存続期間に関する制限はない。

❸ ①は，目的物の引渡しが効力の発生要件であるのに対し，②は，目的物の引渡しは効力の発生要件ではない。

❹ ①も②も不動産に関する物権であり，登記を備えなければ第三者に対抗することができない。

(本試験 2017年 問 10 出題)

問10 Aが，その過失によってB所有の建物を取り壊し，Bに対して不法行為による損害賠償債務を負担した場合に関する次の記述のうち，民法の規定及び判例によれば，正しいものはどれか。

❶ Aの不法行為に関し，Bにも過失があった場合でも，Aから過失相殺の主張がなければ，裁判所は，賠償額の算定に当たって，賠償金額を減額することができない。

❷ 不法行為がAの過失とCの過失による共同不法行為であった場合，Aの過失がCより軽微なときでも，Bは，Aに対して損害の全額について賠償を請求することができる。

❸ Bが，不法行為による損害と加害者を知った時から1年間，損害賠償請求権を行使しなければ，当該請求権は消滅時効により消滅する。

❹ Aの損害賠償債務は，BからAへ履行の請求があった時から履行遅滞となり，Bは，その時以後の遅延損害金を請求することができる。

(本試験 2000年 問 8 出題)

問11 Aが所有者として登記されている甲土地上に，Bが所有者として登記されている乙建物があり，CがAから甲土地を購入した場合に関する次の記述のうち，民法及び借地借家法の規定並びに判例によれば，誤っているものはどれか。

❶ Bが甲土地を自分の土地であると判断して乙建物を建築していた場合であっても，Cは，Bに対して建物を収去して土地を明け渡すよう請求できない場合がある。

❷ BがAとの間で甲土地の使用貸借契約を締結していた場合には，Cは，Bに対して建物を収去して土地を明け渡すよう請求できる。

❸ BがAとの間で甲土地の借地契約を締結しており，甲土地購入後に借地権の存続期間が満了した場合であっても，Cは，Bに対して建物を収去して土地を明け渡すよう請求できない場合がある。

❹ BがAとの間で期間を定めずに甲土地の借地契約を締結している場合には，Cは，いつでも正当事由とともに解約を申し入れて，Bに対して建物を収去して土地を明け渡すよう請求できる。

（本試験 2007年 問 13 出題）

問12 Aが所有する甲建物をBに対して賃貸する場合の賃貸借契約の条項に関する次の記述のうち，民法及び借地借家法の規定によれば，誤っているものはどれか。

❶ AB間の賃貸借契約が借地借家法第38条に規定する定期建物賃貸借契約であるか否かにかかわらず，Bの造作買取請求権をあらかじめ放棄する旨の特約は有効に定めることができる。

❷ AB間で公正証書等の書面又は電磁的記録によって借地借家法第38条に規定する定期建物賃貸借契約を契約期間を2年として締結する場合，契約の更新がなく期間満了により終了することを書面を交付又はBの承諾を得て電磁的方法にり提供をしてあらかじめBに説明すれば，期間満了前にAがBに改めて通知しなくても契約が終了する旨の特約を有効に定めることができる。

❸ 法令によって甲建物を2年後には取り壊すことが明らかである場合，取り壊し事由を記載した書面又は電磁的記録によって契約を締結するのであれば，建物を取り壊すこととなる2年後には更新なく賃貸借契約が終了する旨の特約を有効に定めることができる。

❹ AB間の賃貸借契約が一時使用目的の賃貸借契約であって，賃貸借契約の期間を定めた場合には，Bが賃貸借契約を期間内に解約することができる旨の特約を定めていなければ，Bは賃貸借契約を中途解約することはできない。

（本試験 2011年 問 12 改題）

問13 建物の区分所有等に関する法律に関する次の記述のうち，誤っているものはどれか。

❶ 共用部分の保存行為は，規約に別段の定めがない限り，集会の決議を経ずに各区分所有者が単独ですることができる。

❷ 共用部分の変更（その形状又は効用の著しい変更を伴わないものを除く。）は，区分所有者及び議決権の各4分の3以上の多数による集会の決議で決するが，規約でこの区分所有者の定数及び議決権を各過半数まで減ずることができる。

❸ 管理者は，その職務に関して区分所有者を代理するため，その行為の効果は，規約に別段の定めがない限り，本人である各区分所有者に共用部分の持分の割合に応じて帰属する。

❹ 共用部分の管理に要した各区分所有者の費用の負担については，規約に別段の定めがない限り，共用部分の持分に応じて決まる。

(本試験 2012年 問13 出題)

問14 不動産の登記に関する次の記述のうち，不動産登記法の規定によれば，正しいものはどれか。

❶ 敷地権付き区分建物の表題部所有者から所有権を取得した者は，当該敷地権の登記名義人の承諾を得なければ，当該区分建物に係る所有権の保存の登記を申請することができない。

❷ 所有権に関する仮登記に基づく本登記は，登記上の利害関係を有する第三者がある場合であっても，その承諾を得ることなく，申請することができる。

❸ 債権者Aが債務者Bに代位して所有権の登記名義人CからBへの所有権の移転の登記を申請した場合において，当該登記を完了したときは，登記官は，Aに対し，当該登記に係る登記識別情報を通知しなければならない。

❹ 配偶者居住権は，登記することができる権利に含まれない。

(本試験 2020年10月 問14 出題)

問15 国土利用計画法第23条の届出（以下この問において「事後届出」という。）に関する次の記述のうち，正しいものはどれか。

❶ Aが所有する市街化区域内の1,500㎡の土地をBが購入した場合には，Bは事後届出を行う必要はないが，Cが所有する市街化調整区域内の6,000㎡の土地についてDと売買に係る予約契約を締結した場合には，Dは事後届出を行う必要がある。

❷ Eが所有する市街化区域内の2,000㎡の土地をFが購入した場合，Fは当該土地の所有権移転登記を完了した日から起算して2週間以内に事後届出を行う必要がある。

❸ Gが所有する都市計画区域外の15,000㎡の土地をHに贈与した場合，Hは事後届出を行う必要がある。

❹ Iが所有する都市計画区域外の10,000㎡の土地とJが所有する市街化調整区域内の10,000㎡の土地を交換した場合，I及びJは事後届出を行う必要はない。

（本試験 2020年10月 問22 出題）

問16 都市計画法に関する次の記述のうち，誤っているものはどれか。

❶ 都市計画区域については，用途地域が定められていない土地の区域であっても，一定の場合には，都市計画に，地区計画を定めることができる。

❷ 高度利用地区は，市街地における土地の合理的かつ健全な高度利用と都市機能の更新とを図るため定められる地区であり，用途地域内において定めることができる。

❸ 準都市計画区域においても，用途地域が定められている土地の区域については，市街地開発事業を定めることができる。

❹ 高層住居誘導地区は，住居と住居以外の用途とを適正に配分し，利便性の高い高層住宅の建設を誘導するために定められる地区であり，近隣商業地域及び準工業地域においても定めることができる。

（本試験 2014年 問15 出題）

問17 都市計画法に関する次の記述のうち，正しいものはどれか。ただし，許可を要する開発行為の面積について，条例による定めはないものとし，この問において「都道府県知事」とは，地方自治法に基づく指定都市，中核市及び施行時特例市にあってはその長をいうものとする。

❶ 準都市計画区域内において，工場の建築の用に供する目的で 1,000 ㎡の土地の区画形質の変更を行おうとする者は，あらかじめ，都道府県知事の許可を受けなければならない。

❷ 市街化区域内において，農業を営む者の居住の用に供する建築物の建築の用に供する目的で 1,000 ㎡の土地の区画形質の変更を行おうとする者は，あらかじめ，都道府県知事の許可を受けなければならない。

❸ 都市計画区域及び準都市計画区域外の区域内において，変電所の建築の用に供する目的で 1,000 ㎡の土地の区画形質の変更を行おうとする者は，あらかじめ，都道府県知事の許可を受けなければならない。

❹ 区域区分の定めのない都市計画区域内において，遊園地の建設の用に供する目的で 3,000 ㎡の土地の区画形質の変更を行おうとする者は，あらかじめ，都道府県知事の許可を受けなければならない。

（本試験 2017年 問 17 出題）

問18 建築基準法に関する次の記述のうち，正しいものはどれか。

❶ 建築基準法の改正により，現に存する建築物が改正後の建築基準法の規定に適合しなくなった場合，当該建築物は違反建築物となり，速やかに改正後の建築基準法の規定に適合させなければならない。

❷ 事務所の用途に供する建築物を，飲食店（その床面積の合計 250 ㎡）に用途変更する場合，建築主事等又は指定確認検査機関の確認を受けなければならない。

❸ 住宅の居室には，原則として，換気のための窓その他の開口部を設け，その換気に有効な部分の面積は，その居室の床面積に対して，25 分の 1 以上としなければならない。

❹ 建築主事等は，建築主から建築物の確認の申請を受けた場合において，申請に係る建築物の計画が建築基準法令の規定に適合しているかを審査すれば足り，都市計画法等の建築基準法以外の法律の規定に適合しているかは審査の対象外である。

（本試験 2012年 問 18 改題）

問19 建築基準法（以下この問において「法」という。）に関する次の記述のうち、正しいものはどれか。

❶ 都市計画区域又は準都市計画区域内における用途地域の指定のない区域内の建築物の建ぺい率の上限値は、原則として、法で定めた数値のうち、特定行政庁が土地利用の状況等を考慮し当該区域を区分して都道府県都市計画審議会の議を経て定めるものとなる。

❷ 第二種中高層住居専用地域内では、原則として、ホテル又は旅館を建築することができる。

❸ 幅員4m以上であり、法が施行された時点又は都市計画区域若しくは準都市計画区域に入った時点で現に存在する道は、特定行政庁の指定がない限り、法上の道路とはならない。

❹ 建築物の前面道路の幅員により制限される容積率について、前面道路が2つ以上ある場合には、これらの前面道路の幅員の最小の数値（12m未満の場合に限る。）を用いて算定する。

（本試験 2017年 問19 出題）

問20 宅地造成及び特定盛土等規制法（以下この問において「法」という。）に関する次の記述のうち、誤っているものはどれか。なお、この問において「都道府県知事」とは、地方自治法に基づく指定都市及び中核市にあってはその長をいうものとする。

❶ 宅地造成等工事規制区域外に盛土によって造成された一団の造成宅地の区域において、造成された盛土の高さが5m未満の場合は、都道府県知事は、当該区域を造成宅地防災区域として指定することができない。

❷ 宅地造成等工事規制区域内において、盛土又は切土をする土地の面積が600㎡である場合、その土地における排水施設は、政令で定める資格を有する者によって設計される必要はない。

❸ 宅地造成等工事規制区域内の公共施設用地を除く土地において、高さが2mを超える擁壁を除却する工事を行おうとする者は、一定の場合を除き、その工事に着手する日の14日前までにその旨を都道府県知事に届け出なければならない。

❹ 宅地造成等工事規制区域内において、公共施設用地を宅地に転用した者は、一定の場合を除き、その転用した日から14日以内にその旨を都道府県知事に届け出なければならない。

（本試験 2016年 問20 出題）

問21　土地区画整理法に関する次の記述のうち，正しいものはどれか。

❶　組合施行の土地区画整理事業において，施行地区内の宅地について所有権を有する組合員から当該所有権の一部のみを承継した者は，当該組合員とはならない。

❷　組合施行の土地区画整理事業において，換地処分前に，施行地区内の宅地について所有権を有する組合員から当該所有権を譲り受けた者は，当該組合の総会において賦課金徴収の議決があったときは，賦課金の納付義務を負う。

❸　換地処分は，換地計画に係る区域の全部について土地区画整理事業の工事がすべて完了した後でなければすることができない。

❹　組合施行の土地区画整理事業において，定款に特別の定めがある場合には，換地計画において，保留地の取得を希望する宅地建物取引業者に当該保留地に係る所有権が帰属するよう定めることができる。

（本試験 2006年 問 24 出題）

問22　農地法（以下この問において「法」という。）に関する次の記述のうち，正しいものはどれか。

❶　農業者が相続により取得した市街化調整区域内の農地を自己の住宅用地として転用する場合には，法第4条第1項の許可を受ける必要はない。

❷　住宅を建設する目的で市街化区域内の農地の所有権を取得するに当たって，あらかじめ農業委員会に届け出た場合には，法第5条第1項の許可を受ける必要はない。

❸　耕作する目的で原野の所有権を取得し，その取得後，造成して農地にする場合には，法第3条第1項の許可を受ける必要がある。

❹　市街化調整区域内の農地を駐車場に転用するに当たって，当該農地がすでに利用されておらず遊休化している場合には，法第4条第1項の許可を受ける必要はない。

（本試験 2007年 問 25 出題）

問23 印紙税に関する次の記述のうち，正しいものはどれか。

❶ 当初作成した土地の賃貸借契約書において記載がされていなかった「契約期間」を補充するために「契約期間は 10 年とする」旨が記載された覚書を作成したが，当該覚書にも印紙税が課される。

❷ 本契約書を後日作成することを文書上で明らかにした，土地を 8,000 万円で譲渡することを証した仮契約書には，印紙税は課されない。

❸ 「甲土地を 6,000 万円，乙建物を 3,500 万円，丙建物を 1,500 万円で譲渡する」旨を記載した契約書を作成した場合，印紙税の課税標準となる当該契約書の記載金額は，6,000 万円である。

❹ 「A の所有する土地（価額 7,000 万円）と B の所有する土地（価額 1 億円）とを交換し，A は B に差額 3,000 万円支払う」旨を記載した土地交換契約書を作成した場合，印紙税の課税標準となる当該契約書の記載金額は，3,000 万円である。

（本試験 2011年 問 23 出題）

問24 固定資産税に関する次の記述のうち，正しいものはどれか。

❶ 令和 6 年 1 月 15 日に新築された家屋に対する令和 6 年度分の固定資産税は，新築住宅に係る特例措置により税額の 2 分の 1 が減額される。

❷ 固定資産税の税率は，1.7％を超えることができない。

❸ 区分所有家屋の土地に対して課される固定資産税は，各区分所有者が連帯して納税義務を負う。

❹ 市町村は，財政上その他特別の必要がある場合を除き，当該市町村の区域内において同一の者が所有する土地に係る固定資産税の課税標準額が 30 万円未満の場合には課税できない。

（本試験 2015年 問 24 改題）

問25 地価公示法に関する次の記述のうち，正しいものはどれか。

❶ 都市及びその周辺の地域等において，土地の取引を行う者は，取引の対象土地から最も近傍の標準地について公示された価格を指標として取引を行うよう努めなければならない。

❷ 標準地は，都市計画区域外や国土利用計画法の規定により指定された規制区域内からは選定されない。

❸ 標準地の正常な価格とは，土地について，自由な取引が行われるとした場合におけるその取引（一定の場合を除く。）において通常成立すると認められる価格をいい，当該土地に関して地上権が存する場合は，この権利が存しないものとして通常成立すると認められる価格となる。

❹ 土地鑑定委員会は，自然的及び社会的条件からみて類似の利用価値を有すると認められる地域において，土地の利用状況，環境等が特に良好と認められる一団の土地について標準地を選定する。

(本試験 2019年 問 25 出題)

問26 宅地建物取引業の免許（以下この問において「免許」という。）に関する次の記述のうち，正しいものはどれか。

❶ Aの所有するオフィスビルを賃借しているBが，不特定多数の者に反復継続して転貸する場合，AとBは免許を受ける必要はない。

❷ 建設業の許可を受けているCが，建築請負契約に付随して，不特定多数の者に建物の敷地の売買を反復継続してあっせんする場合，Cは免許を受ける必要はない。

❸ Dが共有会員制のリゾートクラブ会員権（宿泊施設等のリゾート施設の全部又は一部の所有権を会員が共有するもの）の売買の媒介を不特定多数の者に反復継続して行う場合，Dは免許を受ける必要はない。

❹ 宅地建物取引業者であるE（個人）が死亡し，その相続人FがEの所有していた土地を 20 区画に区画割りし，不特定多数の者に宅地として分譲する場合，Fは免許を受ける必要はない。

(本試験 2005年 問 30 出題)

問27 宅地建物取引業の免許（以下この問において「免許」という。）に関する次の記述のうち，正しいものはいくつあるか。

ア 破産手続開始の決定を受けた個人Aは，復権を得てから5年を経過しなければ，免許を受けることができない。

イ 宅地建物取引業法の規定に違反したことにより罰金の刑に処せられた取締役がいる法人Bは，その刑の執行が終わった日から5年を経過しなければ，免許を受けることができない。

ウ 宅地建物取引業者Cは，業務停止処分の聴聞の期日及び場所が公示された日から当該処分をする日又は当該処分をしないことを決定する日までの間に，相当の理由なく廃業の届出を行った。この場合，Cは，当該届出の日から5年を経過しなければ，免許を受けることができない。

エ 宅地建物取引業に係る営業に関し成年者と同一の行為能力を有する未成年者Dは，その法定代理人が禁錮以上の刑に処せられ，その刑の執行が終わった日から5年を経過しなければ，免許を受けることができない。

❶ 一つ　**❷** 二つ
❸ 三つ　**❹** 四つ

（本試験 2009年 問 27 改題）

問28 宅地建物取引業者A（消費税課税事業者）は，Bが所有する建物について，B及びCから媒介の依頼を受け，Bを貸主，Cを借主とし，1か月分の借賃を10万円（消費税等相当額を含まない。），CからBに支払われる権利金（権利設定の対価として支払われる金銭であって返還されないものであり，消費税等相当額を含まない。）を150万円とする定期建物賃貸借契約を成立させた。この場合における次の記述のうち，宅地建物取引業法の規定によれば，正しいものはどれか。

❶ 建物が店舗用である場合，Aは，B及びCの承諾を得たときは，B及びCの双方からそれぞれ11万円の報酬を受けることができる。

❷ 建物が居住用である場合，Aが受け取ることができる報酬の額は，CからBに支払われる権利金の額を売買に係る代金の額とみなして算出される16万5,000円が上限となる。

❸ 建物が店舗用である場合，Aは，Bからの依頼に基づくことなく広告をした場合でも，その広告が賃貸借契約の成立に寄与したときは，報酬とは別に，その広告料金に相当する額をBに請求することができる。

❹ 定期建物賃貸借契約の契約期間が終了した直後にAが依頼を受けてBC間の定期建物賃貸借契約の再契約を成立させた場合，Aが受け取る報酬については，宅地建物取引業法の規定が適用される。

（本試験 2018年 問 30 改題）

問29 宅地建物取引業者が行う広告に関する次の記述のうち，宅地建物取引業法（以下この問において「法」という。）の規定によれば，正しいものはいくつあるか。

ア 建物の所有者と賃貸借契約を締結し，当該建物を転貸するための広告をする際は，当該広告に自らが契約の当事者となって貸借を成立させる旨を明示しなければ，法第34条に規定する取引態様の明示義務に違反する。

イ 居住用賃貸マンションとする予定の建築確認申請中の建物については，当該建物の貸借に係る媒介の依頼を受け，媒介契約を締結した場合であっても，広告をすることができない。

ウ 宅地の売買に関する広告をインターネットで行った場合において，当該宅地の売買契約成立後に継続して広告を掲載していたとしても，最初の広告掲載時点で当該宅地に関する売買契約が成立していなければ，法第32条に規定する誇大広告等の禁止に違反することはない。

エ 新築分譲住宅としての販売を予定している建築確認申請中の物件については，建築確認申請中である旨を表示をすれば，広告をすることができる。

❶ 一つ　　**❷** 二つ

❸ 三つ　　**❹** 四つ

（本試験2012年 問28 出題）

問30 宅地建物取引業者が，宅地建物取引業法第35条に規定する重要事項について説明をする場合に関する次の記述のうち，正しいものはどれか。

❶ 自ら売主として，マンション（建築工事完了前）の分譲を行うに当たり，建物の完成時における当該マンションの外壁の塗装については説明しなくてもよいが，建物の形状や構造については平面図を交付して説明しなければならない。

❷ 事業用建物の賃貸借の媒介を行うに当たっても，居住用建物と同様に，台所，浴室等の設備の整備状況について説明しなければならない。

❸ 宅地建物取引業者ではない売主から依頼されて建物の売買の媒介を行うに当たり，損害賠償額の予定は説明しなくてもよいが，売主が契約不適合担保責任を負わないことについては説明しなければならない。

❹ 自ら売主として，マンションの分譲を行うに当たり，管理組合の総会の議決権に関する事項については，管理規約を添付して説明しなければならない。

（本試験2004年 問38 改題）

問31 宅地建物取引業者Aは，Bが所有し，居住している甲住宅の売却の媒介を，また，宅地建物取引業者Cは，Dから既存住宅の購入の媒介を依頼され，それぞれ媒介契約を締結した。その後，B及びDは，それぞれA及びCの媒介により，甲住宅の売買契約（以下この問において「本件契約」という。）を締結した。この場合における次の記述のうち，宅地建物取引業法（以下この問において「法」という。）の規定によれば，正しいものはどれか。なお，この問において「建物状況調査」とは，法第34条の2第1項第4号に規定する調査をいうものとし，また，電磁的方法により提供する場合を考慮しないものとする。

❶ Aは，甲住宅の売却の依頼を受けた媒介業者として，本件契約が成立するまでの間に，Dに対し，建物状況調査を実施する者のあっせんの有無について確認しなければならない。

❷ A及びCは，本件契約が成立するまでの間に，Dに対し，甲住宅について，設計図書，点検記録その他の建物の建築及び維持保全の状況に関する書類で国土交通省令で定めるものの保存の状況及びそれぞれの書類に記載されている内容について説明しなければならない。

❸ CがDとの間で媒介契約を締結する2年前に，甲住宅は既に建物状況調査を受けていた。この場合において，A及びCは，本件契約が成立するまでの間に，Dに対し，建物状況調査を実施している旨及びその結果の概要について説明しなければならない。

❹ A及びCは，Dが宅地建物取引業者である場合であっても，法第37条に基づき交付すべき書面において，甲住宅の構造耐力上主要な部分等の状況について当事者の双方が確認した事項があるときにその記載を省略することはできない。

（本試験 2018年 問27 改題）

問32 宅地建物取引業者Ａの業務に関する次の記述のうち，宅地建物取引業法（以下この問において「法」という。）の規定に違反しないものはどれか。

❶ Ａは，マンションの一室の賃貸借を媒介するに当たり，建物の区分所有等に関する法律第２条第３項に規定する専有部分の用途について，管理規約で「ペット飼育禁止」の制限があったが，借主（宅地建物取引業者ではないものとする）に対し，そのことに関して法第35条の重要事項の説明を行わなかった。

❷ Ａは，自ら売主となり，土地付建物の売買契約を締結したが，買主（宅地建物取引業者ではないものとする）Ｂが当該建物の隣に住んでいるので，都市ガスが供給されることを知っているとして，Ｂに対し，ガスの供給に関して法第35条の重要事項の説明を行わなかった。

❸ Ａは，オフィスビルの所有者Ｃから賃貸借の媒介を依頼されたが，過去数次にわたってＣの物件について賃貸借の媒介をしていたことから，当該依頼に係る媒介契約を締結したとき，Ｃに対し，書面の作成並びに交付及び電磁的方法による提供を行わなかった。

❹ Ａは，売主Ｄと買主Ｅ（宅地建物取引業者ではないものとする）との間における中古マンションの売買を媒介するに当たり，管理規約に定めのある修繕積立金をＤが滞納していたが，Ｅに対し，そのことに関して法第35条の重要事項の説明を行わなかった。

（本試験 2003年 問 45 改題）

問33 宅地建物取引業者Ａ社は，自ら売主として宅地建物取引業者でない買主Ｂとの間で，中古マンション（代金 2,000 万円）の売買契約（以下「本件売買契約」という。）を締結し，その際，代金に充当される解約手付金 200 万円（以下「本件手付金」という。）を受領した。この場合におけるＡ社の行為に関する次の記述のうち，宅地建物取引業法（以下この問において「法」という。）の規定に違反するものはいくつあるか。

ア 引渡前に，Ａ社は，代金に充当される中間金として 100 万円をＢから受領し，その後，本件手付金と当該中間金について法第 41 条の 2 に定める保全措置を講じた。

イ 本件売買契約締結前に，Ａ社は，Ｂから申込証拠金として 10 万円を受領した。本件売買契約締結時に，当該申込証拠金を代金の一部とした上で，Ａ社は，法第 41 条の 2 に定める保全措置を講じた後，Ｂから本件手付金を受領した。

ウ Ａ社は，本件手付金の一部について，Ｂに貸付けを行い，本件売買契約の締結を誘引した。

❶ 一つ

❷ 二つ

❸ 三つ

❹ なし

（本試験 2012年 問 34 出題）

問34 宅地建物取引業者が行う宅地建物取引業法第 35 条に規定する重要事項の説明に関する次の記述のうち，正しいものはどれか。なお，説明の相手方は宅地建物取引業者ではないものとする。

❶ 宅地の売買の媒介を行う場合，売買の各当事者すなわち売主及び買主に対して，書面を交付又は売主及び買主の承諾を得て電磁的方法による提供をして説明しなければならない。

❷ 宅地の売買の媒介を行う場合，代金に関する金銭の貸借のあっせんの内容及び当該あっせんに係る金銭の貸借が成立しないときの措置について，説明しなければならない。

❸ 建物の貸借の媒介を行う場合，私道に関する負担について，説明しなければならない。

❹ 建物の売買の媒介を行う場合，天災その他不可抗力による損害の負担に関する定めがあるときは，その内容について，説明しなければならない。

(本試験 2017年 問 33 改題)

問35 次の記述のうち，宅地建物取引業法の規定によれば，正しいものはどれか。なお，この問において「免許」とは，宅地建物取引業の免許をいう。

❶ 宅地建物取引業者Aは，免許の更新を申請したが，免許権者である甲県知事の申請に対する処分がなされないまま，免許の有効期間が満了した。この場合，Aは，当該処分がなされるまで，宅地建物取引業を営むことができない。

❷ Bは，新たに宅地建物取引業を営むため免許の申請を行った。この場合，Bは，免許の申請から免許を受けるまでの間に，宅地建物取引業を営む旨の広告を行い，取引する物件及び顧客を募ることができる。

❸ 宅地建物取引業者Cは，宅地又は建物の売買に関連し，兼業として，新たに不動産管理業を営むこととした。この場合，Cは兼業で不動産管理業を営む旨を，免許権者である国土交通大臣又は都道府県知事に届け出なければならない。

❹ 宅地建物取引業者である法人Dが，宅地建物取引業者でない法人Eに吸収合併されたことにより消滅した場合，一般承継人であるEは，Dが締結した宅地又は建物の契約に基づく取引を結了する目的の範囲内において宅地建物取引業者とみなされる。

(本試験 2017年 問 36 出題)

問36 宅地建物取引業者Ａが宅地建物取引業法第37条の規定により交付すべき書面（以下この問において「37条書面」という。）に関する次の記述のうち，同法の規定によれば，誤っているものの組合せはどれか。なお，この問においては，電磁的方法により提供する場合を考慮しないものとする。

ア Ａが売主として宅地建物取引業者Ｂの媒介により，土地付建物の売買契約を締結した場合，Ｂが37条書面を作成し，その宅地建物取引士をして当該書面に記名させれば，Ａは，宅地建物取引士による37条書面への記名を省略することができる。

イ Ａがその媒介により，事業用宅地の定期賃貸借契約を公正証書によって成立させた場合，当該公正証書とは別に37条書面を作成して交付するに当たって，宅地建物取引士をして記名させる必要はない。

ウ Ａが売主としてＣとの間で売買契約を成立させた場合（Ｃは自宅を売却して購入代金に充てる予定である。），ＡＣ間の売買契約に「Ｃは，自宅を一定の金額以上で売却できなかった場合，本件売買契約を無条件で解除できる」旨の定めがあるときは，Ａは，37条書面にその内容を記載しなければならない。

❶ ア，イ　　**❷** ア，ウ
❸ イ，ウ　　**❹** ア，イ，ウ

（本試験 2014年 問 42 改題）

問37 宅地建物取引士と宅地建物取引士証に関する次の記述のうち，宅地建物取引業法の規定によれば，正しいものはどれか。

❶ 宅地建物取引士は，常時宅地建物取引士証を携帯して，取引の関係者から請求があったとき提示することを要し，これに違反したときは，過料に処せられることがある。

❷ 宅地建物取引士は，宅地建物取引士証を紛失した場合，その再交付がなされるまでの間であっても，宅地建物取引士証を提示することなく，重要事項説明を行ったときは，宅地建物取引士としてすべき事務を行うことを禁止されることがある。

❸ 宅地建物取引士は，宅地建物取引士証を他人に貸与してはならず，これに違反したときは，事務の禁止の処分を受けることがあるが，情状が特に重くても，登録を消除されることはない。

❹ 宅地建物取引士は，勤務先を変更したとき，宅地建物取引士証の書換え交付の申請を行わなければならない。

（本試験 1994年 問 37 改題）

問38 自らが売主である宅地建物取引業者Ａと，宅地建物取引業者でないＢとの間での売買契約に関する次の記述のうち，宅地建物取引業法（以下この問において「法」という。）の規定によれば，正しいものはどれか。

❶ Ａは，Ｂとの間における建物の売買契約（代金2,000万円）の締結に当たり，手付金として100万円の受領を予定していた。この場合において，損害賠償の予定額を定めるときは，300万円を超えてはならない。

❷ ＡとＢが締結した建物の売買契約において，Ｂが手付金の放棄による契約の解除ができる期限について，金融機関からＢの住宅ローンの承認が得られるまでとする旨の定めをした。この場合において，Ａは，自らが契約の履行に着手する前であれば，当該承認が得られた後は，Ｂの手付金の放棄による契約の解除を拒むことができる。

❸ Ａは，喫茶店でＢから宅地の買受けの申込みを受けたことから，翌日，前日と同じ喫茶店で当該宅地の売買契約を締結し，代金の全部の支払を受けた。その4日後に，Ｂから法第37条の2の規定に基づくいわゆるクーリング・オフによる当該契約を解除する旨の書面による通知を受けた場合，Ａは，当該宅地をＢに引き渡していないときは，代金の全部が支払われたことを理由に当該解除を拒むことはできない。

❹ Ａは，Ｂとの間で宅地の割賦販売の契約（代金3,000万円）を締結し，当該宅地を引き渡した。この場合において，Ａは，Ｂから1,500万円の賦払金の支払を受けるまでに，当該宅地に係る所有権の移転登記をしなければならない。

（本試験 2009年 問37 出題）

問39 次の記述のうち，宅地建物取引業法（以下この問において「法」という。）の規定によれば，正しいものはどれか。

❶ 宅地建物取引業者A（甲県知事免許）は，マンション管理業に関し，不正又は著しく不当な行為をしたとして，マンションの管理の適正化の推進に関する法律に基づき，国土交通大臣から業務の停止を命じられた。この場合，Aは，甲県知事から法に基づく指示処分を受けることがある。

❷ 国土交通大臣は，宅地建物取引業者B（乙県知事免許）の事務所の所在地を確知できない場合，その旨を官報及び乙県の公報で公告し，その公告の日から30日を経過してもBから申出がないときは，Bの免許を取り消すことができる。

❸ 国土交通大臣は，宅地建物取引業者C（国土交通大臣免許）に対し，法第35条の規定に基づく重要事項の説明を行わなかったことを理由に業務停止を命じた場合は，遅滞なく，その旨を内閣総理大臣に通知しなければならない。

❹ 宅地建物取引業者D（丙県知事免許）は，法第72条第1項に基づく丙県職員による事務所への立入検査を拒んだ。この場合，Dは，50万円以下の罰金に処せられることがある。

（本試験2017年 問29出題）

問40 宅地建物取引業者Ａは，ＢからＢ所有の宅地の売却について媒介の依頼を受けた。この場合における次の記述のうち，宅地建物取引業法（以下この問において「法」という。）の規定によれば，誤っているものはいくつあるか。

ア ＡがＢとの間で専任媒介契約を締結し，Ｂから「売却を秘密にしておきたいので指定流通機構への登録をしないでほしい」旨の申出があった場合，Ａは，そのことを理由に登録をしなかったとしても法に違反しない。

イ ＡがＢとの間で媒介契約を締結した場合，Ａは，Ｂに対して遅滞なく法第34条の２第１項の規定に基づく書面を交付又はＢの承諾を得て電磁的方法により提供しなければならないが，Ｂが宅地建物取引業者であるときは，当該書面の交付（電磁的方法による提供を含む。）を省略することができる。

ウ ＡがＢとの間で有効期間を３月とする専任媒介契約を締結した場合，期間満了前にＢから当該契約の更新をしない旨の申出がない限り，当該期間は自動的に更新される。

エ ＡがＢとの間で一般媒介契約（専任媒介契約でない媒介契約）を締結し，当該媒介契約において，重ねて依頼する他の宅地建物取引業者を明示する義務がある場合において，法第34条の２第１項の書面を作成するときは，Ａは，Ｂが明示していない他の宅地建物取引業者の媒介又は代理によって売買の契約を成立させたときの措置を当該書面に記載しなければならない。

❶ 一つ

❷ 二つ

❸ 三つ

❹ 四つ

（本試験 2014年 問 32 改題）

問41 宅地建物取引士Ａが甲県知事の宅地建物取引士資格登録（以下この問において「登録」という。）を受けている場合に関する次の記述のうち，正しいものはどれか。

❶ Ａが，乙県に所在する宅地建物取引業者の事務所の業務に従事するため，登録の移転とともに宅地建物取引士証の交付を受けたとき，登録移転後の新たな宅地建物取引士証の有効期間は，その交付の日から５年となる。

❷ Ａが，宅地建物取引士として行う事務に関し不正な行為をしたとして，乙県知事から事務禁止処分を受けたときは，Ａは，速やかに，宅地建物取引士証を乙県知事に提出しなければならない。

❸ Ａは，氏名を変更したときは，遅滞なく変更の登録を申請するとともに，当該申請とあわせて，宅地建物取引士証の書換え交付を申請しなければならない。

❹ Ａは，宅地建物取引士証の有効期間の更新を受けようとするときは，甲県知事に申請し，その申請前６月以内に行われる国土交通大臣の登録を受けた講習を受講しなければならない。

（本試験 1998年 問 30 改題）

問42 宅地建物取引業者Ａが，自ら売主として，宅地建物取引業者Ｂの媒介により，宅地建物取引業者ではないＣを買主とするマンションの売買契約を締結した場合における宅地建物取引業法第 37 条の２の規定に基づくいわゆるクーリング・オフについて告げるときに交付すべき書面（以下この問において「告知書面」という。）に関する次の記述のうち，正しいものはどれか。

❶ 告知書面には，クーリング・オフによる買受けの申込みの撤回又は売買契約の解除があったときは，Ａは，その買受けの申込みの撤回又は売買契約の解除に伴う損害賠償又は違約金の支払を請求することができないことを記載しなければならない。

❷ 告知書面には，クーリング・オフについて告げられた日から起算して８日を経過するまでの間は，Ｃが当該マンションの引渡しを受け又は代金の全部を支払った場合を除き，書面によりクーリング・オフによる買受けの申込みの撤回又は売買契約の解除を行うことができることを記載しなければならない。

❸ 告知書面には，Ｃがクーリング・オフによる売買契約の解除をするときは，その旨を記載した書面がＡに到達した時点で，その効力が発生することを記載しなければならない。

❹ 告知書面には，Ａ及びＢの商号又は名称及び住所並びに免許証番号を記載しなければならない。

（本試験 2021年 10月 問 39 出題）

問43 宅地建物取引業者の営業保証金に関する次の記述のうち，宅地建物取引業法の規定によれば，誤っているものはどれか。なお，この問において，「還付請求権者」とは，同法第27条第1項の規定に基づき，営業保証金の還付を請求する権利を有する者をいう。

❶ 宅地建物取引業者は，宅地建物取引業に関し不正な行為をし，情状が特に重いとして免許を取り消されたときであっても，営業保証金を取り戻すことができる場合がある。

❷ 宅地建物取引業者は，免許の有効期間満了に伴い営業保証金を取り戻す場合は，還付請求権者に対する公告をすることなく，営業保証金を取り戻すことができる。

❸ 宅地建物取引業者は，一部の支店を廃止したことにより，営業保証金の額が政令で定める額を超えた場合は，還付請求権者に対し所定の期間内に申し出るべき旨を公告し，その期間内にその申出がなかったときに，その超過額を取り戻すことができる。

❹ 宅地建物取引業者は，宅地建物取引業保証協会の社員となった後において，社員となる前に供託していた営業保証金を取り戻す場合は，還付請求権者に対する公告をすることなく，営業保証金を取り戻すことができる。

（本試験2010年 問31出題）

問44 宅地建物取引業保証協会（以下この問において「保証協会」という。）に関する次の記述のうち，正しいものはどれか。

❶ 還付充当金の未納により保証協会の社員の地位を失った宅地建物取引業者は，その地位を失った日から2週間以内に弁済業務保証金を供託すれば，その地位を回復する。

❷ 保証協会は，その社員である宅地建物取引業者から弁済業務保証金分担金の納付を受けたときは，その納付を受けた日から2週間以内に，その納付を受けた額に相当する額の弁済業務保証金を供託しなければならない。

❸ 保証協会は，弁済業務保証金の還付があったときは，当該還付に係る社員又は社員であった者に対して，当該還付額に相当する額の還付充当金を保証協会に納付すべきことを通知しなければならない。

❹ 宅地建物取引業者が保証協会の社員となる前に，当該宅地建物取引業者に建物の貸借の媒介を依頼した者（宅地建物取引業者を除く）は，その取引により生じた債権に関し，当該保証協会が供託した弁済業務保証金について弁済を受ける権利を有しない。

（本試験2014年 問39改題）

問45 特定住宅瑕疵担保責任の履行の確保等に関する法律に基づく住宅販売瑕疵担保保証金の供託又は住宅販売瑕疵担保責任保険契約の締結に関する次の記述のうち，正しいものはどれか。

❶ 自ら売主として新築住宅を宅地建物取引業者でない買主に引き渡した宅地建物取引業者は，基準日に係る住宅販売瑕疵担保保証金の供託及び住宅販売瑕疵担保責任保険契約の締結の状況について届出をしなければ，当該基準日から起算して50日を経過した日以後，新たに自ら売主となる新築住宅の売買契約を締結してはならない。

❷ 宅地建物取引業者は，自ら売主として新築住宅を販売する場合だけでなく，新築住宅の売買の媒介をする場合においても，住宅販売瑕疵担保保証金の供託又は住宅販売瑕疵担保責任保険契約の締結を行う義務を負う。

❸ 住宅販売瑕疵担保責任保険契約は，新築住宅の買主が保険料を支払うことを約し，住宅瑕疵担保責任保険法人と締結する保険契約である。

❹ 自ら売主として新築住宅を販売する宅地建物取引業者は，住宅販売瑕疵担保保証金の供託をする場合，当該新築住宅の売買契約を締結するまでに，当該新築住宅の買主に対し，当該供託をしている供託所の所在地，供託所の表示等について記載した書面を交付又は買主の承諾を得て電磁的方法による提供をして説明しなければならない。

(本試験 2014年 問45改題)

問46 独立行政法人住宅金融支援機構（以下この問において「機構」という。）に関する次の記述のうち，誤っているものはどれか。

❶ 機構は，団体信用生命保険業務として，貸付けを受けた者が死亡した場合のみならず，重度障害となった場合においても，支払われる生命保険の保険金を当該貸付けに係る債務の弁済に充当することができる。

❷ 機構は，直接融資業務において，高齢者の死亡時に一括償還をする方法により貸付金の償還を受けるときは，当該貸付金の貸付けのために設定された抵当権の効力の及ぶ範囲を超えて，弁済の請求をしないことができる。

❸ 証券化支援業務（買取型）に係る貸付金の利率は，貸付けに必要な資金の調達に係る金利その他の事情を勘案して機構が定めるため，どの金融機関においても同一の利率が適用される。

❹ 証券化支援業務（買取型）において，機構による譲受けの対象となる住宅の購入に必要な資金の貸付けに係る金融機関の貸付債権には，当該住宅の購入に付随する改良に必要な資金も含まれる。

（本試験 2017年 問 46 出題）

問47 宅地建物取引業者が行う広告に関する次の記述のうち，不当景品類及び不当表示防止法（不動産の表示に関する公正競争規約を含む。）の規定によれば，正しいものはどれか。

❶ 路地状部分（敷地延長部分）のみで道路に接する土地であって，その路地状部分の面積が当該土地面積のおおむね 30％以上を占める場合には，路地状部分を含む旨及び路地状部分の割合又は面積を明示しなければならない。

❷ 新築住宅を販売するに当たり，当該物件から最寄駅まで実際に歩いたときの所要時間が 15 分であれば，物件から最寄駅までの道路距離にかかわらず，広告中に「最寄駅まで徒歩 15 分」と表示することができる。

❸ 新築分譲住宅を販売するに当たり，予告広告である旨及び契約又は予約の申込みには応じられない旨を明瞭に表示すれば，当該物件が建築確認を受けていなくても広告表示をすることができる。

❹ 新築分譲マンションを販売するに当たり，住戸により管理費の額が異なる場合であって，すべての住戸の管理費を示すことが広告スペースの関係で困難なときは，全住戸の管理費の平均額を表示すればよい。

（本試験 2020年 10月 問 47 出題）

問48 宅地建物取引業者が行う広告に関する次の記述のうち，不当景品類及び不当表示防止法（不動産の表示に関する公正競争規約を含む。）の規定によれば，正しいものはどれか。

❶ 新築分譲住宅について，価格Aで販売を開始してから3か月以上経過したため，価格Aから価格Bに値下げをすることとし，価格Aと価格Bを併記して，値下げをした旨を表示する場合，値下げ金額が明確になっていれば，価格Aの公表日や値下げした日を表示する必要はない。

❷ 土地上に古家が存在する場合に，当該古家が，住宅として使用することが可能な状態と認められる場合であっても，古家がある旨を表示すれば，売地と表示して販売しても不当表示に問われることはない。

❸ 新築分譲マンションの広告において，当該マンションの完成図を掲載する際に，敷地内にある電柱及び電線を消去する加工を施した場合であっても，当該マンションの外観を消費者に対し明確に示すためであれば，不当表示に問われることはない。

❹ 複数の売買物件を1枚の広告に掲載するに当たり，取引態様が複数混在している場合には，広告の下部にまとめて表示すれば，どの物件がどの取引態様かを明示していなくても不当表示に問われることはない。

（本試験 2018年 問 47 改題）

問49 土地に関する次の記述のうち，誤っているものはどれか。

❶ 丘陵地や台地内の小さな谷間は，軟弱地盤であることが多く，これを埋土して造成された宅地では，地盤沈下や排水不良を生じることが多い。

❷ 宅地周りの既存の擁壁の上に，ブロックを積み増し，盛土して造成することにより，宅地面積を広げつつ，安全な宅地として利用できることが多い。

❸ 丘陵地を切り盛りして平坦化した宅地において，切土部と盛土部にまたがる区域では，沈下量の違いにより不同沈下を生じやすい。

❹ 宅地の安定に排水処理は重要であり，擁壁の水抜き穴，盛土のり面の小段の排水溝等による排水処理の行われていない宅地は，不適当であることが多い。

（本試験 1997年 問 50 出題）

問50 建築物の構造に関する次の記述のうち，最も不適当なものはどれか。

❶ ラーメン構造は，柱とはりを組み合わせた直方体で構成する骨組である。

❷ トラス式構造は，細長い部材を三角形に組み合わせた構成の構造である。

❸ アーチ式構造は，スポーツ施設のような大空間を構成するには適していない構造である。

❹ 壁式構造は，柱とはりではなく，壁板により構成する構造である。

（本試験 2011年 問 50 出題）

第４回　解答用紙

得点　/50

問題番号	解答番号				問題番号	解答番号			
第１問	①	②	③	④	第26問	①	②	③	④
第２問	①	②	③	④	第27問	①	②	③	④
第３問	①	②	③	④	第28問	①	②	③	④
第４問	①	②	③	④	第29問	①	②	③	④
第５問	①	②	③	④	第30問	①	②	③	④
第６問	①	②	③	④	第31問	①	②	③	④
第７問	①	②	③	④	第32問	①	②	③	④
第８問	①	②	③	④	第33問	①	②	③	④
第９問	①	②	③	④	第34問	①	②	③	④
第10問	①	②	③	④	第35問	①	②	③	④
第11問	①	②	③	④	第36問	①	②	③	④
第12問	①	②	③	④	第37問	①	②	③	④
第13問	①	②	③	④	第38問	①	②	③	④
第14問	①	②	③	④	第39問	①	②	③	④
第15問	①	②	③	④	第40問	①	②	③	④
第16問	①	②	③	④	第41問	①	②	③	④
第17問	①	②	③	④	第42問	①	②	③	④
第18問	①	②	③	④	第43問	①	②	③	④
第19問	①	②	③	④	第44問	①	②	③	④
第20問	①	②	③	④	第45問	①	②	③	④
第21問	①	②	③	④	第46問	①	②	③	④
第22問	①	②	③	④	第47問	①	②	③	④
第23問	①	②	③	④	第48問	①	②	③	④
第24問	①	②	③	④	第49問	①	②	③	④
第25問	①	②	③	④	第50問	①	②	③	④

冊子の使い方

この色紙を残したまま、「問題冊子」を
取り外し、ご利用ください。

※抜き取りの際の破損等による返品・交換には応じられません
のでご注意ください。

解答用紙の使い方

「問題冊子」を抜き取った後の色紙の裏
表紙を破線に沿って切り取り、コピー
してご利用ください。

2024年版 出る順宅建士
過去30年良問厳選模試

第5回 問題

上級編①

 合格推定点 **34**点

 制限時間 **2**時間

①問題は、2ページから31ページまでの50問です。
②問題の中の法令に関する部分は、2024年4月1日現在施行されている規定に基づいて出題されてます。

問1 AがBに甲土地を売却した場合に関する次の記述のうち，民法の規定及び判例によれば，誤っているものはどれか。

① 甲土地につき売買代金の支払と登記の移転がなされた後，第三者の詐欺を理由に売買契約が取り消された場合，原状回復のため，BはAに登記を移転する義務を，AはBに代金を返還する義務を負い，各義務は同時履行の関係となる。

② Aが甲土地を売却した意思表示に錯誤があったとしても，Aに重大な過失があって取消しを主張することができない場合は，BもAの錯誤を理由として取消しを主張することはできない。

③ AB間の売買契約が仮装譲渡であり，その後BがCに甲土地を転売した場合，Cが仮装譲渡の事実を知らなければ，Aは，Cに虚偽表示による無効を対抗することができない。

④ Aが第三者の詐欺によってBに甲土地を売却し，その後BがDに甲土地を転売した場合，Bが第三者の詐欺の事実を過失なく知らなかったとしても，Dが第三者の詐欺の事実を知っていれば，Aは詐欺を理由にAB間の売買契約を取り消すことができる。

(本試験 2018年 問1出題)

問2 民法上の委任契約に関する次の記述のうち，民法の規定によれば，誤っているものはどれか。

① 委任契約は，委任者又は受任者のいずれからも，いつでもその解除をすることができる。ただし，相手方に不利な時期に委任契約の解除をしたときは，相手方に対して損害賠償責任を負う場合がある。

② 委任者が破産手続開始決定を受けた場合，委任契約は終了する。

③ 委任契約が委任者の死亡により終了した場合，受任者は，委任者の相続人から終了についての承諾を得るときまで，委任事務を処理する義務を負う。

④ 委任契約の終了事由は，これを相手方に通知したとき，又は相手方がこれを知っていたときでなければ，相手方に対抗することができず，そのときまで当事者は委任契約上の義務を負う。

(本試験 2006年 問9出題)

問 3　AがBに対してA所有の甲建物を①売却した場合と②賃貸した場合についての次の記述のうち，民法の規定及び判例によれば，誤っているものはどれか。

❶　①と②の契約が解除された場合，①ではBは甲建物を使用収益した利益をAに償還する必要があるのに対し，②では将来に向かって解除の効力が生じるのでAは解除までの期間の賃料をBに返還する必要はない。

❷　①ではBはAの承諾を得ずにCに甲建物を賃貸することができ，②ではBはAの承諾を得なければ甲建物をCに転貸することはできない。

❸　甲建物をDが不法占拠している場合，①ではBは甲建物の所有権移転登記を備えていなければ所有権をDに対抗できず，②ではBは甲建物につき賃借権の登記を備えていれば賃借権をDに対抗することができる。

❹　①と②の契約締結後，甲建物の引渡し前に，甲建物がEの放火で全焼した場合，①ではBはAに対する売買代金の支払を拒むことができ，②ではBとAとの間の賃貸借契約は終了する。

（本試験 2021年 12月 問 9 出題）

問 4　Aが死亡し，相続人がBとCの2名であった場合に関する次の記述のうち，民法の規定及び判例によれば，正しいものはどれか。

❶　①BがAの配偶者でCがAの子である場合と，②BとCがいずれもAの子である場合とでは，Bの法定相続分は①の方が大きい。

❷　Aの死亡後，いずれもAの子であるBとCとの間の遺産分割協議が成立しないうちにBが死亡したときは，Bに配偶者Dと子Eがいる場合であっても，Aの遺産分割についてはEが代襲相続人として分割協議を行う。

❸　遺産分割協議が成立するまでの間に遺産である不動産から賃料債権が生じていて，BとCがその相続分に応じて当該賃料債権を分割単独債権として確定的に取得している場合，遺産分割協議で当該不動産をBが取得することになっても，Cが既に取得した賃料債権につき清算する必要はない。

❹　Bが自己のために相続の開始があったことを知った時から3か月以内に家庭裁判所に対して，相続によって得た財産の限度においてのみAの債務及び遺贈を弁済すべきことを留保して相続を承認する限定承認をする旨を申述すれば，Cも限定承認をする旨を申述したとみなされる。

（本試験 2017年 問 6 出題）

問5 次の１から４までの記述のうち，民法の規定，判例及び下記判決文によれば，正しいものはどれか。

（判決文）

　所有者甲から乙が不動産を買い受け，その登記が未了の間に，丙が当該不動産を甲から二重に買い受け，更に丙から転得者丁が買い受けて登記を完了した場合に，たとい丙が背信的悪意者に当たるとしても，丁は，乙に対する関係で丁自身が背信的悪意者と評価されるのでない限り，当該不動産の所有権取得をもって乙に対抗することができるものと解するのが相当である。

❶　所有者ＡからＢが不動産を買い受け，その登記が未了の間に，Ｃが当該不動産をＡから二重に買い受けて登記を完了した場合，Ｃは，自らが背信的悪意者に該当するときであっても，当該不動産の所有権取得をもってＢに対抗することができる。

❷　所有者ＡからＢが不動産を買い受け，その登記が未了の間に，背信的悪意者ではないＣが当該不動産をＡから二重に買い受けた場合，先に買い受けたＢは登記が未了であっても当該不動産の所有権取得をもってＣに対抗することができる。

❸　所有者ＡからＢが不動産を買い受け，その登記が未了の間に，背信的悪意者であるＣが当該不動産をＡから二重に買い受け，更にＣから転得者Ｄが買い受けて登記を完了した場合，ＤもＢに対する関係で背信的悪意者に該当するときには，Ｄは当該不動産の所有権取得をもってＢに対抗することができない。

❹　所有者ＡからＢが不動産を買い受け，その登記が未了の間に，Ｃが当該不動産をＡから二重に買い受け登記を完了した場合，Ｃが背信的悪意者に該当しなくてもＢが登記未了であることにつき悪意であるときには，Ｃは当該不動産の所有権取得をもってＢに対抗することができない。

（本試験 2022年 問１出題）

問6 AがBに対して金銭の支払を求めて訴えを提起した場合の時効の完成猶予及び更新に関する次の記述のうち, 民法の規定及び判例によれば, 誤っているものはどれか。

❶ 訴えの提起後に当該訴えが取り下げられた場合には, 時効の更新はされない。

❷ 訴えの提起後に当該訴えの却下の判決が確定した場合には, 時効の更新はされない。

❸ 訴えの提起後に請求棄却の判決が確定した場合には, 時効の更新はされない。

❹ 訴えの提起後に裁判上の和解が成立した場合には, 時効の更新はされない。

(本試験 2019年 問9改題)

問7 Aは, A所有の甲土地にBから借り入れた3,000万円の担保として抵当権を設定した。この場合における次の記述のうち, 民法の規定及び判例によれば, 誤っているものはどれか。

❶ Aが甲土地に抵当権を設定した当時, 甲土地上にA所有の建物があり, 当該建物をAがCに売却した後, Bの抵当権が実行されてDが甲土地を競落した場合, DはCに対して, 甲土地の明渡しを求めることはできない。

❷ 甲土地上の建物が火災によって焼失してしまったが, 当該建物に火災保険が付されていた場合, Bは, 甲土地の抵当権に基づき, この火災保険契約に基づく損害保険金を請求することができる。

❸ AがEから500万円を借り入れ, これを担保するために甲土地にEを抵当権者とする第2順位の抵当権を設定した場合, BとEが抵当権の順位を変更することに合意すれば, Aの同意がなくても, 甲土地の抵当権の順位を変更することができる。

❹ Bの抵当権設定後, Aが第三者であるFに甲土地を売却した場合, FはBに対して, 民法第383条所定の書面を送付して抵当権の消滅を請求することができる。

(本試験 2016年 問4出題)

問 8 Aは，Bから建物を賃借し，Bに3,000万円の敷金を預託した。その後，Aは，Bの承諾を得て，この敷金返還請求権につき，Cからの借入金債務を担保するために，Cのために適法に質権を設定した。この場合，民法の規定によれば，次の記述のうち正しいものはどれか。

❶ Cは，Bの承諾が書面によるものであれば，確定日付を得ていなくても，この質権設定を，B以外の第三者に対しても対抗することができる。

❷ CのAに対する利息請求権は，常に満期となった最後の2年分についてのみ，この質権の被担保債権となる。

❸ CのAに対する債権の弁済期の前に，この敷金返還請求権の弁済期が到来した場合は，Cは，Bに対し，当該敷金を供託するよう請求できる。

❹ CのAに対する債権の弁済期が到来した場合，Cは，Bに対し，Bがこの質権設定を承諾したことを根拠に，この敷金返還請求権の弁済期の前に，当該敷金を直ちにCに交付するよう請求できる。

（本試験2002年 問5出題）

問 9 Aが，Bに対して不動産を売却し，所有権移転登記及び引渡しをした場合のBの代金の弁済に関する次の記述のうち，民法の規定及び判例によれば，誤っているものはどれか。

❶ Bの親友Cが，Aに直接代金の支払いを済ませても，それがBの意思に反する弁済であり，AがBの意思に反する弁済であることを知っている場合には，Bの代金債務は消滅しない。

❷ Aが，Bに対し代金債権より先に弁済期の到来した別口の貸金債権を有する場合に，Bから代金債権の弁済として代金額の支払いを受けたとき，Aは，Bの意思に反しても，代金債権より先にその貸金債権に充当することができる。

❸ Bが，「AからDに対して代金債権を譲渡した」旨記載された偽造の文書を持参した取引上の社会通念に照らして代金債権の受領権者としての外観を有するDに弁済した場合で，Bが善意無過失であるとき，Bは，代金債務を免れる。

❹ Bの友人Eが，代金債務を連帯保証していたためAに全額弁済した場合，Eは，Bへの通知又は承諾がないときでも，Aに代位する。

（本試験1999年 問5改題）

問10 相続に関する次の記述のうち，民法の規定及び判例によれば，誤っているものはどれか。

❶ 無権代理人が本人に無断で本人の不動産を売却した後に，単独で本人を相続した場合，本人が自ら当該不動産を売却したのと同様な法律上の効果が生じる。

❷ 相続財産に属する不動産について，遺産分割前に単独の所有権移転登記をした共同相続人から移転登記を受けた第三取得者に対し，他の共同相続人は，自己の持分を登記なくして対抗することができる。

❸ 連帯債務者の一人が死亡し，その相続人が数人ある場合，相続人らは被相続人の債務の分割されたものを承継し，各自その承継した範囲において，本来の債務者とともに連帯債務者となる。

❹ 共同相続に基づく共有物の持分価格が過半数を超える相続人は，協議なくして単独で共有物を占有する他の相続人に対して，当然にその共有物の明渡しを請求することができる。

（本試験 2018 年 問 10 出題）

問11 次の記述のうち，借地借家法の規定及び判例によれば，正しいものはどれか。

❶ 借地権者が借地権の登記をしておらず，当該土地上に所有権の登記がされている建物を所有しているときは，これをもって借地権を第三者に対抗することができるが，建物の表示の登記によっては対抗することができない。

❷ 借地権者が登記ある建物を火災で滅失したとしても，建物が滅失した日から2年以内に新たな建物を築造すれば，2年を経過した後においても，これをもって借地権を第三者に対抗することができる。

❸ 土地の賃借人が登記ある建物を所有している場合であっても，その賃借人から当該土地建物を賃借した転借人が対抗力を備えていなければ，当該転借人は転借権を第三者に対抗することができない。

❹ 借地権者が所有する数棟の建物が一筆の土地上にある場合は，そのうちの一棟について登記があれば，借地権の対抗力が当該土地全部に及ぶ。

（本試験 2020 年 12 月 問 11 出題）

問12 賃貸人Ａ（個人）と賃借人Ｂ（個人）との間の居住用建物の賃貸借契約に関する次の記述のうち，借地借家法の規定及び判例によれば，誤っているものはどれか。

❶ Ｂが家賃減額の請求をしたが，家賃の減額幅についてＡＢ間に協議が調わず裁判になったときは，Ａは，その裁判が確定するまでの期間は，Ａが相当と認める金額の家賃を支払うようにＢに請求できる。

❷ Ｂが家賃減額の請求をしたが，家賃の減額幅についてＡＢ間に協議が調わず裁判になったときは，その請求にかかる一定額の減額を正当とする裁判が確定した時点以降分の家賃が減額される。

❸ 家賃が，近傍同種の建物の家賃に比較して不相当に高額になったときは，契約の条件にかかわらず，Ｂは，将来に向かって家賃の減額を請求することができる。

❹ ＡＢ間で，３年間は家賃を減額しない旨特に書面で合意した場合，その特約は効力を有しない。

（本試験 2001年 問 13 出題）

問13 建物の区分所有等に関する法律（以下この問において「法」という。）についての次の記述のうち，誤っているものはどれか。

❶ 管理者は，少なくとも毎年１回集会を招集しなければならない。また，招集通知は，会日より少なくとも１週間前に，会議の目的たる事項を示し，各区分所有者に発しなければならない。ただし，この期間は，規約で伸縮することができる。

❷ 法又は規約により集会において決議をすべき場合において，これに代わり書面による決議を行うことについて区分所有者が１人でも反対するときは，書面による決議をすることができない。

❸ 建替え決議を目的とする集会を招集するときは，会日より少なくとも２月前に，招集通知を発しなければならない。ただし，この期間は規約で伸長することができる。

❹ 他の区分所有者から区分所有権を譲り受け，建物の専有部分の全部を所有することとなった者は，公正証書による規約の設定を行うことができる。

（本試験 2009年 問 13 出題）

問14 不動産の登記に関する次の記述のうち，誤っているものはどれか。

❶ 登記の申請をする者の委任による代理人の権限は，本人の死亡によっては，消滅しない。

❷ 承役地についてする地役権の設定の登記は，要役地に所有権の登記がない場合においても，することができる。

❸ 区分建物である建物を新築した場合において，その所有者について相続その他の一般承継があったときは，相続人その他の一般承継人も，被承継人を表題部所有者とする当該建物についての表題登記を申請することができる。

❹ 不動産の収用による所有権の移転の登記は，起業者が単独で申請することができる。

（本試験 2012年 問 14 出題）

問15 農地に関する次の記述のうち，農地法（以下この問において「法」という。）の規定によれば，正しいものはどれか。

❶ 市街化区域内の農地を耕作目的で取得する場合には，あらかじめ農業委員会に届け出れば，法第3条第1項の許可を受ける必要はない。

❷ 農業者が自己所有の市街化区域外の農地に賃貸住宅を建設するため転用する場合は，法第4条第1項の許可を受ける必要はない。

❸ 農業者が自己所有の市街化区域外の農地に自己の居住用の住宅を建設するため転用する場合は，法第4条第1項の許可を受ける必要はない。

❹ 農業者が住宅の改築に必要な資金を銀行から借りるため，市街化区域外の農地に抵当権の設定が行われ，その後，返済が滞ったため当該抵当権に基づき競売が行われ第三者が当該農地を取得する場合であっても，法第3条第1項又は法第5条第1項の許可を受ける必要がある。

（本試験 2015年 問 22 出題）

問16 都市計画法に関する次の記述のうち，正しいものはどれか。

❶ 都市計画施設の区域又は市街地開発事業の施行区域内において建築物の建築をしようとする者は，行為の種類，場所及び設計又は施行方法を都道府県知事に届け出なければならない。

❷ 都市計画事業の認可の告示があった後，当該認可に係る事業地内において当該事業の施行の障害となるおそれがある土地の形質の変更，建築物の建築，工作物の建設を行おうとする者は，当該事業の施行者の同意を得て，当該行為をすることができる。

❸ 都市計画事業の認可の告示があった後，当該認可に係る事業地内の土地建物等を有償で譲り渡した者は，当該譲渡の後速やかに，譲渡価格，譲渡の相手方その他の事項を当該事業の施行者に届け出なければならない。

❹ 市町村長は，地区整備計画が定められた地区計画の区域内において，地区計画に適合しない行為の届出があった場合には，届出をした者に対して，届出に係る行為に関し設計の変更その他の必要な措置をとることを勧告することができる。

(本試験 2008年 問 18 出題)

問17 開発許可に関する次の記述のうち，都市計画法の規定によれば，誤っているものはどれか。なお，この問における都道府県知事とは，地方自治法の指定都市等にあっては，それぞれの指定都市等の長をいうものとする。

❶ 開発許可を受けた開発区域内において，開発行為に関する工事が完了した旨の公告があるまでの間は，開発許可を受けた者は，工事用の仮設建築物を建築するとき，その他都道府県知事が支障がないと認めたとき以外は，建築物を建築してはならない。

❷ 開発許可を受けた用途地域の定めのない開発区域内において，開発行為に関する工事が完了した旨の公告があった後は，民間事業者は，都道府県知事が許可したときを除けば，予定建築物以外の建築物を新築してはならない。

❸ 市街化調整区域のうち開発許可を受けた開発区域以外の区域において，民間事業者は，都道府県知事の許可を受けて，又は都市計画事業の施行としてでなければ，建築物を新築してはならない。

❹ 都市計画法の規定に違反する建築物を，それと知って譲り受けた者に対して，国土交通大臣又は都道府県知事は，都市計画上必要な限度において，建築物の除却など違反を是正するため必要な措置をとることを命ずることができる。

(本試験 2003年 問 19 出題)

問18　防火地域内において，地階を除く階数が5（高さ25 m），延べ面積が800㎡で共同住宅の用途に供する鉄筋コンクリート造の建築物で，その外壁が耐火構造であるものを建築しようとする場合に関する次の記述のうち，建築基準法の規定によれば，正しいものはどれか。

❶　当該建築物は，防火上有効な構造の防火壁又は防火床によって有効に区画しなければならない。

❷　当該建築物について確認をする場合は，建築主事等は，建築物の工事施工地又は所在地を管轄する消防長又は消防署長へ通知しなければならない。

❸　当該建築物には，安全上支障がない場合を除き，非常用の昇降機を設けなければならない。

❹　当該建築物は，外壁を隣地境界線に接して設けることができる。

（本試験 2003年 問 20 改題）

問19　建築基準法に関する次の記述のうち，誤っているものはどれか。

❶　防火地域及び準防火地域外において建築物を改築する場合で，その改築に係る部分の床面積の合計が 10㎡以内であるときは，建築確認は不要である。

❷　都市計画区域外において高さ 12 m，階数が 3 階の木造建築物を新築する場合，建築確認が必要である。

❸　事務所の用途に供する建築物をホテル（その用途に供する部分の床面積の合計が 500㎡）に用途変更する場合，建築確認は不要である。

❹　映画館の用途に供する建築物で，その用途に供する部分の床面積の合計が 300㎡であるものの改築をしようとする場合，建築確認が必要である。

（本試験 2015年 問 17 出題）

問20 宅地造成及び特定盛土等規制法に関する次の記述のうち，誤っているものはどれか。なお，この問において「都道府県知事」とは，地方自治法に基づく指定都市及び中核市にあってはその長をいうものとする。

❶ 宅地造成等工事規制区域内において行われる宅地造成又は特定盛土等に関する工事が完了した場合，当該工事の許可を受けた者は，都道府県知事の検査を申請しなければならない。

❷ 宅地造成等工事規制区域内において行われる宅地造成等に関する工事について許可をする都道府県知事は，当該許可に，工事の施行に伴う災害を防止するために必要な条件を付することができる。

❸ 都道府県知事は，宅地造成等工事規制区域内の土地の所有者，管理者又は占有者に対して，当該土地又は当該土地において行われている工事の状況について報告を求めることができる。

❹ 都道府県知事は，関係市町村長の意見を聴いて，宅地造成等工事規制区域内で，宅地造成又は特定盛土等（宅地において行うものに限る。）に伴う災害で相当数の居住者等に危害を生ずるものの発生のおそれが大きい一団の造成宅地の区域であって一定の基準に該当するものを，造成宅地防災区域として指定することができる。

(本試験 2012年 問 20 改題)

問21 土地区画整理法に関する次の記述のうち，正しいものはどれか。

❶ 個人施行者は，規準又は規約に別段の定めがある場合においては，換地計画に係る区域の全部について土地区画整理事業の工事が完了する以前においても換地処分をすることができる。

❷ 換地処分は，施行者が換地計画において定められた関係事項を公告して行うものとする。

❸ 個人施行者は，換地計画において，保留地を定めようとする場合においては，土地区画整理審議会の同意を得なければならない。

❹ 個人施行者は，仮換地を指定しようとする場合においては，あらかじめ，その指定について，従前の宅地の所有者の同意を得なければならないが，仮換地となるべき宅地の所有者の同意を得る必要はない。

(本試験 2013年 問 20 出題)

問22 次の記述のうち，誤っているものはどれか。

❶ 国土利用計画法によれば，同法第23条の届出に当たっては，土地売買等の対価の額についても都道府県知事（地方自治法に基づく指定都市にあっては，当該指定都市の長）に届け出なければならない。

❷ 森林法によれば，保安林において立木を伐採しようとする者は，一定の場合を除き，都道府県知事の許可を受けなければならない。

❸ 海岸法によれば，海岸保全区域内において土地の掘削，盛土又は切土を行おうとする者は，一定の場合を除き，海岸管理者の許可を受けなければならない。

❹ 都市緑地法によれば，特別緑地保全地区内において建築物の新築，改築又は増築を行おうとする者は，一定の場合を除き，公園管理者の許可を受けなければならない。

（本試験 2014年 問 22 出題）

問23 所得税法に関する次の記述のうち，正しいものはどれか。

❶ 譲渡所得の長期・短期の区分について，総合課税とされる譲渡所得の基因となる機械の譲渡は，譲渡のあった年の1月1日において所有期間が5年を超えているか否かで判定する。

❷ 譲渡所得の金額の計算上，資産の譲渡に係る総収入金額から控除する資産の取得費には，その資産の取得時に支出した購入代金や購入手数料等の金額は含まれるが，その資産の取得後に支出した設備費，改良費の額は含まれない。

❸ 総合課税の譲渡所得の特別控除額（50万円）は，譲渡益のうちまず長期譲渡に該当する部分の金額から控除し，なお控除しきれない特別控除額がある場合には，短期譲渡に該当する部分の金額から控除する。

❹ 個人に対して，譲渡所得の基因となる資産をその譲渡の時における価額の2分の1に満たない金額で譲渡した場合において，その譲渡により生じた損失の金額については，譲渡所得の金額の計算上，なかったものとみなされる。

（本試験 2008年 問 26 出題）

問24 不動産取得税に関する次の記述のうち，正しいものはどれか。

❶ 令和6年4月に個人が取得した住宅及び住宅用地に係る不動産取得税の税率は3％であるが，住宅用以外の土地に係る不動産取得税の税率は4％である。

❷ 一定の面積に満たない土地の取得に対しては，狭小な不動産の取得者に対する税負担の排除の観点から，不動産取得税を課することができない。

❸ 不動産取得税は，不動産の取得に対して課される税であるので，家屋を改築したことにより，当該家屋の価格が増加したとしても，不動産取得税は課されない。

❹ 共有物の分割による不動産の取得については，当該不動産の取得者の分割前の当該共有物に係る持分の割合を超えない部分の取得であれば，不動産取得税は課されない。

（本試験 2020年 10月 問 24 改題）

問25 不動産の鑑定評価に関する次の記述のうち，不動産鑑定評価基準によれば，正しいものはどれか。

❶ 不動産の鑑定評価によって求める価格は，基本的には正常価格であるが，市場性を有しない不動産については，鑑定評価の依頼目的及び条件に応じて限定価格，特定価格又は特殊価格を求める場合がある。

❷ 同一需給圏とは，一般に対象不動産と代替関係が成立して，その価格の形成について相互に影響を及ぼすような関係にある他の不動産の存する圏域をいうが，不動産の種類，性格及び規模に応じた需要者の選好性によって，その地域的範囲は狭められる場合もあれば，広域的に形成される場合もある。

❸ 鑑定評価の各手法の適用に当たって必要とされる取引事例等については，取引等の事情が正常なものと認められるものから選択すべきであり，売り急ぎ，買い進み等の特殊な事情が存在する事例を用いてはならない。

❹ 収益還元法は，対象不動産が将来生み出すであろうと期待される純収益の現在価値の総和を求めることにより対象不動産の試算価格を求める手法であるが，市場における土地の取引価格の上昇が著しいときは，その価格と収益価格との乖離が増大するものであるため，この手法の適用は避けるべきである。

（本試験 2016年 問 25 出題）

問26 宅地建物取引業の免許（以下この問において「免許」という。）に関する次の記述のうち，正しいものはどれか。

❶ 農地所有者が，その所有する農地を宅地に転用して売却しようとするときに，その販売代理の依頼を受ける農業協同組合は，これを業として営む場合であっても，免許を必要としない。

❷ 他人の所有する複数の建物を借り上げ，その建物を自ら貸主として不特定多数の者に反復継続して転貸する場合は，免許が必要となるが，自ら所有する建物を貸借する場合は，免許を必要としない。

❸ 破産管財人が，破産財団の換価のために自ら売主となり，宅地又は建物の売却を反復継続して行う場合において，その媒介を業として営む者は，免許を必要としない。

❹ 信託業法第3条の免許を受けた信託会社が宅地建物取引業を営もうとする場合，免許を取得する必要はないが，その旨を国土交通大臣に届け出ることが必要である。

（本試験 2010年 問 26 出題）

問27 宅地建物取引業法の規定によれば，次の記述のうち，正しいものはどれか。

❶ 宅地建物取引業者は，その事務所ごとにその業務に関する帳簿を備えなければならないが，当該帳簿の記載事項を事務所のパソコンのハードディスクに記録し，必要に応じ当該事務所においてパソコンやプリンターを用いて紙面に印刷することが可能な環境を整えていたとしても，当該帳簿への記載に代えることができない。

❷ 宅地建物取引業者は，その主たる事務所に，宅地建物取引業者免許証を掲げなくともよいが，国土交通省令で定める標識を掲げなければならない。

❸ 宅地建物取引業者は，その事務所ごとに，その業務に関する帳簿を備え，宅地建物取引業に関し取引のあった月の翌月1日までに，一定の事項を記載しなければならない。

❹ 宅地建物取引業者は，その業務に従事させる者に，従業者証明書を携帯させなければならないが，その者が宅地建物取引士で宅地建物取引士証を携帯していれば，従業者証明書は携帯させなくてもよい。

（本試験 2013年 問 41 出題）

問28 宅地建物取引業者Ａが宅地建物取引業法第37条の規定により交付すべき書面（以下この問において「37条書面」という。）に関する次の記述のうち，宅地建物取引業法の規定によれば，正しいものはいくつあるか。なお，この問においては，電磁的方法により提供する場合を考慮しないものとする。

ア Ａが売主を代理して中古マンションの売買契約を締結した場合において，契約不適合担保責任の履行に関して講ずべき保証保険契約の締結その他の措置についての定めがあるときは，Ａは，その内容を37条書面に記載しなければならず，当該書面を，売主及び買主に交付しなければならない。

イ Ａが媒介により中古戸建住宅の売買契約を締結させた場合，Ａは，引渡しの時期又は移転登記の申請の時期のいずれかを37条書面に記載しなければならず，売主及び買主が宅地建物取引業者であっても，当該書面を交付しなければならない。

ウ Ａが自ら貸主として宅地の定期賃貸借契約を締結した場合において，借賃の支払方法についての定めがあるときは，Ａは，その内容を37条書面に記載しなければならず，借主が宅地建物取引業者であっても，当該書面を交付しなければならない。

エ Ａが自ら買主として宅地の売買契約を締結した場合において，当該宅地に係る租税その他の公課の負担に関する定めがあるときは，Ａは，その内容を37条書面に記載しなければならず，売主が宅地建物取引業者であっても，当該書面を交付しなければならない。

❶ 一つ

❷ 二つ

❸ 三つ

❹ 四つ

（本試験 2015年 問38改題）

問29 宅地建物取引業法（以下この問において「法」という。）に関する次の記述のうち，誤っているものはどれか。

❶ 宅地建物取引業者でない売主と宅地建物取引業者である買主が，媒介業者を介さず宅地の売買契約を締結する場合，法第35条の規定に基づく重要事項の説明義務を負うのは買主の宅地建物取引業者である。

❷ 建物の管理が管理会社に委託されている当該建物の賃貸借契約の媒介をする宅地建物取引業者は，当該建物が区分所有建物であるか否かにかかわらず，その管理会社の商号又は名称及びその主たる事務所の所在地を，宅地建物取引業者ではない借主に説明しなければならない。

❸ 区分所有建物の売買において，売主及び買主が宅地建物取引業者である場合，当該売主は当該買主に対し，当該一棟の建物に係る計画的な維持修繕のための修繕積立金積立総額及び売買の対象となる専有部分に係る修繕積立金額及び滞納があることについての説明はしなくてもよい。

❹ 区分所有建物の売買において，売主及び買主が宅地建物取引業者である場合，当該売主は当該買主に対し，法第35条の2に規定する供託所等の説明をする必要はない。

（本試験 2013年 問 29 改題）

問30 宅地建物取引業者Ａが，ＢからＢ所有の土地付建物の売却について媒介の依頼を受けた場合における次の記述のうち，宅地建物取引業法（以下この問において「法」という。）の規定によれば，正しいものはどれか。なお，電磁的方法による提供は考慮しないものとする。

❶ Ａが，Ｂと一般媒介契約を締結した場合，ＡがＢに対し当該土地付建物の価額について意見を述べるために行った価額の査定に要した費用をＢに請求することはできない。

❷ Ａは，Ｂとの間で締結した媒介契約が一般媒介契約である場合には，専任媒介契約の場合とは異なり，法第34条の2第1項の規定に基づく書面に，売買すべき価額を記載する必要はない。

❸ Ａが，Ｂとの間で締結した専任媒介契約については，Ｂからの申出により更新することができ，その後の有効期間については，更新の時から3か月を超える内容に定めることができる。

❹ Ａが，当該土地付建物の購入の媒介をＣから依頼され，Ｃとの間で一般媒介契約を締結した場合，Ａは，買主であるＣに対しては，必ずしも法第34条の2第1項の規定に基づく書面を交付しなくともよい。

（本試験2022年 問31 改題）

問31 宅地建物取引業者Ａが，自ら売主として，宅地建物取引業者でないＢとの間でマンション（代金 4,000 万円）の売買契約を締結した場合に関する次の記述のうち，宅地建物取引業法（以下この問において「法」という。）の規定に違反するものの組合せはどれか。

ア Ａは，建築工事完了前のマンションの売買契約を締結する際に，Ｂから手付金 200 万円を受領し，さらに建築工事中に 200 万円を中間金として受領した後，当該手付金と中間金について法第 41 条に定める保全措置を講じた。

イ Ａは，建築工事完了後のマンションの売買契約を締結する際に，法第 41 条の 2 に定める保全措置を講じることなくＢから手付金 400 万円を受領した。

ウ Ａは，建築工事完了前のマンションの売買契約を締結する際に，Ｂから手付金 500 万円を受領したが，Ｂに当該手付金 500 万円を現実に提供して，契約を一方的に解除した。

エ Ａは，建築工事完了後のマンションの売買契約を締結する際に，当事者の債務の不履行を理由とする契約の解除に伴う損害賠償の予定額を 1,000 万円とする特約を定めた。

❶ ア，ウ

❷ イ，ウ

❸ ア，イ，エ

❹ ア，ウ，エ

（本試験 2016年 問 28 改題）

問32 宅地建物取引業法の規定に基づく監督処分等に関する次の記述のうち，誤っているものはどれか。

❶ 宅地建物取引業者Ａ（甲県知事免許）は，自ら売主となる乙県内に所在する中古住宅の売買の業務に関し，当該売買の契約においてその目的物の契約不適合を担保すべき責任を負わない旨の特約を付した。この場合，Ａは，乙県知事から指示処分を受けることがある。

❷ 甲県に本店，乙県に支店を設置する宅地建物取引業者Ｂ（国土交通大臣免許）は，自ら売主となる乙県内におけるマンションの売買の業務に関し，乙県の支店において当該売買の契約を締結するに際して，代金の30％の手付金を受領した。この場合，Ｂは，甲県知事から著しく不当な行為をしたとして，業務停止の処分を受けることがある。

❸ 宅地建物取引業者Ｃ（甲県知事免許）は，乙県内に所在する土地の売買の媒介業務に関し，契約の相手方の自宅において相手を威迫し，契約締結を強要していたことが判明した。この場合，甲県知事は，情状が特に重いと判断したときは，Ｃの宅地建物取引業の免許を取り消さなければならない。

❹ 宅地建物取引業者Ｄ（国土交通大臣免許）は，甲県内に所在する事務所について，業務に関する帳簿を備えていないことが判明した。この場合，Ｄは，甲県知事から必要な報告を求められ，かつ，指導を受けることがある。

（本試験 2015年 問 43 改題）

問33 宅地建物取引業者Ａが，宅地建物取引業法（以下この問において「法」という。）第37条の規定により交付すべき書面（以下この問において「37条書面」という。）に関する次の記述のうち，法の規定に違反しないものはどれか。なお，この問においては，電磁的方法により提供する場合を考慮しないものとする。

❶ Ａは，売主を代理して宅地の売買契約を締結した際，買主にのみ37条書面を交付した。

❷ Ａは，自ら売主となる宅地の売買契約において，手付金等を受領するにもかかわらず，37条書面に手付金等の保全措置の内容を記載しなかった。

❸ Ａは，媒介により宅地の売買契約を成立させた場合において，契約の解除に関する定めがあるにもかかわらず，37条書面にその内容を記載しなかった。

❹ Ａは，自ら売主となる宅地の売買契約において契約不適合担保責任に関する特約を定めたが，買主が宅地建物取引業者であり，契約不適合担保責任に関する特約を自由に定めることができるため，37条書面にその内容を記載しなかった。

(本試験 2017年 問 38 改題)

問34 次の記述のうち，宅地建物取引業法（以下この問において「法」という。）の規定によれば，正しいものはどれか。

❶ 免許を受けている個人Ａが死亡した場合，相続人にＡの免許は承継されないが，相続人は，Ａが生前に締結した契約に基づく取引を結了するための業務を行うことができるので，当該業務が終了した後に廃業届を提出すればよい。

❷ 免許を受けている法人Ｂが免許を受けていない法人Ｃとの合併により消滅した場合，Ｃは，Ｂが消滅した日から30日以内に，Ｂを合併した旨の届出を行えば，Ｂが受けていた免許を承継することができる。

❸ 免許を受けている個人Ｄが，自己の名義をもって個人Ｅに宅地建物取引業を営ませる行為は，Ｅが免許を受けているとしても，法第13条で禁止する名義貸しに該当する。

❹ 免許を受けている法人Ｆが，宅地建物取引業保証協会の社員でない場合は，営業保証金を供託し，その旨を免許権者に届け出た後でなければ事業を開始してはならないので，当該届出前に宅地建物取引業を営む目的で広告をした行為は，法第12条で禁止する無免許事業に該当する。

(本試験 2010年 問 28 出題)

問35 宅地建物取引業者Ａ社による投資用マンションの販売の勧誘に関する次の記述のうち，宅地建物取引業法の規定に違反するものはいくつあるか。

ア Ａ社の従業員は，勧誘に先立ってＡ社の商号及び自らの氏名を告げてから勧誘を行ったが，勧誘の目的が投資用マンションの売買契約の締結である旨を告げなかった。

イ Ａ社の従業員は，「将来，南側に５階建て以上の建物が建つ予定は全くない。」と告げ，将来の環境について誤解させるべき断定的判断を提供したが，当該従業員には故意に誤解させるつもりはなかった。

ウ Ａ社の従業員は，勧誘の相手方が金銭的に不安であることを述べたため，売買代金を引き下げ，契約の締結を誘引した。

エ Ａ社の従業員は，勧誘の相手方から，「午後３時に訪問されるのは迷惑である。」と事前に聞いていたが，深夜でなければ迷惑にはならないだろうと判断し，午後３時に当該相手方を訪問して勧誘を行った。

❶ 一つ

❷ 二つ

❸ 三つ

❹ 四つ

（本試験 2012年 問 41 出題）

問36 宅地建物取引業者Ａ（法人）が甲県知事から免許を受けている場合に関する次の記述のうち，正しいものはどれか。

❶ Ａが，乙県内で建設業を営んでいる法人Ｂ（事務所１）を吸収合併して，Ｂの事務所をＡの支店とし，そこで建設業のみを営む場合，Ａは，国土交通大臣へ免許換えの申請をする必要はない。

❷ Ａが合併により消滅した場合，Ａの代表役員であった者は甲県知事にその旨の届出をしなければならないが，Ａの免許は，当該届出の時にその効力を失う。

❸ Ａが，乙県内で一団の宅地建物の分譲を行うため案内所を設置した場合，Ａは，国土交通大臣へ免許換えの申請をする必要がある。

❹ Ａの役員の１人が，刑法第209条（過失傷害）の罪により３年前に罰金の刑に処せられ，罰金を納付していることが判明した場合，甲県知事は，Ａの免許を取り消さなければならない。

（本試験 1997年 問 33 改題）

問37 宅地建物取引業法第35条に規定する重要事項の説明を宅地建物取引士が行う場合における次の記述のうち，誤っているものはどれか。なお，説明の相手方は宅地建物取引業者ではないものとする。

❶ 建物の売買の媒介の場合は，建築基準法に規定する建蔽率及び容積率に関する制限があるときはその概要を説明しなければならないが，建物の貸借の媒介の場合は説明する必要はない。

❷ 宅地の売買の媒介の場合は，土砂災害警戒区域等における土砂災害防止対策の推進に関する法律第6条第1項により指定された土砂災害警戒区域内にあるときはその旨を説明しなければならないが，建物の貸借の媒介の場合は説明する必要はない。

❸ 建物の売買の媒介の場合は，住宅の品質確保の促進等に関する法律第5条第1項に規定する住宅性能評価を受けた新築住宅であるときはその旨を説明しなければならないが，建物の貸借の媒介の場合は説明する必要はない。

❹ 宅地の売買の媒介の場合は，私道に関する負担について説明しなければならないが，建物の貸借の媒介の場合は説明する必要はない。

(本試験 2010年 問35改題)

問38 宅地建物取引業者A及びB（ともに消費税課税事業者）が受領した報酬に関する次の記述のうち，宅地建物取引業法の規定に違反するものの組合せはどれか。なお，この問において「消費税等相当額」とは，消費税額及び地方消費税額に相当する金額をいうものとする。

ア 土地付新築住宅（代金3,000万円。消費税等相当額を含まない。）の売買について，Aは売主から代理を，Bは買主から媒介を依頼され，Aは売主から211万2,000円を，Bは買主から105万6,000円を報酬として受領した。

イ Aは，店舗用建物について，貸主と借主双方から媒介を依頼され，借賃1か月分20万円（消費税等相当額を含まない。），権利金500万円（権利設定の対価として支払われる金銭であって返還されないもので，消費税等相当額を含まない。）の賃貸借契約を成立させ，貸主と借主からそれぞれ22万5,000円を報酬として受領した。

ウ 居住用建物（借賃1か月分10万円）について，Aは貸主から媒介を依頼され，Bは借主から媒介を依頼され，Aは貸主から8万円，Bは借主から5万5,000円を報酬として受領した。なお，Aは，媒介の依頼を受けるに当たって，報酬が借賃の0.55か月分を超えることについて貸主から承諾を得ていた。

❶ ア，イ ❷ イ，ウ
❸ ア，ウ ❹ ア，イ，ウ

(本試験 2015年 問33改題)

問39 宅地建物取引業者Ａが，自ら売主として，宅地建物取引業者ではないＢとの間で宅地の売買契約を締結した場合における，宅地建物取引業法第37条の2の規定に基づくいわゆるクーリング・オフに関する次の記述のうち，誤っているものはいくつあるか。

ア Ｂがクーリング・オフにより売買契約を解除した場合，当該契約の解除に伴う違約金について定めがあるときは，Ａは，Ｂに対して違約金の支払を請求することができる。

イ Ａは，Ｂの指定した喫茶店で買受けの申込みを受けたが，その際クーリング・オフについて何も告げず，その3日後に，クーリング・オフについて書面で告げたうえで売買契約を締結した。この契約において，クーリング・オフにより契約を解除できる期間について買受けの申込みをした日から起算して10日間とする旨の特約を定めた場合，当該特約は無効となる。

ウ Ａが媒介を依頼した宅地建物取引業者Ｃの事務所でＢが買受けの申込みをし，売買契約を締結した場合，Ａからクーリング・オフについて何も告げられていなければ，当該契約を締結した日から起算して8日経過していてもクーリング・オフにより契約を解除することができる。

① 一つ

② 二つ

③ 三つ

④ なし

（本試験 2019年 問38 出題）

問40 宅地建物取引業者Ａが自ら売主となる売買契約に関する次の記述のうち，宅地建物取引業法（以下この問において「法」という。）の規定によれば，正しいものはどれか。

❶ 宅地建物取引業者でない買主Ｂが，法第37条の２の規定に基づくクーリング・オフについてＡより書面で告げられた日から７日目にクーリング・オフによる契約の解除の書面を発送し，９日目にＡに到達した場合は，クーリング・オフによる契約の解除をすることができない。

❷ 宅地建物取引業者でない買主Ｃとの間で土地付建物の売買契約を締結するに当たって，Ｃが建物を短期間使用後取り壊す予定である場合には，建物についての契約不適合担保責任を負わない旨の特約を定めることができる。

❸ 宅地建物取引業者Ｄとの間で締結した建築工事完了前の建物の売買契約において，当事者の債務の不履行を理由とする契約の解除に伴う損害賠償の予定額を代金の額の30％と定めることができる。

❹ 宅地建物取引業者でない買主Ｅとの間で締結した宅地の売買契約において，当該宅地の引渡しを当該売買契約締結の日の１月後とし，当該宅地の契約不適合担保責任を追及するためのその不適合を売主に通知する期間について，当該売買契約を締結した日から２年間とする特約を定めることができる。

（本試験2015年 問39改題）

問41 宅地建物取引業法に規定する宅地建物取引士資格登録（以下この問において「登録」という。），宅地建物取引士及び宅地建物取引士証に関する次の記述のうち，正しいものはいくつあるか。

ア 登録を受けている者は，登録事項に変更があった場合は変更の登録申請を，また，破産手続開始の決定を受けて復権を得ない者となった場合はその旨の届出を，遅滞なく，登録している都道府県知事に行わなければならない。

イ 宅地建物取引士証の交付を受けようとする者（宅地建物取引士資格試験合格日から1年以内の者又は登録の移転に伴う者を除く。）は，都道府県知事が指定した講習を，交付の申請の90日前から30日前までに受講しなければならない。

ウ 宅地建物取引業法第35条に規定する事項を記載した書面への記名及び同法第37条の規定により交付すべき書面への記名については，専任の宅地建物取引士でなければ行ってはならない。

エ 宅地建物取引士は，事務禁止処分を受けた場合，宅地建物取引士証をその交付を受けた都道府県知事に速やかに提出しなければならないが，提出しなかったときは10万円以下の過料に処せられることがある。

❶ 一つ

❷ 二つ

❸ 三つ

❹ なし

（本試験 2013年 問44改題）

問42 宅地建物取引業法に規定する営業保証金に関する次の記述のうち，正しいものはどれか。

❶ 新たに宅地建物取引業を営もうとする者は，営業保証金を金銭又は国土交通省令で定める有価証券により，主たる事務所の最寄りの供託所に供託した後に，国土交通大臣又は都道府県知事の免許を受けなければならない。

❷ 宅地建物取引業者は，既に供託した額面金額1,000万円の国債証券と変換するため1,000万円の金銭を新たに供託した場合，遅滞なく，その旨を免許を受けた国土交通大臣又は都道府県知事に届け出なければならない。

❸ 宅地建物取引業者は，事業の開始後新たに従たる事務所を設置したときは，その従たる事務所の最寄りの供託所に政令で定める額を供託し，その旨を免許を受けた国土交通大臣又は都道府県知事に届け出なければならない。

❹ 宅地建物取引業者が，営業保証金を金銭及び有価証券をもって供託している場合で，主たる事務所を移転したためその最寄りの供託所が変更したときは，金銭の部分に限り，移転後の主たる事務所の最寄りの供託所への営業保証金の保管替えを請求することができる。

(本試験 2014年 問29 出題)

問43 宅地建物取引業者Aが，自ら売主となり，宅地建物取引業者Bと建物の売買契約を締結しようとする場合に関する次の記述のうち，宅地建物取引業法の規定によれば正しいものはどれか。

❶ AがBから受け取る手付金の額が売買代金の2割を超える場合にはその手付金について宅地建物取引業法第41条又は第41条の2の規定による手付金等の保全措置を講じなければならない。

❷ 買主Bも宅地建物取引業者であるので，AがBに対し手付金を貸し付けて契約の締結を誘引してもさしつかえない。

❸ 売買予定の建物が，建築工事完了前の建物である場合には，Aは，建築基準法第6条第1項の確認の申請をすれば，Bと売買契約を締結することができる。

❹ AB間で，建物の譲渡価格について値引きをするかわりに，契約不適合担保責任を追及するためにその不適合である旨を売主に通知すべき期間については，引渡しの日から6月間とする特約を結ぶ場合，この特約は有効である。

(本試験 2001年 問42 改題)

問44 宅地建物取引業保証協会（以下この問において「保証協会」という。）に関する次の記述のうち，宅地建物取引業法（以下この問において「法」という。）の規定によれば，正しいものはどれか。

❶ 宅地建物取引業者が保証協会に加入しようとするときは，当該保証協会に弁済業務保証金分担金を金銭又は有価証券で納付することができるが，保証協会が弁済業務保証金を供託所に供託するときは，金銭でしなければならない。

❷ 保証協会は，宅地建物取引業の業務に従事し，又は，従事しようとする者に対する研修を行わなければならないが，宅地建物取引士については，法第22条の2の規定に基づき都道府県知事が指定する講習をもって代えることができる。

❸ 保証協会に加入している宅地建物取引業者（甲県知事免許）は，甲県の区域内に新たに支店を設置する場合，その日までに当該保証協会に追加の弁済業務保証金分担金を納付しないときは，社員の地位を失う。

❹ 保証協会は，弁済業務保証金から生ずる利息又は配当金，及び，弁済業務保証金準備金を弁済業務保証金の供託に充てた後に社員から納付された還付充当金は，いずれも弁済業務保証金準備金に繰り入れなければならない。

（本試験 2011年 問43 出題）

問45 宅地建物取引業者Ａ（甲県知事免許）が，自ら売主として宅地建物取引業者ではない買主Ｂに新築住宅を販売する場合における次の記述のうち，特定住宅瑕疵担保責任の履行の確保等に関する法律の規定によれば，正しいものはどれか。

❶ Ａが媒介を依頼した宅地建物取引業者又はＢが住宅販売瑕疵担保責任保険契約の締結をしていれば，Ａは住宅販売瑕疵担保保証金の供託又は住宅販売瑕疵担保責任保険契約の締結を行う必要はない。

❷ Ａが住宅販売瑕疵担保保証金の供託をし，その額が，基準日において，販売新築住宅の合計戸数を基礎として算定する基準額を超えることとなった場合，甲県知事の承認を受けた上で，その超過額を取り戻すことができる。

❸ 新築住宅をＢに引き渡したＡは，基準日ごとに基準日から50日以内に，当該基準日に係る住宅販売瑕疵担保保証金の供託及び住宅販売瑕疵担保責任保険契約の締結の状況について，甲県知事に届け出なければならない。

❹ Ｂが宅地建物取引業者である場合であっても，Ａは，Ｂに引き渡した新築住宅について，住宅販売瑕疵担保保証金の供託又は住宅販売瑕疵担保責任保険契約の締結を行う義務を負う。

（本試験 2020年10月 問45出題）

問46 独立行政法人住宅金融支援機構（以下この問において「機構」という。）に関する次の記述のうち，誤っているものはどれか。

❶ 機構は，証券化支援事業（買取型）において，民間金融機関から買い取った住宅ローン債権を担保としてＭＢＳ（資産担保証券）を発行している。

❷ 証券化支援事業（買取型）における民間金融機関の住宅ローン金利は，金融機関によって異なる場合がある。

❸ 機構は，証券化支援事業（買取型）における民間金融機関の住宅ローンについて，借入金の元金の返済を債務者本人の死亡時に一括して行う高齢者向け返済特例制度を設けている。

❹ 機構は，証券化支援事業（買取型）において，住宅の建設や新築住宅の購入に係る貸付債権のほか，中古住宅を購入するための貸付債権も買取りの対象としている。

（本試験 2012年 問46出題）

問47 宅地建物取引業者が行う広告等に関する次の記述のうち，不当景品類及び不当表示防止法（不動産の表示に関する公正競争規約を含む。）の規定によれば，正しいものはどれか。

❶ 分譲宅地（50区画）の販売広告を新聞折込チラシに掲載する場合，1区画当たりの最低価格，最高価格及び最多価格帯並びにその価格帯に属する販売区画数を表示すれば足りる。

❷ 新築分譲マンションの販売において，モデル・ルームは，不当景品類及び不当表示防止法の規制対象となる「表示」には当たらないため，実際の居室には付属しない豪華な設備や家具等を設置した場合であっても，当該家具等は実際の居室には付属しない旨を明示する必要はない。

❸ 建売住宅の販売広告において，実際に当該物件から最寄駅まで歩いたときの所要時間が15分であれば，物件から最寄駅までの道路距離にかかわらず，広告中に「最寄駅まで徒歩15分」と表示することができる。

❹ 分譲住宅の販売広告において，当該物件周辺の地元住民が鉄道会社に駅の新設を要請している事実が報道されていれば，広告中に地元住民が要請している新設予定時期を明示して，新駅として表示することができる。

（本試験 2011年 問 47 改題）

問48 造成された宅地及び擁壁に関する次の記述のうち，誤っているものはどれか。

❶ 盛土をする場合には，地表水の浸透により，地盤にゆるみ，沈下，崩壊又は滑りが生じないように締め固める。

❷ 切土又は盛土したがけ面の擁壁は，原則として，鉄筋コンクリート造，無筋コンクリート造又は間知石練積み造その他の練積み造とする。

❸ 擁壁の裏面の排水をよくするために，耐水材料での水抜き穴を設け，その周辺には砂利等の透水層を設ける。

❹ 造成して平坦にした宅地では，一般に盛土部分に比べて切土部分で地盤沈下量が大きくなる。

（本試験 2005年 問 50 改題）

問49 土地に関する次の記述のうち，最も不適当なものはどれか。

① 旧河道は，地震や洪水などによる災害を受ける危険度が高い所である。

② 地盤の液状化は，地盤の条件と地震の揺れ方により，発生することがある。

③ 沿岸地域は，津波や高潮などの被害を受けやすく，宅地の標高や避難経路を把握しておくことが必要である。

④ 台地や丘陵の縁辺部は，豪雨などによる崖崩れに対しては，安全である。

(本試験 2014年 問 49 出題)

問50 建物の構造に関する次の記述のうち，最も不適当なものはどれか。

① 木造は湿気に強い構造であり，地盤面からの基礎の立上がりをとる必要はない。

② 基礎の種類には，直接基礎，杭基礎等がある。

③ 杭基礎には，木杭，既製コンクリート杭，鋼杭等がある。

④ 建物は，上部構造と基礎構造からなり，基礎構造は上部構造を支持する役目を負うものである。

(本試験 2015年 問 50 出題)

第５回　解答用紙

得点 □ ／50

問題番号	解　答　番　号			
第1問	①	②	③	④
第2問	①	②	③	④
第3問	①	②	③	④
第4問	①	②	③	④
第5問	①	②	③	④
第6問	①	②	③	④
第7問	①	②	③	④
第8問	①	②	③	④
第9問	①	②	③	④
第10問	①	②	③	④
第11問	①	②	③	④
第12問	①	②	③	④
第13問	①	②	③	④
第14問	①	②	③	④
第15問	①	②	③	④
第16問	①	②	③	④
第17問	①	②	③	④
第18問	①	②	③	④
第19問	①	②	③	④
第20問	①	②	③	④
第21問	①	②	③	④
第22問	①	②	③	④
第23問	①	②	③	④
第24問	①	②	③	④
第25問	①	②	③	④

問題番号	解　答　番　号			
第26問	①	②	③	④
第27問	①	②	③	④
第28問	①	②	③	④
第29問	①	②	③	④
第30問	①	②	③	④
第31問	①	②	③	④
第32問	①	②	③	④
第33問	①	②	③	④
第34問	①	②	③	④
第35問	①	②	③	④
第36問	①	②	③	④
第37問	①	②	③	④
第38問	①	②	③	④
第39問	①	②	③	④
第40問	①	②	③	④
第41問	①	②	③	④
第42問	①	②	③	④
第43問	①	②	③	④
第44問	①	②	③	④
第45問	①	②	③	④
第46問	①	②	③	④
第47問	①	②	③	④
第48問	①	②	③	④
第49問	①	②	③	④
第50問	①	②	③	④

冊子の使い方

この色紙を残したまま、「問題冊子」を
取り外し、ご利用ください。

※抜き取りの際の破損等による返品・交換には応じられません
　のでご注意ください。

解答用紙の使い方

「問題冊子」を抜き取った後の色紙の裏
表紙を破線に沿って切り取り、コピー
してご利用ください。

2024年版 出る順宅建士
過去30年良問厳選模試

第6回

問題

上級編②

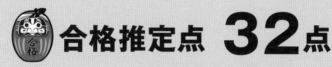
合格推定点 **32**点

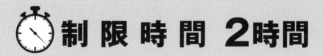
制限時間 **2**時間

①問題は、2ページから32ページまでの50問です。
②問題の中の法令に関する部分は、2024年4月1日現在施行されている規定に基づいて出題されてます。

問1 Aは，その所有する甲土地を譲渡する意思がないのに，Bと通謀して，Aを売主，Bを買主とする甲土地の仮装の売買契約を締結した。この場合に関する次の記述のうち，民法の規定及び判例によれば，**誤っている**ものはどれか。なお，この問において「善意」又は「悪意」とは，虚偽表示の事実についての善意又は悪意とする。

❶ 善意のCがBから甲土地を買い受けた場合，Cがいまだ登記を備えていなくても，AはAB間の売買契約の無効をCに主張することができない。

❷ 善意のCが，Bとの間で，Bが甲土地上に建てた乙建物の賃貸借契約（貸主B，借主C）を締結した場合，AはAB間の売買契約の無効をCに主張することができない。

❸ Bの債権者である善意のCが，甲土地を差し押さえた場合，AはAB間の売買契約の無効をCに主張することができない。

❹ 甲土地がBから悪意のCへ，Cから善意のDへと譲渡された場合，AはAB間の売買契約の無効をDに主張することができない。

(本試験2015年 問2出題)

問2 未成年者に関する次の記述のうち，民法の規定及び判例によれば，**正しい**ものはどれか。

❶ 父母とまだ意思疎通することができない乳児は，不動産を所有することができない。

❷ 営業を許可された未成年者が，その営業のための商品を仕入れる売買契約を有効に締結するには，父母双方がいる場合，父母のどちらか一方の同意が必要である。

❸ 未成年後見人は，自ら後見する未成年者について，後見開始の審判を請求することはできない。

❹ Aが死亡し，Aの妻Bと嫡出でない未成年の子CとDが相続人となった場合に，CとDの親権者である母EがCとDを代理してBとの間で遺産分割協議を行っても，有効な追認がない限り無効である。

(本試験2013年 問2改題)

問3 Aが，Bに対して有する金銭債権をCに譲渡した場合に関する次の記述のうち，民法の規定及び判例によれば，誤っているものはどれか。

❶ 譲渡通知は，AがBに対してしなければならないが，CがAの代理人としてBに対して通知しても差し支えない。

❷ Bが譲渡を承諾する相手方は，A又はCのいずれでも差し支えない。

❸ Aが，CとDとに二重譲渡し，それぞれについて譲渡通知をした場合で，Cに係る通知の確定日付はDに係るものより早いが，Bに対しては，Dに係る通知がCに係る通知より先に到達したとき，Dへの債権譲渡が優先する。

❹ Bが，既にAに弁済をしていたのに，AのCに対する譲渡をAが通知した場合，Bは，弁済したことをCに主張することができない。

（本試験 2000年 問6改題）

問4 Aは，自己所有の甲不動産につき，B信用金庫に対し，極度額を3,000万円，被担保債権の範囲を「信用金庫取引による債権」とする第1順位の根抵当権を設定し，その旨の登記をした。なお，担保すべき元本の確定期日は定めなかった。この場合に関する次の記述のうち，民法の規定及び判例によれば，正しいものはどれか。

❶ 元本の確定前に，被担保債権の範囲を変更するには，後順位の抵当権者がいる場合は，その者の承諾を得なければならない。

❷ 元本の確定前に，B信用金庫から，被担保債権の範囲に属する個別債権の譲渡を受けた者は，確定日付のある証書でAに対し債権譲渡通知を行っておけば，その債権について根抵当権を行使できる。

❸ B信用金庫は，確定した元本が極度額以下であれば，その元本に係る最後の2年分の約定金利については，極度額を超えても，根抵当権を行使できる。

❹ Aが友人CのためにB信用金庫との間で保証契約を締結し保証債務を負担した場合，B信用金庫のAに対するこの保証債権は，「信用金庫取引による債権」に含まれ，この根抵当権で担保される。

（本試験 2007年 問8出題）

問 5 ＡがＢから甲土地を購入したところ，甲土地の所有者を名のるＣがＡに対して連絡してきた。この場合における次の記述のうち，民法の規定及び判例によれば，正しいものはどれか。

❶ ＣもＢから甲土地を購入しており，その売買契約書の日付とＢＡ間の売買契約書の日付が同じである場合，登記がなくても，契約締結の時刻が早い方が所有権を主張することができる。

❷ 甲土地はＣからＢ，ＢからＡと売却されており，ＣＢ間の売買契約がＢの強迫により締結されたことを理由として取り消された場合には，ＢＡ間の売買契約締結の時期にかかわらず，Ｃは登記がなくてもＡに対して所有権を主張することができる。

❸ Ｃが時効により甲土地の所有権を取得した旨主張している場合，取得時効の進行中にＢＡ間で売買契約及び所有権移転登記がなされ，その後に時効が完成しているときには，Ｃは登記がなくてもＡに対して所有権を主張することができる。

❹ Ｃは債権者の追及を逃れるために売買契約の実態はないのに登記だけＢに移し，Ｂがそれに乗じてＡとの間で売買契約を締結した場合には，ＣＢ間の売買契約が存在しない以上，Ａは所有権を主張することができない。

(本試験 2010年 問 4 出題)

問 6 契約の解除に関する次の１から４までの記述のうち，民法の規定及び下記判決文によれば，誤っているものはどれか。

（判決文）

　同一当事者間の債権債務関係がその形式は甲契約及び乙契約といった２個以上の契約から成る場合であっても，それらの目的とするところが相互に密接に関連付けられていて，社会通念上，甲契約又は乙契約のいずれかが履行されるだけでは契約を締結した目的が全体としては達成されないと認められる場合には，甲契約上の債務の不履行を理由に，その債権者が法定解除権の行使として甲契約と併せて乙契約をも解除することができる。

❶ 同一当事者間で甲契約と乙契約がなされても，それらの契約の目的が相互に密接に関連付けられていないのであれば，甲契約上の債務の不履行を理由に甲契約と併せて乙契約をも解除できるわけではない。

❷ 同一当事者間で甲契約と乙契約がなされた場合，甲契約の債務が履行されることが乙契約の目的の達成に必須であると乙契約の契約書に表示されていたときに限り，甲契約上の債務の不履行を理由に甲契約と併せて乙契約をも解除することができる。

❸ 同一当事者間で甲契約と乙契約がなされ，それらの契約の目的が相互に密接に関連付けられていても，そもそも甲契約を解除することができないような付随的義務の不履行があるだけでは，乙契約も解除することはできない。

❹ 同一当事者間で甲契約（スポーツクラブ会員権契約）と同時に乙契約（リゾートマンションの区分所有権の売買契約）が締結された場合に，甲契約の内容たる屋内プールの完成及び供用に遅延があると，この履行遅延を理由として乙契約を民法第541条により解除できる場合がある。

（本試験 2010年 問9出題）

問7 代理に関する次の記述のうち，民法の規定及び判例によれば，誤っているものはどれか。

❶ 売買契約を締結する権限を与えられた代理人は，特段の事情がない限り，相手方からその売買契約を取り消す旨の意思表示を受領する権限を有する。

❷ 委任による代理人は，本人の許諾を得たときのほか，やむを得ない事由があるときにも，復代理人を選任することができる。

❸ 復代理人が委任事務を処理するに当たり金銭を受領し，これを代理人に引き渡したときは，特段の事情がない限り，代理人に対する受領物引渡義務は消滅するが，本人に対する受領物引渡義務は消滅しない。

❹ 夫婦の一方は，個別に代理権の授権がなくとも，日常家事に関する事項について，他の一方を代理して法律行為をすることができる。

(本試験 2017年 問1出題)

問8 Aは，自己所有の甲土地の一部につき，通行目的で，隣地乙土地の便益に供する通行地役権設定契約（地役権の付従性について別段の定めはない。）を，乙土地所有者Bと締結した。この場合，民法の規定及び判例によれば，次の記述のうち正しいものはどれか。

❶ この通行地役権の設定登記をしないまま，Aが，甲土地をCに譲渡し，所有権移転登記を経由した場合，Cは，通路として継続的に使用されていることが客観的に明らかであり，かつ，通行地役権があることを知っていたときでも，Bに対して，常にこの通行地役権を否定することができる。

❷ この通行地役権の設定登記を行った後，Bが，乙土地をDに譲渡し，乙土地の所有権移転登記を経由した場合，Dは，この通行地役権が自己に移転したことをAに対して主張できる。

❸ Bは，この通行地役権を，乙土地と分離して，単独で第三者に売却することができる。

❹ Bが，契約で認められた部分ではない甲土地の部分を，継続的に行使され，かつ，外形上認識することができる形で，乙土地の通行の便益のために利用していた場合でも，契約で認められていない部分については，通行地役権を時効取得することはできない。

(本試験 2002年 問4改題)

問9 Aは，隣人Bの留守中に台風が接近して，屋根の一部が壊れていたB宅に甚大な被害が生じる差し迫ったおそれがあったため，Bからの依頼なくB宅の屋根を修理した。この場合における次の記述のうち，民法の規定によれば，誤っているものはどれか。

❶ Aは，Bに対して，特段の事情がない限り，B宅の屋根を修理したことについて報酬を請求することができない。

❷ Aは，Bからの請求があったときには，いつでも，本件事務処理の状況をBに報告しなければならない。

❸ Aは，B宅の屋根を善良な管理者の注意をもって修理しなければならない。

❹ AによるB宅の屋根の修理が，Bの意思に反することなく行われた場合，AはBに対し，Aが支出した有益な費用全額の償還を請求することができる。

（本試験2018年 問5出題）

問10 不法行為による損害賠償に関する次の記述のうち，民法の規定及び判例によれば，誤っているものはどれか。

❶ 不法行為による損害賠償の支払債務は，催告を待たず，損害発生と同時に遅滞に陥るので，その時以降完済に至るまでの遅延損害金を支払わなければならない。

❷ 不法行為によって名誉を毀損された者の慰謝料請求権は，被害者が生前に請求の意思を表明しなかった場合でも，相続の対象となる。

❸ 加害者数人が，共同不法行為として民法第719条により各自連帯して損害賠償の責任を負う場合，その1人に対する履行の請求は，他の加害者に対してはその効力を有しない。

❹ 不法行為による損害賠償の請求権の消滅時効の期間は，権利を行使することができることとなった時から10年である。

（本試験2007年 問5出題）

問11 賃貸借契約に関する次の記述のうち，民法及び借地借家法の規定並びに判例によれば，正しいものはどれか。

❶ ゴルフ場経営を目的とする土地賃貸借契約については，対象となる全ての土地について地代等の増減額請求に関する借地借家法第11条の規定が適用される。

❷ 借地権の存続期間が満了する際，借地権者の契約の更新請求に対し，借地権設定者が遅滞なく異議を述べた場合には，借地契約は当然に終了する。

❸ 二筆以上ある土地の借地権者が，そのうちの一筆の土地上に登記ある建物を所有し，登記ある建物がない他方の土地は庭として使用するために賃借しているにすぎない場合，登記ある建物がない土地には，借地借家法第10条第1項による対抗力は及ばない。

❹ 借地権の存続期間が満了する前に建物が滅失し，借地権者が残存期間を超えて存続すべき建物を建築した場合，借地権設定者が異議を述べない限り，借地権は建物が築造された日から当然に20年間存続する。

（本試験 2013年 問12 出題）

問12 Aは，B所有の甲建物（床面積100㎡）につき，居住を目的として，期間2年，賃料月額10万円と定めた賃貸借契約（以下この問において「本件契約」という。）をBと締結してその日に引渡しを受けた。この場合における次の記述のうち，民法及び借地借家法の規定並びに判例によれば，誤っているものはどれか。

❶ BがAに対して，本件契約締結前に，契約の更新がなく，期間の満了により賃貸借が終了する旨を記載した賃貸借契約書を交付して説明すれば，本件契約を借地借家法第38条に規定する定期建物賃貸借契約として締結することができる。

❷ 本件契約が借地借家法第38条に規定する定期建物賃貸借契約であるか否かにかかわらず，Aは，甲建物の引渡しを受けてから1年後に甲建物をBから購入したCに対して，賃借人であることを主張できる。

❸ 本件契約が借地借家法第38条に規定する定期建物賃貸借契約である場合，Aの中途解約を禁止する特約があっても，やむを得ない事情によって甲建物を自己の生活の本拠として使用することが困難になったときは，Aは本件契約の解約の申入れをすることができる。

❹ AがBに対して敷金を差し入れている場合，本件契約が期間満了で終了するに当たり，Bは甲建物の返還を受けるまでは，Aに対して敷金を返還する必要はない。

（本試験 2022年 問12 出題）

問13 一棟の建物を区分した建物（以下この問において「区分建物」という。）についての登記に関する次の記述のうち，誤っているものはどれか。

❶ 区分建物の表題登記は，その一棟の建物に属する他の区分建物の表題登記とともに申請しなければならない。

❷ 区分建物の所有権の保存の登記は，表題部所有者から所有権を取得した者も，申請することができる。

❸ 区分建物が規約による共用部分である旨の登記は，当該建物の登記記録の表題部にされる。

❹ 登記官は，区分建物に関する敷地権について表題部に最初に登記をするときは，敷地権の目的たる土地の登記記録の表題部に敷地権の目的となった旨の登記をしなければならない。

（本試験 1996年 問 16 改題）

問14 不動産の登記に関する次の記述のうち，不動産登記法の規定によれば，誤っているものはどれか。

❶ 登記事項証明書の交付の請求は，利害関係を有することを明らかにすることなく，することができる。

❷ 土地所在図，地積測量図，地役権図面，建物図面及び各階平面図を除く登記簿の附属書類の閲覧の請求は，正当な理由があるときに限り，することができる。

❸ 登記事項証明書の交付の請求は，請求情報を電子情報処理組織を使用して登記所に提供する方法によりすることができる。

❹ 筆界特定書の写しの交付の請求は，請求人が利害関係を有する部分に限り，することができる。

（本試験 2015年 問 14 改題）

問15 都市計画法に関する次の記述のうち，正しいものはどれか。

❶ 第二種住居地域における地区計画については，一定の条件に該当する場合，開発整備促進区を都市計画に定めることができる。

❷ 準都市計画区域について無秩序な市街化を防止し，計画的な市街化を図るため必要があるときは，都市計画に，区域区分を定めることができる。

❸ 工業専用地域は，工業の利便を増進するため定める地域であり，風致地区に隣接してはならない。

❹ 市町村が定めた都市計画が，都道府県が定めた都市計画と抵触するときは，その限りにおいて，市町村が定めた都市計画が優先する。

（本試験 2015年 問 16 出題）

問16 都市計画法に関する次の記述のうち，正しいものはどれか。ただし，この問において条例による特別の定めはないものとし，「都道府県知事」とは，地方自治法に基づく指定都市，中核市及び施行時特例市にあってはその長をいうものとする。

❶ 市街化区域内において，市街地再開発事業の施行として行う 1 ha の開発行為を行おうとする者は，あらかじめ，都道府県知事の許可を受けなければならない。

❷ 区域区分が定められていない都市計画区域内において，博物館法に規定する博物館の建築を目的とした 8,000㎡ の開発行為を行おうとする者は，都道府県知事の許可を受けなくてよい。

❸ 自己の業務の用に供する施設の建築の用に供する目的で行う開発行為にあっては，開発区域内に土砂災害警戒区域等における土砂災害防止対策の推進に関する法律に規定する土砂災害警戒区域内の土地を含んではならない。

❹ 市街化調整区域内における開発行為について，当該開発行為が開発区域の周辺における市街化を促進するおそれがあるかどうかにかかわらず，都道府県知事は，開発審査会の議を経て開発許可をすることができる。

（本試験 2022年 問 16 出題）

問17 建築基準法に関する次の記述のうち，正しいものはどれか。

❶ 居室の内装の仕上げには，ホルムアルデヒドを発散させる建築材料を使用することが認められていない。

❷ 4階建ての共同住宅の敷地内には，避難階に設けた屋外への出口から道又は公園，広場その他の空地に通ずる幅員が 2 m以上の通路を設けなければならない。

❸ 防火地域又は準防火地域内にある建築物で，外壁が防火構造であるものについては，その外壁を隣地境界線に接して設けることができる。

❹ 建築主は，3階建ての木造の共同住宅を新築する場合において，特定行政庁が，安全上，防火上及び避難上支障がないと認めたときは，検査済証の交付を受ける前においても，仮に，当該共同住宅を使用することができる。

（本試験 2021年 10月 問 17 出題）

問18 建築基準法に関する次の記述のうち，誤っているものはどれか。

❶ 4階建ての建築物の避難階以外の階を劇場の用途に供し，当該階に客席を有する場合には，当該階から避難階又は地上に通ずる 2 以上の直通階段を設けなければならない。

❷ 床面積の合計が 500 ㎡の映画館の用途に供する建築物を演芸場に用途変更する場合，建築主事等又は指定確認検査機関の確認を受ける必要はない。

❸ 換気設備を設けていない居室には，換気のための窓その他の開口部を設け，その換気に有効な部分の面積は，その居室の床面積に対して 10 分の 1 以上としなければならない。

❹ 延べ面積が 800 ㎡の百貨店の階段の部分には，排煙設備を設けなくてもよい。

（本試験 2021年 12月 問 17 出題）

問19 宅地造成及び特定盛土等規制法に関する次の記述のうち，誤っているものはどれか。なお，この問における都道府県知事とは，地方自治法に基づく指定都市及び中核市にあってはその長をいうものとする。

❶ 宅地を宅地以外の土地にするために行う土地の形質の変更は，宅地造成に該当しない。

❷ 都道府県知事は，宅地造成等工事規制区域内において行われる宅地造成等に関する工事についての許可に，当該工事の施行に伴う災害の防止その他良好な都市環境の形成のために必要と認める場合にあっては，条件を付することができる。

❸ 宅地以外の土地を宅地にするための切土であって，当該切土を行う土地の面積が400㎡であり，かつ，高さが1mのがけを生ずることとなる土地の形質の変更は，宅地造成に該当しない。

❹ 宅地以外の土地を宅地にするための盛土であって，当該盛土を行う土地の面積が1,000㎡であり，かつ，高さが80cmのがけを生ずることとなる土地の形質の変更は，宅地造成に該当する。

（本試験2004年 問23改題）

問20 農地法（以下この問において「法」という。）に関する次の記述のうち，正しいものはどれか。

❶ 農地の賃貸借について法第3条第1項の許可を得て農地の引渡しを受けても，土地登記簿に登記をしなかった場合，その後，その農地について所有権を取得した第三者に対抗することができない。

❷ 雑種地を開墾し，現に畑として耕作されている土地であっても，土地登記簿上の地目が雑種地である限り，法の適用を受ける農地には当たらない。

❸ 国又は都道府県等が市街化調整区域内の農地（1ヘクタール）を取得して学校を建設する場合，都道府県知事等との協議が成立しても法第5条第1項の許可を受ける必要がある。

❹ 農業者が相続により取得した市街化調整区域内の農地を自己の住宅用地として転用する場合でも，法第4条第1項の許可を受ける必要がある。

（本試験2013年 問21改題）

問21 土地区画整理法における仮換地指定に関する次の記述のうち，誤っているものはどれか。

❶ 土地区画整理事業の施行者である土地区画整理組合が，施行地区内の宅地について仮換地を指定する場合，あらかじめ，土地区画整理審議会の意見を聴かなければならない。

❷ 土地区画整理事業の施行者は，仮換地を指定した場合において，必要があると認めるときは，仮清算金を徴収し，又は交付することができる。

❸ 仮換地が指定された場合においては，従前の宅地について権原に基づき使用し，又は収益することができる者は，仮換地の指定の効力発生の日から換地処分の公告がある日まで，仮換地について，従前の宅地について有する権利の内容である使用又は収益と同じ使用又は収益をすることができる。

❹ 仮換地の指定を受けた場合，その処分により使用し，又は収益することができる者のなくなった従前の宅地は，当該処分により当該宅地を使用し，又は収益することができる者のなくなった時から，換地処分の公告がある日までは，施行者が管理するものとされている。

（本試験 2008年 問 23 出題）

問22 国土利用計画法第 23 条の届出（以下この問において「事後届出」という。）及び同法第 27 条の 7 の届出（以下この問において「事前届出」という。）に関する次の記述のうち，正しいものはどれか。

❶ 監視区域内の市街化調整区域に所在する面積 6,000㎡の一団の土地について，所有者Aが当該土地を分割し，4,000㎡をBに，2,000㎡をCに売却する契約をB，Cと締結した場合，当該土地の売買契約についてA，B及びCは事前届出をする必要はない。

❷ 事後届出においては，土地の所有権移転後における土地利用目的について届け出ることとされているが，土地の売買価額については届け出る必要はない。

❸ Dが所有する都市計画法第 5 条の 2 に規定する準都市計画区域内に所在する面積 7,000㎡の土地について，Eに売却する契約を締結した場合，Eは事後届出をする必要がある。

❹ Fが所有する市街化区域内に所在する面積 4,500㎡の甲地とGが所有する市街化調整区域内に所在する面積 5,500㎡の乙地を金銭の授受を伴わずに交換する契約を締結した場合，F，Gともに事後届出をする必要がある。

（本試験 2004年 問 16 出題）

問23 住宅用家屋の所有権の移転登記に係る登録免許税の税率の軽減措置に関する次の記述のうち，正しいものはどれか。

❶ 個人が他の個人と共有で住宅用の家屋を購入した場合，当該個人は，その住宅用の家屋の所有権の移転登記について，床面積に自己が有する共有持分の割合を乗じたものが50㎡以上でなければ，この税率の軽減措置の適用を受けることができない。

❷ この税率の軽減措置は，登記の対象となる住宅用の家屋の取得原因を限定しており，交換を原因として取得した住宅用の家屋について受ける所有権の移転登記には適用されない。

❸ 所有権の移転登記に係る住宅用の家屋が建築基準法施行令第3章及び第5章の4の規定する一定の新耐震基準に適合していても，昭和54年に建築されたものである場合には，この税率の軽減措置の適用を受けることができない。

❹ この税率の軽減措置の適用を受けるためには，登記の申請書に，その家屋が一定の要件を満たす住宅用の家屋であることについての税務署長の証明書を添付しなければならない。

(本試験 2018年 問23 改題)

問24 固定資産税に関する次の記述のうち，地方税法の規定によれば，正しいものはどれか。

❶ 居住用超高層建築物（いわゆるタワーマンション）に対して課する固定資産税は，当該居住用超高層建築物に係る固定資産税額を，各専有部分の取引価格の当該居住用超高層建築物の全ての専有部分の取引価格の合計額に対する割合により按分した額を，各専有部分の所有者に対して課する。

❷ 住宅用地のうち，小規模住宅用地に対して課する固定資産税の課税標準は，当該小規模住宅用地に係る固定資産税の課税標準となるべき価格の3分の1の額とされている。

❸ 固定資産税の納期は，他の税目の納期と重複しないようにとの配慮から，4月，7月，12月，2月と定められており，市町村はこれと異なる納期を定めることはできない。

❹ 固定資産税は，固定資産の所有者に対して課されるが，質権又は100年より永い存続期間の定めのある地上権が設定されている土地については，所有者ではなくその質権者又は地上権者が固定資産税の納税義務者となる。

(本試験 2019年 問24 出題)

問25 地価公示法に関する次の記述のうち，正しいものはどれか。

❶ 地価公示法の目的は，都市及びその周辺の地域等において，標準地を選定し，その周辺の土地の取引価格に関する情報を公示することにより，適正な地価の形成に寄与することである。

❷ 標準地は，土地鑑定委員会が，自然的及び社会的条件からみて類似の利用価値を有すると認められる地域において，土地の利用状況，環境等が通常と認められ，かつ，当該土地の使用又は収益を制限する権利が存しない一団の土地について選定する。

❸ 公示価格を規準とするとは，対象土地の価格を求めるに際して，当該対象土地とこれに類似する利用価値を有すると認められる1又は2以上の標準地との位置，地積，環境等の土地の客観的価値に作用する諸要因についての比較を行い，その結果に基づき，当該標準地の公示価格と当該対象土地の価格との間に均衡を保たせることをいう。

❹ 不動産鑑定士は，土地鑑定委員会の求めに応じて標準地の鑑定評価を行うに当たっては，近傍類地の取引価格から算定される推定の価格，近傍類地の地代等から算定される推定の価格又は同等の効用を有する土地の造成に要する推定の費用の額のいずれかを勘案してこれを行わなければならない。

(本試験 2013年 問 25 出題)

問26 宅地建物取引業の免許（以下この問において「免許」という。）に関する次の記述のうち，正しいものはどれか。

❶ Aが，競売により取得した宅地を 10 区画に分割し，宅地建物取引業者に販売代理を依頼して，不特定多数の者に分譲する場合，Aは免許を受ける必要はない。

❷ Bが，自己所有の宅地に自ら貸主となる賃貸マンションを建設し，借主の募集及び契約をCに，当該マンションの管理業務をDに委託する場合，Cは免許を受ける必要があるが，BとDは免許を受ける必要はない。

❸ 破産管財人が，破産財団の換価のために自ら売主となって，宅地又は建物の売却を反復継続して行い，その媒介をEに依頼する場合，Eは免許を受ける必要はない。

❹ 不特定多数の者に対し，建設業者Fが，建物の建設工事を請け負うことを前提に，当該建物の敷地に供せられる土地の売買を反復継続してあっせんする場合，Fは免許を受ける必要はない。

(本試験 2007年 問 32 出題)

問27 次の記述のうち，宅地建物取引業法（以下この問において「法」という。）の規定によれば，正しいものはどれか。

❶ 宅地建物取引業者は，自ら貸主として締結した建物の賃貸借契約について，法第49条に規定されている業務に関する帳簿に，法及び国土交通省令で定められた事項を記載しなければならない。

❷ 宅地建物取引業者は，その業務に関する帳簿を，一括して主たる事務所に備えれば，従たる事務所に備えておく必要はない。

❸ 宅地建物取引業者は，その業務に関する帳簿に報酬の額を記載することが義務付けられており，違反した場合は指示処分の対象となる。

❹ 宅地建物取引業者は，その業務に従事する者であっても，一時的に事務の補助のために雇用した者については，従業者名簿に記載する必要がない。

（本試験 2017年 問 35 出題）

問28 宅地建物取引業者A（甲県知事免許）は，甲県に本店と支店を設け，営業保証金として1,000万円の金銭と額面金額500万円の国債証券を供託し，営業している。この場合に関する次の記述のうち宅地建物取引業法の規定によれば，正しいものはどれか。

❶ Aは，本店を移転したため，その最寄りの供託所が変更した場合は，遅滞なく，移転後の本店の最寄りの供託所に新たに営業保証金を供託しなければならない。

❷ Aは，営業保証金が還付され，営業保証金の不足額を供託したときは，供託書の写しを添附して，30日以内にその旨を甲県知事に届け出なければならない。

❸ 本店でAと宅地建物取引業に関する取引をした者は，その取引により生じた債権に関し，1,000万円を限度としてAからその債権の弁済を受ける権利を有する。

❹ Aは，本店を移転したため，その最寄りの供託所が変更した場合において，従前の営業保証金を取りもどすときは，営業保証金の還付を請求する権利を有する者に対し，一定期間内に申し出るべき旨の公告をしなければならない。

（本試験 2016年 問 40 出題）

問29 宅地建物取引業者Aが，自ら売主として，宅地建物取引業者ではないB との間で宅地の売買契約を締結した場合における，宅地建物取引業法第37条の2 の規定に基づくいわゆるクーリング・オフに関する次の記述のうち，Bがクーリ ング・オフにより契約の解除を行うことができるものはいくつあるか。

ア　Bが喫茶店で当該宅地の買受けの申込みをした場合において，Bが，Aから クーリング・オフについて書面で告げられた日の翌日から起算して8日目にクー リング・オフによる契約の解除の書面を発送し，10日目にAに到達したとき。

イ　Bが喫茶店で当該宅地の買受けの申込みをした場合において，クーリング・ オフによる契約の解除ができる期間内に，Aが契約の履行に着手したとき。

ウ　Bが喫茶店で当該宅地の買受けの申込みをした場合において，AとBとの間 でクーリング・オフによる契約の解除をしない旨の合意をしたとき。

エ　Aの事務所ではないがAが継続的に業務を行うことができる施設があり宅地 建物取引業法第31条の3第1項の規定により専任の宅地建物取引士が置かれて いる場所で，Bが買受けの申込みをし，2日後に喫茶店で売買契約を締結した とき。

❶　一つ
❷　二つ
❸　三つ
❹　四つ

(本試験2020年10月　問40出題)

問30 宅地建物取引業者Ａ（消費税課税事業者）が受け取ることができる報酬についての次の記述のうち，宅地建物取引業法の規定によれば，正しいものはどれか。

❶ Ａが，Ｂから売買の媒介を依頼され，Ｂからの特別の依頼に基づき，遠隔地への現地調査を実施した。その際，当該調査に要する特別の費用について，Ｂが負担することを事前に承諾していたので，Ａは媒介報酬とは別に，当該調査に要した特別の費用相当額を受領することができる。

❷ Ａが，居住用建物について，貸主Ｂから貸借の媒介を依頼され，この媒介が使用貸借に係るものである場合は，当該建物の通常の借賃をもとに報酬の限度額が定まるが，その算定に当たっては，不動産鑑定業者の鑑定評価を求めなければならない。

❸ Ａが居住用建物の貸主Ｂ及び借主Ｃの双方から媒介の依頼を受けるに当たって，依頼者の一方から受けることのできる報酬の額は，借賃の１か月分の0.55倍に相当する金額以内である。ただし，媒介の依頼を受けるに当たって，依頼者から承諾を得ている場合はこの限りではなく，双方から受けることのできる報酬の合計額は借賃の１か月分の1.1倍に相当する金額を超えてもよい。

❹ Ａは，土地付建物について，売主Ｂから媒介を依頼され，代金300万円（消費税等相当額を含み，土地代金は80万円である。）で契約を成立させた。現地調査等の費用については，通常の売買の媒介に比べ５万円（消費税等相当額を含まない。）多く要する旨，Ｂに対して説明し，合意の上，媒介契約を締結した。この場合，ＡがＢから受領できる報酬の限度額は20万200円である。

（本試験 2022年 問27 出題）

問31 宅地建物取引業者が行う宅地建物取引業法第35条に規定する重要事項の説明に関する次の記述のうち，正しいものはどれか。なお，説明の相手方は宅地建物取引業者ではないものとする。

❶ 建物の売買の媒介を行う場合，当該建物が既存の住宅であるときは当該建物の検査済証（宅地建物取引業法施行規則第16条の2の3第2号に定めるもの）の保存の状況について説明しなければならず，当該検査済証が存在しない場合はその旨を説明しなければならない。

❷ 宅地の売買の媒介を行う場合，売買代金の額並びにその支払の時期及び方法について説明しなければならない。

❸ 建物の貸借の媒介を行う場合，当該建物が，水防法施行規則第11条第1号の規定により市町村（特別区を含む。）の長が提供する図面にその位置が表示されている場合には，当該図面が存在していることを説明すれば足りる。

❹ 自ら売主となって建物の売買契約を締結する場合，当該建物の引渡しの時期について説明しなければならない。

（本試験 2022年 問36出題）

第6回

問題

問32 宅地建物取引業者Ａ社が，自ら売主として宅地建物取引業者でない買主Ｂと宅地の売買について交渉を行う場合における次の記述のうち，宅地建物取引業法（以下この問において「法」という。）の規定に違反しないものはどれか。なお，この問において，「重要事項説明」とは，法第35条の規定に基づく重要事項の説明を，「37条書面」とは，法第37条の規定により交付すべき書面をいうものをいい，電磁的方法により提供する場合を考慮しないものとする。

❶ Ｂは，買受けの申込みを行い，既に申込証拠金を払い込んでいたが，申込みを撤回することとした。Ａ社は，既にＢに重要事項説明を行っていたため，受領済みの申込証拠金については，解約手数料に充当するとして返還しないこととしたが，申込みの撤回には応じた。

❷ Ｂは，事業用地として当該宅地を購入する資金を金融機関から早急に調達する必要があったため，重要事項説明に先立って37条書面の交付を行うようＡ社に依頼した。これを受け，Ａ社は，重要事項説明に先立って契約を締結し，37条書面を交付した。

❸ Ｂは，当該宅地を購入するに当たり，Ａ社のあっせんを受けて金融機関から融資を受けることとした。この際，Ａ社は，重要事項説明において当該あっせんが不調に終わるなどして融資が受けられなくなった場合の措置について説明をし，37条書面へも当該措置について記載することとしたが，融資額や返済方法等のあっせんの内容については，37条書面に記載するので，重要事項説明に係る書面への記載（電磁的方法による提供を含む。）は省略することとした。

❹ Ｂは，契約するかどうかの重要な判断要素の１つとして，当該宅地周辺の将来における交通整備の見通し等についてＡ社に確認した。Ａ社は，将来の交通整備について新聞記事を示しながら，「確定はしていないが，当該宅地から徒歩２分のところにバスが運行するという報道がある」旨を説明した。

（本試験 2012年 問 32 改題）

問33 宅地建物取引業者Ａが，自ら売主として宅地建物取引業者ではない買主Ｂとの間で宅地の売買契約を締結する場合における次の記述のうち，宅地建物取引業法の規定によれば，誤っているものはいくつあるか。

ア Ｂが契約不適合担保責任を追及するために契約不適合である旨を通知する期間を，売買契約に係る宅地の引渡しの日から３年間とする特約は，無効である。

イ Ａは，Ｂに売却予定の宅地の一部に甲市所有の旧道路敷が含まれていることが判明したため，甲市に払下げを申請中である。この場合，Ａは，重要事項説明書に払下申請書の写しを添付し，その旨をＢに説明すれば，売買契約を締結することができる。

ウ 「手付放棄による契約の解除は，契約締結後30日以内に限る」旨の特約を定めた場合，契約締結後30日を経過したときは，Ａが契約の履行に着手していなかったとしても，Ｂは，手付を放棄して契約の解除をすることができない。

❶ 一つ　　❷ 二つ
❸ 三つ　　❹ なし

（本試験 2014年 問 31 改題）

問34 宅地建物取引業法の規定に基づく監督処分に関する次の記述のうち，正しいものはどれか。

❶ 国土交通大臣又は都道府県知事は，宅地建物取引業者に対して必要な指示をしようとするときは，行政手続法に規定する弁明の機会を付与しなければならない。

❷ 甲県知事は，宅地建物取引業者Ａ社（国土交通大臣免許）の甲県の区域内における業務に関し，Ａ社に対して指示処分をした場合，遅滞なく，その旨を国土交通大臣に通知するとともに，甲県の公報により公告しなければならない。

❸ 乙県知事は，宅地建物取引業者Ｂ社（丙県知事免許）の乙県の区域内における業務に関し，Ｂ社に対して業務停止処分をした場合は，乙県に備えるＢ社に関する宅地建物取引業者名簿へ，その処分に係る年月日と内容を記載しなければならない。

❹ 国土交通大臣は，宅地建物取引業者Ｃ社（国土交通大臣免許）が宅地建物取引業法第37条に規定する書面の交付をしていなかったことを理由に，Ｃ社に対して業務停止処分をしようとするときは，あらかじめ，内閣総理大臣に協議しなければならない。

（本試験 2012年 問 44 出題）

問35 宅地建物取引業者が行う宅地建物取引業法第35条に規定する重要事項の説明に関する次の記述のうち，正しいものはいくつあるか。なお，説明の相手方は宅地建物取引業者ではないものとする。

ア 宅地の売買の媒介を行う場合，当該宅地が急傾斜地の崩壊による災害の防止に関する法律第3条第1項により指定された急傾斜地崩壊危険区域にあるときは，同法第7条第1項に基づく制限の概要を説明しなければならない。

イ 建物の貸借の媒介を行う場合，当該建物が土砂災害警戒区域等における土砂災害防止対策の推進に関する法律第7条第1項により指定された土砂災害警戒区域内にあるときは，その旨を説明しなければならない。

ウ 宅地の貸借の媒介を行う場合，文化財保護法第46条第1項及び第5項の規定による重要文化財の譲渡に関する制限について，その概要を説明する必要はない。

エ 宅地の売買の媒介を行う場合，当該宅地が津波防災地域づくりに関する法律第21条第1項により指定された津波防護施設区域内にあるときは，同法第23条第1項に基づく制限の概要を説明しなければならない。

❶ 一つ

❷ 二つ

❸ 三つ

❹ 四つ

（本試験 2020年12月 問32 出題）

問36 宅地建物取引業保証協会（以下この問において「保証協会」という。）に関する次の記述のうち，宅地建物取引業法の規定によれば，正しいものはどれか。

❶ 保証協会は，弁済業務保証金について弁済を受ける権利を有する者から認証申出書の提出があり，認証に係る事務を処理する場合には，各月ごとに，認証申出書に記載された取引が成立した時期の順序に従ってしなければならない。

❷ 保証協会は，当該保証協会の社員から弁済業務保証金分担金の納付を受けたときは，その納付を受けた額に相当する額の弁済業務保証金を当該社員の主たる事務所の最寄りの供託所に供託しなければならない。

❸ 保証協会の社員が弁済業務保証金分担金を納付した後に，新たに事務所を設置したときは，その日から2週間以内に保証協会に納付すべき弁済業務保証金分担金について，国債証券をもって充てることができる。

❹ 宅地建物取引業者と宅地の売買契約を締結した買主（宅地建物取引業者ではない。）は，当該宅地建物取引業者が保証協会の社員となる前にその取引により生じた債権に関し，当該保証協会が供託した弁済業務保証金について弁済を受ける権利を有する。

（本試験 2022年 問 39 出題）

問37 宅地建物取引業の免許（以下この問において「免許」という。）に関する次の記述のうち，宅地建物取引業法の規定によれば，誤っているものはどれか。

❶ A社は，不正の手段により免許を取得したことによる免許の取消処分に係る聴聞の期日及び場所が公示された日から当該処分がなされるまでの間に，合併により消滅したが，合併に相当の理由がなかった。この場合においては，当該公示の日の50日前にA社の取締役を退任したBは，当該消滅の日から5年を経過しなければ，免許を受けることができない。

❷ C社の政令で定める使用人Dは，刑法第234条（威力業務妨害）の罪により，懲役1年，刑の全部の執行猶予2年の刑に処せられた後，C社を退任し，新たにE社の政令で定める使用人に就任した。この場合においてE社が免許を申請しても，Dの執行猶予期間が満了していなければ，E社は免許を受けることができない。

❸ 営業に関し成年者と同一の行為能力を有しない未成年者であるFの法定代理人であるGが，刑法第247条（背任）の罪により罰金の刑に処せられていた場合，その刑の執行が終わった日から5年を経過していなければ，Fは免許を受けることができない。

❹ H社の取締役Iが，暴力団員による不当な行為の防止等に関する法律に規定する暴力団員に該当することが判明し，宅地建物取引業法第66条第1項第3号の規定に該当することにより，H社の免許は取り消された。その後，Iは退任したが，当該取消しの日から5年を経過しなければ，H社は免許を受けることができない。

（本試験 2015年 問27 出題）

問38 宅地建物取引業者が行う業務に関する次の記述のうち，宅地建物取引業法の規定によれば，正しいものはいくつあるか。なお，この問において「37条書面」とは，同法第37条の規定により交付すべき書面をいい，また，電磁的方法により提供する場合を考慮しないものとする。

ア 宅地建物取引業者は，自ら売主として宅地建物取引業者ではない買主との間で新築分譲住宅の売買契約を締結した場合において，契約不適合担保責任の履行に関して講ずべき保証保険契約の締結その他の措置について定めがあるときは，当該措置についても37条書面に記載しなければならない。

イ 宅地建物取引業者は，37条書面を交付するに当たり，宅地建物取引士をして，その書面に記名の上，その内容を説明させなければならない。

ウ 宅地建物取引業者は，自ら売主として宅地の売買契約を締結した場合は，買主が宅地建物取引業者であっても，37条書面に当該宅地の引渡しの時期を記載しなければならない。

エ 宅地建物取引業者は，建物の売買の媒介において，当該建物に係る租税その他の公課の負担に関する定めがあるときは，その内容を37条書面に記載しなければならない。

① 一つ

② 二つ

③ 三つ

④ 四つ

（本試験 2014年 問40 改題）

問39 宅地建物取引業法に関する次の記述のうち，誤っているものはどれか。なお，この問において，「35条書面」とは，同法第35条の規定に基づく重要事項を記載した書面を，「37条書面」とは，同法第37条の規定に基づく契約の内容を記載した書面をいうものとする。また，この問においては，電磁的方法により提供する場合を考慮しないものとする。

❶ 宅地建物取引業者は，抵当権に基づく差押えの登記がされている建物の貸借の媒介をするにあたり，貸主から当該登記について告げられなかった場合であっても，35条書面及び37条書面に当該登記について記載しなければならない。

❷ 宅地建物取引業者は，37条書面の作成を宅地建物取引士でない従業者に行わせることができる。

❸ 宅地建物取引業者は，その媒介により建物の貸借の契約が成立した場合，天災その他不可抗力による損害の負担に関する定めがあるときには，その内容を37条書面に記載しなければならない。

❹ 37条書面に記名する宅地建物取引士は，35条書面に記名した宅地建物取引士と必ずしも同じ者である必要はない。

(本試験 2011年 問34 改題)

問40 宅地建物取引業者A社が，自ら売主として宅地建物取引業者でない買主Bとの間で締結した売買契約に関する次の記述のうち，宅地建物取引業法の規定によれば，誤っているものはいくつあるか。

ア A社は，Bとの間で締結した中古住宅の売買契約において，引渡後2年以内に発見された雨漏り，シロアリの害，建物の構造耐力上主要な部分の契約不適合についてのみ責任を負うとする特約を定めることができる。

イ A社は，Bとの間における新築分譲マンションの売買契約（代金3,500万円）の締結に際して，当事者の債務の不履行を理由とする契約の解除に伴う損害賠償の予定額と違約金の合計額を700万円とする特約を定めることができる。

ウ A社は，Bとの間における土地付建物の売買契約の締結に当たり，手付金100万円及び中間金200万円を受領する旨の約定を設けた際，相手方が契約の履行に着手するまでは，売主は買主に受領済みの手付金及び中間金の倍額を支払い，また，買主は売主に支払済みの手付金及び中間金を放棄して，契約を解除できる旨の特約を定めた。この特約は有効である。

❶ 一つ　　❷ 二つ
❸ 三つ　　❹ なし

(本試験 2013年 問38 改題)

問41 甲県知事の宅地建物取引士登録（以下この問において「登録」という。）を受けている宅地建物取引士Ａに関する次の記述のうち，宅地建物取引業法の規定によれば，正しいものはどれか。

❶ Ａが破産手続開始の決定を受けて復権を得ない者に該当することとなったときは，破産手続開始の決定を受けた日から30日以内にＡの破産管財人が甲県知事にその旨を届け出なければならない。

❷ Ａは，乙県知事から事務の禁止処分を受けたが，乙県内に所在する宅地建物取引業者Ｂの事務所の業務に従事しているため，その禁止の期間が満了すれば，甲県知事を経由して，乙県知事に登録の移転の申請をすることができる。

❸ Ａが無免許営業等の禁止に関する宅地建物取引業法に違反して宅地建物取引業を営み，懲役1年，刑の全部の執行猶予3年及び罰金10万円の刑に処せられ，登録を消除されたとき，その執行猶予期間が満了すれば，その翌日から登録を受けることができる。

❹ Ａが役員をしているＣ社が宅地建物取引業の免許を受けたにもかかわらず，営業保証金を供託せず免許が取り消された場合には，Ａの登録は消除される。

（本試験2003年 問33改題）

問42 宅地建物取引業者Ａが，ＢからＢ所有の宅地の売却を依頼され，Ｂと専属専任媒介契約（以下この問において「本件媒介契約」という。）を締結した場合に関する次の記述のうち，宅地建物取引業法の規定によれば，正しいものはどれか。

❶ ＡはＢに対して，契約の相手方を探索するために行った措置など本件媒介契約に係る業務の処理状況を２週間に１回以上報告しなければならない。

❷ ＡがＢに対し当該宅地の価額又は評価額について意見を述べるときは，その根拠を明らかにしなければならないが，根拠の明示は口頭でも書面を用いてもどちらでもよい。

❸ 本件媒介契約の有効期間について，あらかじめＢからの書面による申出があるときは，３か月を超える期間を定めることができる。

❹ Ａは所定の事項を指定流通機構に登録した場合，Ｂから引渡しの依頼がなければ，その登録を証する書面をＢに引き渡さなくてもよい。

（本試験 2022年 問 42 出題）

問43 次の記述のうち，宅地建物取引業法の規定によれば，正しいものはどれか。

❶ 宅地建物取引業者は，その事務所ごとに従業者の氏名，従業者証明書番号その他国土交通省令で定める事項を記載した従業者名簿を備えなければならず，当該名簿を最終の記載をした日から５年間保存しなければならない。

❷ 宅地建物取引業者は，一団の宅地の分譲を行う案内所において宅地の売買の契約の締結を行わない場合，その案内所には国土交通省令で定める標識を掲示しなくてもよい。

❸ 宅地建物取引業者が，一団の宅地の分譲を行う案内所において宅地の売買の契約の締結を行う場合，その案内所には国土交通大臣が定めた報酬の額を掲示しなければならない。

❹ 宅地建物取引業者は，事務所以外の継続的に業務を行うことができる施設を有する場所であっても，契約（予約を含む。）を締結せず，かつ，その申込みを受けない場合，当該場所に専任の宅地建物取引士を置く必要はない。

（本試験 2021年 10月 問 29 出題）

問44 宅地建物取引士資格登録（以下この問において「登録」という。）又は宅地建物取引士に関する次の記述のうち，宅地建物取引業法の規定によれば，正しいものはいくつあるか。

ア 宅地建物取引士（甲県知事登録）が，乙県で宅地建物取引業に従事することとなったため乙県知事に登録の移転の申請をしたときは，移転後新たに5年を有効期間とする宅地建物取引士証の交付を受けることができる。

イ 宅地建物取引士は，取引の関係者から宅地建物取引士証の提示を求められたときは，宅地建物取引士証を提示しなければならないが，従業者証明書の提示を求められたときは，宅地建物取引業者の代表取締役である宅地建物取引士は，当該証明書がないので提示をしなくてよい。

ウ 宅地建物取引士が心身の故障により宅地建物取引士の事務を適正に行うことができない者として国土交通省令で定めるものとなったときは，その後見人は，3月以内に，その旨を登録をしている都道府県知事に届け出なければならない。

エ 宅地建物取引士の氏名等が登載されている宅地建物取引士資格登録簿は一般の閲覧に供されることはないが，専任の宅地建物取引士は，その氏名が宅地建物取引業者名簿に登載され，当該名簿が一般の閲覧に供される。

❶ 一つ **❷** 二つ

❸ 三つ **❹** なし

（本試験 2016年 問 38 改題）

問45 宅地建物取引業者Ａが自ら売主として，宅地建物取引業者でない買主Ｂに新築住宅を販売する場合における次の記述のうち，特定住宅瑕疵担保責任の履行の確保等に関する法律の規定によれば，正しいものはどれか。

❶ Ａは，住宅販売瑕疵担保保証金の供託をする場合，Ｂに対し，当該住宅を引き渡すまでに，供託所の所在地等について記載した書面を交付又はＢの承諾を得て電磁的方法による提供をして説明しなければならない。

❷ 自ら売主として新築住宅をＢに引き渡したＡが，住宅販売瑕疵担保保証金を供託する場合，その住宅の床面積が55㎡以下であるときは，新築住宅の合計戸数の算定に当たって，床面積55㎡以下の住宅2戸をもって1戸と数えることになる。

❸ Ａは，基準日に係る住宅販売瑕疵担保保証金の供託及び住宅販売瑕疵担保責任保険契約の締結の状況についての届出をしなければ，当該基準日から1月を経過した日以後においては，新たに自ら売主となる新築住宅の売買契約を締結してはならない。

❹ Ａは，住宅販売瑕疵担保責任保険契約の締結をした場合，当該住宅を引き渡した時から10年間，当該住宅の給水設備又はガス設備の瑕疵によって生じた損害について保険金の支払を受けることができる。

(本試験 2017年 問 45 改題)

問46 独立行政法人住宅金融支援機構（以下この問において「機構」という。）に関する次の記述のうち，誤っているものはどれか。

❶ 機構は，子どもを育成する家庭又は高齢者の家庭に適した良好な居住性能及び居住環境を有する賃貸住宅の建設に必要な資金の貸付けを業務として行っていない。

❷ 機構は，災害により住宅が滅失した場合において，それに代わるべき建築物の建設又は購入に必要な資金の貸付けを業務として行っている。

❸ 機構が証券化支援事業（買取型）により譲り受ける貸付債権は，自ら居住する住宅又は自ら居住する住宅以外の親族の居住の用に供する住宅を建設し，又は購入する者に対する貸付けに係るものでなければならない。

❹ 機構は，マンション管理組合や区分所有者に対するマンション共用部分の改良に必要な資金の貸付けを業務として行っている。

(本試験 2021年12月 問 46 出題)

問47 宅地建物取引業者がインターネット不動産情報サイトにおいて行った広告表示に関する次の記述のうち，不当景品類及び不当表示防止法（不動産の表示に関する公正競争規約を含む。）の規定によれば，正しいものはどれか。

❶ 物件の所有者に媒介を依頼された宅地建物取引業者Aから入手した当該物件に関する情報を，宅地建物取引業者Bが，そのままインターネット不動産情報サイトに表示し広告を行っていれば，仮に入手した物件に関する情報が間違っていたとしても不当表示に問われることはない。

❷ 新築の建売住宅について，建築中で外装が完成していなかったため，当該建売住宅と構造，階数，仕様は同一ではないが同じ施工業者が他の地域で手掛けた建売住宅の外観写真を，施工例である旨を明記して掲載した。この広告表示が不当表示に問われることはない。

❸ 取引しようとする賃貸物件から最寄りの甲駅までの徒歩所要時間を表示するため，当該物件から甲駅までの道路距離を 80m で除して算出したところ 5.25 分であったので，1 分未満を四捨五入して「甲駅から 5 分」と表示した。この広告表示が不当表示に問われることはない。

❹ 新築分譲マンションについて，パンフレットには当該マンションの全戸数の専有面積を表示したが，インターネット広告には当該マンションの全戸数の専有面積のうち，最小面積及び最大面積のみを表示した。この広告表示が不当表示に問われることはない。

(本試験 2017年 問 47 改題)

問48 土地に関する次の記述のうち，最も不適当なものはどれか。

❶ 扇状地は，山地から河川により運ばれてきた砂礫等が堆積して形成された地盤である。

❷ 三角州は，河川の河口付近に見られる軟弱な地盤である。

❸ 台地は，一般に地盤が安定しており，低地に比べ，自然災害に対して安全度は高い。

❹ 埋立地は，一般に海面に対して比高を持ち，干拓地に比べ，水害に対して危険である。

(本試験 2017年 問 49 出題)

問49 建築物の構造に関する次の記述のうち，最も不適当なものはどれか。

❶ 鉄骨造は，自重が大きく，靭性が小さいことから，大空間の建築や高層建築にはあまり使用されない。

❷ 鉄筋コンクリート造においては，骨組の形式はラーメン式の構造が一般に用いられる。

❸ 鉄骨鉄筋コンクリート造は，鉄筋コンクリート造にさらに強度と靭性を高めた構造である。

❹ ブロック造を耐震的な構造にするためには，鉄筋コンクリートの布基礎及び臥梁により壁体の底部と頂部を固めることが必要である。

（本試験 2016年 問 50 出題）

問50 建築物の構造に関する次の記述のうち，最も不適当なものはどれか。

❶ 木造建物を造る際には，強度や耐久性において，できるだけ乾燥している木材を使用するのが好ましい。

❷ 集成木材構造は，集成木材で骨組を構成したもので，大規模な建物にも使用されている。

❸ 鉄骨構造は，不燃構造であり，耐火材料による耐火被覆がなくても耐火構造にすることができる。

❹ 鉄筋コンクリート構造は，耐久性を高めるためには，中性化の防止やコンクリートのひび割れ防止の注意が必要である。

（本試験 2018年 問 50 出題）

第6回　解答用紙

得点 ／50

問題番号	解　答　番　号	問題番号	解　答　番　号
第1問	① ② ③ ④	第26問	① ② ③ ④
第2問	① ② ③ ④	第27問	① ② ③ ④
第3問	① ② ③ ④	第28問	① ② ③ ④
第4問	① ② ③ ④	第29問	① ② ③ ④
第5問	① ② ③ ④	第30問	① ② ③ ④
第6問	① ② ③ ④	第31問	① ② ③ ④
第7問	① ② ③ ④	第32問	① ② ③ ④
第8問	① ② ③ ④	第33問	① ② ③ ④
第9問	① ② ③ ④	第34問	① ② ③ ④
第10問	① ② ③ ④	第35問	① ② ③ ④
第11問	① ② ③ ④	第36問	① ② ③ ④
第12問	① ② ③ ④	第37問	① ② ③ ④
第13問	① ② ③ ④	第38問	① ② ③ ④
第14問	① ② ③ ④	第39問	① ② ③ ④
第15問	① ② ③ ④	第40問	① ② ③ ④
第16問	① ② ③ ④	第41問	① ② ③ ④
第17問	① ② ③ ④	第42問	① ② ③ ④
第18問	① ② ③ ④	第43問	① ② ③ ④
第19問	① ② ③ ④	第44問	① ② ③ ④
第20問	① ② ③ ④	第45問	① ② ③ ④
第21問	① ② ③ ④	第46問	① ② ③ ④
第22問	① ② ③ ④	第47問	① ② ③ ④
第23問	① ② ③ ④	第48問	① ② ③ ④
第24問	① ② ③ ④	第49問	① ② ③ ④
第25問	① ② ③ ④	第50問	① ② ③ ④

令和⑤年度
本試験問題

冊子の使い方

この色紙を残したまま、「問題冊子」を
取り外し、ご利用ください。

※抜き取りの際の破損等による返品・交換には応じられません
ので ご注意ください。

解答用紙の使い方

「問題冊子」を抜き取った後の色紙の裏
表紙を破線に沿って切り取り、コピー
してご利用ください。

2024年版 出る順宅建士
過去30年良問厳選模試

令和 **5** 年度

本試験問題

付録

 合格基準点 **36**点

 制限時間 **2**時間

①問題は、1ページから31ページまでの50問です。
②問題の中の法令に関する部分は、2024年4月1日現在施行されている規定に基づいて出題されてます。

問 1 次の 1 から 4 までの記述のうち，民法の規定，判例及び下記判決文によれば，誤っているものはどれか。

(判決文)

遺産は，相続人が数人あるときは，相続開始から遺産分割までの間，共同相続人の共有に属するものであるから，この間に遺産である賃貸不動産を使用管理した結果生ずる金銭債権たる賃料債権は，遺産とは別個の財産というべきであって，各共同相続人がその相続分に応じて分割単独債権として確定的に取得するものと解するのが相当である。

❶ 遺産である不動産から，相続開始から遺産分割までの間に生じた賃料債権は，遺産である不動産が遺産分割によって複数の相続人のうちの一人に帰属することとなった場合，当該不動産が帰属することになった相続人が相続開始時にさかのぼって取得する。

❷ 相続人が数人あるときは，相続財産は，その共有に属し，各共同相続人は，その相続分に応じて被相続人の権利義務を承継する。

❸ 遺産分割の効力は，相続開始の時にさかのぼって生ずる。ただし，第三者の権利を害することはできない。

❹ 遺産である不動産が遺産分割によって複数の相続人のうちの一人に帰属することとなった場合，当該不動産から遺産分割後に生じた賃料債権は，遺産分割によって当該不動産が帰属した相続人が取得する。

(本試験 2023年 問 1 出題)

問2 相隣関係に関する次の記述のうち，民法の規定によれば，正しいものはどれか。

❶ 土地の所有者は，境界標の調査又は境界に関する測量等の一定の目的のために必要な範囲内で隣地を使用することができる場合であっても，住家については，その家の居住者の承諾がなければ，当該住家に立ち入ることはできない。

❷ 土地の所有者は，隣地の竹木の枝が境界線を越える場合，その竹木の所有者にその枝を切除させることができるが，その枝を切除するよう催告したにもかかわらず相当の期間内に切除しなかったときであっても，自らその枝を切り取ることはできない。

❸ 相隣者の一人は，相隣者間で共有する障壁の高さを増すときは，他方の相隣者の承諾を得なければならない。

❹ 他の土地に囲まれて公道に通じない土地の所有者は，公道に出るためにその土地を囲んでいる他の土地を自由に選んで通行することができる。

（本試験2023年 問2出題）

問3 Aを注文者，Bを請負人として，A所有の建物に対して独立性を有さずその構成部分となる増築部分の工事請負契約を締結し，Bは3か月間で増築工事を終了させた。この場合に関する次の記述のうち，民法の規定及び判例によれば，誤っているものはどれか。なお，この問において「契約不適合」とは品質に関して契約の内容に適合しないことをいい，当該請負契約には契約不適合責任に関する特約は定められていなかったものとする。

❶ AがBに請負代金を支払っていなくても，Aは増築部分の所有権を取得する。

❷ Bが材料を提供して増築した部分に契約不適合がある場合，Aは工事が終了した日から1年以内にその旨をBに通知しなければ，契約不適合を理由とした修補をBに対して請求することはできない。

❸ Bが材料を提供して増築した部分に契約不適合があり，Bは不適合があることを知りながらそのことをAに告げずに工事を終了し，Aが工事終了日から3年後に契約不適合を知った場合，AはBに対して，消滅時効が完成するまでは契約不適合を理由とした修補を請求することができる。

❹ 増築した部分にAが提供した材料の性質によって契約不適合が生じ，Bが材料が不適当であることを知らずに工事を終了した場合，AはBに対して，Aが提供した材料によって生じた契約不適合を理由とした修補を請求することはできない。

（本試験2023年 問3出題）

問 4 ＡがＢに対して貸金債権である甲債権を，ＢがＡに対して貸金債権である乙債権をそれぞれ有している場合において，民法の規定及び判例によれば，次のアからエまでの記述のうち，Ａが一方的な意思表示により甲債権と乙債権とを対当額にて相殺できないものを全て掲げたものは，次の１から４のうちどれか。なお，いずれの債権も相殺を禁止し又は制限する旨の意思表示はされていないものとする。

ア 弁済期の定めのない甲債権と，弁済期到来前に，ＡがＢに対して期限の利益を放棄する旨の意思表示をした乙債権

イ 弁済期が到来している甲債権と，弁済期の定めのない乙債権

ウ 弁済期の定めのない甲債権と，弁済期が到来している乙債権

エ 弁済期が到来していない甲債権と，弁済期が到来している乙債権

❶ ア，イ，ウ

❷ イ，ウ

❸ ウ，エ

❹ エ

(本試験 2023年 問 4 出題)

問 5 従来の住所又は居所を去った者（以下この問において「不在者」という。）の財産の管理に関する次の記述のうち，民法の規定及び判例によれば，正しいものはどれか。なお，この問において「管理人」とは，不在者の財産の管理人をいうものとする。

❶ 不在者が管理人を置かなかったときは，当該不在者の生死が７年間明らかでない場合に限り，家庭裁判所は，利害関係人又は検察官の請求により，その財産の管理について必要な処分を命ずることができる。

❷ 不在者が管理人を置いた場合において，その不在者の生死が明らかでないときは，家庭裁判所は，利害関係人又は検察官から請求があったとしても管理人を改任することはできない。

❸ 家庭裁判所により選任された管理人は，不在者を被告とする建物収去土地明渡請求を認容した第一審判決に対して控訴を提起するには，家庭裁判所の許可が必要である。

❹ 家庭裁判所により選任された管理人は，保存行為として不在者の自宅を修理することができるほか，家庭裁判所の許可を得てこれを売却することができる。

(本試験 2023年 問 5 出題)

問 6 A所有の甲土地について，Bが所有の意思をもって平穏にかつ公然と時効取得に必要な期間占有を継続した場合に関する次の記述のうち，民法の規定及び判例によれば，正しいものはいくつあるか。

ア AがCに対して甲土地を売却し，Cが所有権移転登記を備えた後にBの取得時効が完成した場合には，Bは登記を備えていなくても，甲土地の所有権の時効取得をCに対抗することができる。

イ Bの取得時効が完成した後に，AがDに対して甲土地を売却しDが所有権移転登記を備え，Bが，Dの登記の日から所有の意思をもって平穏にかつ公然と時効取得に必要な期間占有を継続した場合，所有権移転登記を備えていなくても，甲土地の所有権の時効取得をDに対抗することができる。

ウ Bの取得時効完成後，Bへの所有権移転登記がなされないままEがAを債務者として甲土地にAから抵当権の設定を受けて抵当権設定登記をした場合において，Bがその後引き続き所有の意思をもって平穏にかつ公然と時効取得に必要な期間占有を継続した場合，特段の事情がない限り，再度の時効取得により，Bは甲土地の所有権を取得し，Eの抵当権は消滅する。

❶ 一つ

❷ 二つ

❸ 三つ

❹ なし

（本試験 2023年 問6出題）

問 7 甲建物を所有するAが死亡し，Aの配偶者Bが甲建物の配偶者居住権を，Aの子Cが甲建物の所有権をそれぞれ取得する旨の遺産分割協議が成立した場合に関する次の記述のうち，民法の規定によれば，正しいものはどれか。

❶ 遺産分割協議において，Bの配偶者居住権の存続期間が定められなかった場合，配偶者居住権の存続期間は20年となる。

❷ Bが高齢となり，バリアフリーのマンションに転居するための資金が必要になった場合，Bは，Cの承諾を得ずに甲建物を第三者Dに賃貸することができる。

❸ Cには，Bに対し，配偶者居住権の設定の登記を備えさせる義務がある。

❹ Cは，甲建物の通常の必要費を負担しなければならない。

（本試験 2023年 問7出題）

問 8 未成年者Aが，法定代理人Bの同意を得ずに，Cから甲建物を買い受ける契約（以下この問において「**本件売買契約**」という。）を締結した場合における次の記述のうち，民法の規定によれば，正しいものはどれか。なお，Aに処分を許された財産はなく，Aは，営業を許されてはいないものとする。

❶ AがBの同意を得ずに制限行為能力を理由として本件売買契約を取り消した場合，Bは，自己が本件売買契約の取消しに同意していないことを理由に，Aの当該取消しの意思表示を取り消すことができる。

❷ 本件売買契約締結時にAが未成年者であることにつきCが善意無過失であった場合，Bは，Aの制限行為能力を理由として，本件売買契約を取り消すことはできない。

❸ 本件売買契約につき，取消しがなされないままAが成年に達した場合，本件売買契約についてBが反対していたとしても，自らが取消権を有すると知ったAは，本件売買契約を追認することができ，追認後は本件売買契約を取り消すことはできなくなる。

❹ 本件売買契約につき，Bが追認しないまま，Aが成年に達する前にBの同意を得ずに甲建物をDに売却した場合，BがDへの売却について追認していないときでも，Aは制限行為能力を理由として，本件売買契約を取り消すことはできなくなる。

(本試験 2023年 問 8 出題)

問 9 Aを貸主，Bを借主として甲建物の賃貸借契約が令和5年7月1日に締結された場合の甲建物の修繕に関する次の記述のうち，民法の規定によれば，誤っているものはどれか。

❶ 甲建物の修繕が必要であることを，Aが知ったにもかかわらず，Aが相当の期間内に必要な修繕をしないときは，Bは甲建物の修繕をすることができる。

❷ 甲建物の修繕が必要である場合において，BがAに修繕が必要である旨を通知したにもかかわらず，Aが必要な修繕を直ちにしないときは，Bは甲建物の修繕をすることができる。

❸ Bの責めに帰すべき事由によって甲建物の修繕が必要となった場合は，Aは甲建物を修繕する義務を負わない。

❹ 甲建物の修繕が必要である場合において，急迫の事情があるときは，Bは甲建物の修繕をすることができる。

(本試験 2023年 問 9 出題)

問10 債務者Ａが所有する甲土地には，債権者Ｂが一番抵当権（債権額 1,000 万円），債権者Ｃが二番抵当権（債権額 1,200 万円），債権者Ｄが三番抵当権（債権額 2,000 万円）をそれぞれ有しているが，ＢがＤの利益のため，Ａの承諾を得て抵当権の順位を放棄した。甲土地の競売に基づく売却代金が 2,400 万円であった場合，Ｂの受ける配当額として，民法の規定によれば，正しいものはどれか。

❶ 0 円

❷ 200 万円

❸ 400 万円

❹ 800 万円

（本試験 2023年 問 10 出題）

問11 ＡがＢとの間で，Ａ所有の甲土地につき建物所有目的で期間を 50 年とする賃貸借契約（以下この問において「本件契約」という。）を締結する場合に関する次の記述のうち，借地借家法の規定及び判例によれば，正しいものはどれか。

❶ 本件契約に，当初の 10 年間は地代を減額しない旨の特約を定めた場合，その期間内は，ＢはＡに対して地代の減額請求をすることはできない。

❷ 本件契約が甲土地上で専ら賃貸アパート事業用の建物を所有する目的である場合，契約の更新や建物の築造による存続期間の延長がない旨を定めるためには，公正証書で合意しなければならない。

❸ 本件契約に建物買取請求権を排除する旨の特約が定められていない場合，本件契約が終了したときは，その終了事由のいかんにかかわらず，ＢはＡに対してＢが甲土地上に所有している建物を時価で買い取るべきことを請求することができる。

❹ 本件契約がＢの居住のための建物を所有する目的であり契約の更新がない旨を定めていない契約であって，期間満了する場合において甲土地上に建物があり，Ｂが契約の更新を請求したとしても，Ａが遅滞なく異議を述べ，その異議に更新を拒絶する正当な事由があると認められる場合は，本件契約は更新されない。

（本試験 2023年 問 11 出題）

問12 令和5年7月1日に締結された建物の賃貸借契約（定期建物賃貸借契約及び一時使用目的の建物の賃貸借契約を除く。）に関する次の記述のうち，民法及び借地借家法の規定並びに判例によれば，正しいものはどれか。

❶ 期間を1年未満とする建物の賃貸借契約は，期間を1年とするものとみなされる。

❷ 当事者間において，一定の期間は建物の賃料を減額しない旨の特約がある場合，現行賃料が不相当になったなどの事情が生じたとしても，この特約は有効である。

❸ 賃借人が建物の引渡しを受けている場合において，当該建物の賃貸人が当該建物を譲渡するに当たり，当該建物の譲渡人及び譲受人が，賃貸人たる地位を譲渡人に留保する旨及び当該建物の譲受人が譲渡人に賃貸する旨の合意をしたときは，賃貸人たる地位は譲受人に移転しない。

❹ 現行賃料が定められた時から一定の期間が経過していなければ，賃料増額請求は，認められない。

（本試験 2023年 問12 出題）

問13 建物の区分所有等に関する法律（以下この問において「法」という。）に関する次の記述のうち，誤っているものはどれか。

❶ 集会においては，法で集会の決議につき特別の定数が定められている事項を除き，規約で別段の定めをすれば，あらかじめ通知した事項以外についても決議することができる。

❷ 集会は，区分所有者の4分の3以上の同意があるときは，招集の手続を経ないで開くことができる。

❸ 共用部分の保存行為は，規約に別段の定めがある場合を除いて，各共有者がすることができるため集会の決議を必要としない。

❹ 一部共用部分に関する事項で区分所有者全員の利害に関係しないものについての区分所有者全員の規約は，当該一部共用部分を共用すべき区分所有者が8人である場合，3人が反対したときは変更することができない。

（本試験 2023年 問13 出題）

問14 不動産の登記に関する次の記述のうち，不動産登記法の規定によれば，誤っているものはどれか。

❶ 建物が滅失したときは，表題部所有者又は所有権の登記名義人は，その滅失の日から1か月以内に，当該建物の滅失の登記を申請しなければならない。

❷ 何人も，理由の有無にかかわらず，登記官に対し，手数料を納付して，登記簿の附属書類である申請書を閲覧することができる。

❸ 共有物分割禁止の定めに係る権利の変更の登記の申請は，当該権利の共有者である全ての登記名義人が共同してしなければならない。

❹ 区分建物の所有権の保存の登記は，表題部所有者から所有権を取得した者も，申請することができる。

(本試験 2023年 問 14 出題)

問15 都市計画法に関する次の記述のうち，正しいものはどれか。

❶ 市街化調整区域は，土地利用を整序し，又は環境を保全するための措置を講ずることなく放置すれば，将来における一体の都市としての整備に支障が生じるおそれがある区域とされている。

❷ 高度利用地区は，土地の合理的かつ健全な高度利用と都市機能の更新とを図るため，都市計画に，建築物の高さの最低限度を定める地区とされている。

❸ 特定用途制限地域は，用途地域が定められている土地の区域内において，都市計画に，制限すべき特定の建築物等の用途の概要を定める地域とされている。

❹ 地区計画は，用途地域が定められている土地の区域のほか，一定の場合には，用途地域が定められていない土地の区域にも定めることができる。

(本試験 2023年 問 15 出題)

問16 都市計画法に関する次の記述のうち，正しいものはどれか。ただし，この問において条例による特別の定めはないものとし，「都道府県知事」とは，地方自治法に基づく指定都市，中核市及び施行時特例市にあってはその長をいうものとする。

❶ 開発許可を申請しようとする者は，あらかじめ，開発行為に関係がある公共施設の管理者と協議し，その同意を得なければならない。

❷ 開発許可を受けた者は，当該許可を受ける際に申請書に記載した事項を変更しようとする場合においては，都道府県知事に届け出なければならないが，当該変更が国土交通省令で定める軽微な変更に当たるときは，届け出なくてよい。

❸ 開発許可を受けた者は，当該開発行為に関する工事が完了し，都道府県知事から検査済証を交付されたときは，遅滞なく，当該工事が完了した旨を公告しなければならない。

❹ 市街化調整区域のうち開発許可を受けた開発区域以外の区域内において，自己の居住用の住宅を新築しようとする全ての者は，当該建築が開発行為を伴わない場合であれば，都道府県知事の許可を受けなくてよい。

（本試験 2023年 問 16 出題）

問17 建築基準法に関する次の記述のうち，誤っているものはどれか。

❶ 地方公共団体は，条例で，津波，高潮，出水等による危険の著しい区域を災害危険区域として指定し，当該区域内における住居の用に供する建築物の建築を禁止することができる。

❷ 3階建て以上の建築物の避難階以外の階を，床面積の合計が 1,500㎡を超える物品販売業の店舗の売場とする場合には，当該階から避難階又は地上に通ずる2以上の直通階段を設けなければならない。

❸ 建築物が防火地域及び準防火地域にわたる場合，その全部について準防火地域内の建築物に関する規定を適用する。

❹ 石綿等をあらかじめ添加した建築材料は，石綿等を飛散又は発散させるおそれがないものとして国土交通大臣が定めたもの又は国土交通大臣の認定を受けたものを除き，使用してはならない。

（本試験 2023年 問 17 出題）

問18 次の記述のうち，建築基準法（以下この問において「法」という。）の規定によれば，正しいものはどれか。

❶ 法第53条第1項及び第2項の建蔽率制限に係る規定の適用については，準防火地域内にある準耐火建築物であり，かつ，街区の角にある敷地又はこれに準ずる敷地で特定行政庁が指定するものの内にある建築物にあっては同条第1項各号に定める数値に10分の2を加えたものをもって当該各号に定める数値とする。

❷ 建築物又は敷地を造成するための擁壁は，道路内に，又は道路に突き出して建築し，又は築造してはならず，地盤面下に設ける建築物においても同様である。

❸ 地方公共団体は，その敷地が袋路状道路にのみ接する建築物であって，延べ面積が150㎡を超えるものについては，一戸建ての住宅であっても，条例で，その敷地が接しなければならない道路の幅員，その敷地が道路に接する部分の長さその他その敷地又は建築物と道路との関係に関して必要な制限を付加することができる。

❹ 冬至日において，法第56条の2第1項の規定による日影規制の対象区域内の土地に日影を生じさせるものであっても，対象区域外にある建築物であれば一律に，同項の規定は適用されない。

（本試験 2023年 問18出題）

問19 宅地造成及び特定盛土等規制法に関する次の記述のうち，誤っているものはどれか。なお，この問において「都道府県知事」とは，地方自治法に基づく指定都市及び中核市にあってはその長をいうものとする。

❶ 都道府県知事は，関係市町村長の意見を聴いて，宅地造成等工事規制区域内で，宅地造成又は特定盛土等（宅地において行うものに限る。）に伴う災害で相当数の居住者等に危害を生ずるものの発生のおそれが大きい一団の造成宅地の区域であって，一定の基準に該当するものを，造成宅地防災区域として指定することができる。

❷ 都道府県知事は，その地方の気候，風土又は地勢の特殊性により，宅地造成及び特定盛土等規制法の規定のみによっては宅地造成，特定盛土等又は土石の堆積に伴うがけ崩れ又は土砂の流出の防止の目的を達し難いと認める場合は，都道府県（地方自治法に基づく指定都市又は中核市の区域にあっては，それぞれ指定都市又は中核市）の規則で，宅地造成等工事規制区域内において行われる宅地造成等に関する工事の技術的基準を強化し，又は必要な技術的基準を付加することができる。

❸ 都道府県知事は，宅地造成等工事規制区域内の土地について，宅地造成等に伴う災害を防止するために必要があると認める場合には，その土地の所有者に対して，擁壁等の設置等の措置をとることを勧告することができる。

❹ 宅地造成等工事規制区域内の公共施設用地を除く土地において，雨水その他の地表水又は地下水を排除するための排水施設の除却工事を行おうとする場合は，一定の場合を除き，都道府県知事への届出が必要となる。

（本試験 2023年 問 19 改題）

問20 土地区画整理法に関する次の記述のうち，誤っているものはどれか。

❶ 換地計画において定められた清算金は，換地処分の公告があった日の翌日において確定する。

❷ 現に施行されている土地区画整理事業の施行地区となっている区域については，その施行者の同意を得なければ，その施行者以外の者は，土地区画整理事業を施行することができない。

❸ 施行者は，換地処分の公告があった場合において，施行地区内の土地及び建物について土地区画整理事業の施行により変動があったときは，遅滞なく，その変動に係る登記を申請し，又は嘱託しなければならない。

❹ 土地区画整理組合は，仮換地を指定しようとする場合においては，あらかじめ，その指定について，土地区画整理審議会の同意を得なければならない。

（本試験 2023年 問 20 出題）

問21 農地に関する次の記述のうち，農地法（以下この問において「法」という。）の規定によれば，誤っているものはどれか。

❶ 相続により農地を取得する場合は，法第3条第1項の許可を要しないが，相続人に該当しない者が特定遺贈により農地を取得する場合は，同項の許可を受ける必要がある。

❷ 自己の所有する面積4アールの農地を農作物の育成又は養畜の事業のための農業用施設に転用する場合は，法第4条第1項の許可を受ける必要はない。

❸ 法第3条第1項又は法第5条第1項の許可が必要な農地の売買について，これらの許可を受けずに売買契約を締結しても，その所有権の移転の効力は生じない。

❹ 社会福祉事業を行うことを目的として設立された法人（社会福祉法人）が，農地をその目的に係る業務の運営に必要な施設の用に供すると認められる場合，農地所有適格法人でなくても，農業委員会の許可を得て，農地の所有権を取得することができる。

（本試験 2023年 問 21 出題）

問22 土地を取得する場合における届出に関する次の記述のうち，正しいものはどれか。なお，この問において「事後届出」とは，国土利用計画法第23条の届出をいい，「重要土地等調査法」とは，重要施設周辺及び国境離島等における土地等の利用状況の調査及び利用の規制等に関する法律をいうものとする。

❶ 都市計画区域外において，国から一団の土地である6,000㎡と5,000㎡の土地を購入した者は，事後届出を行う必要はない。

❷ 市街化区域を除く都市計画区域内において，Aが所有する7,000㎡の土地をBが相続により取得した場合，Bは事後届出を行う必要がある。

❸ 市街化区域において，Cが所有する3,000㎡の土地をDが購入する契約を締結した場合，C及びDは事後届出を行わなければならない。

❹ 重要土地等調査法の規定による特別注視区域内にある100㎡の規模の土地に関する所有権又はその取得を目的とする権利の移転をする契約を締結する場合には，当事者は，一定の事項を，あらかじめ，内閣総理大臣に届け出なければならない。

(本試験 2023年 問22 出題)

問23 印紙税に関する次の記述のうち，正しいものはどれか。なお，以下の契約書はいずれも書面により作成されたものとする。

❶ 売主Aと買主Bが土地の譲渡契約書を3通作成し，A，B及び仲介人Cがそれぞれ1通ずつ保存する場合，当該契約書3通には印紙税が課される。

❷ 一の契約書に土地の譲渡契約（譲渡金額5,000万円）と建物の建築請負契約（請負金額6,000万円）をそれぞれ区分して記載した場合，印紙税の課税標準となる当該契約書の記載金額は1億1,000万円である。

❸ 「Dの所有する甲土地（時価2,000万円）をEに贈与する」旨を記載した贈与契約書を作成した場合，印紙税の課税標準となる当該契約書の記載金額は，2,000万円である。

❹ 当初作成の「土地を1億円で譲渡する」旨を記載した土地譲渡契約書の契約金額を変更するために作成する契約書で，「当初の契約書の契約金額を1,000万円減額し，9,000万円とする」旨を記載した変更契約書について，印紙税の課税標準となる当該変更契約書の記載金額は，1,000万円である。

(本試験 2023年 問23 出題)

問24 不動産取得税に関する次の記述のうち，正しいものはどれか。

❶ 不動産取得税の徴収については，特別徴収の方法によることができる。

❷ 不動産取得税は，目的税である。

❸ 不動産取得税は，不動産の取得に対し，当該不動産所在の市町村及び特別区において，当該不動産の取得者に課する。

❹ 不動産取得税は，市町村及び特別区に対して，課することができない。

（本試験 2023年 問 24 出題）

問25 不動産の鑑定評価に関する次の記述のうち，不動産鑑定評価基準によれば，正しいものはどれか。

❶ 原価法は，価格時点における対象不動産の収益価格を求め，この収益価格について減価修正を行って対象不動産の比準価格を求める手法である。

❷ 原価法は，対象不動産が建物又は建物及びその敷地である場合には適用することができるが，対象不動産が土地のみである場合においては，いかなる場合も適用することができない。

❸ 取引事例比較法における取引事例が，特殊事情のある事例である場合，その具体的な状況が判明し，事情補正できるものであっても採用することは許されない。

❹ 取引事例比較法は，近隣地域若しくは同一需給圏内の類似地域等において対象不動産と類似の不動産の取引が行われている場合又は同一需給圏内の代替競争不動産の取引が行われている場合に有効である。

（本試験 2023年 問 25 出題）

問26 宅地建物取引業法第 37 条の規定により交付すべき書面に記載すべき事項を電磁的方法により提供すること（以下この問において「37 条書面の電磁的方法による提供」という。）に関する次の記述のうち，正しいものはいくつあるか。

ア 宅地建物取引業者が自ら売主として締結する売買契約において，当該契約の相手方から宅地建物取引業法施行令第 3 条の 4 第 1 項に規定する承諾を得なければ，37 条書面の電磁的方法による提供をすることができない。

イ 宅地建物取引業者が媒介業者として関与する売買契約について，宅地建物取引業法施行令第 3 条の 4 第 1 項に規定する承諾を取得するための通知の中に宅地建物取引士を明示しておけば，37 条書面の電磁的方法による提供において提供に係る宅地建物取引士を明示する必要はない。

ウ 宅地建物取引業者が自ら売主として締結する売買契約において，37 条書面の電磁的方法による提供を行う場合，当該提供されたファイルへの記録を取引の相手方が出力することにより書面を作成できるものでなければならない。

エ 宅地建物取引業者が媒介業者として関与する建物賃貸借契約について，37 条書面の電磁的方法による提供を行う場合，当該提供するファイルに記録された記載事項について，改変が行われていないかどうかを確認することができる措置を講じなければならない。

❶ 一つ

❷ 二つ

❸ 三つ

❹ 四つ

（本試験 2023 年問 26 出題）

問27 宅地建物取引業法第 34 条の 2 第 1 項第 4 号に規定する建物状況調査（以下この問において「建物状況調査」という。）に関する次の記述のうち，誤っているものはどれか。

❶ 建物状況調査とは，建物の構造耐力上主要な部分又は雨水の浸入を防止する部分として国土交通省令で定めるものの状況の調査であって，経年変化その他の建物に生じる事象に関する知識及び能力を有する者として国土交通省令で定める者が実施するものをいう。

❷ 宅地建物取引業者が建物状況調査を実施する者のあっせんを行う場合，建物状況調査を実施する者は建築士法第 2 条第 1 項に規定する建築士であって国土交通大臣が定める講習を修了した者でなければならない。

❸ 既存住宅の売買の媒介を行う宅地建物取引業者が売主に対して建物状況調査を実施する者のあっせんを行った場合，宅地建物取引業者は売主から報酬とは別にあっせんに係る料金を受領することはできない。

❹ 既存住宅の貸借の媒介を行う宅地建物取引業者は，宅地建物取引業法第 37 条の規定により交付すべき書面に建物の構造耐力上主要な部分等の状況について当事者の双方が確認した事項を記載しなければならない。

(本試験 2023 年問 27 出題)

問28 宅地建物取引業者Aの業務に関する次の記述のうち，宅地建物取引業法（以下この問において「法」という。）の規定に違反するものはいくつあるか。

ア Aの従業員Bが，Cが所有する戸建住宅の買取りを目的とした訪問勧誘をCに対して行ったところ，Cから「契約の意思がないので今後勧誘に来ないでほしい」と言われたことから，後日，Aは，別の従業員Dに同じ目的で訪問勧誘を行わせて，当該勧誘を継続した。

イ Aの従業員Eは，Fが所有する戸建住宅の買取りを目的とした電話勧誘をFに対して行った際に，不実のことと認識しながら「今後5年以内にこの一帯は再開発されるので，急いで売却した方がよい。」と説明した。

ウ Aの従業員Gは，Hが所有する戸建住宅の買取りを目的とした電話勧誘をHに対して行おうと考え，23時頃にHの自宅に電話をかけ，勧誘を行い，Hの私生活の平穏を害し，Hを困惑させた。

エ Aは，Jとの間でJが所有する戸建住宅を買い取る売買契約を締結し，法第37条の規定に基づく書面をJに交付したが，Aの宅地建物取引士に，当該書面に記名のみさせ，押印させることを省略した。

❶ 一つ

❷ 二つ

❸ 三つ

❹ 四つ

（本試験 2023 年問 28 出題）

問29 宅地建物取引業の免許（以下この問において「免許」という。）に関する次の記述のうち，宅地建物取引業法の規定によれば，正しいものはどれか。

❶ 宅地建物取引業者A社の使用人であって，A社の宅地建物取引業を行う支店の代表者であるものが，道路交通法の規定に違反したことにより懲役の刑に処せられたとしても，A社の免許は取り消されることはない。

❷ 宅地建物取引業者B社の取締役が，所得税法の規定に違反したことにより罰金の刑に処せられたとしても，B社の免許は取り消されることはない。

❸ 宅地建物取引業者である個人Cが，宅地建物取引業法の規定に違反したことにより罰金の刑に処せられたとしても，Cの免許は取り消されることはない。

❹ 宅地建物取引業者D社の非常勤の取締役が，刑法第222条（脅迫）の罪を犯したことにより罰金の刑に処せられたとしても，D社の免許は取り消されることはない。

（本試験 2023 年問 29 出題）

問30 宅地建物取引業者Ａ（甲県知事免許）の営業保証金に関する次の記述のうち，宅地建物取引業法の規定によれば，正しいものはいくつあるか。なお，Ａは宅地建物取引業保証協会の社員ではないものとする。

ア Ａが免許を受けた日から６か月以内に甲県知事に営業保証金を供託した旨の届出を行わないとき，甲県知事はその届出をすべき旨の催告をしなければならず，当該催告が到達した日から１か月以内にＡが届出を行わないときは，その免許を取り消すことができる。

イ Ａは，営業保証金を供託したときは，その供託物受入れの記載のある供託書の写しを添付して，その旨を甲県知事に届け出なければならず，当該届出をした後でなければ，その事業を開始することができない。

ウ Ａは，営業保証金が還付され，甲県知事から営業保証金が政令で定める額に不足が生じた旨の通知を受け，その不足額を供託したときは，30日以内に甲県知事にその旨を届け出なければならない。

エ Ａが免許失効に伴い営業保証金を取り戻す際，供託した営業保証金につき還付を受ける権利を有する者に対し，３か月を下らない一定期間内に申し出るべき旨を公告し，期間内にその申出がなかった場合でなければ，取り戻すことができない。

❶ 一つ

❷ 二つ

❸ 三つ

❹ 四つ

（本試験 2023 年問 30 出題）

問31 宅地建物取引業者がその業務に関して行う広告に関する次の記述のうち，宅地建物取引業法（以下この問において「法」という。）の規定によれば，正しいものはどれか。なお，この問において「建築確認」とは，建築基準法第6条第1項の確認をいうものとする。

❶ 宅地又は建物の売買に関する注文を受けたときは，遅滞なくその注文をした者に対して取引態様の別を明らかにしなければならないが，当該注文者が事前に取引態様の別を明示した広告を見てから注文してきた場合においては，取引態様の別を遅滞なく明らかにする必要はない。

❷ 既存の住宅に関する広告を行うときは，法第34条の2第1項第4号に規定する建物状況調査を実施しているかどうかを明示しなければならない。

❸ これから建築工事を行う予定である建築確認申請中の建物については，当該建物の売買の媒介に関する広告をしてはならないが，貸借の媒介に関する広告はすることができる。

❹ 販売する宅地又は建物の広告に関し，著しく事実に相違する表示をした場合，監督処分の対象となるだけでなく，懲役若しくは罰金に処せられ，又はこれを併科されることもある。

(本試験2023年問31出題)

問32 宅地建物取引業者が行う届出に関する次の記述のうち，宅地建物取引業法の規定によれば，誤っているものはどれか。

❶ 宅地建物取引業者A（甲県知事免許）が，新たに宅地建物取引業を営む支店を甲県内に設置した場合，Aはその日から30日以内にその旨を甲県知事に届け出なければならない。

❷ 宅地建物取引業者B（乙県知事免許）が，宅地建物取引業者ではないCとの合併により消滅した場合，Bを代表する役員であった者は，その日から30日以内にその旨を乙県知事に届け出なければならない。

❸ 宅地建物取引業者D（丙県知事免許）が，本店における専任の宅地建物取引士Eの退職に伴い，新たに専任の宅地建物取引士Fを本店に置いた場合，Dはその日から30日以内にその旨を丙県知事に届け出なければならない。

❹ 宅地建物取引業者G（丁県知事免許）が，その業務に関し展示会を丁県内で実施する場合，展示会を実施する場所において売買契約の締結（予約を含む。）又は売買契約の申込みの受付を行うときは，Gは展示会での業務を開始する日の5日前までに展示会を実施する場所について丁県知事に届け出なければならない。

(本試験2023年問32出題)

問33 宅地建物取引業法第35条に規定する重要事項の説明に関する次の記述のうち，正しいものはどれか。

❶ 甲宅地を所有する宅地建物取引業者Aが，乙宅地を所有する宅地建物取引業者ではない個人Bと，甲宅地と乙宅地の交換契約を締結するに当たって，Bに対して，甲宅地に関する重要事項の説明を行う義務はあるが，乙宅地に関する重要事項の説明を行う義務はない。

❷ 宅地の売買における当該宅地の引渡しの時期について，重要事項説明において説明しなければならない。

❸ 宅地建物取引業者が売主となる宅地の売買に関し，売主が買主から受領しようとする金銭のうち，買主への所有権移転の登記以後に受領するものに対して，宅地建物取引業法施行規則第16条の4に定める保全措置を講ずるかどうかについて，重要事項説明書に記載する必要がある。

❹ 重要事項説明書の電磁的方法による提供については，重要事項説明を受ける者から電磁的方法でよいと口頭で依頼があった場合，改めて電磁的方法で提供することについて承諾を得る必要はない。

(本試験2023年問33出題)

令和5年度

問題

問34 宅地建物取引業者Ａ（消費税課税事業者）は貸主Ｂから建物の貸借の媒介の依頼を受け，宅地建物取引業者Ｃ（消費税課税事業者）は借主Ｄから建物の貸借の媒介の依頼を受け，ＢとＤとの間で，１か月分の借賃を12万円（消費税等相当額を含まない。）とする賃貸借契約（以下この問において「本件契約」という。）を成立させた場合における次の記述のうち，宅地建物取引業法の規定に違反するものはいくつあるか。

ア 本件契約が建物を住居として貸借する契約である場合に，Ｃは，媒介の依頼を受けるに当たってＤから承諾を得ないまま，132,000円の報酬を受領した。

イ ＡはＢから事前に特別な広告の依頼があったので，依頼に基づく大手新聞掲載広告料金に相当する額をＢに請求し，受領した。

ウ ＣはＤに対し，賃貸借契約書の作成費を，Ｄから限度額まで受領した媒介報酬の他に請求して受領した。

エ 本件契約が建物を事務所として貸借する契約である場合に，報酬として，ＡはＢから132,000円を，ＣはＤから132,000円をそれぞれ受領した。

❶ 一つ

❷ 二つ

❸ 三つ

❹ 四つ

（本試験 2023 年問 34 出題）

問35 宅地建物取引業者Ａが，自ら売主として，宅地建物取引業者ではない買主Ｂから宅地の買受けの申込みを受けた場合における宅地建物取引業法第37条の2の規定に基づくいわゆるクーリング・オフに関する次の記述のうち，正しいものはどれか。

❶ Ａは，仮設テント張りの案内所でＢから買受けの申込みを受けた際，以後の取引について，その取引に係る書類に関してＢから電磁的方法で提供をすることについての承諾を得た場合，クーリング・オフについて電磁的方法で告げることができる。

❷ Ａが，仮設テント張りの案内所でＢから買受けの申込みを受けた場合，Ｂは，クーリング・オフについて告げられた日から8日以内に電磁的方法により当該申込みの撤回を申し出れば，申込みの撤回を行うことができる。

❸ Ａが，Ａの事務所でＢから買受けの申込みを受けた場合，Ｂは，申込みの日から8日以内に電磁的方法により当該申込みの撤回を申し出れば，申込みの撤回を行うことができる。

❹ Ａが，売却の媒介を依頼している宅地建物取引業者Ｃの事務所でＢから買受けの申込みを受けた場合，Ｂは，申込みの日から8日以内に書面により当該申込みの撤回を申し出ても，申込みの撤回を行うことができない。

(本試験 2023 年問 35 出題)

問36 次の記述のうち，宅地建物取引業者Ａが行う業務に関して宅地建物取引業法の規定に違反するものはいくつあるか。

ア 建物の貸借の媒介に際して，賃借の申込みをした者がその撤回を申し出たので，Ａはかかった諸費用を差し引いて預り金を返還した。

イ Ａは，売主としてマンションの売買契約を締結するに際して，買主が手付として必要な額を今すぐには用意できないと申し出たので，手付金の分割払いを買主に提案した。

ウ Ａは取引のあったつど，その年月日やその取引に係る宅地又は建物の所在及び面積その他必要な記載事項を帳簿に漏らさず記載し，必要に応じて紙面にその内容を表示できる状態で，電子媒体により帳簿の保存を行っている。

エ Ａはアンケート調査を装ってその目的がマンションの売買の勧誘であることを告げずに個人宅を訪問し，マンションの売買の勧誘をした。

❶ 一つ

❷ 二つ

❸ 三つ

❹ 四つ

（本試験 2023 年問 36 出題）

問37 次の記述のうち，宅地建物取引業法の規定によれば，正しいものはどれか。

❶ 宅地建物取引業者は，非常勤役員には従業者であることを証する証明書を携帯させる必要はない。

❷ 宅地建物取引業者は，その事務所ごとに従業者名簿を備えなければならないが，取引の関係者から閲覧の請求があった場合であっても，宅地建物取引業法第45条に規定する秘密を守る義務を理由に，閲覧を拒むことができる。

❸ 宅地建物取引業者の従業者は，宅地の買受けの申込みをした者から請求があった場合には，その者が宅地建物取引業者であっても，その者に従業者であることを証する証明書を提示する必要がある。

❹ 宅地建物取引業者は，従業者名簿を最終の記載をした日から5年間保存しなければならない。

（本試験 2023 年問 37 出題）

問38 次の記述のうち，宅地建物取引業法の規定によれば，正しいものはいくつあるか。

ア 宅地建物取引業者Aが，自ら所有する複数の建物について，複数人に対し，反復継続して賃貸する行為は，宅地建物取引に該当しない。

イ 宅地建物取引士とは，宅地建物取引士資格試験に合格し，都道府県知事の登録を受けた者をいう。

ウ 建設業者Bが，建築請負工事の受注を目的として，業として宅地の売買の媒介を行う行為は，宅地建物取引に該当しない。

エ 宅地建物取引士は，宅地又は建物の取引に係る事務に必要な知識及び能力の維持向上に努めなければならない。

❶ 一つ

❷ 二つ

❸ 三つ

❹ 四つ

（本試験 2023 年問 38 出題）

問39 宅地建物取引業者Aが，自ら売主として，宅地建物取引業者ではない個人Bとの間で宅地の売買契約を締結する場合における手付金の保全措置に関する次の記述のうち，宅地建物取引業法の規定によれば，正しいものはどれか。なお，当該契約に係る手付金は保全措置が必要なものとする。

❶ Aは，Bから手付金を受領した後に，速やかに手付金の保全措置を講じなければならない。

❷ Aは，手付金の保全措置を保証保険契約を締結することにより講ずる場合，保険期間は保証保険契約が成立した時から宅地建物取引業者が受領した手付金に係る宅地の引渡しまでの期間とすればよい。

❸ Aは，手付金の保全措置を保証保険契約を締結することにより講ずる場合，保険事業者との間において保証保険契約を締結すればよく，保険証券をBに交付する必要はない。

❹ Aは，手付金の保全措置を保証委託契約を締結することにより講ずるときは，保証委託契約に基づいて銀行等が手付金の返還債務を連帯して保証することを約する書面のBへの交付に代えて，Bの承諾を得ることなく電磁的方法により講ずることができる。

（本試験 2023 年問 39 出題）

問40 宅地建物取引業者Ａが，ＢからＢ所有の中古住宅の売却の依頼を受け，専任媒介契約（専属専任媒介契約ではないものとする。）を締結した場合に関する次の記述のうち，宅地建物取引業法（以下この問において「法」という。）の規定によれば，正しいものはどれか。

❶ Ａは，当該中古住宅について購入の申込みがあったときは，遅滞なく，その旨をＢに報告しなければならないが，Ｂの希望条件を満たさない申込みだとＡが判断した場合については報告する必要はない。

❷ Ａは，法第34条の２第１項の規定に基づく書面の交付後，速やかに，Ｂに対し，法第34条の２第１項第４号に規定する建物状況調査を実施する者のあっせんの有無について確認しなければならない。

❸ Ａは，当該中古住宅について法で規定されている事項を，契約締結の日から休業日数を含め７日以内に指定流通機構へ登録する義務がある。

❹ Ａは，Ｂが他の宅地建物取引業者の媒介又は代理によって売買の契約を成立させたときの措置を法第34条の２第１項の規定に基づく書面に記載しなければならない。

(本試験2023年問40出題)

問41 次の記述のうち，宅地建物取引業法の規定によれば，正しいものはどれか。

❶ 甲県知事は，宅地建物取引士に対して必要な報告を求めることができるが，その対象は，甲県知事登録の宅地建物取引士であって，適正な事務の遂行を確保するために必要な場合に限られる。

❷ 宅地建物取引業者Ａ（甲県知事免許）で専任の宅地建物取引士として従事しているＢ（甲県知事登録）が，勤務実態のない宅地建物取引業者Ｃ（乙県知事免許）において，自らが専任の宅地建物取引士である旨の表示がされていることを許した場合には，乙県知事は，Ｂに対し，必要な指示をすることができる。

❸ 宅地建物取引士が不正の手段により宅地建物取引士証の交付を受けた場合においては，その登録をしている都道府県知事は，情状が特に重いときは，当該宅地建物取引士の登録を消除することができる。

❹ 都道府県知事は，宅地建物取引士に対して登録消除処分を行ったときは，適切な方法で公告しなければならない。

(本試験2023年問41出題)

問42 宅地建物取引業法第35条に規定する重要事項の説明に関する次の記述のうち，誤っているものはいくつあるか。

ア 宅地建物取引士は，重要事項説明をする場合，取引の相手方から請求されなければ，宅地建物取引士証を相手方に提示する必要はない。

イ 売主及び買主が宅地建物取引業者ではない場合，当該取引の媒介業者は，売主及び買主に重要事項説明書を交付し，説明を行わなければならない。

ウ 宅地の売買について売主となる宅地建物取引業者は，買主が宅地建物取引業者である場合，重要事項説明書を交付しなければならないが，説明を省略することはできる。

エ 宅地建物取引業者である売主は，宅地建物取引業者ではない買主に対して，重要事項として代金並びにその支払時期及び方法を説明しなければならない。

❶ 一つ

❷ 二つ

❸ 三つ

❹ 四つ

（本試験 2023 年問 42 出題）

問43 宅地建物取引業者Ａが媒介により宅地の売買契約を成立させた場合における宅地建物取引業法第37条の規定により交付すべき書面（以下この問において「37条書面」という。）に関する次の記述のうち，正しいものはどれか。

❶ Ａは，買主が宅地建物取引業者であるときは，37条書面に移転登記の申請時期を記載しなくてもよい。

❷ Ａは，37条書面を売買契約成立前に，各当事者に交付しなければならない。

❸ Ａは，37条書面を作成したときは，専任の宅地建物取引士をして37条書面に記名させる必要がある。

❹ Ａは，天災その他不可抗力による損害の負担に関する定めがあるときは，その内容を37条書面に記載しなければならない。

（本試験 2023 年問 43 出題）

問44 宅地建物取引業保証協会（以下この問において「保証協会」という。）に関する次の記述のうち、宅地建物取引業法の規定によれば、正しいものはどれか。

❶ 保証協会の社員は、自らが取り扱った宅地建物取引業に係る取引の相手方から当該取引に関する苦情について解決の申出が保証協会にあり、保証協会から関係する資料の提出を求められたときは、正当な理由がある場合でなければ、これを拒んではならない。

❷ 保証協会は、社員がその一部の事務所を廃止したことに伴って弁済業務保証金分担金を当該社員に返還しようとするときは、弁済業務保証金の還付請求権者に対し、一定期間内に認証を受けるため申し出るべき旨の公告を行わなければならない。

❸ 保証協会は、宅地建物取引業者の相手方から、社員である宅地建物取引業者の取り扱った宅地建物取引業に係る取引に関する損害の還付請求を受けたときは、直ちに弁済業務保証金から返還しなければならない。

❹ 保証協会は、手付金等保管事業について国土交通大臣の承認を受けた場合、社員が自ら売主となって行う宅地又は建物の売買で、宅地の造成又は建築に関する工事の完了前における買主からの手付金等の受領について、当該事業の対象とすることができる。

（本試験 2023 年問 44 出題）

問45 宅地建物取引業者Ａが，自ら売主として，宅地建物取引業者ではない買主Ｂに新築住宅を販売する場合に関する次の記述のうち，特定住宅瑕疵担保責任の履行の確保等に関する法律の規定によれば，正しいものはどれか。

❶ Ａが信託会社又は金融機関の信託業務の兼営等に関する法律第１条第１項の認可を受けた金融機関であって，宅地建物取引業を営むものである場合，住宅販売瑕疵担保保証金の供託又は住宅販売瑕疵担保責任保険契約の締結を行う義務を負わない。

❷ Ａは，住宅販売瑕疵担保保証金の供託をする場合，当該住宅の売買契約を締結するまでに，Ｂに対し供託所の所在地等について，必ず書面を交付して説明しなければならず，買主の承諾を得ても書面の交付に代えて電磁的方法により提供することはできない。

❸ Ａは，住宅販売瑕疵担保保証金の供託をする場合，当該住宅の最寄りの供託所へ住宅販売瑕疵担保保証金の供託をしなければならない。

❹ ＡＢ間の売買契約において，当該住宅の構造耐力上主要な部分に瑕疵があってもＡが瑕疵担保責任を負わない旨の特約があった場合においても，Ａは住宅販売瑕疵担保保証金の供託又は住宅販売瑕疵担保責任保険契約の締結を行う義務を負う。

(本試験 2023 年問 45 出題)

問46 独立行政法人住宅金融支援機構（以下この問において「機構」という。）に関する次の記述のうち，誤っているものはどれか。

❶ 機構は，子どもを育成する家庭又は高齢者の家庭（単身の世帯を含む。）に適した良好な居住性能及び居住環境を有する賃貸住宅の建設に必要な資金の貸付けを業務として行っている。

❷ 機構は，証券化支援事業（買取型）において，新築住宅に対する貸付債権のみを買取りの対象としている。

❸ 機構は，証券化支援事業（買取型）において，ＺＥＨ（ネット・ゼロ・エネルギーハウス）及び省エネルギー性，耐震性，バリアフリー性，耐久性・可変性に優れた住宅を取得する場合に，貸付金の利率を一定期間引き下げる制度を実施している。

❹ 機構は，マンション管理組合や区分所有者に対するマンション共用部分の改良に必要な資金の貸付けを業務として行っている。

(本試験 2023年 問 46 出題)

問47 宅地建物取引業者が行う広告に関する次の記述のうち，不当景品類及び不当表示防止法（不動産の表示に関する公正競争規約を含む。）の規定によれば，正しいものはどれか。

❶ 実際には取引する意思がない物件であっても実在するものであれば，当該物件を広告に掲載しても不当表示に問われることはない。

❷ 直線距離で50m以内に街道が存在する場合，物件名に当該街道の名称を用いることができる。

❸ 物件の近隣に所在するスーパーマーケットを表示する場合は，物件からの自転車による所要時間を明示しておくことで，徒歩による所要時間を明示する必要がなくなる。

❹ 一棟リノベーションマンションについては，一般消費者に対し，初めて購入の申込みの勧誘を行う場合であっても，「新発売」との表示を行うことはできない。

（本試験 2023年 問 47 出題）

問48 次の記述のうち，誤っているものはどれか。

❶ 令和3年度宅地建物取引業法の施行状況調査（令和4年9月公表）によれば，令和4年3月末における宅地建物取引業者の全事業者数は14万業者を超え，8年連続で増加した。

❷ 令和5年地価公示（令和5年3月公表）によれば，令和4年1月以降の1年間の地価について，地方圏平均では，全用途平均，住宅地，商業地のいずれも2年連続で上昇し，工業地は6年連続で上昇した。

❸ 建築着工統計調査報告（令和4年計。令和5年1月公表）によれば，令和4年の民間非居住建築物の着工床面積は，前年と比較すると，工場及び倉庫は増加したが，事務所及び店舗が減少したため，全体で減少となった。

❹ 年次別法人企業統計調査（令和3年度。令和4年9月公表）によれば，令和3年度における不動産業の売上高営業利益率は11.1％と2年連続で前年度と比べ上昇し，売上高経常利益率も12.5％と2年連続で前年度と比べ上昇した。

（本試験 2023年 問 48 出題）

問49 土地に関する次の記述のうち，最も不適当なものはどれか。

❶ 自然堤防の後背湿地側の縁は，砂が緩く堆積していて，地下水位も浅いため，地震時に液状化被害が生じやすい地盤である。

❷ 谷底低地に軟弱層が厚く堆積している所では，地震動が凝縮されて，震動が小さくなる。

❸ 1923年の関東地震の際には，東京の谷底低地で多くの水道管や建物が被害を受けた。

❹ 大都市の近郊の丘陵地では，丘を削り谷部に盛土し造成宅地が造られたが，盛土造成に際しては，地下水位を下げるため排水施設を設け，締め固める等の必要がある。

(本試験 2023年 問 49 出題)

問50 建物の構造と材料に関する次の記述のうち，最も不適当なものはどれか。

❶ 鉄筋コンクリート構造は，地震や風の力を受けても，躯体の変形は比較的小さく，耐火性にも富んでいる。

❷ 鉄筋コンクリート構造は，躯体の断面が大きく，材料の質量が大きいので，建物の自重が大きくなる。

❸ 鉄筋コンクリート構造では，鉄筋とコンクリートを一体化するには，断面が円形の棒鋼である丸鋼の方が表面に突起をつけた棒鋼である異形棒鋼より，優れている。

❹ 鉄筋コンクリート構造は，コンクリートが固まって所定の強度が得られるまでに日数がかかり，現場での施工も多いので，工事期間が長くなる。

(本試験 2023年 問 50 出題)

令和5年度本試験問題　解答用紙

問題番号	解　答　番　号	問題番号	解　答　番　号
第1問	① ② ③ ④	第26問	① ② ③ ④
第2問	① ② ③ ④	第27問	① ② ③ ④
第3問	① ② ③ ④	第28問	① ② ③ ④
第4問	① ② ③ ④	第29問	① ② ③ ④
第5問	① ② ③ ④	第30問	① ② ③ ④
第6問	① ② ③ ④	第31問	① ② ③ ④
第7問	① ② ③ ④	第32問	① ② ③ ④
第8問	① ② ③ ④	第33問	① ② ③ ④
第9問	① ② ③ ④	第34問	① ② ③ ④
第10問	① ② ③ ④	第35問	① ② ③ ④
第11問	① ② ③ ④	第36問	① ② ③ ④
第12問	① ② ③ ④	第37問	① ② ③ ④
第13問	① ② ③ ④	第38問	① ② ③ ④
第14問	① ② ③ ④	第39問	① ② ③ ④
第15問	① ② ③ ④	第40問	① ② ③ ④
第16問	① ② ③ ④	第41問	① ② ③ ④
第17問	① ② ③ ④	第42問	① ② ③ ④
第18問	① ② ③ ④	第43問	① ② ③ ④
第19問	① ② ③ ④	第44問	① ② ③ ④
第20問	① ② ③ ④	第45問	① ② ③ ④
第21問	① ② ③ ④	第46問	① ② ③ ④
第22問	① ② ③ ④	第47問	① ② ③ ④
第23問	① ② ③ ④	第48問	① ② ③ ④
第24問	① ② ③ ④	第49問	① ② ③ ④
第25問	① ② ③ ④	第50問	① ② ③ ④

2024年版 出る順宅建士
過去30年良問厳選模試

第1回 解答・解説

基礎編①

 合格推定点 **38**点

◆出題項目・正解一覧＆成績診断
◆解答・解説

出題項目・正解一覧＆成績診断

科目	問	出題項目	正解	チェック	科目	問	出題項目	正解	チェック
権利関係	1	意思表示	4	☐☐	宅建業法	26	宅建業の意味	1	☐☐
	2	代理	2	☐☐		27	事務所の設置	2	☐☐
	3	債務不履行・解除	4	☐☐		28	免許の申請	1	☐☐
	4	契約不適合責任	1	☐☐		29	免許の効力	3	☐☐
	5	賃貸借	1	☐☐		30	宅地建物取引士の登録	1	☐☐
	6	委任	2	☐☐		31	営業保証金	4	☐☐
	7	抵当権	4	☐☐		32	弁済業務保証金	3	☐☐
	8	保証・連帯債務	2	☐☐		33	媒介・代理契約	2	☐☐
	9	不法行為	1	☐☐		34	広告等に関する規制	1	☐☐
	10	相続	4	☐☐		35	重要事項の説明	2	☐☐
	11	借地借家法（借地）	2	☐☐		36	37条書面	1	☐☐
	12	借地借家法（借家）	4	☐☐		37	報酬額の制限	3	☐☐
	13	建物区分所有法	2	☐☐		38	その他の業務上の規制	2	☐☐
	14	不動産登記法	4	☐☐		39	手続きの総合問題	1	☐☐
法令上の制限	15	国土利用計画法	3	☐☐		40	監督・罰則	2	☐☐
	16	都市計画の内容	3	☐☐		41	自ら売主制限総合	4	☐☐
	17	開発行為の規制等	3	☐☐		42	クーリング・オフ	2	☐☐
	18	建築基準法総合	1	☐☐		43	自ら売主制限総合	3	☐☐
	19	建築基準法総合	2	☐☐		44	重要事項の説明	2	☐☐
	20	盛土規制法	4	☐☐		45	住宅瑕疵担保履行法	4	☐☐
	21	土地区画整理法	4	☐☐	5問免除	46	住宅金融支援機構法	2	☐☐
	22	農地法	3	☐☐		47	景品表示法	4	☐☐
税・価格	23	印紙税	3	☐☐		48	景品表示法	2	☐☐
	24	不動産取得税	2	☐☐		49	土地	4	☐☐
	25	不動産鑑定評価基準	2	☐☐		50	建物	4	☐☐

科目別の成績		総合成績	
科目（問題番号）	**正答／正答目標**	合計	
権利関係（問1〜問14）	点／10点		
宅建業法（問26〜問45）	点／18点		
法令上の制限（問15〜問22）	点／6点	**点**	
税・価格（問23〜問25）	点／2点	この回の合格推定点は **38**点です。	
5問免除（問46〜問50）	点／4点		

問1	意思表示	解答 ❹	合格者正解率	不合格者正解率	受験者正解率
			95.6%	77.4%	90.0%

❶ **正** 詐欺によって契約を取り消した者と取消し後に物権を取得した者との優劣は，原則として，登記の先後によって決する（民法177条，判例）。したがって，Aは，取消し後に甲土地を取得し登記を備えた背信的悪意者ではないCに対して，所有権を対抗することができず，登記なくして甲土地の返還を請求することができない。よって，本肢は正しい。

❷ **正** 詐欺による意思表示の取消しは，取り消しの前に現れた善意かつ無過失の第三者に対抗することができない（民法96条3項）。したがって，Aは，詐欺について悪意のCに対して，詐欺による意思表示の取消しを対抗できるため，甲土地の返還を請求することができる。よって，本肢は正しい。

❸ **正** 表意者は，法律行為の目的及び取引上の社会通念に照らして重要なものに錯誤があったときは，意思表示を取り消すことができる。ただし，表意者に重大な過失があった場合は，原則として，表意者は自らその取消しを主張できない（民法95条1項，3項）。そして，錯誤による意思表示の取消しは，取消しの前に現れた善意かつ無過失の第三者に対抗することができない（民法95条4項）。したがって，重大な過失のないAは，悪意の第三者Cに対して，錯誤による意思表示の取消しを主張し，甲土地の返還を請求することができる。よって，本肢は正しい。

❹ **誤** 表意者に重過失があれば錯誤による取消しは主張できない。

　③で述べたように，表意者は，重大な過失があった場合，原則として，錯誤による取消しを主張できない（民法95条3項）。したがって，Aは，意思表示に法律行為の目的及び取引上の社会通念に照らして重要な錯誤があったとしても，重大な過失があるため，Bに対して，錯誤による取消しを主張できず，甲土地の返還を請求することができない。よって，本肢は誤りであり，本問の正解肢となる。

問2	代理	解答 ❷	合格者正解率	不合格者正解率	受験者正解率
			95.5%	75.3%	88.6%

❶ **正** 無権代理人がした契約は，本人がその追認をした場合には，本人に対して効力が生じる（民法113条1項）。したがって，Bが無権代理人であっても，Aが当該売買契約をCに対して追認すれば，AC間の売買契約は有効となる。よって，本肢は正しい。

❷ **誤** 無権代理人が単独で本人を相続すると，追認拒絶はできない。

　無権代理人が単独で本人を相続した場合には，当該無権代理行為は当然に有効となる。無権代理人による追認拒絶は信義に反し許されないからである（判例）。したがって，

無権代理人Ｂが本人Ａを相続した場合，Ｂは自らの無権代理行為の追認を拒絶することはできない。よって，本肢は誤りであり，本問の正解肢となる。

❸ **正** 本人が単独で無権代理人を相続しても，本人による追認拒絶は信義に反するものではない（判例）。したがって，本人Ａが無権代理人Ｂを相続した場合には，ＡＣ間の売買契約が当然に有効となるわけではない。よって，本肢は正しい。

❹ **正** 無権代理人が本人を他の相続人と共同相続した場合，他の共同相続人全員が共同して追認しない限り，無権代理行為は，無権代理人の相続分に相当する部分においても，当然に有効となるものではない（判例）。よって，本肢は正しい。

問3	債務不履行・解除	解答 ❹	合格者正解率 89.1%	不合格者正解率 71.4%	受験者正解率 83.0%

❶ **正** 契約の一方当事者は，契約締結に先立ち，信義則上の説明義務に違反して，契約を締結するか否かに関する判断に影響を及ぼすべき情報を相手方に提供しなかった場合には，相手方が契約締結により被った損害について，不法行為責任を負うことはあっても，債務不履行責任を負うことはない（判例）。よって，本肢は正しい。

❷ **正** 利息付金銭消費貸借契約において，利率に関する定めがない場合，借主の債務不履行により貸主が借主に対して請求することができる遅延損害金は，債務者が遅滞の責任を負った最初の時点における法定利率（年３パーセント）による（民法419条1項本文，404条1項，2項）。よって，本肢は正しい。

❸ **正** 不動産の売買契約においては，売主が不動産を第一の買主とは別に，第二の買主に二重に譲渡し，第二の買主への移転登記が終了した場合には，売主に帰責事由があるといえるので，第一の買主は売主に対して債務不履行に基づく損害賠償請求をすることができる（判例）。よって，本肢は正しい。

❹ **誤** 金銭債務においては，不可抗力をもって抗弁とすることはできない。

金銭の給付を目的とする債務の不履行については，債務者は，不可抗力を抗弁とすることができない（民法419条3項）。したがって，ＡＢ間の金銭消費貸借契約において，借主Ｂは当該契約に基づく金銭の返済をＣからＢに支払われる売掛債権で予定していたが，その入金がなかった（Ｂの責めに帰すべき事由はない。）ため，返済期限が経過してしまった場合，Ｂは債務不履行に陥り，Ａに対して遅延損害金の支払義務を負う。よって，本肢は誤りであり，本問の正解肢となる。

問4	契約不適合責任	解答 ❶	合格者正解率 80.5%	不合格者正解率 46.9%	受験者正解率 68.0%

❶ **誤** 引渡し日から2年間ではなく知った時から1年間である。

宅建業者が自ら売主となる場合の目的物の種類又は品質に関しての契約不適合責任については、その責任を追及するために行う通知の期間を目的物の引渡しの日から2年以上とする特約を除き、民法の規定よりも買主に不利となる特約をしてはならず、この規定に反する特約は無効となる（宅建業法40条1項、2項）。そして、この場合、民法の規定が適用され、その期間は、買主が目的物の種類又は品質に関しての契約不適合の事実を知った時から1年となる（民法566条本文）。したがって、本肢の「一切の契約不適合責任を負わない」旨の合意は、Bに不利な特約として無効であり、民法の規定により、Aは、Bが契約不適合の事実を知った時から1年以内に通知を受けた場合は、契約不適合責任を負わなければならない。よって、本肢は誤りであり、本問の正解肢となる。

❷ **正** 売買の目的物に抵当権が設定されており、その抵当権が実行された結果、買主が所有権を失った場合、権利の移転について全部不能となっているため、解除することができる（民法542条1項）。よって、本肢は正しい。

❸ **正** 目的物の種類又は品質に関する契約不適合責任は、契約内容の不適合を知った時から1年以内にその旨をAに通知しないときは、原則として追及することができない（民法566条本文）。そして、買主が契約不適合責任を追及する場合、契約不適合責任を追及する意思を裁判外で明確に告げることで足り、裁判上で権利行使をする必要はない（判例）。よって、本肢は正しい。

❹ **正** 本肢も肢1の記述のとおり、民法が適用される（宅建業法40条2項）。買主の契約不適合責任に基づく損害賠償請求権は、①債権者が権利を行使することができることを知った時から5年間、②権利を行使することができる時から10年間行使しないときに、時効消滅する（民法166条1項、判例）。したがって、Bは引渡しから2年間だけでなく、損害賠償請求権が時効消滅するまで、当該損害賠償を請求することができる。よって、本肢は正しい。

問5	賃貸借	解答❶	合格者正解率	不合格者正解率	受験者正解率
			92.1%	70.1%	87.4%

❶ **正** 賃借人の家屋明渡債務が賃貸人の敷金返還債務よりも先に履行すべきと考える場合、敷金返還請求権は明渡し時には存在していないことになる（民法622条の2参照）。したがって、存在していない敷金返還請求権をもって留置権を取得できる余地はない。よって、本肢は正しく、本問の正解肢となる。

❷ **誤** 1個の双務契約によって生じたものではない。

敷金契約は、賃貸借契約に付随するものではあるが、別個独立の契約であり、賃貸借契約そのものではない。したがって、賃貸借の終了に伴う賃借人の家屋明渡債務と賃貸人の敷金返還債務は、1個の双務契約によって生じた対価的債務の関係にあるものとは

いえない（民法622条の2参照）。また、家屋明渡債務と敷金返還債務が1個の双務契約によって生じた対価的債務の関係にあるのであれば、両者は同時履行の関係にたつことになるであろうが、判決文は同時履行の関係にたつものではないとしている。このことからも、対価的債務の関係ではないと判断される。よって、本肢は誤り。

❸ 誤 敷金は賃貸借に基づいて生ずる債務を担保するものである。

敷金とは、いかなる名目によるかを問わず、賃料債務その他の賃貸借に基づいて生ずる賃借人の賃貸人に対する金銭の給付を目的とする債務を担保する目的で、賃借人が賃貸人に交付する金銭をいう（民法622条の2第1項）。そのため、賃貸借終了後賃借人の家屋の明渡しまでに生じた債権を敷金から控除することはできる。よって、本肢は誤り。

❹ 誤 同時履行の関係を肯定することは敷金の性質に適合しない。

判決文も民法の規定も、敷金の返還は家屋の明渡し後に行えば足りるとしている（判決文、民法622条の2第1項1号）。賃借人の家屋明渡債務と賃貸人の敷金返還債務の間に同時履行の関係を肯定することは、この考え方を否定するものであり、敷金の性質に適合しない。よって、本肢は誤り。

問6	委任	解答❷	合格者正解率 94.9%	不合格者正解率 79.7%	受験者正解率 88.0%

❶ 誤 委任契約の成立に委任状の交付は不要。

委任も契約の一類型であるから、委任契約により成立する（民法643条）。したがって、たとえ高価な財産の売買の委任であったとしても、当事者の合意がありさえすれば、委任状なくして委任契約は成立する。よって、本肢は誤り。

❷ 正 委任契約は無償が原則であり、受任者は、有償の特約をしなければ、委任者に対して報酬を請求することができない（民法648条1項）。また、受任者が委任事務を処理するのに必要な費用を出したときは、その費用及び利息を請求できる（民法650条1項）。よって、本肢は正しく、本問の正解肢となる。

❸ 誤 無報酬の場合でも賠償請求できる。

受任者の注意義務は、有償無償にかかわらず、善良な管理者の注意義務である（民法644条）。受任者がかかる義務に違反し、委任者に損害が発生した場合は、損害賠償請求できる（民法415条参照）。したがって、AはBに損害賠償請求できる。よって、本肢は誤り。

❹ 誤 Aの解除によりBが不利益を被った以上、賠償請求可。

委任は、各当事者が、いつでも解除することができる。また、当事者の一方が、やむを得ない理由もなく、相手方にとって不利な時期に委任を解除した場合は、その損害を賠償しなければならない（民法651条2項1号）。したがって、Bは、Aに対して損害

賠償請求できる。よって，本肢は誤り。

問7	抵当権	解答❹	合格者正解率 88.0%	不合格者正解率 59.2%	受験者正解率 75.0%

❶ **誤** 通常の利用方法により使用する場合，妨害排除請求することはできない。

抵当権設定者が通常の利用方法により担保物を使用する場合，抵当権者は妨害排除請求することはできない。そして，抵当権設定者が，抵当権が設定された土地に建物を建築する行為は通常の利用方法にあたる。したがって，Aは，Bに乙建物の収去を請求することはできない。よって，本肢は誤り。

❷ **誤** Aの抵当権設定時に建物が存在する必要がある。

法定地上権が成立するための要件の1つとして，抵当権設定時に土地の上に建物が存在する必要がある（民法388条）。判例は，更地について抵当権が設定された場合，一貫して厳格に解し，法定地上権の成立を否定している。したがって，Aの抵当権設定当時，甲地が更地であった本肢の場合も，法定地上権は成立しない。よって，本肢は誤り。

❸ **誤** 一番抵当権設定時に建物が存在する必要がある。

更地に一番抵当権を設定後，建物を築造し，次いで二番抵当権を設定し，二番抵当権者の申立てにより競売された場合，法定地上権は成立しない（判例）。したがって，Dの抵当権が実行されても，乙建物のために法定地上権は成立しない。よって，本肢は誤り。

❹ **正** 抵当権設定後，その設定者が抵当地に建物を築造した場合，抵当権者は土地と共に建物を競売できるが，優先弁済権は土地の代金にしか行使することができない（民法389条1項）。よって，本肢は正しく，本問の正解肢となる。

問8	保証・連帯債務	解答❷	合格者正解率 85.5%	不合格者正解率 55.0%	受験者正解率 74.3%

❶ **誤** B，C，Fに免除しても，他の者には影響しない。

連帯債務者の1人に対してその債務を免除したとしても，別段の意思表示のない限り，他の債務者に対して免除の効力は生じない（民法441条）。一方，主たる債務者の債務を免除すれば，保証債務も消滅する（付従性）。しかし，連帯保証人の債務を免除しても，別段の意思表示のない限り，主たる債務者の債務に影響を及ぼさない（民法458条，441条）。よって，本肢は誤り。

❷ **正** 連帯債務の債権者が連帯債務者の1人に対してした履行の請求は，別段の意思表示のない限り，他の債務者に対してその効果は及ばない（民法441条）。一方，債権者が主たる債務者に履行の請求をすると，連帯保証人にも効果は及ぶ（民法457条

１項）。しかし，債権者が連帯保証人に履行の請求をしても，別段の意思表示のない限り，主たる債務者にその効果は及ばない（民法458条，441条）。よって，本肢は正しく，本問の正解肢となる。

❸ **誤** B，C，Fにつき，時効が完成しても他の者には影響しない。

消滅時効の完成によって，連帯債務者の１人の債務が消滅したとしても，別段の意思表示のない限り，他の連帯債務者に対してその効力は生じない（相対効，民法441条）。一方，主たる債務者の債務について時効が完成すると，連帯保証人も全額の債務を免れる（付従性）。しかし，連帯保証人について消滅時効が完成しても，主たる債務者は債務を免れない。よって，本肢は誤り。

❹ **誤** Eの主債務が無効の場合，Fは連帯保証債務を負わない。

連帯債務者の１人について契約の無効があっても，他の連帯債務者の債務に影響を及ぼさず（民法437条），それぞれ1,000万円の債務を負う。一方，主たる債務が無効であった場合，連帯保証債務も無効となり，連帯保証債務を負わなくなる。しかし，連帯保証契約が無効であっても，主たる債務者は1,000万円の債務を負うことに変わりない。よって，本肢は誤り。

問 9	不法行為	解答 ❶	合格者正解率 93.9%	不合格者正解率 83.4%	受験者正解率 89.9%

❶ **正** 使用者Aは，被害者Cに損害全額の賠償をした場合に，Dに対し，求償権を行使できるかが問題となる。自動車事故によってCに損害を負わせたBD各自の行為には，不法行為（民法709条）とともに共同不法行為責任が成立する（民法719条１項前段）。また，BはAの被用者であるところ，勤務中にA所有の乗用車を運転して営業活動のため顧客Cを同乗させている途中で事故を起こしているため，事業の執行についてなされた不法行為として，Aは使用者責任を負う（民法715条１項本文）。使用者は，被害者の損害を全額賠償した場合，被用者と共同不法行為者である第三者との過失割合に従って定められる第三者の負担部分について，第三者に対し，求償権を行使できる（判例）。使用者は，被用者と一体をなすものとして，被用者と同一の責任を負うからである。したがって，Aは，Dに対し，BとDの過失割合に従って求償権を行使できる。よって，本肢は正しく，本問の正解肢となる。

❷ **誤** 信義則上相当と認められる限度で求償請求することができる。

本肢では，使用者Aは，Dに損害全額の賠償をした場合に，Bに対し求償権を行使できるか問題となる。使用者は，被害者の損害を全額賠償した場合，被用者に対して求償権を行使できる（民法715条３項）。もっとも，使用者から被用者に対する求償権の行使は，損害の公平な分担という見地から信義則上相当と認められる限度に制限される（判例）。使用者は被用者を使用することによって利益を上げているのに，被用者が生じさ

せた損害の全てを被用者に転嫁できるとするのは報償責任の原理から相当でないからである。したがって，使用者Aは，信義則上相当と認められる限度で，被用者Bに対し求償権を行使できる。よって，本肢は誤り。

❸ **誤** 共同不法行為者に対しても損害賠償請求できる。

肢1の解説で言及したように，被害者CはABに対し損害賠償請求できる。また，BDには共同不法行為が成立するが，共同不法行為が成立する場合，被害者は各不法行為者に対し損害全額の賠償を請求することができ（判例），各不法行為者の損害賠償債務は連帯債務となる。したがって，Cは，Dに対し損害賠償請求できる。よって，本肢は誤り。

❹ **誤** 使用者責任が成立する場合でも，被用者に対し損害賠償請求できる。

Bは，自動車事故によってDに損害を負わせているため，Dに対し損害賠償責任を負う（民法709条）。また，事業の執行についてなされた被用者Bの不法行為として，Aは使用者責任を負う（民法715条1項本文）。そして，被用者の不法行為責任と使用者責任は，連帯債務となるため，被害者は被用者と使用者のいずれに対しても損害全額の賠償を請求することができる。したがって，Dは，A及びBに対し損害賠償請求できる。よって，本肢は誤り。

問10	相続	解答❹	合格者正解率 97.4%	不合格者正解率 84.0%	受験者正解率 91.3%

❶ **正** 相続の放棄をしようとする者は，その旨を家庭裁判所に申述しなければならない（民法938条）。よって，本肢は正しい。

❷ **正** 相続人が数人あるときは，限定承認は，共同相続人の全員が共同してのみこれをすることができる（民法923条）。よって，本肢は正しい。

❸ **正** 相続人が，自己のために相続の開始があったことを知った時から3カ月（家庭裁判所が期間の伸長をしたときは当該期間）以内に，限定の承認又は放棄をしなかったときは，単純承認をしたものとみなされる（民法915条1項，921条1項2号）。よって，本肢は正しい。

❹ **誤** 相続放棄した者の子は代襲相続しない。

被相続人の子が，相続の開始後に相続放棄をした場合，その者の子は，代襲相続しない（民法939条，民法887条2項参照）。よって，本肢は誤りであり，本問の正解肢となる。

問11	借地借家法（借地）	解答❷	合格者正解率 88.9%	不合格者正解率 64.4%	受験者正解率 77.8%

❶ **正** 専ら事業の用に供する建物（居住の用に供するものを除く）の所有を目的とし，かつ，存続期間を10年として借地権を設定する場合には，建物買取請求権の規定は適用しない（借地借家法23条2項，13条1項参照）。よって，本肢は正しい。

❷ **誤** 債務不履行による契約終了の場合，建物買取請求不可。

債務不履行による土地賃貸借契約解除の場合には，借地人は，建物買取請求権を有しない（判例）。したがって，Bの債務不履行を原因とする契約終了の場合には，Bは，Aに対して建物の買取りを請求することはできない。よって，本肢は誤りであり，本問の正解肢となる。

❸ **正** 転借地権が設定され，転借地権者が借地上に建物を所有している場合において，借地権の存続期間が満了したが，契約の更新がないときは，転借地権者は，借地権設定者に対して，直接，建物買取請求権を行使することができる（借地借家法13条1項，3項）。したがって，Cは，Aに対し直接建物買取請求権を有する。よって，本肢は正しい。

❹ **正** 建物買取請求権が行使された場合，買取請求権者の建物移転義務と賃貸人の代金支払義務とは，同時履行の関係に立つから，買取請求権者は，賃貸人が代金を支払うまで，建物の引渡しを拒むことができる（民法533条，判例）。したがって，BはAが代金を支払うまで，建物の引渡しを拒むことができる。よって，本肢は正しい。

問 12	借地借家法（借家）	解答 ❹	合格者正解率 91.6%	不合格者正解率 63.3%	受験者正解率 79.1%

❶ **誤** 当然には終了しない。

建物の賃貸借について期間の定めがある場合において，当事者が期間の満了の1年前から6月前までの間に相手方に対して更新をしない旨の通知をしなかったときは，従前の契約と同一の条件で契約を更新したものとみなす（借地借家法26条1項）。ただし，建物の賃貸人による通知については，正当の事由が必要である（借地借家法28条）。したがって，賃貸人Aが通知をしただけで当然に終了するものではない。よって，本肢は誤り。

❷ **誤** 特約は無効である。

建物の賃貸人が賃貸借の解約の申入れをした場合においては，建物の賃貸借は，解約の申入れの日から6月を経過することによって終了し，これよりも建物の賃借人に不利な特約は無効となる（借地借家法27条1項，30条）。申入れ日から3月で終了する旨の特約は賃借人に不利なものであり無効である。Bの同意は影響しない。よって，本肢は誤り。

❸ **誤** AからCに対する通知が必要である。

建物の転貸借がされている場合において，建物の賃貸借が期間の満了によって終了するときは，建物の賃貸人は，建物の転借人にその旨の通知をしなければ，その終了を建

物の転借人に対抗することができない（借地借家法34条1項）。したがって，転借人Cが賃借人であるBから聞かされているだけでは，賃貸人AはCに対し終了を対抗できない。よって，本肢は誤り。

❹　**正**　定期建物賃貸借契約をしようとするときは，建物の賃貸人は，あらかじめ，建物の賃借人に対し，契約の更新がなく，期間の満了により当該建物の賃貸借は終了することについて，その旨を記載した書面を交付し又は建物の賃借人の承諾を得て電磁的方法による提供をして説明しなければならない（借地借家法38条3項，4項）。そして，賃貸人Aが賃借人Bにこの説明をしなかったときは，契約の更新がないこととする旨の定めは無効となる（借地借家法38条5項）。よって，本肢は正しく，本問の正解肢となる。

問13	建物区分所有法	解答❷	合格者正解率 85.8%	不合格者正解率 63.4%	受験者正解率 75.8%

❶　**正**　管理者は，少なくとも毎年1回集会を招集しなければならない（区分所有法34条2項）。よって，本肢は正しい。

❷　**誤**　規約で減ずることができる。

　区分所有者の5分の1以上で議決権の5分の1以上を有するものは，管理者に対し，会議の目的たる事項を示して，集会の招集を請求することができる。そして，この定数は，規約で減ずることができる（区分所有法34条3項）。よって，本肢は誤りであり，本問の正解肢となる。

❸　**正**　集会の招集の通知は，区分所有者が管理者に対して通知を受けるべき場所を通知したときは，その場所にあててすれば足りる（区分所有法35条3項前段）。よって，本肢は正しい。なお，通知を受けるべき場所を通知しなかったときは区分所有者の所有する専有部分が所在する場所にあててすれば足りる（区分所有法35条3項）。

❹　**正**　区分所有法上，集会の招集については，「集会の招集の通知は，会日より少なくとも1週間前に，会議の目的たる事項を示して，各区分所有者に発しなければならない。」等の細かい手続が規定されている（区分所有法35条各項）。しかし，区分所有者全員の同意があるときは，招集の手続を経ないで開くことができる（区分所有法36条）。よって，本肢は正しい。

問14	不動産登記法	解答❹	合格者正解率 78.8%	不合格者正解率 47.8%	受験者正解率 67.1%

❶　**正**　登記の申請を共同してしなければならない者の一方に登記手続をすべきことを命ずる確定判決による登記は，他の一方が単独で申請することができる（不登法63

条1項）。よって，本肢は正しい。

❷ **正** 相続又は法人の合併による権利の移転の登記は，登記権利者が単独で申請することができる（不登法63条2項）。よって，本肢は正しい。

❸ **正** 登記名義人の氏名もしくは名称又は住所についての変更の登記又は更正の登記は，登記名義人が単独で申請することができる（不登法64条1項）。よって，本肢は正しい。

❹ **誤** 所有権移転登記がない場合にのみ単独申請できる。

権利に関する登記の申請は，原則として，登記権利者及び登記義務者が共同してしなければならない（共同申請主義，不登法60条）。しかし，所有権の登記の抹消は，所有権の移転の登記がない場合（すなわち，所有権の保存の登記の場合）に限り，所有権の登記名義人が単独で申請することができる（不登法77条）。したがって，所有権の移転の登記がなされている場合には，当該所有権の登記の抹消は，原則どおり，登記権利者及び登記義務者が共同して申請しなければならない。よって，本肢は誤りであり，本問の正解肢となる。

問15	国土利用計画法	解答❸	合格者正解率 98.0%	不合格者正解率 71.6%	受験者正解率 89.9%

❶ **誤** 市街化区域内の土地1,000㎡を購入しても事後届出は不要である。

土地売買等の契約により土地に関する権利の移転又は設定を受けることとなる者（売買契約における買主等）は，原則として，その契約を締結した日から起算して2週間以内に，都道府県知事に届け出なければならない（事後届出　国土法23条1項）。しかし，市街化区域にあっては，2,000㎡未満の場合には届出は不要である（国土法23条2項1号イ）。本肢の場合，買主であるB及びCは，それぞれ1,000㎡しか購入していないことから事後届出は不要となる。よって，本肢は誤り。

❷ **誤** 相続による取得については国土法の届出は不要である。

事後届出が必要となるのは，「対価を得て行う契約」を締結した場合である（国土法23条1項，14条1項）。相続は，「対価を得て行う契約」ではないことから，事後届出をする必要はない。したがって，Eは，事後届出を行う必要はない。よって，本肢は誤り。

❸ **正** 市街化調整区域内において，5,000㎡以上の一団の土地に関する権利を対価を得て移転又は設定する契約を締結した場合には，権利取得者は，事後届出を行わなければならない（国土法23条1項，2項1号ロ）。また，それぞれの契約においては，届出対象面積に満たない場合であっても，一定の計画に従って購入し，合計面積が届出対象面積に達している場合，事後届出を行う必要がある。よって，本肢は正しく，本問の正解肢となる。

❹ **誤** 市から購入する場合，国土法の届出は不要である。

　当事者の一方又は双方が国，地方公共団体その他政令で定める法人である場合，事後届出を行う必要はない（国土法23条2項3号，18条）。したがって，地方公共団体である「市」から購入をしているHは事後届出を行う必要はない。よって，本肢は誤り。

問16　都市計画の内容　解答❸

合格者正解率	不合格者正解率	受験者正解率
96.2%	78.8%	88.3%

❶ **正** 都市計画区域は，一体の都市として総合的に整備し，開発し，及び保全される必要がある区域である。そして，必要があれば，一つの市町村の区域外にわたり指定することができ，2以上の都府県にまたがって指定することもできる（都計法5条1項，4項）。よって，本肢は正しい。

❷ **正** 通常の都市計画は都市計画区域において定められるが，都市施設については，特に必要があるときは，都市計画区域外においても定めることができる（都計法11条1項）。よって，本肢は正しい。

❸ **誤** 市街化調整区域は，市街化を抑制すべき区域である。

　市街化区域とは，すでに市街地を形成している区域及びおおむね10年以内に優先的かつ計画的に市街化を図るべき区域である（都計法7条2項）。これに対し，市街化調整区域とは，市街化を抑制すべき区域である（都計法7条3項）。よって，本肢は誤りであり，本問の正解肢となる。

❹ **正** 都市計画区域については，無秩序な市街化を防止し，計画的な市街化を図るため必要があるときには，市街化区域と市街化調整区域に区分することができる（都計法7条1項）。すなわち，この区域区分は，必ず定めるというものでなく，定めるか否かは任意である。よって，本肢は正しい。

問17　開発行為の規制等　解答❸

合格者正解率	不合格者正解率	受験者正解率
89.9%	67.0%	81.0%

❶ **誤** 21日以内ではない。

　都道府県知事は，開発許可の申請があったときは，「遅滞なく」，許可又は不許可の処分をしなければならない（都計法35条1項）。21日以内ではない。よって，本肢は誤り。

❷ **誤** 特定工作物の建設の用に供するものも該当する。

　開発行為とは，主として「建築物の建築」又は「特定工作物の建設」の用に供する目的で行う土地の区画形質の変更をいう（都計法4条12項）。したがって，建築物以外の工作物の建設の用に供する目的で行うものであっても，特定工作物の建設の用に供す

る目的で土地の区画形質の変更を行う場合であれば，開発行為に該当する。よって，本肢は誤り。

❸ 正 開発許可を受けた者は，開発行為に関する工事を廃止したときは，遅滞なく，その旨を都道府県知事に届け出なければならない（都計法38条）。よって，本肢は正しく，本問の正解肢となる。

❹ 誤 開発許可を受けてからではない。

開発許可を申請しようとする者は，あらかじめ，開発行為に関係がある公共施設の管理者と協議し，その同意を得なければならない（都計法32条1項）。したがって，協議等は，開発許可を申請する前に行わなければならず，開発許可を受けてからするものではない。よって，本肢は誤り。

問 18	建築基準法総合	解答 ❶	合格者正解率 92.8%	不合格者正解率 68.3%	受験者正解率 84.0%

❶ 正 防火地域又は準防火地域内にある建築物で，外壁が耐火構造のものについては，その外壁を隣地境界線に接して設けることができる（建基法63条）。よって，本肢は正しく，本問の正解肢となる。

❷ 誤 31mを超えていないので不要。

高さ31mを超える建築物には，原則として非常用の昇降機を設けなければならない（建基法34条2項）。したがって，高さ30mの建築物であれば，非常用の昇降機を設ける必要はない。よって，本肢は誤り。

❸ 誤 延べ面積1,500㎡を超える建築物は，耐火建築物又は延焼防止建築物としなければならない。

準防火地域内においては，地階を除く階数が4以上である建築物又は延べ面積が1,500㎡を超える建築物は耐火建築物又はそれと同等以上の延焼防止性能を有する一定の建築物（延焼防止建築物）としなければならない（建基法61条，施行令136条の2第1号）。したがって，延べ面積が2,000㎡の共同住宅は耐火建築物又は延焼防止建築物としなければならない。よって，本肢は誤り。

❹ 誤 耐火建築物なので防火壁又は防火床による区画割りは不要。

延べ面積が1,000㎡を超える建築物は，原則として防火上有効な構造の防火壁又は防火床によって有効に区画し，かつ，各区画における床面積の合計をそれぞれ1,000㎡以内としなければならない。もっとも，耐火建築物又は準耐火建築物はこの限りでない（建基法26条但書1号）。よって，本肢は誤り。

問19	建築基準法総合	解答 ❷	合格者正解率 82.0%	不合格者正解率 59.5%	受験者正解率 72.2%

❶ **正** 田園住居地域内においては，建築物の高さは，10 m 又は 12 m のうち当該地域に関する都市計画において定められた建築物の高さの限度を超えてはならない（建基法 55 条 1 項）。よって，本肢は正しい。なお，第一種・第二種低層住居専用地域内においても同様の規制がある。

❷ **誤** 過半の属する地域の用途規制が適用されるので大学を建築することができる。
　建築物の敷地が用途規制の異なる複数の地域にわたる場合には，その敷地の全部について敷地の過半の属する地域の用途規制に関する規定が適用される（建基法 91 条）。したがって，本肢の場合，第一種中高層住居専用地域内にあるものとして規制が及ぶ。そして，第一種中高層住居専用地域内においては，大学を建築することができる（建基法 48 条　別表第二（は））。よって，本肢は誤りであり，本問の正解肢となる。

❸ **正** 建築基準法第 3 章の規定が適用されるに至った際現に建築物が立ち並んでいる幅員 4 メートル未満の道で，特定行政庁の指定したものは，道路とみなされる（建基法 42 条 2 項）。よって，本肢は正しい。

❹ **正** 前面道路の境界線又はその反対側の境界線からそれぞれ後退して壁面線の指定がある場合において，特定行政庁が掲げる基準に適合すると認めて許可した建築物については，当該前面道路の境界線又はその反対側の境界線は，それぞれ当該壁面線にあるものとみなして，容積率の規定を適用するものとする（建基法 52 条 11 項）。よって，本肢は正しい。

問20	盛土規制法	解答 ❹	合格者正解率 99.4%	不合格者正解率 84.2%	受験者正解率 92.7%

❶ **正** 宅地造成等工事規制区域内の土地の所有者は，宅地造成等に伴う災害が生じないよう，その土地を常時安全な状態に維持するように努めなければならない（盛土規制法 22 条 1 項）。区域内の所有者に対して努力義務が要求されており，所有者と工事主が同一人物であることは要求されていない。よって，本肢は正しい。なお，管理者又は占有者に対しても同様の努力義務がある。

❷ **正** 宅地造成等工事規制区域内において行われる宅地造成等に関する工事について許可をする場合，都道府県知事は，工事の施行に伴う災害を防止するため必要な条件を付することができる（盛土規制法 12 条 3 項）。よって，本肢は正しい。

❸ **正** 宅地以外の土地を宅地にするために行う盛土その他の土地の形質の変更で政令で定めるものは宅地造成に該当するが，宅地を宅地以外の土地にするために行うもの

は宅地造成に該当しない（盛土規制法2条2号）。よって，本肢は正しい。

❹ 誤 宅地造成にあたらないので許可は不要である。

宅地造成工事として都道府県知事の許可が必要となる規模は，①盛土部分に高さが1mを超える崖を生ずることとなる盛土，②切土部分に高さが2mを超える崖を生ずることとなる切土，③盛土と切土とを同時にする場合であって，当該盛土及び切土をした土地の部分に高さが2mを超える崖を生ずることとなるもの，④①又は③に該当しない盛土で高さが2mを超えるもの，⑤①〜④に該当しない盛土又は切土であって，面積が500㎡を超えるものをいう（盛土規制法2条2号，施行令3条）。本肢の場合は，①〜⑤のいずれにも該当せず，宅地造成にあたらないことから，許可を受ける必要はない（盛土規制法12条1項）。よって，本肢は誤りであり，本問の正解肢となる。

問21	土地区画整理法	解答❹	合格者正解率	不合格者正解率	受験者正解率
			94.9%	68.5%	85.5%

❶ 正 施行者は，換地処分を行う前において，換地計画に基づき換地処分を行うため必要がある場合においては，施行地区内の宅地について仮換地を指定することができる（区画法98条1項前段）。よって，本肢は正しい。

❷ 正 仮換地が指定された場合においては，従前の宅地について権原に基づき使用し，又は収益することができる者は，仮換地の指定の効力発生の日から換地処分の公告がある日まで，仮換地について，従前の宅地について有する権利の内容である使用又は収益と同じ使用又は収益をすることができる（区画法99条1項）。よって，本肢は正しい。

❸ 正 施行者は，仮換地を指定した場合において，特別の事情があるときは，その仮換地について使用又は収益を開始することができる日を仮換地の指定の効力発生日と別に定めることができる（区画法99条2項前段）。よって，本肢は正しい。

❹ 誤 組合ではなく都道府県知事等の許可。

土地区画整理組合の設立の認可の公告があった日後，換地処分の公告がある日までは，施行地区内において，土地区画整理事業の施行の障害となるおそれがある土地の形質の変更を行おうとする者は，都道府県知事（市の区域内にあっては，当該市の長）の許可を受けなければならない（区画法76条1項2号）。当該土地区画整理組合の許可ではない。よって，本肢は誤りであり，本問の正解肢となる。

問22	農地法	解答❸	合格者正解率	不合格者正解率	受験者正解率
			94.0%	74.0%	85.3%

❶ 誤 現況が耕作している土地は農地にあたる。

農地法上の農地かどうかは，現況で判断する。登記簿上の地目が山林でも，現に水田として耕作されている以上，農地法上の農地となる（農地法2条1項）。よって，本肢は誤り。

❷　**誤**　5条の許可が必要である。

農地を宅地として売却しようとしているので，転用目的権利移動にあたる（農地法5条1項）。当初の4条許可では，権利移動について判断されていない。権利移動についても判断を受けるために，改めて5条許可を受けなければならない。よって，本肢は誤り。

❸　**正**　農地法3条の許可を受けないでした契約は，効力を生じない（農地法3条6項）。よって，本肢は正しく，本問の正解肢となる。

❹　**誤**　2アール未満であれば，4条の許可不要。

農業者が，自己の所有する農地を農業用施設に供する場合，それが2アール未満であるときに限り，農地法4条の許可を受ける必要がない（農地法4条1項但書8号，規則29条1号）。よって，本肢は誤り。

問23	印紙税	解答❸	合格者正解率 98.2%	不合格者正解率 88.2%	受験者正解率 94.0%

❶　**誤**　記載金額は1,000万円である。

作成された契約書に消費税及び地方消費税の金額が区分記載されている場合には，消費税額等は記載金額に含めないものとする（間接税関係個別通達 消費税法の改正等に伴う印紙税の取扱いについて）。したがって，印紙税の課税標準となる当該契約書の記載金額は1,000万円である。よって，本肢は誤り。

❷　**誤**　記載金額は5,000万円である。

交換契約書において，交換対象物の双方の価額が記載されているときは，いずれか高いほうの金額を記載金額として印紙税が課せられる（印紙税法基本通達23条（1）ロ）。したがって，本肢の土地交換契約書に係る印紙税の課税標準となる記載金額は5,000万円となる。よって，本肢は誤り。

❸　**正**　国等と私人が共同して作成した文書の場合に，私人が保存する文書は国等が作成したものとみなされる。そして，国が作成した文書には課税されない（印紙税法4条5項，5条2号）。本肢においてC社が保存する文書は国が作成したものとみなされ，印紙税は課されない。よって，本肢は正しく，本問の正解肢となる。

❹　**誤**　記載金額は100万円である。

土地の賃貸借契約書は課税文書であり，賃貸料を除き，権利金など，契約に際して相手方当事者に交付し，後日返還されることが予定されていない金額が記載金額となる（印紙税法基本通達23条（2））。したがって，本肢の場合，記載金額100万円の土地の賃借権の設定に関する契約書として印紙税が課される。よって，本肢は誤り。

❶　**誤**　100 分の3ではなく，100 分の4である。

　住宅以外の家屋を取得した場合，不動産取得税の標準税率は 100 分の4である（地方税法 73 条の 15）。よって，本肢は誤り。

❷　**正**　宅地を取得した場合においては「宅地評価土地の取得に対して課する不動産取得税の課税標準の特例」の適用を受けることができ，当該取得に係る不動産取得税の課税標準は，当該土地の価格の2分の1とされる（地方税法附則 11 条の5第1項）。よって，本肢は正しく，本問の正解肢となる。

❸　**誤**　特別徴収ではなく，普通徴収である。

　不動産取得税の徴収は，普通徴収の方法がとられている（地方税法 73 条の 17 第1項）。よって，本肢は誤り。なお，不動産取得税は，不動産の取得に対し，その不動産の所在する都道府県において課する税であるとする点は正しい（地方税法 73 条の2第1項，1条2項）。

❹　**誤**　240 ㎡を超えているから，特例の適用はない。

　新築住宅を取得した場合，不動産取得税の課税標準の算定については，1戸につき 1,200 万円を価格から控除する特例措置が講じられているが，この特例の適用を受けるためには，当該住宅の床面積が 50 ㎡（当該専有部分が貸家の用に供されるものである場合は 40 ㎡）以上 240 ㎡以下であることが必要である（地方税法 73 条の 14 第1項，施行令 37 条の 16）。したがって，床面積 250 ㎡である新築住宅については，この特例措置の適用はない。よって，本肢は誤り。

❶　**誤**　複数の鑑定評価の手法を適用すべきである。

　不動産の価格を求める鑑定評価の基本的な手法は，原価法，取引事例比較法及び収益還元法に大別され，鑑定評価に当たっては，原則として，地域分析及び個別分析により把握した対象不動産に係る市場の特性等を適切に反映した複数の鑑定評価の手法を適用すべきである（不動産鑑定評価基準総論7章1節，8章7節）。よって，本肢は誤り。

❷　**正**　取引事例比較法とは，まず多数の取引事例を収集して適切な事例の選択を行い，これらに係る取引価格に必要に応じて事情補正及び時点修正を行い，かつ，地域要因の比較及び個別的要因の比較を行って求められた価格を比較考量し，これによって対象不動産の試算価格を求める手法である（不動産鑑定評価基準総論7章1節Ⅲ1）。よって，本肢は正しく，本問の正解肢となる。

❸ 誤 市場性を有しない不動産も含めるのではない。

収益還元法は，文化財の指定を受けた建造物等の一般的に市場性を有しない不動産以外のものには基本的にすべて適用すべきものとされている（不動産鑑定評価基準総論7章1節Ⅳ1）。よって，「市場性を有しない不動産も含め」とする本肢は誤り。なお，「自用の不動産といえども賃貸を想定することにより適用される」という点については正しい。

❹ 誤 支払賃料ではない。

支払賃料とは，各支払時期に支払われる賃料をいい，契約にあたって，権利金，敷金，保証金などの一時金が授受される場合においては，当該一時金の運用益及び償却額とあわせて実質賃料を構成するものである（不動産鑑定評価基準総論7章2節Ⅰ1）。よって，本肢は誤り。なお，本肢は実質賃料に関する記述である。

問26	宅建業の意味	解答❶	合格者正解率 77.3%	不合格者正解率 51.9%	受験者正解率 69.6%

ア 正 Aは，Bに商業ビル（建物）を自ら貸借しているにすぎない。したがって，Aの行為は「取引」にあたらず，Aは，免許を必要としない。他方，Bは，Aから賃借した建物を不特定多数の者に反復継続して転貸しているが，自ら転貸を行うことも「取引」にあたらない。したがって，AもBも，免許を必要としない（業法2条2号，3条1項）。よって，本肢は正しい。

イ 誤 宅建業者に代理を依頼していても，分譲していれば免許が必要である。

マンションの所有者が，宅建業者の代理により，分譲する場合であっても，自ら不特定多数の者に反復継続して分譲している以上，免許を受ける必要がある（業法2条2号，3条1項）。したがって，Dは，免許を受ける必要がある。よって，本肢は誤り。

ウ 誤 国その他宅地建物取引業法の適用のない者からの購入も業に該当し免許が必要。

国その他宅建業法の適用のない者から宅地を購入する行為も不特定かつ多数人に対して取引を行うことに該当し，それを転売目的で反復継続して行う以上，「業」に該当し免許が必要となる（業法2条2号，3条1項）。したがって，Eは，免許を受ける必要がある。よって，本肢は誤り。

エ 誤 借金の返済目的であっても，不特定多数に売買している以上免許が必要である。

自己所有の宅地を10区画に分割し，不特定多数の者に反復継続して販売する場合，宅建業を行うことになるから，免許を受ける必要がある（業法2条2号，3条1項）。したがって，Fは，免許を受ける必要がある。よって，本肢は誤り。

以上より，正しいものはアの一つであり，❶が本問の正解肢となる。

問27	事務所の設置	解答❷	合格者正解率	不合格者正解率	受験者正解率
			91.4%	72.1%	84.8%

❶ **誤** 商業登記簿に登載されていない事務所もある。

　事務所とは，①本店，②支店だけでなく，③継続的に業務を行なうことができる施設を有する場所で，宅建業に係る契約を締結する権限を有する使用人を置くものを指す（施行令1条の2各号）。そして，上記①と②は，原則として商業登記簿等に登載されているものを指すが，商業登記簿等に登載されていなくても，③に該当すれば事務所となる（解釈・運用の考え方）。よって，本肢は誤り。

❷ **正** 宅建業を営まない支店は，事務所には該当しない（解釈・運用の考え方）。したがって，宅建業を営まず兼業業務のみを営んでいる本肢の支店は，事務所には該当しない。よって，本肢は正しく，本問の正解肢となる。

❸ **誤** 免許証を掲げる義務はない。

　宅建業者は，その事務所ごとに，標識及び国土交通大臣が定めた報酬の額を掲示し，従業者名簿及び帳簿を備え付ける義務を負う（業法46条4項，48条3項，49条，50条1項）。免許証を掲げる義務はない。このことは主たる事務所であっても同様である。よって，本肢は誤り。

❹ **誤** 2週間以内に必要な措置を執らなければならない。

　宅建業者は，その事務所ごとに，業務に従事する者5人に1人以上の割合で成年者である専任の宅地建物取引士を置かなければならない（業法31条の3第1項，規則15条の5の3）。そして，この規定に抵触するに至ったときは，2週間以内に，必要な措置を執らなければならない（業法31条の3第3項）。したがって，既存の事務所が上記の設置を満たさなくなった場合は，30日以内ではなく，2週間以内に必要な措置を執らなければならない。よって，本肢は誤り。

問28	免許の申請	解答❶	合格者正解率	不合格者正解率	受験者正解率
			76.3%	44.3%	65.3%

❶ **正** 法人の役員に免許欠格事由に該当する者がいる場合，その法人は免許を受けることができない（業法5条1項12号）。そして，禁錮以上の刑に処せられ，その刑の執行を終わった日等から5年を経過していない場合，免許欠格事由に該当するが（業法5条1項5号），刑の全部の執行猶予が付されている場合は，その執行猶予期間を満了していれば，満了日の翌日から直ちに免許を受けることができる（刑法27条参照）。した

がって，A社は免許を受けることができる。よって，本肢は正しく，本問の正解肢となる。

❷　**誤**　現場助勢罪で罰金刑の場合は，免許欠格事由にあたる。

　法人の役員に免許欠格事由に該当する者がいる場合，その法人は免許を受けることができない（業法5条1項12号）。宅建業法違反等の一定の罪を犯し罰金刑に処せられた場合，免許欠格事由に該当するが（業法5条1項6号），現場助勢罪は，この一定の罪に含まれる。また，「役員」（業法5条1項12号）には，非常勤役員も含まれる。したがって，B社は免許を受けることができない。よって，本肢は誤り。

❸　**誤**　拘留に処せられても免許を受けることができる。

　法人の役員に免許欠格事由に該当する者がいる場合，その法人は免許を受けることができない（業法5条1項12号）。法人の役員は，拘留の刑に処せられても，免許欠格事由に該当しない（業法5条1項6号）。したがって，C社は免許を受けることができる。よって，本肢は誤り。

❹　**誤**　科料に処せられても免許を受けることができる。

　法人の役員に免許欠格事由に該当する者がいる場合，その法人は免許を受けることができない（業法5条1項12号）。法人の役員は，科料の刑に処せられても，免許欠格事由に該当しない（業法5条1項6号）。したがって，D社は免許を受けることができる。よって，本肢は誤り。

問29	免許の効力	解答❸	合格者正解率 98.1%	不合格者正解率 58.9%	受験者正解率 87.7%

❶　**正**　免許の有効期間は5年である（業法3条2項）。そして，免許の更新を受けようとする者は，免許の有効期間満了の日の90日前から30日前までの間に免許申請書を提出しなければならない（規則3条）。よって，本肢は正しい。

❷　**正**　免許の更新の申請があった場合において，免許の有効期間の満了の日までにその申請について処分がなされないときは，従前の免許は，有効期間の満了後もその処分がなされるまでの間は，なお効力を有する（業法3条4項）。よって，本肢は正しい。

❸　**誤**　知った日から30日以内である。

　個人である宅建業者が死亡した場合，その相続人は，その事実を知った日から30日以内に，免許権者に届け出なければならない（業法11条1項1号）。死亡の日からではない。よって，本肢は誤りであり，本問の正解肢となる。

❹　**正**　法人が合併により消滅した場合，当該法人を代表する役員であった者は，その日から30日以内に，その旨を免許権者に届け出なければならない（業法11条1項2号）。よって，本肢は正しい。

ア　誤　住所に変更があった場合，変更の登録が必要。

登録を受けている者は，住所に変更があったときは，遅滞なく，変更の登録を申請しなければならない（業法20条，18条2項）。登録を受けている以上，宅地建物取引士証の交付を受けているか否かにかかわらず，変更の登録を申請しなければならない。よって，本肢は誤り。

イ　誤　重要事項説明の際は宅地建物取引士証の提示必要。

宅地建物取引士は，重要事項の説明をするときは，宅地建物取引士証を提示しなければならない（業法35条4項）。重要事項の説明の際，宅地建物取引士証の提示に代えて，再交付申請書の写しを提示すればよい旨の規定はない。よって，本肢は誤り。

ウ　正　事務禁止の処分を受け，その禁止の期間中に，自ら登録消除の申請をして登録が消除され，その禁止期間が満了しない者は，登録を受けることができない（業法18条1項11号）。よって，本肢は正しい。

以上より，正しいものはウの一つであり，❶が本問の正解肢となる。

❶　誤　主たる事務所の最寄りの供託所に供託する。

宅建業者は，営業保証金を主たる事務所の最寄りの供託所に供託しなければならない（業法25条1項）。主たる事務所又はその他の事務所のいずれかの最寄りの供託所に供託するのではない。よって，本肢は誤り。

❷　誤　Aが直接届け出なければならない。

宅建業者は，営業保証金を供託したときは，その旨をその免許を受けた国土交通大臣又は都道府県知事に届け出なければならない（業法25条4項）。したがって，営業保証金を供託した旨は，Aが直接国土交通大臣に届け出る必要がある。よって，本肢は誤り。なお，営業保証金を供託した旨を供託所から免許権者あてに通知するという規定はない。

❸　誤　宅建業に関する取引により生じた債権しか弁済されない。

営業保証金から弁済を受けるためには，宅建業者に対し，宅建業に関する「取引」により生じた債権を有していることが必要である（業法27条1項）。電気工事業者の工事代金債権は，宅建業に関する「取引」により生じた債権ではないので，営業保証金から弁済を受ける権利は有しない。よって，本肢は誤り。

❹ **正**　宅建業者は，営業保証金が還付されたため，営業保証金が政令で定める額に不足することとなったときは，免許権者から通知書の送付を受けた日から2週間以内に，その不足額を供託しなければならない（業法28条1項,営業保証金規則5条）。よって，本肢は正しく，本問の正解肢となる。

問32	弁済業務保証金	解答 ❸	合格者正解率	不合格者正解率	受験者正解率
			93.5%	75.0%	88.6%

❶ **正**　保証協会は，その名称，住所又は事務所の所在地を変更しようとするときは，あらかじめ,その旨を国土交通大臣に届け出なければならない（業法64条の2第3項）。よって，本肢は正しい。

❷ **正**　保証協会は，新たに社員が加入し，又は社員がその地位を失ったときは，直ちに，その旨を当該社員である宅建業者が免許を受けた国土交通大臣又は都道府県知事に報告しなければならない（業法64条の4第2項）。よって，本肢は正しい。

❸ **誤**　加入しようとする日までに納付しなければならない。

　宅建業者で保証協会に加入しようとする者は，加入しようとする日までに，政令で定める額の弁済業務保証金分担金を当該保証協会に納付しなければならない（業法64条の9第1項1号）。加入した日から1週間以内ではない。よって，本肢は誤りであり，本問の正解肢となる。

❹ **正**　保証協会の社員は，取引の相手方等から宅建業に関する苦情について解決の申出を受けた保証協会から説明を求められたときは，正当な理由がある場合でなければ，拒んではならない（業法64条の5第1項～3項）。よって，本肢は正しい。

問33	媒介・代理契約	解答 ❷	合格者正解率	不合格者正解率	受験者正解率
			82.2%	64.2%	75.2%

ア **誤**　売主及び買主の氏名は通知不要。

　指定流通機構に登録している宅建業者は，登録に係る宅地又は建物の売買又は交換の契約が成立したときは，遅滞なく，①登録番号，②宅地又は建物の取引価格，③契約の成立した年月日を，当該登録に係る指定流通機構に通知しなければならない（業法34条の2第7項，規則15条の13）。しかし,売主,買主の氏名を通知する必要はない。よって，本肢は誤り。

イ **正**　宅建業者は，宅地又は建物を売買すべき価額又はその評価額について意見を述べるときは，その根拠を明らかにしなければならない（業法34条の2第2項）。よって，本肢は正しい。

ウ　正　専任媒介契約は，依頼者からの申出がある場合には，更新することができ，更新後の期間は3カ月を超えることができない（業法34条の2第4項）。よって，本肢は正しい。

以上より，正しいものはイとウの二つであり，**❷**が本問の正解となる。

問34	広告等に関する規制	解答❶	合格者正解率	不合格者正解率	受験者正解率
			96.9%	89.2%	93.2%

❶　正　宅建業者は，宅地の造成，建物の建築に関する工事の完了前では，当該工事に必要な開発許可，建築確認等が下りた後でなければ，すべての取引態様における広告をすることはできない（業法33条）。よって，本肢は正しく，本問の正解肢となる。

❷　誤　初回に限らず広告のつど取引態様の明示が必要。

宅建業者は，宅地，建物の売買，交換，貸借に関する広告をするときは，取引態様の別を明示しなければならない（業法34条1項）。取引態様の別の明示は，広告をするつど必要である。よって，本肢は誤り。

❸　誤　依頼者の依頼に基づく広告料金は報酬と別途受領可。

宅建業者は，依頼者の報酬とは別に広告料金を請求することはできない。ただし，依頼者の依頼によって行う広告料金については，報酬とは別途受領することができる（業法46条3項，報酬告示第9）。よって，本肢は誤り。

❹　誤　広告をしていても，それだけでは宅建業者とみなされない。

宅建業者は，免許の効力が失われた場合でも，その者又は一般承継人は，当該宅建業者が締結した契約に基づく取引を結了する目的の範囲内で宅建業者とみなされる（業法76条）。したがって，広告をしていたというだけで，宅建業者とみなされることはない。よって，本肢は誤り。

問35	重要事項の説明	解答❷	合格者正解率	不合格者正解率	受験者正解率
			94.7%	68.4%	83.1%

❶　正　宅建業者が区分所有建物の売買の媒介を行う場合において，当該1棟の建物及びその敷地の管理が委託されているときは，その委託を受けている者の氏名（法人にあっては，その商号又は名称）及び住所（法人にあっては，その主たる事務所の所在地）を重要事項説明書に記載して宅地建物取引士をして重要事項説明書を交付して説明させなければならない（業法35条1項6号, 規則16条の2第8号）。よって，本肢は正しい。

❷　誤　移転登記の申請時期の説明は不要。

宅建業者は，移転登記の申請の時期を 37 条書面に記載しなければならないが（業法 37 条 1 項 5 号），重要事項説明書に記載して説明する必要はない（業法 35 条 1 項参照）。よって，本肢は誤りであり，本問の正解肢となる。

❸ **正** 宅建業者は，ガスの供給のための施設の整備の状況について重要事項説明書に記載して宅地建物取引士をして重要事項説明書を交付して説明をさせなければならない（業法 35 条 1 項 4 号）。ガス配管設備等に関して，住宅の売買後においても宅地内のガスの配管設備等の所有権が家庭用プロパンガス販売業者にあるものとする場合には，その旨の説明をさせなければならない（解釈・運用の考え方）。よって，本肢は正しい。

❹ **正** 宅建業者は，区分所有建物の売買の媒介を行う場合において，当該 1 棟の建物の計画的な維持修繕のための費用の積立てを行う旨の規約の定めがあるときは，その内容及び既に積み立てられている額を重要事項説明書に記載して宅地建物取引士をして重要事項説明書を交付して説明をさせなければならない（業法 35 条 1 項 6 号，規則 16 条の 2 第 6 号）。よって，本肢は正しい。

問36	37 条書面	解答❶	合格者正解率 97.3%	不合格者正解率 91.4%	受験者正解率 94.8%

❶ **正** 媒介により建物の貸借の契約を成立させたときは，借賃の額並びにその支払の時期及び方法は，37 条書面（電磁的方法含む。）に必ず記載しなければならず，当該書面を契約の各当事者に交付しなければならない（業法 37 条 2 項 2 号，5 項）。よって，本肢は正しく，本問の正解肢となる。

❷ **誤** 引渡し時期について，37 条書面への記載が必要。

媒介により宅地の貸借の契約を成立させたときは，引渡しの時期については 37 条書面（電磁的方法を含む。）に記載しなければならない（業法 37 条 2 項 1 号，1 項 4 号，5 項）。したがって，重要事項説明書に記載して説明したとしても，37 条書面に記載しなければならない。よって，本肢は誤り。

❸ **誤** 宅地建物取引士をして記名が必要。

宅建業者は 37 条書面を作成したときは，宅地建物取引士をして当該書面に記名させなければならない（業法 37 条 3 項）。これは，相手方が宅地建物取引業者であっても省略できない（業法 78 条 2 項参照）。よって，本肢は誤り。

❹ **誤** あっせんが不成立の場合の措置の記載が必要。

代金等に関する金銭の貸借のあっせんに関する定めがある場合，37 条書面（電磁的方法を含む。）において，当該あっせんに係る金銭の貸借が成立しない場合の措置を記載しなければならない（業法 37 条 1 項 9 号，4 項）。よって，本肢は誤り。

代金に消費税及び地方消費税が含まれているときは，これを含まない価格を報酬額の算定の基礎とする（業法 46 条，報酬告示第 2）。ただし，土地の代金には課税されないため，本問の場合，建物の代金のみから消費税及び地方消費税を除けばよく，（2,200 万円 ÷ 1.1）＋ 4,400 万円＝ 6,400 万円が基礎となる。そして，A は消費税の課税事業者であることから，報酬額の上限は，(6,400 万円 × 3 ％＋ 6 万円) × 1.1 ＝ 217 万 8,000 円となる。よって，**❸** が本問の正解肢となる。

ア　違反する　手付の分割受領も「信用の供与」に該当する。

宅建業者は，その業務に関して，宅建業者の相手方等に対し，手付について貸付けその他信用の供与をすることにより契約の締結を誘引する行為をしてはならない（業法 47 条 3 号）。そして，手付の分割受領も「信用の供与」に該当する（解釈・運用の考え方）。よって，本肢は宅建業法の規定に違反する。

イ　違反しない　肢アの解説で述べたとおり，手付について貸付けその他信用の供与をすることは禁止されている（業法 47 条 3 号）。この点，代金の値引きは当該「信用の供与」に該当しない。よって，本肢は宅建業法の規定に違反しない。

ウ　違反しない　宅建業法 35 条に規定される，いわゆる重要事項については宅地建物取引士に説明をさせなければならない（業法 35 条 1 項）。しかし，土地の交通等の利便の状況は，この重要事項説明対象とはなっていない（業法 35 条，規則 16 条の 4 の 3 等参照）。よって，当該説明を従業者に行わせても，宅建業法の規定に違反しない。

エ　違反する　勧誘を継続してはならない。

宅建業者は，宅建業者の相手方等が当該契約を締結しない旨の意思（当該勧誘を引き続き受けることを希望しない旨の意思を含む。）を表示したにもかかわらず，当該勧誘を継続することをしてはならない（業法 47 条の 2 第 3 項，規則 16 条の 11 第 1 号ニ）。よって，本肢は宅建業法の規定に違反する。

以上より，宅建業法の規定に違反するものは，ア，エの二つであり，**❷** が本問の正解肢となる。

問39　手続きの総合問題　解答❶

❶　**正**　宅地建物取引士は，宅地建物取引士証を他人に貸与するなどして，他人に自己の名義の使用を許し，その他人がその宅地建物取引士の名義を使用して宅地建物取引士である旨を表示したときには，指示処分を受けることがある（業法68条1項2号）。よって，本肢は正しく，本問の正解肢となる。

❷　**誤**　案内所に置く専任の宅地建物取引士は1名でよい。

　宅建業者は，一団の宅地又は建物の分譲を行う案内所で，宅地建物の売買等の契約を締結し，又は，これらの契約の申込みを受けるときは，その案内所に1名以上の成年者である専任の宅地建物取引士を置かなければならない（業法31条の3第1項，規則15条の5の2第2号，15条の5の3）。業務に従事する者の5分の1以上である必要はない。よって，本肢は誤り。

❸　**誤**　本人の同意がなくても，正当な理由があればよい。

　宅建業者の使用人その他の従業者は，正当な理由がある場合を除き，宅建業の業務を補助したことについて知り得た秘密を他に漏らしてはならない（守秘義務，業法75条の3）。この正当な理由には，本人の同意がある場合のほか，裁判の証人になる場合などがある。よって，本肢は誤り。

❹　**誤**　返還の請求がなければ返還不要。

　宅地建物取引士が事務禁止処分を受けたことにより，宅地建物取引士証の提出を受けた都道府県知事は，事務禁止期間が満了した場合においてその提出者から返還の請求があったときは，直ちに，宅地建物取引士証を返還しなければならない（業法22条の2第8項）。甲県知事は，Aからの請求があったときに宅地建物取引士証を返還すればよい。よって，本肢は誤り。

問40　監督・罰則　解答❷

❶　**正**　免許の取消しは，免許権者のみがすることができる（業法66条）。したがって，乙県知事は，Aの免許を取り消すことはできない。よって，本肢は正しい。

❷　**誤**　免許権者は，指示処分に違反した宅建業者に業務停止処分することができる。

　免許権者は，その免許を受けた宅建業者が指示に従わない場合，当該宅建業者に対し業務停止の処分をすることができる（業法65条2項3号）。したがって，免許権者である甲県知事は，Aに対し業務停止の処分をすることができる。よって，本肢は誤りであり，本問の正解肢となる。

❸ **正** 指示に従わなかった場合には業務停止処分事由に該当する（業法65条2項3号）。そして、業務停止処分事由に該当し、情状が特に重いときは、免許取消処分事由に該当する（業法66条1項9号）。免許の取消しは、免許権者のみがすることができる（業法66条）。したがって、国土交通大臣は、Aの免許を取り消すことはできない。よって、本肢は正しい。

❹ **正** 宅建業者が業務に関し他の法令に違反し、宅建業者として不適当であると認められるときは、免許権者は当該宅建業者に対して必要な指示をすることができる（業法65条1項3号）。そして、Aの取締役が宅建業の業務に関し、建築基準法の規定に違反していることから、宅建業者として不適当であるといえる。よって、本肢は正しい。

問 41	自ら売主制限総合	解答 ❹	合格者正解率	不合格者正解率	受験者正解率
			94.0%	78.0%	88.2%

❶ **誤** 損害賠償の予定額の定めがなければ、実際の損害額を請求できる。

宅建業者が自ら売主となる宅地又は建物の売買契約において、当事者の債務不履行を理由とする契約の解除に伴う損害賠償額を予定し、又は違約金を定めるときは、これらを合算した額が代金の額の10分の2を超えることとなる定めをしてはならない（業法38条1項）。しかし、これはあらかじめ損害賠償額や違約金の額を定める場合の制限である。その定めがないのであれば、売買代金の額と無関係に、実際の損害額を証明して請求することができる。よって、本肢は誤り。

❷ **誤** 合算して代金の額の2割を超えてはならない。

宅建業者が自ら売主となる宅地又は建物の売買契約において、損害賠償額を予定し、又は違約金を定めるときは、これらを合算した額が代金の額の10分の2を超えることとなる定めをしてはならない（業法38条1項）。そして、これに反する特約は、代金の額の10分の2を超える部分について、無効とされる（業法38条2項）。よって、本肢は誤り。

❸ **誤** 売主が手付解除するには現実の提供が必要。

宅建業者が、自ら売主となる宅地又は建物の売買契約の締結に際して手付を受領したときは、その手付がいかなる性質のものであっても解約手付とされ、これに反する特約で、買主に不利なものは、無効である（業法39条2項、3項）。そして、売主が解約手付に基づく解除を行うには、買主に対して、手付の倍額の金員を現実に提供することを要するとされている（民法557条、判例）。したがって、本肢のように契約解除の意思表示を書面で行うことのみで手付解除をすることはできない。よって、本肢は誤り。

❹ **正** 解約手付による契約の解除は、相手方が履行に着手するまでに行う必要がある（業法39条2項、民法557条、判例）。買主が中間金の支払いを行うなど既に履行に着手している以上、売主は、手付に基づく解除をすることはできない。したがって、

Bは，履行に着手しているとして，売主の手付解除を拒むことができる。よって，本肢は正しく，本問の正解肢となる。

問42	クーリング・オフ	解答❷	合格者正解率 53.8%	不合格者正解率 45.9%	受験者正解率 50.3%

ア　正　宅建業者ではない買主は，申込みの撤回又は契約の解除を行うことができる旨及びその方法について，売主である宅建業者から，書面で告げられた日から起算して８日以内であればクーリング・オフによる申込みの撤回又は契約の解除をすることができる（業法37条の２第１項１号）。当該申込みの撤回又は契約の解除の効果は，買主が契約を解除する旨の書面を発した時に生ずる（業法37条の２第２項）。そして，これらの規定と異なる特約で買主に不利なものは無効となる（業法37条の２第４項）。以上より，告知の日から起算して８日以内に書面を到達させなければならないとする本肢の特約は，買主であるＣに不利なものとして無効となる。よって，本肢は正しい。

イ　正　売主である宅建業者から依頼された媒介業者の事務所で買受けの申込み又は売買契約を締結した場合，クーリング・オフによる申込みの撤回又は契約の解除はできなくなる（業法37条の２第１項本文，規則16条の５第１号ハ）。また，買受けの申込みの場所と契約締結の場所が異なる場合は，「申込み」の場所で判断する。以上より，Ｃが媒介業者であるＢの事務所で申込みをしている以上，Ｃはクーリング・オフによる契約の解除をすることはできない。よって，本肢は正しい。

ウ　誤　クーリング・オフをすることができる。

　買主の自宅で売買契約を締結した場合であっても，買主の申出によるものでないときには，買主は，クーリング・オフをすることができる（業法37条の２第１項，規則16条の５第２号）。買受けの申込みの場所と契約締結の場所が異なる場合は，「申込み」の場所で判断する。また，そもそもクーリング・オフについては告げられていないので，10日後であってもクーリング・オフによる契約の解除をすることができる。したがって，本肢のＣはクーリング・オフによる契約の解除をすることができる。よって，本肢は誤り。

エ　誤　媒介業者の商号等の記載は不要である。

　クーリング・オフについて告げる書面の記載内容については，宅建業法規則16条の６に規定があり，売主である宅建業者の商号又は名称及び住所並びに免許証番号は記載するものとされているが，媒介業者に関する商号又は名称及び住所並びに免許証番号の記載は要求されていない（規則16条の６）。本肢の場合，Ａの商号等の記載は必要であるが，Ｂの商号等の記載は不要ということである。よって，本肢は誤り。

　以上より，正しいものはアとイの二つであり，❷が本問の正解肢となる。

❶ **誤** 所有者との契約が停止条件付であるので，契約はできない。

　宅建業者は，自己の所有に属しない宅地又は建物について，当該宅地又は建物を取得する契約（予約を含み，その効力の発生が条件に係るものを除く。）を締結しているとき，その他宅建業者が当該宅地又は建物を取得できることが明らかな場合などを除き，自ら売主となる売買契約を締結してはならない（業法33条の2第1号）。よって，本肢は誤り。

❷ **誤** 「引渡しから2年間」にはならない。

　宅建業者は，自ら売主となる宅地又は建物の売買契約において，その目的物の契約不適合担保責任に関し，民法に規定するものより買主に不利となる特約をしてはならないが，例外として，引き渡された目的物が契約内容に不適合である旨の通知をすべき期間について，目的物の引渡しの日から2年以上となる特約をすることができる（業法40条1項）。本肢の特約は「引渡しの日から1年間」としているので，2年以上ではないため無効となり，民法の「買主が契約不適合を知った時から1年以内に通知」（民法566条）が適用される。よって，本肢は誤り。

❸ **正** 買主が当該宅地又は建物の引渡しを受け，かつ，代金の全部を支払った場合は，クーリング・オフをすることができなくなる（業法37条の2第1項2号）。本肢では，残代金支払日の前日にクーリング・オフによる契約の解除が書面によって通知されているため，Aは契約の解除を拒むことができない。なお，本肢では申込みの撤回等ができる旨の書面による告知について記載はないが，申込時に告知がなされていたとしても，申込日から起算して8日を経過する前に契約解除の書面を発しているため，クーリング・オフできる結論に変わりはない。よって，本肢は正しく，本問の正解肢となる。

❹ **誤** クーリング・オフが行われた業者は，損害賠償又は違約金の請求ができない。

　宅建業者が自ら売主となる宅地又は建物の売買契約において，クーリング・オフが行われた場合，宅建業者は，クーリング・オフに伴う損害賠償又は違約金の支払いを請求することができない（業法37条の2第1項）。また，これに反する特約で申込者等に不利なものは無効である（業法37条の2第4項）。よって，本肢は誤り。

❶ **誤** 売主には説明不要である。

　重要事項の説明は，物件を取得したり借りたりしようとする人に，契約を締結するかどうかの判断材料を与えるためのものである。したがって，重要事項の説明は，契約締

結前に，売買であれば買主のみ，貸借であれば借主のみ，交換であれば両当事者に対して行う（業法 35 条）。したがって，売主には説明不要である。よって，本肢は誤り。

❷　正　重要事項の説明をする場所については特に定めはない。したがって，宅建業者の事務所以外の場所でも行うことができる。よって，本肢は正しく，本問の正解肢となる。

❸　誤　宅建業者が代理したときは，代理を依頼した者（買主）に，説明する。

宅建業者が当事者を代理して売買契約を締結するときは，代理を依頼した者(買主)に，重要事項の説明をしなければならない（業法 35 条 1 項）。よって，本肢は誤り。

❹　誤　重要事項説明書に記名する宅地建物取引士は，専任である必要はない。

宅建業者は，宅地建物取引士に，重要事項の説明をさせる必要がある（業法 35 条 1 項）。しかし，説明担当者は宅地建物取引士でありさえすればよく，専任の宅地建物取引士である必要はない。また，書面に記名する場合も専任の宅地建物取引士である必要はない（業法 35 条 5 項参照）。よって，本肢は誤り。

問 45	住宅瑕疵担保履行法	解答 ❹	合格者正解率 81.3%	不合格者正解率 49.9%	受験者正解率 70.5%

❶　誤　買主が宅建業者のときは資力確保措置は不要である。

宅建業者が住宅瑕疵担保保証金供託又は住宅瑕疵担保責任保険契約締結（資力確保措置）の義務を負うのは，自ら売主として新築住宅を宅建業者でない買主に販売する場合である（住宅瑕疵担保履行法 2 条 7 項 2 号ロ，11 条 1 項，2 項）。宅建業者が買主である場合には，資力確保措置を執る必要はない。よって，本肢は誤り。

❷　誤　供託所の所在地等を記載した書面を売買契約締結時までに交付（電磁的方法による提供を含む）して説明する必要がある。

宅建業者が自ら売主として宅建業者でない買主に対して新築住宅を売買するとき，保証金を供託している場合は，売買契約を締結するまでに，住宅販売瑕疵担保保証金の供託をしている供託所の所在地等について，書面を交付し又は買主の承諾を得て電磁的方法による提供をして説明しなければならない（住宅販売瑕疵担保履行法 15 条，10 条 2 項，規則 21 条）。引渡しまでに交付（電磁的方法による提供を含む）して説明すればよいわけではない。よって，本肢は誤り。

❸　誤　新たな売買契約締結が禁止されるのは，基準日の「翌日から起算して 50 日を経過した日」以後である。

新築住宅を引き渡した宅建業者は，基準日に係る資力確保措置の状況の届出をしなければ，当該基準日の「翌日から起算して 50 日を経過した日」以後においては，新たに自ら売主となる新築住宅の売買契約を締結してはならない(住宅瑕疵担保履行法 13 条)。基準日以後ではない。よって，本肢は誤り。

❹ 正 住宅販売瑕疵担保責任保険契約を締結している宅建業者は，当該特定住宅販売瑕疵担保責任（住宅品確法 95 条 1 項）を履行したときに，その履行によって生じた損害を填補するため，保険金を請求できる（住宅瑕疵担保履行法 2 条 7 項 2 号イ）。よって，本肢は正しく，本問の正解肢となる。

問46	住宅金融支援機構法	解答❷	合格者正解率	不合格者正解率	受験者正解率
			46.1%	33.6%	41.5%

❶ 正 機構は，子どもを育成する家庭又は高齢者の家庭に適した良好な居住性能及び居住環境を有する賃貸住宅の建設に必要な資金又は当該賃貸住宅の改良に必要な資金の貸付けを業務として行う（機構法 13 条 1 項 8 号）。よって，本肢は正しい。

❷ 誤 賃貸住宅の建設等の貸付債権は譲受けの対象となっていない。

機構は，住宅の建設又は購入に必要な資金の貸付けに係る貸付債権の譲受けを行う（証券化支援事業（買取型），機構法 13 条 1 項 1 号）。この貸付債権の対象に「自ら居住する住宅又は自ら居住する住宅以外の親族の居住の用に供する住宅を建設し，又は購入する者に対する貸付に係る」債権は含まれているが，「賃貸住宅の建設又は購入に必要な資金の貸付けに係る金融機関の貸付債権」は含まれていない（機構業務方法書 3 条各号参照）。よって，本肢は誤りであり，本問の正解肢となる。

❸ 正 機構は，住宅の建設又は購入に必要な資金の貸付けに係る貸付債権の譲受けを行う（証券化支援事業（買取型），機構法 13 条 1 項 1 号）。この貸付債権は，一般的に「フラット 35」と呼ばれる長期固定金利住宅ローンである。そして，「フラット 35 S」とは，省エネルギー性・耐震性等，質の高い住宅を取得する場合に，借入金利を一定期間引き下げる制度のことである（住宅金融支援機構ホームページ）。「フラット 35 S」を利用する場合は，金利の引下げを受けることができる。よって，本肢は正しい。

❹ 正 機構は，マンションの共用部分の改良に必要な資金の貸付けを業務として行う（機構法 13 条 1 項 7 号）。よって，本肢は正しい。

問47	景品表示法	解答❹	合格者正解率	不合格者正解率	受験者正解率
			92.5%	74.4%	86.7%

❶ 誤 居室という表示はできない。

採光及び換気のための窓その他の開口部の面積の当該室の床面積に対する割合が建築基準法第 28 条の規定に適合していないため，居室と認められない納戸その他の部分については，その旨を「納戸」等と表示しなければならない（表示規約規則 9 条 17 号）。一定の広さがあれば居室と表示ができる旨の規定はない。よって，本肢は誤り。

❷　**誤**　平均額の表示ではない。

　修繕積立金については，1戸当たりの月額（予定額であるときは，その旨）を表示すること。ただし，住戸により修繕積立金の額が異なる場合において，その全ての住宅の修繕積立金を示すことが困難であるときは，最低額及び最高額のみで表示することができる（表示規約規則9条43号）。平均額の表示ではない。よって，本肢は誤り。

❸　**誤**　面積の表示も必要である。

　私道負担部分が含まれている新築住宅を販売するときは，土地面積及び私道負担面積を表示しなければならない（表示規約別表4-13，5-9）。私道負担面積が5％以下であれば，その面積の表示を省略できる旨の規定はない。よって，本肢は誤り。

❹　**正**　建築工事に着手した後に，同工事を相当の期間にわたり中断していた新築住宅又は新築分譲マンションについては，建築工事に着手した時期及び中断していた期間を明示しなければならない（表示規約規則7条14号）。よって，本肢は正しく，本問の正解肢となる。

| 問48 | 景品表示法 | 解答 ❷ | 合格者正解率 77.1% | 不合格者正解率 56.8% | 受験者正解率 69.9% |

❶　**誤**　「売主」と表示しなければならない。

　取引態様は，「売主」，「貸主」，「代理」又は「媒介」（「仲介」）の別をこれらの用語を用いて表示しなければならない（表示規約規則9条1号）。自ら所有する不動産を直接販売する意味で「直販」という文字を用いることはできず，「売主」としなければならない。よって，本肢は誤り。

❷　**正**　建物を増築，改築，改装又は改修したことを表示する場合は，その内容及び時期を明示しなければならない（表示規約規則9条21号）。よって，本肢は正しく，本問の正解肢となる。

❸　**誤**　現に利用できなくても将来確実に利用できるなら表示することができる。

　デパート，スーパーマーケット等の商業施設は，現に利用できるものを物件からの道路距離又は徒歩所要時間を明示して表示しなければならない。ただし，現に利用できなくても将来確実に利用できるものであれば，予定時期を明示して表示することができる（表示規約規則9条31号）。よって，本肢は誤り。

❹　**誤**　著しく特異な地勢の土地は，その旨を明示しなければならない。

　土地の有効な利用が阻害される著しい不整形画地及び区画の地盤面が2段以上に分かれている等の著しく特異な地勢の土地については，その旨を表示しなければならない（表示規約規則7条10号）。実際の土地を見れば不整形画地であると認識できるからといって表示を省略することはできない。よって，本肢は誤り。

<table>
<tr><td>問
49</td><td>土地</td><td>解答 ❹</td><td>合格者正解率
97.3%</td><td>不合格者正解率
82.2%</td><td>受験者正解率
90.6%</td></tr>
</table>

❶ **適当** 山麓の地形の中で，地すべりによってできた地形は一見なだらかで，水はけもよく，住宅地として好適のように見える。しかし，これらの地形の末端の急斜面部等は，斜面崩壊等の危険が高いので注意を要する。よって，本肢は適当である。

❷ **適当** 台地の上の浅い谷等は，現地に入っても一見して気付かぬことが多いが，豪雨時には，一時的に浸水することもあり，注意を要する。よって，本肢は適当である。

❸ **適当** 大都市地域は，都市としての広がりを得やすく，用水や交通の便利さから大部分が低地に立地している。しかし，低地は，一般に洪水や地震，津波，高潮に対して弱く，防災的見地からは好ましくない。よって，本肢は適当である。

❹ **不適当** 危険度に関する地域の対応が逆である。

低地の中で災害に対して比較的危険度の低い所は，扇状地の中の微高地，自然堤防，砂丘，砂州，廃川敷となった旧天井川等である。一方，低地の中で災害に対して特に危険度が高い所は，沿岸部の標高の低いデルタ地域，海抜０ｍ以下の地帯，旧河道等である。本肢の記述は地域の対応が逆である。よって，本肢は最も不適当であり，本問の正解肢となる。

<table>
<tr><td>問
50</td><td>建物</td><td>解答 ❹</td><td>合格者正解率
87.7%</td><td>不合格者正解率
77.1%</td><td>受験者正解率
83.4%</td></tr>
</table>

❶ **適当** 耐震構造は，建物の柱，はり，耐震壁などで建物自体の剛性を高め，地震に対して十分耐えられるようにした構造である。よって，本肢は適当である。

❷ **適当** 免震構造は，一般に，建物の下部構造と上部構造との間に積層ゴムなどを設置し，地震による揺れを減らす構造である。よって，本肢は適当である。

❸ **適当** 制震構造は，建物の骨組み（ブレースなど）に制震ダンパーなどを設置し，地震による揺れを制御する構造である。よって，本肢は適当である。

❹ **不適当** 制震構造や免震構造を用いることができる。

既存不適格建築物の耐震補強として，制震構造や免震構造を用いることができる。よって，適していないとする本肢は最も不適当であり，本問の正解肢となる。

第**2**回
解答・解説

基礎編②

 合格推定点 **37**点

◆出題項目・正解一覧＆成績診断
◆解答・解説

出題項目・正解一覧＆成績診断

科目	問	出題項目	正解	チェック	科目	問	出題項目	正解	チェック
権利関係	1	意思表示	3	☐☐	宅建業法	26	宅建業の意味	3	☐☐
	2	制限行為能力者	3	☐☐		27	免許	3	☐☐
	3	時効	3	☐☐		28	その他の業務上の規制	1	☐☐
	4	代理	3	☐☐		29	免許の効力	4	☐☐
	5	弁済	1	☐☐		30	宅地建物取引士の登録	4	☐☐
	6	物権変動	1	☐☐		31	営業保証金	3	☐☐
	7	抵当権	1	☐☐		32	弁済業務保証金	3	☐☐
	8	民法－その他の問題点	4	☐☐		33	媒介・代理契約	3	☐☐
	9	不法行為	1	☐☐		34	広告等に関する規制	3	☐☐
	10	請負	3	☐☐		35	重要事項の説明	4	☐☐
	11	借地借家法（借地）	2	☐☐		36	重要事項の説明	4	☐☐
	12	借地借家法（借家）	2	☐☐		37	37条書面	2	☐☐
	13	建物区分所有法	3	☐☐		38	報酬額の制限	1	☐☐
	14	不動産登記法	2	☐☐		39	宅建業法の総合問題	1	☐☐
法令上の制限	15	国土利用計画法	3	☐☐		40	自ら売主制限総合	1	☐☐
	16	都市計画の内容	4	☐☐		41	クーリング・オフ	1	☐☐
	17	開発行為の規制等	3	☐☐		42	自己所有に属しない物件の契約締結制限	4	☐☐
	18	建築基準法総合	3	☐☐		43	監督・罰則	1	☐☐
	19	建築基準法総合	4	☐☐		44	宅地建物取引士総合	4	☐☐
	20	盛土規制法	2	☐☐		45	住宅瑕疵担保履行法	4	☐☐
	21	土地区画整理法	3	☐☐	5問免除	46	住宅金融支援機構法	1	☐☐
	22	農地法	4	☐☐		47	景品表示法	1	☐☐
税・価格	23	所得税	4	☐☐		48	景品表示法	4	☐☐
	24	固定資産税	3	☐☐		49	土地	3	☐☐
	25	地価公示法	3	☐☐		50	建物	2	☐☐

科目別の成績		総合成績
科目（問題番号）	正答／正答目標	合計
権利関係（問1〜問14）	点／9点	
宅建業法（問26〜問45）	点／18点	
法令上の制限（問15〜問22）	点／6点	**点**
税・価格（問23〜問25）	点／2点	この回の合格推定点は **37**点です。
5問免除（問46〜問50）	点／4点	

問 1	意思表示	解答 ❸	合格者正解率	不合格者正解率	受験者正解率
			95.7%	83.1%	91.0%

❶ **誤** 錯誤が重要なものであれば取り消すことができる。

　錯誤が法律行為の目的及び取引上の社会通念に照らして重要なものであれば，取り消すことができる。意思表示は，表示の錯誤又は動機の錯誤（動機が表示された場合）に基づくものであって，それが法律行為の目的及び取引上の社会通念に照らして重要なものである場合には，取り消すことができる（民法95条1項）。よって，本肢は誤り。

❷ **誤** 動機の錯誤は，相手方に表示されていたときには，取り消すことができる。

　意思表示の動機に錯誤がある場合，表意者が法律行為の基礎とした事情を相手方に表示した場合には，その意思表示を取り消すことができる（民法95条2項）。したがって，Aの売却の意思表示を取り消すことができる。よって，本肢は誤り。

❸ **正** 意思表示は，表示の錯誤又は動機の錯誤（動機が表示された場合）に基づくものであって，それが法律行為の目的及び取引上の社会通念に照らして重要なものであり（民法95条1項），表意者に重大な過失がなかったとき（民法95条3項柱書）は，取り消すことができる。本肢の場合，重過失のAは，原則として，取消しを主張することができない。よって，本肢は正しく，本問の正解肢となる。なお，錯誤が表意者の重大な過失によるものであった場合において，相手方が表意者に錯誤があることを知り，又は重大な過失によって知らなかったとき，又は，相手方が表意者と同一の錯誤に陥っていたときであれば，表意者は意思表示を取り消すことができる（民法95条3項各号）。

❹ **誤** 第三者が錯誤による取消しの主張をすることはできない。

　錯誤によって取り消すことができる行為は，瑕疵ある意思表示をした者又はその代理人もしくは承継人に限り，取り消すことができる（民法120条2項）。第三者がその意思表示の取消しを主張することはできない。したがって，本肢の場合，Bから錯誤取消しの主張をすることはできない。よって，本肢は誤り。

問 2	制限行為能力者	解答 ❸	合格者正解率	不合格者正解率	受験者正解率
			83.3%	61.1%	71.7%

❶ **誤** 意思無能力者が結んだ契約は，取消しできない。

　意思能力を欠いている者の意思表示は，無効である（民法3条の2）。意思表示の取消しにより無効となるわけではない。よって，本肢は誤り。

❷ **誤** 未成年者が契約をするには，法定代理人の同意を要する。

　未成年者が有効に売買契約を締結するためには法定代理人の同意を得なければならない（民法5条1項本文）。そして，未成年者が法定代理人の同意なしに売買契約を締結

した場合，その契約は取り消すことができる（民法5条2項）。よって，法定代理人の同意が必要でないとする本肢は誤り。

❸ 正 成年被後見人の法律行為は，日用品の購入その他日常生活に関する行為を除き，取り消すことができる（民法9条）。これは，成年後見人の事前の同意を得ていた場合でも同様である。そして，この取消しは，成年被後見人のみならず，成年後見人も行うことができる（民法120条1項）。よって，本肢は正しく，本問の正解肢となる。

❹ 誤 保佐人の同意を得て結んだ契約は，取消しできない。

被保佐人が保佐人の同意を得て行った行為は，取り消すことはできない（民法13条4項）。よって，本肢は誤り。

問3	時効	解答❸	合格者正解率 90.7%	不合格者正解率 60.7%	受験者正解率 80.4%

❶ 誤 賃借人には所有の意思が認められない。

所有権の取得時効が成立するには，占有が所有の意思に基づくことが必要である（民法162条1項）。Bは相続によって賃借人としての地位を承継して甲土地の占有を開始している（民法896条）。賃借人には所有の意思が認められないため，20年間占有しても取得時効により所有権を取得することはできない。よって，本肢は誤り。

❷ 誤 自己の占有と前の占有者の占有を併せて主張して時効取得できる。

占有を承継した場合，前の占有者の占有を併せて主張することが可能である（民法187条1項）。Bの父は所有の意思をもって平穏・公然と甲土地を占有している。本肢において，Bの父の占有とBの占有を併せると，その期間は20年であるため，取得時効が成立する（民法162条1項）。よって，本肢は誤り。

❸ 正 CがAから売買によって甲土地の所有権を取得した後，Bは時効取得によって甲土地の所有権を原始取得する。時効完成前の承継人Cは，時効取得者Bにとっては物権変動の当事者と評価できるため，Cは「第三者」にあたらず，Bは登記なくして甲土地の所有権をCに主張できる（民法177条，判例）。よって，本肢は正しく，本問の正解肢となる。

❹ 誤 農地法の許可がなくても賃借権の時効取得はできる。

農地法の許可のない賃貸借契約は効力を生じないため（農地法3条7項），農地法の許可がない場合は，原則として賃借権を取得することはできない。ところで，賃借権も一定の場合，時効取得できる（民法163条，判例）。また，農地法が許可を求めた趣旨に反することがなければ，許可を受けていなくても，賃借権の時効取得も認められる。本肢のBは，賃借人が継続的に耕作しているため，農地法が許可を求めた趣旨に反することはない。したがって，Bは農地法の許可がなくても賃借権を時効取得することができる（判例）。よって，本肢は誤り。

問4	代理	解答❸	合格者正解率	不合格者正解率	受験者正解率
			92.4%	77.9%	86.7%

❶ **誤** Aの行為は自己契約であり，Aは甲土地を取得しない。

自己契約は，本人があらかじめ許諾した場合を除き，原則として許されず（民法108条1項），これに違反して行われた行為は，無権代理行為となる。したがって，Aは，原則として，甲土地の所有権を取得しない。よって，本肢は誤り。

❷ **誤** Cの行為は双方代理であり，Cは甲土地を取得しない。

双方代理は，本人があらかじめ許諾した場合を除き，原則として許されず（民法108条1項），これに違反して行われた行為は，無権代理行為となる。したがって，Cは，原則として，甲土地の所有権を取得しない。よって，本肢は誤り。

❸ **正** 無権代理人が単独で本人を相続した場合には，当該無権代理行為は当然に有効となる（判例）。無権代理人による追認拒絶は信義に反し許されないからである。したがって，無権代理人Aが本人Bを相続した場合，Dは甲土地の所有権を当然に取得する。よって，本肢は正しく，本問の正解肢となる。

❹ **誤** 本人BがAを相続した場合，Eは当然には取得できない。

本人が単独で無権代理人を相続しても，本人による追認拒絶は信義に反するものではない（判例）。また，相手方が善意無過失でなければ，本人が無権代理人の責任を負うこともない。したがって，本人Bが無権代理人Aを相続した場合には，Eは，当然には甲土地の所有権を取得することはできない。よって，本肢は誤り。

問5	弁済	解答❶	合格者正解率	不合格者正解率	受験者正解率
			－	－	－

❶ **誤** Aの兄にすぎないCは，Aが反対すれば弁済できない。

弁済をすることについて正当な利益を有する者でない第三者は，債務者の意思に反して弁済することができない（民法474条2項本文）。ここでいう，「正当な利益を有する者」とは，物上保証人，抵当不動産の第三取得者，後順位担保権者等の自ら債務を負わないが，債務者の意思に反してでも弁済しうる「利害関係」を有する第三者をいう。そのため，単に債務者の兄弟というだけでは，利害関係があるとはいえない。したがって，Cは，Aの意思に反して弁済をすることができない。よって，本肢は誤りであり，本問の正解肢となる。

❷ **正** 弁済をするにつき正当な利益を有する者は，弁済によって当然に債権者に代位する（法定代位，民法499条）。法定代位の場合，債務者への通知又は債務者の承諾は不要である（民法500条かっこ書）。保証人は弁済をすれば保証債務を免れるから，弁済をするにつき正当な利益を有する。したがって，Dは，弁済した場合，当然にBに

代位する。よって，本肢は正しい。

❸ **正** 弁済者が善意無過失で受取証書（領収証）の持参人に弁済した場合，たとえその者が受領権限を有しない者であっても，弁済は有効となる（民法478条）。よって，本肢は正しい。

❹ **正** 弁済者は弁済受領者に対して受取証書の交付を請求することができる。そして，弁済者は，弁済受領者が受取証書を交付しないときは，弁済を拒むことができる（民法486条）。よって，本肢は正しい。

問6	物権変動	解答❶	合格者正解率	不合格者正解率	受験者正解率
			81.6%	44.4%	70.2%

登記がなければ土地の所有権を主張できない「第三者」とは，当事者及び包括承継人以外の者で，登記がないことを主張する正当な利益を有する者をいう（民法177条，判例）。

❶ **誤** 不法占拠者に対しては，登記なくして明渡請求をすることができる。

土地の不法占拠者は，無権利者であり，登記がないことを主張する正当な利益を有しないため，「第三者」にあたらない。したがって，Bは不法占有しているCに対し，登記なくして明渡請求をすることができる。よって，本肢は誤りであり，本問の正解肢となる。

❷ **正** 借地上に自己名義の登記ある建物を所有している賃借人は，登記がないことを主張する正当な利益を有するので，「第三者」にあたる。したがって，登記を有しないBは，Dに対して，土地の所有者であることを主張することができない。よって，本肢は正しい。

❸ **正** 所有権が転々移転した場合の前主は，転得者との関係では当事者にあたるため，「第三者」にあたらない。したがって，EはAに対し，登記なくして甲土地の所有権を主張することができる。よって，本肢は正しい。

❹ **正** 時効完成前に所有者Aから所有権を取得し，登記を備えた者Bは，その後の時効取得者Fとの関係では，当事者にあたるため，「第三者」にあたらない。したがって，Fは登記なくして甲土地の所有権を主張することができる。よって，本肢は正しい。

問7	抵当権	解答❶	合格者正解率	不合格者正解率	受験者正解率
			－	－	－

❶ **正** 抵当権設定者が通常の利用方法を逸脱して抵当目的物である建物の損傷行為を行うことは，抵当権侵害となって許されない。このように抵当権が侵害された場合に

は，抵当権者は，妨害排除請求権を行使できる（判例）。よって，本肢は正しく，本問の正解肢となる。

❷　誤　他に利害関係者がない場合，2年分の利息に限られない。

抵当権者は，利息その他の定期金を請求する権利を有するときは，その満期となった最後の2年分についてのみ，その抵当権を行使することができる（民法375条1項）。ただし，後順位抵当権者等がいない場合には，この2年分に制限されることなく優先弁済を受けることができる（判例）。よって，本肢は誤り。

❸　誤　Aが損害賠償金を受領すると，Bは物上代位できない。

抵当権者は，抵当不動産が第三者の不法行為により滅失した場合には，その損害賠償金について物上代位することができる（民法372条，304条）。しかし，その場合には，抵当権設定者に賠償金が払い渡される前に差押えをしなければならない。本肢では，Bの差押え前にAが損害賠償金を受領しているので，物上代位をすることはできない。よって，本肢は誤り。

❹　誤　債務が消滅した以上，Aは抵当権の消滅を主張できる。

抵当権は被担保債権とともに存在するので（付従性），被担保債権が消滅すれば抵当権も消滅する。Aの債務の消滅時効の期間は①債権者が権利を行使することができることを知った時から5年，②権利を行使することができる時から10年である（民法166条1項1号，2号）から，弁済期から10年が経過してAの債務が時効消滅すると，付従性によりBの抵当権も消滅する。抵当権の消滅時効期間が権利を行使することができる時から20年であること（民法166条2項）とは関係がない。よって，本肢は誤り。

問8	民法－その他の問題点	解答❹	合格者正解率	不合格者正解率	受験者正解率
			95.5%	85.7%	92.9%

❶　誤　事情のいかんにかかわらず許されるものではない。

判決文によれば，「権利に対する違法な侵害に対抗して現状を維持することが不可能又は著しく困難であると認められる緊急やむを得ない特別の事情が存する場合においてのみ」私力の行使が認められるとしている。よって，本肢は誤り。

❷　誤　賃借人の同意の有無にかかわらず，撤去できるものではない。

裁判を行わずに当該残置物を建物内から撤去することは，私力の行使にあたる。私力の行使は，原則として法の禁止するところである（判決文）。したがって，賃借人の同意がある場合はともかくとして，賃貸人が賃借人の同意なしに残置物を撤去するためには，原則として法律の定める手続によることが必要である（判決文）。よって，本肢は誤り。

❸　誤　賃借人の同意なく鍵とシリンダーを交換することはできない。

賃料を1年分以上滞納した賃借人であっても，建物の使用収益権はある（民法601条）。建物の鍵とシリンダーを交換することは，賃借人の使用収益権を著しく制約するもので

あるから,「その必要の限度」を超えたものといえる。したがって,本肢のような私力の行使は法の禁止するところである。よって,本肢は誤り。

❹ **正** 裁判を行うこととは,法律に定める手続によることを意味する。したがって,裁判を行っていては権利に対する違法な侵害に対抗して現状を維持することが不可能又は著しく困難であると認められる緊急やむを得ない特別の事情が存する場合には,その必要の限度を超えない範囲内で例外的に私力の行使が許されることとなる(判決文)。よって,本肢は正しく,本問の正解肢となる。

問 9	不法行為	解答❶	合格者正解率	不合格者正解率	受験者正解率
			83.8%	58.9%	75.2%

❶ **正** 被用者が負う損害賠償債務と使用者が負う損害賠償債務とは,連帯債務の関係に立つ。そして,連帯債務者の1人のために時効が完成したとしても,別段の意思表示のない限り,他の連帯債務者にその効力は生じないことから(民法441条),一方の債務が時効によって消滅したとしても,そのことによって,もう一方の債務が消滅することはない。よって,本肢は正しく,本問の正解肢となる。

❷ **誤** 即死の場合でも,Cの相続人は慰謝料請求権を相続する。

被害者が即死した場合でも,被害者に精神的損害についての損害賠償請求権が発生し,相続人がこれを承継する(民法710条,896条本文,判例)。したがって,Cが即死した場合,Cに慰謝料請求権が発生し,Cの相続人がこれを承継する。よって,本肢は誤り。

❸ **誤** Aは信義則上相当な額をBに求償できる。

被害者に対して損害の賠償をした使用者が,被用者に対して求償権を行使することは妨げられない(民法715条3項)。そして,損害の公平な分担という見地から信義則上相当と認められる限度において,被用者に対して求償できる(判例)。したがって,Aは常に全額をBに求償できるわけではない。よって,本肢は誤り。

❹ **誤** 被害者側の過失も過失相殺において考慮される。

不法行為によって生じた損害の公平な分担を図るため,被害者と身分上ないし生活関係上一体をなすと認められる関係にある者(=被害者側)の過失を考慮することができる(判例,民法722条2項)。したがって,AはCに対して過失相殺が考慮された額を賠償する必要がある。よって,本肢は誤り。

問 10	請負	解答❸	合格者正解率	不合格者正解率	受験者正解率
			39.9%	39.1%	39.6%

❶ **正** 請負において,仕事が完成に至らないまま契約関係が終了した場合に,請負

人が施工済みの部分に相当する報酬に限ってその支払を請求することができるときには，注文者は，右契約関係の終了が請負人の責めに帰すべき事由によるものであり，請負人において債務不履行責任を負う場合であっても，注文者が残工事の施工に要した費用については，請負代金中未施工部分の報酬に相当する金額を超えるときに限り，その超過額の賠償を請求することができる（判例）。よって，本肢は正しい。

❷ **正** 請負契約において，仕事が完成しない間に，注文者の責めに帰すべき事由によりその完成が不能となった場合，請負人は，自己の残債務を免れ，注文者に請負代金全額を請求することができるが，自己の債務を免れたことによる利益は注文者に償還すべき義務を負う（判例）。よって，本肢は正しい。

❸ **誤** 報酬を支払う必要はない。

請負契約の目的物に種類又は品質に関する契約不適合がある場合，注文者は，信義則に反すると認められる場合を除き，請負人から修補に代わる損害の賠償を受けるまでは，報酬全額の支払を拒むことができる（判例）。よって，本肢は誤りであり，本問の正解肢となる。

❹ **正** 請負人は，契約不適合を理由とする責任を負わない旨の特約をしたときであっても，知りながら告げなかった事実については，その責任を免れることができない（民法559，572条)。よって，本肢は正しい。

問11 借地借家法（借地） 解答❷

合格者正解率	不合格者正解率	受験者正解率
93.5%	73.6%	86.0%

❶ **誤** 借地上の建物の譲渡の場合，賃貸人の承諾が必要。

賃借人は，賃貸人の承諾を得なければ，その賃借権を譲り渡し，又は賃借物を転貸することができない（民法612条1項）。そして，借地上の建物を第三者に譲渡した場合は，特別の事情がない限り，借地権も譲渡されたことになる（判例）。したがって，Cは，Bの承諾がなければ，Bに甲地の借地権の取得を主張することができない。よって，本肢は誤り。

❷ **正** 借地権者が賃借権の目的である土地の上の建物を第三者に譲渡しようとする場合において，借地権設定者に不利となるおそれがないにもかかわらず，借地権設定者がその賃借権の譲渡を承諾しないときは，借地権者は，借地権設定者の承諾に代わる許可を与えるように，裁判所に申し立てることができる（借地借家法19条1項）。よって，本肢は正しく，本問の正解肢となる。

❸ **誤** 借地権の譲渡の場合，建物の賃借人の承諾は不要。

賃借人は，賃貸人の承諾を得なければ，その賃借権を譲り渡し，又は賃借物を転貸することができない（民法612条1項）。したがって，Aが借地権を譲渡するためには，あらかじめBの承諾を得る必要があるのであって，Dの承諾は必要でない。よって，本

肢は誤り。

❹ 誤 事業用定期借地権の譲渡の場合でも，賃貸人の承諾が必要。

賃借人は，賃貸人の承諾を得なければ，その賃借権を譲り渡し，又は賃借物を転貸することができない（民法612条1項）。このことは，事業用定期借地権であっても同様である。よって，本肢は誤り。

❶ 正 期間の定めがある建物賃貸借において，当事者が期間の満了の1年前から6カ月前までの間に相手方に対して更新をしない旨の通知又は条件を変更しなければ更新をしない旨の通知をしなかったときは，従前の契約と同一の条件で契約を更新したものとみなされるが，その期間は定めがないものとされる（借地借家法26条1項）。よって，本肢は正しい。

❷ 誤 立退料は正当事由の考慮要素の一つに過ぎない。

期間定めがある建物賃貸借の更新拒絶は，正当事由がなければ認められない（借地借家法28条）。このとき，賃貸人が建物の明渡しの条件として，一定額以上の財産上の給付を申し出たとしても，当該申し出は，正当事由があるか否かの考慮要素の一つに過ぎず，当該申し出があれば，正当事由があるとみなされるわけではない。よって，本肢は誤りであり，本問の正解肢となる。

❸ 正 借地借家法が適用される建物賃貸借においては，賃借人に造作買取請求権が認められる。そして，適法に転貸借がなされている場合，転借人にも造作買取請求権が認められる（借地借家法33条2項，1項）よって，本肢は正しい。

❹ 正 定期建物賃貸借であっても，その期間が1年以上である場合には，建物の賃貸人は，期間の満了の1年前から6カ月前までの間に建物の賃借人に対し期間の満了により建物の賃貸借が終了する旨の通知をしなければ，その終了を建物の賃借人に対抗することができない（借地借家法38条6項本文）。よって，本肢は正しい。

❶ 正 規約は，原則として，管理者が保管しなければならない（区分所有法33条1項本文）。そして，規約を保管する者は，利害関係人の請求があったときは，正当な理由がある場合を除いて，規約の閲覧を拒んではならない（区分所有法33条2項）。よって，本肢は正しい。

❷　**正**　共用部分の各共有者の持分は，規約で別段の定めをする場合を除いて，その有する専有部分の床面積の割合による（区分所有法14条1項，4項）。そして，この場合の床面積は，壁その他の区画の内側線で囲まれた部分の水平投影面積による（区分所有法14条3項）。よって，本肢は正しい。

❸　**誤**　一部共用部分に関する事項も区分所有者全員の規約で定めることができる。

一部共用部分に関する事項で区分所有者全員の利害に関係しないものは，区分所有者全員の規約に定めがある場合を除いて，これを共用すべき区分所有者の規約で定めることができる（区分所有法30条2項）。したがって，一部共用部分に関する事項で区分所有者全員の利害に関係しないものであっても，区分所有者全員の規約で定めることができる。よって，本肢は誤りであり，本問の正解肢となる。

❹　**正**　区分所有法又は規約により集会において決議すべきものとされた事項については，区分所有者全員の書面による合意があったときは，書面による決議があったものとみなす（区分所有法45条2項）。よって，本肢は正しい。

問14	不動産登記法	解答❷	合格者正解率 73.2	不合格者正解率 －	受験者正解率 62.6%

❶　**正**　所有権の登記がされていない建物について，確定判決により自己の所有権を確認された者は，直接自己名義に所有権保存登記を申請することができる（不登法74条1項2号）。よって，本肢は正しい。

❷　**誤**　自己の持分についてのみの所有権保存登記はできない。

共同相続人の1人は，自己の持分についてのみ所有権保存登記を申請することはできない（登記先例）。よって，本肢は誤りであり，本問の正解肢となる。なお，共同相続人の1人は，相続人全員のための保存行為として，共同相続人全員名義の所有権保存登記を申請することができる（民法252条5項）。

❸　**正**　土地収用法による収用によって土地の所有権を取得した者は，直接自己名義に所有権保存登記を申請することができる（不登法74条1項3号）。よって，本肢は正しい。

❹　**正**　1棟の建物を区分した建物について，登記簿の表題部所有者から所有権を取得した者は，直接自己名義に所有権保存登記を申請することができる（不登法74条2項）。よって，本肢は正しい。

問15	国土利用計画法	解答❸	合格者正解率 90.6%	不合格者正解率 73.6%	受験者正解率 84.6%

❶ 誤 3週間以内ではなく2週間以内。

市街化区域内において 2,000㎡ 以上の一団の土地に関する権利を対価を得て移転又は設定する契約（予約を含む。）を締結した場合には，権利取得者は，その契約を締結した日から起算して2週間以内に，都道府県知事に届け出なければならない（国土法 23条1項，2項1号イ）。よって，本肢は誤り。

❷ 誤 監視区域内では，事後届出ではなく事前届出が必要。

監視区域に所在する一団の土地について，都道府県の規則で定める面積以上の土地売買等の契約を締結しようとする場合には，当事者は，原則として事前届出をする必要があるが，この規則で定められる面積は，最も広い都市計画区域外でも，10,000㎡ に満たない範囲内に限られる（国土法 27条の7第1項，27条の4，23条2項1号）。したがって，本肢では，監視区域内の面積 10,000㎡ の土地の売買契約であるので，事前届出が必要である。また，事前届出が必要な場合には，事後届出は不要である（国土法 23条2項2号）。よって，本肢は誤り。なお，事前届出は，契約当事者双方が届出をしなければならない（国土法 27条の7第1項前段，27条の4第1項）。

❸ 正 都市計画区域外において，10,000㎡ 以上の一団の土地に関する権利を対価を得て移転又は設定する契約を締結した場合には，権利取得者は，事後届出を行わなければならない（国土法 23条1項，2項1号ハ）。したがって，甲土地と乙土地は一団の土地であるから，11,000㎡ の一団の土地を購入したことになり，事後届出を行う必要がある。よって，本肢は正しく，本問の正解肢となる。

❹ 誤 契約締結から2週間以内。

市街化区域内において，2,000㎡ 以上の一団の土地に関する権利を対価を得て移転又は設定する契約を締結した場合には，権利取得者は，その契約を締結した日から起算して2週間以内に，都道府県知事に届け出なければならない（国土法 23条1項，2項1号イ）。したがって，それぞれの契約ごとに土地を購入する契約を締結した日から2週間以内に届出をすることになる。甲土地についての事後届出と乙土地についての事後届出はそれぞれ契約締結後2週間以内に行わなければならない。よって，本肢は誤り。

問16	都市計画の内容	解答 ❹	合格者正解率 87.1%	不合格者正解率 58.2%	受験者正解率 76.4%

❶ 誤 用途地域が定められている土地の区域のみではない。

地区計画は，用途地域が定められていない土地の区域でも，一定の土地の区域には定められる（都計法 12条の5第1項2号参照）。用途地域が定められている土地の区域内にのみ定められるわけではない。よって，本肢は誤り。

❷ 誤 施行者の許可は不要である。

都市計画事業の認可の告示があった後において，当該事業地内で，当該事業の施行の

障害となるおそれがある土地の形質の変更を行おうとする者は，都道府県知事等の許可が必要である（都計法65条1項）。しかし，事業の施行者の許可は不要である。よって，本肢は誤り。

❸　誤　都市計画事業については土地収用法の事業の認定は行わない。

　都市計画事業については，土地収用法の規定による事業の認定は行わず，都市計画法の規定による事業の認可又は承認をもってこれに代えるものとする。また，都市計画法の規定による認可又は承認の告示をもって，土地収用法の規定による事業の認定の告示とみなされる（都計法70条1項）。本肢の記述は逆である。よって，本肢は誤り。

❹　正　特別用途地区は，用途地域内の一定の地区における当該地区の特性にふさわしい土地利用の増進，環境の保護等の特別の目的の実現を図るため，当該用途地域の指定を補完して定める地区である（都計法9条14項）。よって，本肢は正しく，本問の正解肢となる。

問17	開発行為の規制等	解答❸	合格者正解率 96.3%	不合格者正解率 81.9%	受験者正解率 88.0%

❶　誤　予定建築物について用途以外は記載する必要はない。

　開発許可申請書には，予定建築物等（開発区域内において予定される建築物・特定工作物）の用途，設計，工事施行者等を記載するものとされている（都計法30条1項）。しかし，予定建築物の構造，設備及び予定建築価額の記載は不要である。よって，本肢は誤り。

❷　誤　自己が所有している必要はない。

　開発許可を受けるためには，開発区域内の土地等の権利者の相当数の同意を得ていることが必要であるとされている（都計法33条1項14号）。したがって，開発許可を申請しようとする者は，所有者等の同意を得ていれば足りるのであり，土地が自己所有でなくてもよい。よって，本肢は誤り。

❸　正　開発許可を受けた開発区域内の土地においては，開発工事完了の公告があるまでの間は，原則として，建築物を建築し，又は特定工作物を建設してはならない（都計法37条本文）。よって，本肢は正しく，本問の正解肢となる。

❹　誤　開発審査会の裁決を経る必要はない。

　開発許可処分の取消しの訴えは，その処分についての審査請求に対する開発審査会の裁決を経ることなく，提起することができるようになった（旧都計法52条削除）。よって，本肢は誤り。

問 18	建築基準法総合	解答 ❸	合格者正解率	不合格者正解率	受験者正解率
			91.7%	69.0%	81.8%

❶ **誤** 非常用の進入口は3階以上の階に必要となる。

　建築物の高さ31 m以下の部分にある3階以上の階には，原則として非常用の進入口を設けなければならない（建基法施行令126条の6）。非常用の進入口は，高さ31 m以下の部分にある全ての階に設けるのではない。よって，本肢は誤り。

❷ **誤** 建築確認が必要なので完了検査も必要となる。

　防火地域又は準防火地域において建築物を増築し，改築し又は移転しようとする場合，その増築，改築又は移転に係る部分の床面積にかかわらず，建築確認が必要となる（建基法6条1項，2項）。したがって，これらの工事が完了した際に，建築主事等又は指定確認検査機関の完了検査を受ける必要がある（建基法7条1項，4項，7条の2第1項，4項）。よって，本肢は誤り。

❸ **正** 屋上広場又は2階以上の階にあるバルコニーその他これに類するものの周囲には，安全上必要な高さが1.1 m以上の手すり壁，さく又は金網を設けなければならない（建基法施行令126条1項）。よって，本肢は正しく，本問の正解肢となる。

❹ **誤** 速やかに改正後の規定に適合させる必要はない。

　建築基準法の改正により，現に存する建築物が建築基準法の規定に適合しなくなった場合，当該建築物に対しては，改正された建築基準法の規定は，適用しない（既存不適格建築物，建基法3条2項）。したがって，当該建築物を改正後の建築基準法の規定に適合させなければならないわけではない。よって，本肢は誤り。

問 19	建築基準法総合	解答 ❹	合格者正解率	不合格者正解率	受験者正解率
			92.7%	63.2%	80.4%

❶ **誤** 建築することができる。

　第二種低層住居専用地域内においては，美容院の用途に供する部分の床面積の合計が100㎡の2階建ての美容院は建築することができる（建基法48条2項，別表第二（ろ）2号，施行令130条の5の2第2号）。よって，本肢は誤り。

❷ **誤** 2 mではない。

　第二種低層住居専用地域内においては，建築物の外壁又はこれに代わる柱の面から敷地境界線までの距離（外壁の後退距離）の限度を都市計画において定める場合の限度は，1.5 m又は1 mとされている（建基法54条）。2 m又は1.5 mではない。よって，本肢は誤り。

❸ **誤** 建築することができる。

　第二種低層住居専用地域内においては，建築物の高さは，10 m又は12 mのうち，都

市計画で定められた建築物の高さの限度を超えてはならない（建基法55条1項）。したがって、高さが9mであれば建築することができる。よって、本肢は誤り。

④ 正 第二種低層住居専用地域内においては、隣地斜線制限の適用はない（建基法56条1項2号）。よって、本肢は正しく、本問の正解肢となる。

問 20	盛土規制法	解答 ②	合格者正解率	不合格者正解率	受験者正解率
			82.7%	47.1%	70.5%

① 正 都道府県知事は、宅地造成等工事規制区域内の土地について、宅地造成等に伴う災害の防止のため必要があると認める場合においては、その土地の所有者、管理者、占有者、工事主又は工事施行者に対し、擁壁等の設置又は改造その他宅地造成等に伴う災害防止のため必要な措置をとることを勧告することができる（盛土規制法22条2項）。よって、本肢は正しい。

② 誤 宅地造成等工事規制区域指定前からの宅地造成等に関する工事は盛土規制法の許可不要。

宅地造成等工事規制区域の指定の際、当該宅地造成等工事規制区域内において行われている宅地造成等に関する工事の工事主は、その指定があった日から21日以内に、主務省令で定めるところにより、当該工事について都道府県知事に届け出なければならない（盛土規制法21条1項）。この場合に、改めて許可を受ける必要はない。よって、本肢は誤りであり、本問の正解肢となる。

③ 正 軽微な変更をしようとするときは、都道府県知事の許可を受ける必要はない（盛土規制法16条1項但書）。宅地造成等に関する工事の許可を受けた者は、軽微な変更をしたときは、遅滞なく、その旨を都道府県知事に届け出なければならない（盛土規制法16条2項）。工事施行者を変更することは、軽微な変更にあたる（盛土規制法16条1項但書、規則38条1項1号）。よって、本肢は正しい。

④ 正 宅地造成とは、宅地以外の土地を宅地にするために行う盛土その他の土地の形質の変更で政令で定めるものをいう（盛土規制法2条2号）。政令で定めるものとは、切土については、切土部分に高さが2mを超える崖を生ずることとなるものが該当する（施行令3条2号）。さらに、切土であって切土部分に高さが2m以下の崖を生ずることとなるときであっても、その土地の面積が500㎡を超えるものが該当する（施行令3条5号）。本肢の場合は、いずれにも該当しないので、都道府県知事の許可は必要ない。よって、本肢は正しい。

問 21	土地区画整理法	解答 ③	合格者正解率	不合格者正解率	受験者正解率
			94.4%	66.5%	88.4%

❶ 正 参加組合員に対して与えるべきものとして定められた宅地は，換地処分の公告があった日の翌日において，当該宅地の所有者となるべきものとして換地計画において定められた参加組合員が取得する（区画法104条10項，95条の2）。よって，本肢は正しい。

❷ 正 換地計画において換地を定める場合においては，換地及び従前の宅地の位置，地積，土質，水利，利用状況，環境等が照応するように定めなければならない（換地照応の原則，区画法89条1項）。よって，本肢は正しい。

❸ 誤 都道府県知事等の許可を受けなければならない。

土地区画整理組合の設立の認可の公告があった日後，換地処分の公告がある日までは，施行地区内において，土地区画整理事業の施行の障害となるおそれがある土地の形質の変更等を行おうとする者は，都道府県知事等の許可を受けなければならない（区画法76条1項2号）。当該土地区画整理組合の許可ではない。よって，本肢は誤りであり，本問の正解肢となる。

❹ 正 土地区画整理組合の組合員は，組合員の3分の1以上の連署をもって，その代表者から理由を記載した書面を組合に提出して，理事又は監事の解任を請求することができる（区画法27条7項）。よって，本肢は正しい。

問 22	農地法	解答 ❹	合格者正解率 93.8%	不合格者正解率 70.6%	受験者正解率 83.5%

❶ 誤 市街化区域内であっても，農地法3条の許可が必要。

農地法3条の許可について，市街化区域内の特則はない（農地法3条参照）。したがって，市街化区域内の農地を耕作のために借り入れる場合，農地法3条の許可が必要となる。よって，本肢は誤り。

❷ 誤 農地の面積にかかわらず，都道府県知事等の許可が必要。

市街化調整区域内の農地を転用するために所有権を取得する場合，農地の面積が4ヘクタールを超えるか否かにかかわらず，都道府県知事等の許可が必要となる（農地法5条1項）。農林水産大臣の許可ではない。よって，本肢は誤り。

❸ 誤 抵当権を設定する場合は農地法3条・5条の許可は不要である。

抵当権は，使用及び収益を目的とする権利ではないので，農地に抵当権を設定する場合，農地法3条又は5条の許可を受ける必要はない。よって，本肢は誤り。

❹ 正 農地又は採草放牧地について相続・遺産分割により使用・収益を目的とする権利を取得した者は，遅滞なく，その農地又は採草放牧地の存する市町村の農業委員会にその旨を届け出なければならない（農地法3条の3）。よって，本肢は正しく，本問の正解肢となる。

問23	所得税	解答 ❹	合格者正解率 87.4%	不合格者正解率 57.4%	受験者正解率 74.9%

❶ **誤** 5,000万円以下ではなく，1億円以下。

特定の居住用財産の買換えの場合の長期譲渡所得の課税の特例（特定の買換特例）の適用について，譲渡資産の譲渡に係る対価の額が1億円以下であることという適用要件が設けられている（租特法36条の2第1項）。よって，本肢は誤り。

❷ **誤** 「譲渡をした日から」ではなく，また「譲渡をした日の属する年」ではない。

買換資産とされる家屋については，譲渡資産を譲渡した日の属する年の前年1月1日から当該譲渡の日の属する年の翌年の12月31日までの間に取得することが適用要件とされている（租特法36条の2第1項本文）。よって，本肢は誤り。

❸ **誤** 所有期間は5年超ではなく，10年超である。

譲渡資産とされる家屋については，その譲渡をした日の属する年の1月1日における所有期間が10年を超えるものであることが適用要件とされている（租特法36条の2第1項本文）。よって，本肢は誤り。

❹ **正** 買換資産とされる家屋については，その床面積のうち，自己が居住の用に供する部分の床面積が50㎡以上のものであることが適用要件とされている（租特法36条の2第1項，施行令24条の2第3項1号イ）。よって，本肢は正しく，本問の正解肢となる。

問24	固定資産税	解答 ❸	合格者正解率 94.3%	不合格者正解率 68.9%	受験者正解率 89.0%

❶ **誤** 還付を受けることができるとする規定はない。

本肢のような場合に，固定資産税額の還付を受けることができるとする規定はない。よって，本肢は誤り。

❷ **誤** 固定資産税の税率につき上限を定める規定はない。

固定資産税の標準税率は，100分の1.4である（地方税法350条1項）。そして，市町村は，一定の場合に，固定資産税の税率を変更して100分の1.7を超える税率で固定資産税を課する旨の条例を制定しようとするときは，当該市町村の議会において，当該納税義務者の意見を聴くものとされている（地方税法350条2項）。1.7％を超えることができないわけではない。よって，本肢は誤り。

❸ **正** 固定資産税の納期は，4月，7月，12月及び2月中において，当該市町村の条例で定める。ただし，特別の事情がある場合においては，これと異なる納期を定めることができる（地方税法362条1項）。よって，本肢は正しく，本問の正解肢となる。

❹ 誤 2分の1ではなく6分の1である。

住宅用地に対する固定資産税の課税標準の特例により，住宅用地でその面積が200㎡以下であるものに対して課する固定資産税の課税標準は，課税標準となるべき価格の6分の1の額とする（地方税法349条の3の2第2項1号）。よって，本肢は誤り。

問25	地価公示法	解答❸	合格者正解率 96.9%	不合格者正解率 77.9%	受験者正解率 88.3%

❶ 正 都市及びその周辺の地域等において，土地の取引を行う者は，取引の対象土地に類似する利用価値を有すると認められる標準地について公示された価格を指標として取引を行うよう努めなければならない（地価公示法1条の2）。よって，本肢は正しい。

❷ 正 地価公示は，土地鑑定委員会が，毎年1回，2人以上の不動産鑑定士の鑑定評価を求め，その結果を審査し，必要な調整を行って，標準地の正常な価格を判定し，これを公示するものである（地価公示法2条1項）。よって，本肢は正しい。

❸ 誤 地上権が存するものとしてではない。

標準地の正常な価格とは，土地について，自由な取引が行われるとした場合におけるその取引において通常成立すると認められる価格をいい，当該土地に地上権がある場合には，地上権が存しないものとして通常成立すると認められる価格をいう（地価公示法2条2項）。よって，「地上権が存するものとして」とする本肢は誤りであり，本問の正解肢となる。

❹ 正 標準地の鑑定評価は，近傍類地の取引価格から算定される推定の価格，近傍類地の地代等から算定される推定の価格及び同等の効用を有する土地の造成に要する推定の費用の額を勘案して行われる（地価公示法4条）。よって，本肢は正しい。

問26	宅建業の意味	解答❸	合格者正解率 96.2%	不合格者正解率 81.6%	受験者正解率 89.1%

❶ 誤 都道府県知事の免許を受けなければならない。

宅建業を営もうとする者は，2以上の都道府県の区域内に事務所を設置してその事業を営もうとする場合には国土交通大臣の，1の都道府県の区域内にのみ事務所を設置してその事業を営もうとする場合には当該事務所の所在地を管轄する都道府県知事の免許を受けなければならない（業法3条1項）。本肢では，同一県内に2以上の事務所を設置するのであるから，都道府県知事の免許を受けなければならない。よって，本肢は誤り。

❷ 誤 自ら「転貸」も取引にあたらないので免許不要。

Aはマンションを不特定多数の者に反復継続して転貸しているが，自ら転貸を行うことは，自ら貸借を行うことになるから，取引にあたらない（業法2条2号）。したがって，

Aは宅建業の免許を受ける必要はない（業法3条1項）。よって，本肢は誤り。

❸ **正** C社は，不特定多数の者と反復継続してマンションの賃貸借契約の代理を行うので，宅建業を行うことになる（業法2条2号）。そして，C社は，乙県内にのみ事務所を設置しているので，乙県知事の宅建業の免許を受けなければならない（業法3条1項）。よって，本肢は正しく，本問の正解肢となる。

❹ **誤** 免許の有効期間は，5年である。

宅建業を営もうとする者が，国土交通大臣又は都道府県知事から免許を受けた場合，免許の有効期間は，いずれも5年である（業法3条2項）。よって，本肢は誤り。

問27	免許	解答❸	合格者正解率	不合格者正解率	受験者正解率
			97.7%	85.7%	92.4%

❶ **誤** 処分がなされるまでの間は効力を失わない。

免許の更新申請があった場合において，免許の有効期間の満了の日までにその申請についての処分がなされないときは，従前の免許は，有効期間の満了後もその処分がなされるまでの間は，なお効力を有する（業法3条4項）。よって，本肢は誤り。

❷ **誤** 免許換えは不要である。

宅建業者は，事務所の廃止，移転，新設により現在受けている免許が不適当となる場合には，免許換えを申請しなければならない（業法7条1項，2項，3条1項，4条1項）。本肢の場合，事務所の廃止，移転，新設が行われていないことから免許換えは不要である。よって，本肢は誤り。

❸ **正** 禁錮以上の刑に処せられ，その刑の執行を終わり，又は執行を受けることがなくなった日から5年を経過しない者は免許を受けることはできない（業法5条1項5号）。よって，本肢は正しく，本問の正解肢となる。

❹ **誤** 非常勤の役員についても変更の届出が必要である。

宅建業者は，その役員の氏名に変更を生じた場合，30日以内に，その旨を免許権者に届け出なければならない（変更の届出，業法9条，8条2項3号）。ここにいう「役員」には非常勤の者も含まれる。したがって，F社は，Dのみならず，Eについても届け出る必要がある。よって，本肢は誤り。

問28	その他の業務上の規制	解答❶	合格者正解率	不合格者正解率	受験者正解率
			69.2%	49.7%	62.6%

ア 違反する 「眺望を遮るような建物を建てることは絶対にない」は断定的判断である。

宅建業者等は，宅建業に係る契約の締結の勧誘をするに際し，宅建業者の相手方など

に対し，当該契約の目的物である宅地又は建物の将来の環境又は交通その他の利便について誤解させるべき断定的判断を提供してはならない（業法47条の2第3項，規則16条の11第1号イ）。「市が眺望を遮るような建物を建てることは絶対にありません」という発言は断定的判断に該当するため，宅建業者等はこの発言をしてはならない。よって，本肢は宅建業法の規定に違反する。

イ　違反する　「5年後値上がりするのは間違いありません」は断定的判断である。

　宅建業者等は，宅建業に係る契約の締結の勧誘をするに際し，相手方に対して，利益を生ずることが確実であると誤解させるべき断定的判断を提供してはならない（業法47条の2第1項）。したがって，宅建業者等は「5年後値上がりするのは間違いありません」という断定的判断にあたる発言をしてはならない。よって，本肢は宅建業法の規定に違反する。

ウ　違反しない　宅建業者等は，手付について貸付その他信用の供与をすることにより契約の締結を誘引してはならない（業法47条3号）。信用の供与とは，具体的には，「貸付」，「分割払い」，「後払い」などをいうが，銀行との金銭の貸借のあっせんをすることは信用の供与にはあたらない。よって，本肢は宅建業法の規定に違反しない。

エ　違反する　預り金を返還することを拒んではならない。

　宅建業者等は，宅建業者の相手方等が契約の申込みの撤回を行うに際し，既に受領した預り金を返還することを拒んではならない（業法47条の2第3項，規則16条の11第2号）。したがって，契約が撤回されたときは，宅建業者は既に受領していた申込証拠金を返還しなければならない。よって，本肢は宅建業法の規定に違反する。

　以上より，宅建業法の規定に違反しないものはウのみであり，**❶**が本問の正解肢となる。

問29	免許の効力	解答❹	合格者正解率	不合格者正解率	受験者正解率
			84.5%	61.2%	75.4%

❶　誤　宅建業者は全国で宅建業を営むことができる。

　都道府県知事免許を受けた宅建業者は，他の都道府県で宅建業を営むことができる。したがって，乙県の物件を取引するために免許換えを申請する必要はない。よって，本肢は誤り。なお，他の都道府県にも事務所を設置する場合には免許換えをする必要がある。

❷　誤　乙県知事が甲県知事に通知する。

　都道府県知事が，他の都道府県知事もしくは国土交通大臣の免許を受けた宅建業者に指示処分をしたときは，遅滞なく，その旨を当該宅建業者の免許権者に通知しなければならない（業法70条3項，65条3項）。免許権者への通知義務を負うのは都道府県知

事であって，宅建業者ではない。よって，本肢は誤り。

❸ **誤** 政令で定める使用人が免許欠格事由に該当する場合，法人も免許不可。

本肢の政令で定める使用人は，覚せい剤取締法違反により懲役刑に処せられ刑の執行を終わり5年を経過していないから，当該法人は免許を受けることはできない（業法5条1項5号，12号）。よって，本肢は誤り。

❹ **正** 宅地建物取引業に関し不正又は不誠実な行為をするおそれが明らかなものは，免許を受けることができない（業法5条1項9号）。よって，本肢は正しく，本問の正解肢となる。

問30	宅地建物取引士の登録	解答❹	合格者正解率	不合格者正解率	受験者正解率
			95.7%	77.0%	88.4%

❶ **誤** 登録の移転を申請する義務はない。

宅地建物取引士が登録先以外の都道府県に所在する宅建業者の事務所で業務に従事し，又は従事しようとする場合，登録の移転を申請することができる（業法19条の2）。登録の移転の申請は義務ではないから，申請しなくてもよい。よって，本肢は誤り。

❷ **誤** 勤務先の宅建業者を変更すると，変更の登録必要。

宅地建物取引士は，登録を受けている事項に変更があったときは，遅滞なく変更の登録を申請しなければならない（業法20条，18条2項）。そして，勤務先の宅建業者の商号又は名称に変更があった場合には，変更の登録を申請する必要がある（規則14条の2の2第1項5号）。よって，本肢は誤り。

❸ **誤** 登録が消除された日から5年経過しなければ登録不可。

不正の手段により登録を受けたとして，登録の消除の処分の聴聞の期日及び場所が公示された後に，処分をするかしないかを決定するまでの間に，自らの申請により登録を消除された者（相当の理由のある者を除く）で，その登録が消除された日から5年を経過しない者は，登録を受けることができない（業法18条1項10号）。よって，本肢は誤り。

❹ **正** 宅地建物取引士証の有効期間満了後，新たな宅地建物取引士証の交付を受けるまでは，宅地建物取引士証の交付を受けていない以上，宅地建物取引士ではない（業法2条4号）。そして，宅地建物取引士でない者に重要事項の説明を行わせた宅建業者は業務停止処分を受けることがある（業法65条2項2号，4項2号，35条1項）。よって，本肢は正しく，本問の正解肢となる。

問31	営業保証金	解答❸	合格者正解率	不合格者正解率	受験者正解率
			97.6%	81.4%	90.9%

❶ 正 営業保証金から還付を受けるためには，宅建業者に対し，宅建業に関する「取引」により生じた債権を有していることが必要である（業法27条1項）。広告代理店の広告委託契約に基づく債権（広告代金債権）は宅建業に関する「取引」により生じた債権とはいえず，その債権に関し，営業保証金から弁済を受けることはできない。よって，本肢は正しい。

❷ 正 宅建業者が営業保証金の取戻しをしようとするときは，原則として，還付請求権を有する者に対して6カ月を下らない一定期間内に申し出るべき旨を公告しなければならない（業法30条2項）。そして，公告をしたときは，遅滞なく，その旨を免許権者に届け出なければならない（営業保証金規則7条3項）。したがって，本肢のAは，遅滞なく，公告した旨を甲県知事に届け出なければならない。よって，本肢は正しい。

❸ 誤 出張所は営業保証金の供託不要。

宅建業者は，事業の開始後新たに事務所を設置したときは，主たる事務所のもよりの供託所に，新たに営業保証金を供託しなければならない（業法26条，25条1項）。しかし，本肢は「分譲するための現地出張所」であるので事務所には該当せず，追加供託の必要はない。よって，本肢は誤りであり，本問の正解肢となる。

❹ 正 宅建業に関する取引をした者は，その取引により生じた債権に関し，宅建業者が供託した営業保証金の範囲内で，営業保証金からその債権の弁済を受ける権利を有する（業法27条1項）。したがって，Aと取引を行った者は，1,500万円を限度として，Aの供託した営業保証金の還付を請求することができる。よって，本肢は正しい。

問32	弁済業務保証金	解答❸	合格者正解率 94.9%	不合格者正解率 68.1%	受験者正解率 84.8%

❶ 誤 加入前に取引をした者も弁済を受けることができる。

弁済業務保証金から弁済を受けるためには，その者（宅建業者を除く）が保証協会の社員である宅建業者と宅建業に係る取引をし，取引により生じた債権を有していることが必要である（業法64条の8）。ここでいう取引には，宅建業者が保証協会の社員となる前の取引も含まれる（業法64条の8第1項かっこ書）。よって，本肢は誤り。

❷ 誤 分担金30万円を保証協会に納付しなければならない。

保証協会の社員である宅建業者が新たに事務所を設置した場合，設置してから2週間以内に，1カ所につき30万円の弁済業務保証金分担金を保証協会に納付しなければならない（業法64条の9第2項）。営業保証金を供託所に供託するのではない。よって，本肢は誤り。

❸ 正 保証協会の社員が一部の事務所を廃止したときは，保証協会は，認証を受けるべき旨の公告をすることなく，当該社員に弁済業務保証金分担金の返還をすることができる（業法64条の11第4項参照）。よって，本肢は正しく，本問の正解肢となる。

❹ **誤** 催告をしなければならないとの規定はない。

保証協会の社員は，還付充当金を納付すべき旨の通知を受けた日から2週間以内に，通知された額の還付充当金を保証協会に納付しなければ，保証協会の社員の地位を失う（業法64条の10第2項，3項）。この場合，催告等を受けなくても当然に社員の地位を失う。よって，本肢は誤り。

問 33	媒介・代理契約	解答 ❸	合格者正解率	不合格者正解率	受験者正解率
			93.8%	80.2%	87.1%

❶ **誤** 一般媒介契約に指定流通機構への登録義務はない。

専任媒介契約を締結したときは，契約の相手方を探索するため指定流通機構に登録しなければならない（業法34条の2第5項）。しかし，一般媒介契約にこのような義務は規定されていない。よって，本肢は誤り。

❷ **誤** 指定流通機構に登録しない旨の特約は無効。

❶で述べたように，専任媒介契約を締結したときは，契約の相手方を探索するため指定流通機構に登録しなければならない（業法34条の2第5項）。そして，これに反する特約は，依頼者からの申出があっても，無効とされる（業法34条の2第10項）。よって，本肢は誤り。

❸ **正** 指定流通機構に登録をした宅建業者は，その登録を証する書面（依頼者の承諾を得て電磁的方法による提供を含む。）を遅滞なく依頼者に引き渡さなければならない（業法34条の2第6項，12項）。よって，本肢は正しく，本問の正解肢となる。

❹ **誤** 成立したときは通知しなければならない。

指定流通機構に登録している宅建業者は，登録に係る宅地又は建物の売買又は交換の契約が成立したときは，遅滞なくその旨を当該登録に係る指定流通機構に通知しなければならない（業法34条の2第7項）。よって，本肢は誤り。

問 34	広告等に関する規制	解答 ❸	合格者正解率	不合格者正解率	受験者正解率
			91.0%	39.3%	77.3%

ア **違反する** 建築確認が済んでいない物件の広告は宅建業法に違反する。

宅建業者は，宅地の造成又は建物の建築に関する工事の完了前においては，当該工事に関し必要とされる建築基準法上の建築確認その他法令に基づく許可等の処分があった後でなければ，当該工事に係る宅地又は建物の業務に関する広告をしてはならない（業法33条）。よって，本肢は宅建業法に違反する。

イ **違反しない** 宅建業者は，宅地の造成又は建物の建築に関する工事の完了前にお

いては，当該工事に関し必要とされる建築基準法上の建築確認その他法令に基づく許可等の処分があった後でなければ，当該工事に係る宅地又は建物につき，自ら当事者として，もしくは当事者を代理してその売買，交換の契約を締結し，又はその売買，交換の媒介をしてはならない（業法36条）。しかし，貸借については制限されていない。よって，本肢は宅建業法に違反しない。

ウ　違反しない　宅建業者は，自己の所有に属しない宅地又は建物について，自ら売主となる売買契約（予約を含む。）を締結してはならない（業法33条の2本文）。しかし，この他人物売買の規制は，宅建業者相互間の取引であるときには適用されない（業法78条2項）。よって，本肢は宅建業法に違反しない。

エ　違反する　HI間の契約が停止条件付きであるため，HはJと売買契約を締結できない。

　宅建業者が，自己の所有に属しない宅地又は建物を取得する契約（予約を含み，その効力の発生が条件に係るものを除く。）を締結しているときその他宅建業者が当該宅地又は建物を取得できることが明らかな場合，宅建業者は，当該宅地又は建物について，自ら売主となる売買契約（予約を含む。）を締結することができる（業法33条の2但書1号）。もっとも，本肢においてHI間で締結された売買契約における農地法5条の許可は停止条件（民法127条1項）であるため，HはJとの間で売買契約を締結することができない。よって，本肢は宅建業法に違反する。

　以上より，違反しないものはイ，ウであり，**❸**が本問の正解肢となる。

問35	重要事項の説明	解答❹	合格者正解率 90.7%	不合格者正解率 72.1%	受験者正解率 83.5%

❶　誤　使用者の氏名・住所は説明不要。

　マンションの建物又は敷地の一部を特定の者にのみ使用を許す旨の規約の定め（案を含む。）がある場合，その内容は重要事項の説明事項であるが，その使用者の氏名及び住所は，重要事項の説明事項ではない（業法35条1項6号，規則16条の2第4号）。よって，本肢は誤り。

❷　誤　案の段階でも説明必要。

　建物の区分所有等に関する法律2条4項に規定する共用部分に関する規約の定め（案を含む。）があるときは，その内容は重要事項の説明事項となる（業法35条1項6号，規則16条の2第2号）。案の段階であっても重要事項の説明事項となるのであり，規約の成立を待ってから，その内容を説明するのではない。よって，本肢は誤り。

❸　誤　既に積み立てられている額についても説明必要。

　マンションの建物の計画的な維持修繕のための費用の積立てを行う旨の規約の定め

（案を含む。）があるときは，その内容及び既に積み立てられている額は重要事項の説明事項となる（業法35条1項6号，規則16条の2第6号）。よって，本肢は誤り。

❹ **正** マンションの建物の計画的な維持修繕のための費用，通常の管理費用その他の，マンションの所有者が負担しなければならない費用を特定の者にのみ減免する旨の規約（案を含む。）の定めがあるときは，その内容は重要事項の説明事項となる（業法35条1項6号，規則16条の2第5号）。したがって，宅建業者は，買主が当該減免対象者であるか否かにかかわらず，その内容を説明しなければならない。よって，本肢は正しく，本問の正解肢となる。

問36	重要事項の説明	解答❹	合格者正解率 96.2%	不合格者正解率 80.8%	受験者正解率 91.5%

❶ **誤** 貸借の媒介の場合，住宅性能評価を受けた新築住宅であることは説明不要。

当該建物が住宅の品質確保の促進等に関する法律5条1項に規定する住宅性能評価を受けた新築住宅であるとき，建物の貸借の媒介の場合は，その旨の説明をする必要がない（業法35条1項14号，規則16条の4の3第6号）。よって，本肢は誤り。

❷ **誤** 貸借の媒介の場合，建物の状況に関する書類の保存状況は説明不要。

当該建物が既存の建物であるときの，設計図書，点検記録その他の建物の建築及び維持保全の状況に関する書類で国土交通省令で定めるものの保存の状況は，建物の貸借の媒介の場合は説明する必要がない（業法35条1項6号の2ロ）。なお，既存住宅に係る住宅の品質確保の促進等に関する法律6条3項に規定する建設住宅性能評価書は，ここでいう「国土交通省令で定める書類」にあたる（業法35条1項6号の2ロ，規則16条の2の3第4号）。よって，本肢は誤り。

❸ **誤** 宅建業者が自ら石綿の使用の有無を調査する必要はない。

建物の貸借の媒介を行う場合，当該建物について，石綿の使用の有無の調査の結果が記録されているときは，その内容を説明しなければならない（業法35条1項14号，規則16条の4の3第4号）。調査結果の記録がないときは，説明する必要がない。また，石綿使用の有無の調査結果の記録がないときに，宅建業者が石綿の使用の有無の調査を自ら実施する必要はない。よって，本肢は誤り。

❹ **正** 区分所有建物の貸借の媒介を行う場合，区分所有法2条3項に規定する専有部分の用途その他の利用の制限に関する規約の定め（案を含む。）があるときは，その内容を説明しなければならない（業法35条1項6号，規則16条の2第3号）。よって，本肢は正しく，本問の正解肢となる。

ア 誤 「自ら貸借」には宅建業法の規制は及ばない。

宅建業者が自ら貸主となり賃貸借契約を締結することは、宅建業法上の取引に該当せず、宅建業にはあたらない（業法2条2号）。したがって、貸主である宅建業者は、借主に37条書面を交付する必要はない。よって、本肢は誤り。

イ 正 宅建業者は、その媒介により売買契約が成立したときは、売買契約の両当事者に37条書面を交付（電磁的方法による提供を含む。）しなければならない（業法37条1項、4項）。よって、本肢は正しい。

ウ 正 天災その他不可抗力による損害の負担に関する定めがあるときは、その内容を37条書面に記載し、その書面（電磁的方法による提供を含む。）を交付しなければならない（業法37条1項10号、4項）。よって、本肢は正しい。

エ 誤 相手方が業者でも37条書面の交付は省略できない。

宅建業者は、自ら売主として契約を締結したときは、その契約の相手方に37条書面を交付（電磁的方法による提供を含む。）しなければならない（業法37条1項、4項）。これは相手方が宅建業者であっても省略できない（業法78条2項参照）。よって、本肢は誤り。

以上より、正しいものの組合せはイ、ウであり、❷が本問の正解肢となる。

❶ 正 居住用建物以外の建物の貸借で権利金の授受があるものの媒介の場合、1カ月分の借賃と、権利金の額を売買代金の額とみなして算出した額とを比較して、高いほうが限度額となる（報酬告示第6）。したがって、Aは貸主から、Cは借主からそれぞれ、権利金から算出される額（200万円×5％）×1.1＝11万円を限度として報酬を受け取ることができる。したがって、その合計額である22万円がA及びCの受領できる報酬の限度額となる。よって、本肢は正しく、本問の正解肢となる。

❷ 誤 依頼者からの依頼があれば、報酬とは別に広告料金を請求することができる。

宅建業者は、依頼者に報酬とは別に広告料金を請求することはできない。ただし、依頼者の依頼によって行う広告料金については、報酬とは別に受領することができる（業法46条1項、2項、報酬告示第9）。よって、本肢は誤り。

❸ 誤 報酬とは別に、重要事項説明を行った対価を受領することはできない。

宅建業者は，依頼者の依頼によって行う広告料金以外は報酬とは別に請求することはできない（業法46条1項，2項，報酬告示第9）。また，依頼者の特別の依頼によって支出する特別の費用に相当する額の金銭で事前に依頼者の承諾のあるものについても報酬とは別に受領することができると考えられているが，重要事項説明書等の書面の作成費用はそれに該当しない。よって，本肢は誤り。

❹ **誤** 居住用建物の場合，権利金による算出はできない。また，退去時に返還される金銭（保証金等）の額を基にした算出はできない。

宅地又は建物（居住用建物を除く。）の貸借で権利金の授受があるものの媒介の場合，1カ月分の借賃と，権利金の額を売買代金の額とみなして算出した額とを比較して，高いほうが限度額となる（報酬告示第6）。しかし，居住用建物の場合，その方法によることはできない。また，本肢の場合は授受されている金銭が，保証金（退去時に全額借主に返還するもの）であり，権利金の授受がある場合の方法によることはできない。したがって，本肢の場合，A及びCが受領できる限度額の合計は，1カ月分の借賃に消費税等の額を加えた9万9,000円となる。よって，本肢は誤り。

| 問39 | 宅建業法の総合問題 | 解答❶ | 合格者正解率 97.4% | 不合格者正解率 77.9% | 受験者正解率 89.3% |

❶ **誤** 宅地建物取引士証と従業者証明書は別物である。

宅建業者は，従業者に従業者証明書を携帯させなければ，その者をその業務に従事させてはならない（業法48条1項）。また，従業者は，取引の関係者の請求があったときは，従業者証明書を提示しなければならない（業法48条2項）。この従業者証明書には業務に従事する事務所の所在地などの情報が記載されており（規則17条，様式8号），宅地建物取引士であることを証明する宅地建物取引士証の提示では，代えることができない。よって，本肢は誤りであり，本問の正解肢となる。

❷ **正** 宅建業者は，その事務所ごとに，従業者名簿を備えなければならない（業法48条3項）。また，宅建業者は，取引の関係者から請求があったときは，当該名簿をその者の閲覧に供しなければならない（業法48条4項）。そして，当該名簿は，パソコンのハードディスクに記録し，ディスプレイ等の入力装置の画面等に表示する方法によって閲覧に供することができる（規則17条の2第3項）。よって，本肢は正しい。

❸ **正** 宅建業者は，その事務所ごとに，その業務に関する帳簿を備え，宅建業に関する取引のあったつど，その年月日，その取引に係る宅地又は建物の所在及び面積その他を記載しなければならない（業法49条）。そして，当該帳簿の記載事項がパソコンのハードディスク等に記録され，必要に応じ，パソコン，プリンター等の機器により明確に紙面に表示することができる場合には当該記録をもって，帳簿への記載に代えることができる（規則18条2項）。よって，本肢は正しい。

❹ **正** 宅建業者は一団の宅地建物の分譲をする場合における当該宅地又は建物の所在する場所及び当該分譲を案内所を設置して行う場合にあってはその案内所のそれぞれに，公衆の見やすい場所に，所定の事項を記載した標識を掲げなければならない（業法50条1項，規則19条1項2号，3号）。よって，本肢は正しい。

問 40	自ら売主制限総合	解答 ❶	合格者正解率 93.2%	不合格者正解率 73.6%	受験者正解率 85.6%

❶ **正** 宅建業者は，自ら売主となる宅地又は建物の売買契約の締結に際して手付を受領したときは，相手方が契約の履行に着手するまでは，買主はその手付を放棄して，売主は手付の倍額を現実に提供して，契約を解除することができる（業法39条2項，判例）。この規定に反する特約で，買主に不利なものは無効であるが（業法39条3項），本肢の特約は，買主にとって有利な特約であり有効である。よって，本肢は正しく，本問の正解肢となる。

❷ **誤** 業法の規定に反する特約なので定められない。

宅建業者が自ら売主となる宅地又は建物の売買契約において，当事者の債務の不履行を理由とする契約の解除に伴う損害賠償の額を予定し，又は違約金を定めるときは，これらを合算した額が代金の額の10分の2を超えることとなる定めをしてはならない（業法38条1項）。よって，本肢は誤り。

❸ **誤** 損害賠償の請求はできない。

宅建業者が自ら売主となる宅地又は建物の売買契約において，クーリング・オフがなされた場合，宅建業者は，速やかに申込者に対して，申込みの際に受領した手付金その他の金銭を返還しなければならず，申込みの撤回に伴う損害賠償又は違約金の支払いを請求することはできない（業法37条の2第1項，3項）。よって，本肢は誤り。

❹ **誤** 「発見した時から30日以内」とする特約不可。

宅建業者が自ら売主となる場合において，契約不適合担保責任については，原則として，民法の規定よりも買主に不利となる特約をしてはならず，買主に不利な特約は無効となる（業法40条1項，2項）。しかし，例外として，契約不適合である旨の通知をすべき期間は，引渡しの日から2年以上とする特約は許される（業法40条1項）。したがって，本肢特約の「契約不適合である旨の通知期間を建物の引渡しの日から2年間」とするという部分は有効である。しかし，「買主が契約不適合を発見した時から30日以内とする」という部分は，買主に不利であり無効となる。よって，本肢は誤り。

問 41	クーリング・オフ	解答 ❶	合格者正解率 89.4%	不合格者正解率 57.2%	受験者正解率 74.8%

❶ **正** 「事務所等」で買受けの申込みをし，「事務所等」以外の場所で売買契約を締結した場合には，買主は，37条の2の規定に基づく売買契約の解除（以下クーリング・オフという）をすることはできない（業法37条の2第1項）。そして，買主が自ら申し出た場合の，買主の自宅又は勤務先は，ここにいう「事務所等」にあたる（規則16条の5第2号）。よって，本肢は正しく，本問の正解肢となる。

❷ **誤** 電話で申し込んでいるのでクーリング・オフ可。

「事務所等」以外の場所で買受けの申込みをし，又は売買契約を締結した場合には，買主は，クーリング・オフをすることができる（業法37条の2第1項）。本肢でCは，出張先で買受けを申し込んでいるので，「事務所等」以外の場所で買受けの申込みをしたことになる。したがって，Cは売買契約の解除ができる。よって，本肢は誤り。

❸ **誤** 宅建業者はクーリング・オフ不可。

本肢のような宅建業者相互間の取引には，クーリング・オフの規定は適用されない（業法78条2項）。したがって，Dは売買契約の解除はできない。よって，本肢は誤り。

❹ **誤** 手付金は全額返還しなければならない。

クーリング・オフがなされた場合，宅建業者は，申込者等に対し，速やかに，買受けの申込み又は売買契約の締結に際し受領した手付金その他の金銭を返還しなければならない（業法37条の2第3項）。したがって，Aは契約に要した費用を手付金から控除して返還することはできない。よって，本肢は誤り。

―――《**POINT**》―――

クーリング・オフの分野では，①クーリング・オフができない場所，②クーリング・オフができなくなる時期，③クーリング・オフの方法，の3つをしっかりと押さえよう。

問42	自己所有に属しない物件の契約締結制限	解答❹	合格者正解率	不合格者正解率	受験者正解率
			90.6%	67.5%	82.1%

宅建業者は，原則として，自ら売主となって自己の所有に属しない物件について売買契約を締結することができない。しかし，宅建業者が現在の所有者と物件を取得する契約（予約を含み，その効力の発生が条件に係るものを除く）を締結しているときは，契約を締結することができる（業法33条の2第1号）。

❶ **違反しない** 本肢では，BC間・CA間で売買契約が結ばれているので，Aは，Dと売買契約を締結することができる。この場合，Cへの所有権の移転登記の有無は関係ない。よって，本肢は宅建業法の規定に違反しない。

❷ **違反しない** 本肢の土地付建物はA所有であるので，そもそもAはFと売買契約を締結することができる。この場合の売買契約は停止条件付でも差し支えない。よって，

本肢は宅建業法の規定に違反しない。

❸ **違反しない** 本肢では，ＡＧ間で売買の予約がなされているので，Ａは，Ｈと売買契約を締結することができる。よって，本肢は宅建業法の規定に違反しない。

❹ **違反する** 所有者との契約が停止条件付きなので違反。

本肢のＡＩ間の売買契約は停止条件付きにすぎず，Ａは，Ｊと売買契約を締結することはできない。よって，本肢は宅建業法の規定に違反し，本問の正解肢となる。

問43	監督・罰則	解答❶	合格者正解率	不合格者正解率	受験者正解率
			94.0%	78.1%	88.4%

❶ **正** 宅建業者が重要事項の説明をしない場合，免許権者である国土交通大臣又は都道府県知事は，宅建業者に対して業務停止処分をすることができる（業法65条2項2号，35条1項）。したがって，重要事項の説明をしていないＡは，業務停止処分を受けることがある。よって，本肢は正しく，本問の正解肢となる。

❷ **誤** 免許権者でない知事は指示処分，業務停止処分ができる。

都道府県知事は，管轄する都道府県内の区域において，宅建業者が宅建業に関し不正又は著しく不当な行為をしたとき，当該宅建業者の免許権者でない場合であっても，指示処分及び業務停止処分をすることができる（業法65条3項，4項，2項5号参照）。よって，本肢は誤り。なお，免許取消処分をすることはできない。

❸ **誤** 業務停止処分は1年以内の期間を定めて命じられる。

宅建業者が都道府県知事の指示処分に違反した場合，免許権者は業務停止処分をすることができる（業法65条2項3号）。もっとも，業務停止処分は1年以内の期間を定めて命ぜられる（業法65条2項柱書）。よって，本肢は誤り。

❹ **誤** 自ら貸借は宅建業にあたらない。

自ら貸借することは宅建業にあたらないため，宅建業法の適用がない（業法2条2号）。したがって，宅建業者ＡとＢとの賃貸借契約には宅建業法の適用がなく，ＡはＢに重要事項の説明をしなくても宅建業法35条1項に違反することはないので，業務停止処分を受けることもない（業法65条2項2号参照）。よって，本肢は誤り。

問44	宅地建物取引士総合	解答❹	合格者正解率	不合格者正解率	受験者正解率
			86.6%	64.2%	75.7%

❶ **誤** 専任の宅地建物取引士を置かなければならない。

一団の分譲建物の売買契約の申込みのみを受ける案内所には，成年者である専任の宅地建物取引士を置かなければならない（業法31条の3第1項，規則15条の5の2第

2号）。よって，本肢は誤り。

❷　誤　成年者と同一の行為能力を有していれば，登録できる。

成年者と同一の行為能力を有する未成年者は，登録の基準等を満たせば，宅地建物取引士の登録を受けることができる（業法18条1項1号）。よって，本肢は誤り。

❸　誤　重要事項説明では，必ず宅地建物取引士証を提示する。

宅地建物取引士は，重要事項説明をするときは，相手方から請求がなくても，説明の相手方に，必ず宅地建物取引士証を提示しなければならない（業法35条4項）。よって，本肢は誤り。

❹　正　宅地建物取引士証の交付を受けようとする者は，登録をしている都道府県知事が指定する講習で交付の申請前6カ月以内に行われるものを受講しなければならない（業法22条の2第2項本文）。しかし，宅建士試験に合格した日から1年以内に宅地建物取引士証の交付を受けようとする者は，当該講習を受講する必要はない（業法22条の2第2項但書）。よって，本肢は正しく，本問の正解肢となる。

問45	住宅瑕疵担保履行法	解答 ❹	合格者正解率 78.0%	不合格者正解率 39.1%	受験者正解率 63.0%

❶　誤　資力確保の義務がないのは買主が宅建業者である場合である。

宅建業者は，自ら売主として，宅建業者でない者に対して新築住宅を販売する場合には，特定住宅販売瑕疵担保責任の履行を確保するため，住宅販売瑕疵担保保証金の供託，または住宅販売瑕疵担保責任保険契約の締結を行う義務を負う（住宅瑕疵担保履行法11条1項，2項，2条7項2号ロかっこ書）。買主Bは建設業者であり，宅建業者ではないため，資力確保措置を講じる必要がある。よって，本肢は誤り。

❷　誤　新たな売買契約締結が禁止されるのは，基準日の翌日から起算して「50日」を経過した日以後である。

新築住宅を引き渡した宅建業者は，基準日に係る資力確保措置の状況の届出をしなければ，当該基準日の翌日から起算して50日を経過した日以後においては，新たに自ら売主となる新築住宅の売買契約を締結してはならない（住宅瑕疵担保履行法13条）。「基準日から3週間」ではない。よって，本肢は誤り。

❸　誤　供託所等に関する説明は，契約締結までに行わなければならない。

宅建業者は，自ら売主となる新築住宅の買主に対して，売買契約を締結するまでに，住宅販売瑕疵担保保証金の供託している供託所の所在地等について，書面を交付（電磁的方法による提供を含む。）して説明しなければならない（住宅瑕疵担保履行法15条，10条2項，規則21条）。引渡しをするまでではない。よって，本肢は誤り。

❹　正　住宅販売瑕疵担保保証金を供託する場合，販売新築住宅の合計戸数の算定に当たっては，床面積の合計が55㎡以下の住宅のものは，2戸をもって1戸と数えるも

のとする（住宅瑕疵担保履行法11条3項，施行令6条）。よって，本肢は正しく，本問の正解肢となる。

<table>
<tr><td rowspan="2">問
46</td><td rowspan="2">住宅金融支援機構法</td><td rowspan="2">解答❶</td><td>合格者正解率</td><td>不合格者正解率</td><td>受験者正解率</td></tr>
<tr><td>66.0%</td><td>44.5%</td><td>57.4%</td></tr>
</table>

❶ **誤** 付随する土地又は借地権の取得に係る貸付債権を含む。

機構が金融機関から譲受ける貸付債権は，住宅の建設又は購入に付随する土地又は借地権の取得に必要な資金の貸付けに係る貸付債権を含む（機構法13条1項1号，施行令5条1項）。よって，本肢は誤りであり，本問の正解肢となる。

❷ **正** 機構は災害復興建築物（災害により住宅が滅失した場合において，それに代わるべき建築物）の建設又は購入に必要な資金の貸付けを業務として行っている（機構法13条1項5号，2条2項）。よって，本肢は正しい。

❸ **正** 機構は，あらかじめ貸付けを受けた者と一定の契約を締結し，その者が死亡した場合に支払われる生命保険金を当該貸付けに係る債務の弁済に充当する団体信用生命保険を業務として行っている（機構法13条1項11号）。よって，本肢は正しい。

❹ **正** 機構が証券化支援事業（買取型）により譲り受ける貸付債権は，自ら居住する住宅又は自ら居住する住宅以外の親族の居住の用に供する住宅を建設し，又は購入する者に対する貸付けに係るものでなければならない（機構業務方法書3条1号）。よって，本肢は正しい。

<table>
<tr><td rowspan="2">問
47</td><td rowspan="2">景品表示法</td><td rowspan="2">解答❶</td><td>合格者正解率</td><td>不合格者正解率</td><td>受験者正解率</td></tr>
<tr><td>−</td><td>−</td><td>−</td></tr>
</table>

❶ **正** 価格その他の取引条件について，「日本一」「日本初」「業界一」「超」「当社だけ」「他に類を見ない」「抜群」等，競争事業者の供給するもの又は競争事業者よりも優位に立つことを意味する用語を使用してはならない（表示規約18条2項4号）。ただし，当該表示内容を裏付ける合理的な根拠を示す資料を現に有している場合は，例外的に不当表示とはならない。本肢の表示はこの例外に該当する（表示規約18条2項柱書）。よって，本肢は正しく，本問の正解肢となる。

❷ **誤** 取引する意思がない物件は，おとり広告となる。

実際には取引する意思がない物件に関する表示をしてはならない（おとり広告の禁止，表示規約21条3号）。本肢の広告は，このおとり広告に該当し，不当表示となるおそれがある。よって，本肢は誤り。

❸ **誤** 既に販売した物件は，「新発売」と表示することはできない。

　新発売という用語は，新たに造成された宅地，新築の住宅（造成工事又は建築工事完了前のものを含む。）又は一棟リノベーションマンションについて，一般消費者に対し，初めて購入の申込みの勧誘を行うこと（一団の宅地又は建物を数期に区分して販売する場合は，期ごとの勧誘）をいい，その申込みを受けるに際して一定の期間を設ける場合においては，その期間内の勧誘をいう（表示規約18条1項2号）。このことは，広告媒体が異なるからといって変わるものではない。よって，本肢は誤り。

❹　誤　「現在は建築不可」は，不当表示となるおそれがある。

　市街化調整区域に所在する土地については，都市計画法の開発許可を受けている場合等を除き，「市街化調整区域。宅地の造成及び建物の建築はできません。」と明示しなければならない（新聞折込チラシ等及びパンフレット等の場合には16ポイント以上の大きさの文字を用いること。）（表示規約規則7条6号）。よって，本肢は誤り。

問48	景品表示法	解答❹	合格者正解率 89.6%	不合格者正解率 67.1%	受験者正解率 82.5%

❶　誤　「築14年」と表示してはならない。

　宅建業者は建物の建築経過年数について，実際のものよりも経過年数が短いと誤認されるおそれのある表示をしてはならない（表示規約23条1項18号）。本肢の住宅は建築後21年を経過している以上，「築14年」と表示することはできない。よって，本肢は誤り。

❷　誤　「再建築不可」又は「建築不可」と明示しなければならない。

　宅建業者は，建築基準法42条に規定する道路に2m以上接していない土地については，原則として，「再建築不可」又は「建築不可」と明示しなければならない（表示規約規則7条4号）。よって，本肢は誤り。

❸　誤　標準的な1住戸1カ月当たりの賃料の賃料ではない。

　宅建業者は，新築賃貸マンションの賃料について，パンフレット等の媒体を除き，1住戸1カ月当たりの最低賃料及び最高賃料のみで表示することができる（表示規約規則9条40号）。しかし，標準的な1住戸1カ月当たりの賃料を表示すれば足りるものではない。よって，本肢は誤り。

❹　正　宅建業者は，宅地の造成又は建物の建築に関する工事の完了前であっても，宅建業法33条に規定する許可等の処分があった後であれば，当該工事に係る宅地又は建物の内容又は取引条件その他取引に関する広告表示をすることができる（表示規約5条）。よって，本肢は正しく，本問の正解肢となる。

問49	土地	解答❸	合格者正解率 69.5%	不合格者正解率 50.8%	受験者正解率 62.6%

❶ **正** 地表面の傾斜は、等高線の密度で読み取ることができ、等高線の密度が高い（間隔が狭い）所は傾斜が急で、等高線の密度が低い（間隔が広い）所は傾斜が緩やかである。よって、本肢は正しい。

❷ **正** 扇状地は、谷の出口の勾配が急に緩やかになる平地部で形成され、等高線は、谷の出口を中心とした扇形の同心円状になる。よって、本肢は正しい。

❸ **誤** 記述が逆である。

等高線が山頂に向かって高い方に弧を描いている部分は谷で、山頂から見て等高線が張り出している部分は尾根である。本肢は、尾根と谷の記述が逆である。よって、本肢は誤りであり、本問の正解肢となる。

❹ **正** 等高線の間隔の大きい河口付近では、傾斜がほとんどなく、ほぼ平坦であることから、河川の氾濫により河川より離れた場所でも浸水する可能性が高くなる。よって、本肢は正しい。

問50	建物	解答❷	合格者正解率 82.4%	不合格者正解率 60.8%	受験者正解率 71.7%

❶ **正** 集成材は、単版等を積層したもので、伸縮・変形・割れなどが生じにくくなるため、大規模な木造建築物の骨組みにも使用される。よって、本肢は正しい。

❷ **誤** 木材の強度は、含水率が小さい状態のほうが大きくなる。

木材の強度は、乾燥して含水率が小さい状態のほうが大きくなる。よって、本肢は誤りであり、本問の正解肢となる。

❸ **正** 鉄筋コンクリート造に使用される骨材、水および混和材料は、鉄筋をさびさせ、またはコンクリートの凝結および硬化を妨げるような酸、塩、有機物または泥土を含んではならない（建基法施行令72条1号）。よって、本肢は正しい。

❹ **正** 鉄は、炭素含有量が多いほど、引張強さおよび硬さが増大し、伸びが減少する。そして、鉄骨造には、一般に炭素含有量が少ない鋼が用いられる（建基法施行令64条1項参照）。よって、本肢は正しい。

2024年版 出る順宅建士
過去30年良問厳選模試

第**3**回

解答・解説

中級編①

 合格推定点 **36**点

◈出題項目・正解一覧＆成績診断
◈解答・解説

出題項目・正解一覧＆成績診断

科目	問	出題項目	正解	チェック	科目	問	出題項目	正解	チェック
権利関係	1	意思表示	3	☐☐	宅建業法	26	宅建業の意味	1	☐☐
	2	制限行為能力者	4	☐☐		27	従業者名簿	3	☐☐
	3	物権変動	1	☐☐		28	業務上の規制総合	4	☐☐
	4	相続	2	☐☐		29	免許の申請	2	☐☐
	5	占有権	3	☐☐		30	営業保証金	1	☐☐
	6	代理	2	☐☐		31	重要事項の説明	1	☐☐
	7	抵当権	3	☐☐		32	宅地建物取引士の登録	2	☐☐
	8	保証・連帯債務	2	☐☐		33	重要事項の説明	2	☐☐
	9	債権譲渡	2	☐☐		34	クーリング・オフ	2	☐☐
	10	契約不適合責任	2	☐☐		35	宅地建物取引士総合	4	☐☐
	11	借地借家法（借地）	1	☐☐		36	手付金等保全措置	4	☐☐
	12	借地借家法（借家）	1	☐☐		37	事務所以外の場所の規制	3	☐☐
	13	建物区分所有法	1	☐☐		38	報酬額の制限	4	☐☐
	14	不動産登記法	1	☐☐		39	37条書面	2	☐☐
法令上の制限	15	国土利用計画法	3	☐☐		40	媒介・代理契約	4	☐☐
	16	都市計画の内容	4	☐☐		41	監督・罰則	2	☐☐
	17	開発行為の規制等	1	☐☐		42	宅建業法の総合問題	4	☐☐
	18	建築基準法総合	3	☐☐		43	宅地建物取引士総合	2	☐☐
	19	建築基準法総合	3	☐☐		44	弁済業務保証金	2	☐☐
	20	盛土規制法	1	☐☐		45	住宅瑕疵担保履行法	3	☐☐
	21	土地区画整理法	3	☐☐	5問免除	46	住宅金融支援機構法	2	☐☐
	22	農地法	3	☐☐		47	景品表示法	3	☐☐
税・価格	23	登録免許税	2	☐☐		48	景品表示法	4	☐☐
	24	不動産取得税	3	☐☐		49	土地	4	☐☐
	25	不動産鑑定評価基準	2	☐☐		50	建物	2	☐☐

科目別の成績		総合成績	
科目（問題番号）	正答／正答目標	合計	
権利関係（問1～問14）	点／8点		
宅建業法（問26～問45）	点／17点		**点**
法令上の制限（問15～問22）	点／5点		
税・価格（問23～問25）	点／3点	この回の合格推定点は **36**点です。	
5問免除（問46～問50）	点／3点		

問1	意思表示	解答 ❸	合格者正解率	不合格者正解率	受験者正解率
			97.7%	86.2%	92.9%

❶　**誤**　相手方Ｂが悪意である以上，ＡＢ間の契約は無効である。

　表意者が，真意でないと知りつつなした意思表示も，原則として，表示どおりの効力が生じる（心裡留保，民法93条1項本文）。ただし，相手方がその意思表示が表意者の真意ではないことを知り，又は知ることができたときは，その意思表示は無効とされる（同法93条1項但書）。したがって，Ｂが悪意である以上，ＡＢ間の売買契約の意思表示は無効であり，契約は有効に成立しない。よって，本肢は誤り。

❷　**誤**　仮装の契約である以上，ＡＢ間の契約は無効である。

　相手方と通じてした虚偽の意思表示は，無効である（虚偽表示，民法94条1項）。したがって，ＡＢ間の仮装契約は無効であり，契約は成立しない。よって，本肢は誤り。

❸　**正**　強迫による意思表示は，取り消すことができる（民法96条1項）。そして，詐欺の場合と異なり，意思表示の相手方以外の第三者が強迫した場合でも，相手方が強迫の事実を知っていたか否かにかかわらず取り消すことができる（同法96条2項反対解釈）。よって，本肢は正しく，本問の正解肢となる。

❹　**誤**　意思無能力者が結んだ契約は，取消しできない。

　意思無能力者が結んだ契約はそもそも無効である（民法3条の2）。そして，無効な行為は，取消しができる行為と異なり，追認しても効力が生じない（民法119条本文）。したがって，Ａが泥酔して意思無能力である間になされた売買契約は無効であり，追認することも，追認拒絶することもできない。よって，本肢は誤り。

問2	制限行為能力者	解答 ❹	合格者正解率	不合格者正解率	受験者正解率
			88.7%	64.1%	79.9%

❶　**誤**　営業に関しない法律行為には，法定代理人の同意が必要。

　未成年者が法律行為をするには，原則としてその法定代理人の同意を得なければならない（民法5条1項本文）。もっとも，一種又は数種の営業を許された未成年者は，その営業に関しては，成年者と同一の行為能力を有する（民法6条1項）。本肢の未成年者が，自己が居住するために建物を購入する行為は，古着の仕入販売に関する営業と関係がない。したがって，本肢の未成年者は，当該行為につき行為能力がなく，当該行為を行うには原則どおり法定代理人の同意を得なければならない。よって，本肢は誤り。

❷　**誤**　贈与の申込みを拒絶するには，保佐人の同意が必要。

　被保佐人が，不動産を売却する場合に，保佐人の同意が必要であるとする本肢の前半は正しい（民法13条1項3号）。もっとも，被保佐人が贈与の申込みを拒絶するには，その保佐人の同意を得なければならない（民法13条1項7号）。よって，本肢は誤り。

❸ **誤** 成年後見人による居住用の建物の売却には，家庭裁判所の許可が必要。

　成年後見人は，成年被後見人に代わって，その居住の用に供する建物を売却するには，家庭裁判所の許可を得なければならない（民法859条の3）。また，後見監督人の許可があれば，家庭裁判所の許可が不要になるという制度はない。よって，本肢は誤り。

❹ **正** 制限行為能力者が行為能力者であることを信じさせるため詐術を用いたときは，その行為を取り消すことができない（民法21条）。したがって，詐術を用いて相手方に補助人の同意を得たと信じさせていたときは，被補助人は当該行為を取り消すことができない。よって，本肢は正しく，本問の正解肢となる。

問3	物権変動	解答❶	合格者正解率 64.9%	不合格者正解率 33.4%	受験者正解率 46.7%

❶ **誤** 無権利者からの転得者Cは真の所有者Dに対抗できない。

　無権利者やその者からの譲受人，転得者は登記がなければ対抗できない第三者にあたらない。したがって，無権利者からの転得者Cは第三者にはあたらず，真の所有者Dは，登記がなくても，Cに対抗することができる。よって，本肢は誤りであり，本問の正解肢となる。

❷ **正** 当事者の一方がその解除権を行使した場合，各当事者は，互いに原状回復義務を負うことになるが，第三者の権利を害することはできない（民法545条1項但書）。ここで，第三者が保護されるためには，第三者が対抗要件を備えていることが必要である(判例)。したがって，解除前の第三者CがBから所有権移転登記を受けていたときは，Cは，甲地の所有権をAに主張することができる。よって，本肢は正しい。

❸ **正** 解除後に登場した第三者と，契約を解除して所有権を取り戻そうとする者とは，対抗関係に立つので，先に登記を備えた者が所有権を対抗することができる（民法177条，判例）。したがって，解除後の第三者CがBから所有権移転登記を受けたときは，Cは，甲地の所有権をAに対抗することができる。よって，本肢は正しい。

❹ **正** 時効によって不動産の所有権を取得した者は，登記がなければ，時効完成後の第三者にその権利の取得を対抗することができない(民法177条，判例)。したがって，Cは登記を備えている以上，甲地の所有権をEに対抗することができる。よって，本肢は正しい。

問4	相続	解答❷	合格者正解率 63.7%	不合格者正解率 50.2%	受験者正解率 58.1%

❶ **正** 相続回復の請求権は，相続人又はその法定代理人が相続権を侵害された事実

を知った時から5年間行使しないときは，時効によって消滅する（民法884条）。よって，本肢は正しい。

❷ 誤 代襲者が死亡していた場合，代襲者の子が相続人になることがある。

代襲相続の規定は，代襲者が相続開始以前に死亡した場合にその代襲者の子は，被相続人の直系卑属であるときには，再代襲相続人となる（民法887条2項，3項）。要するに，被相続人のひ孫が代襲相続するということである。よって，本肢は誤りであり，本問の正解肢となる。

❸ 正 被相続人の兄弟姉妹が相続人となるのは，被相続人に子及びその代襲相続人と直系尊属がいない場合である（民法889条1項，887条2項，3項）。よって，本肢は正しい。

❹ 正 兄弟姉妹については，肢2で述べた再代襲は認められない（民法889条2項，887条2項参照）。よって，本肢は正しい。

問5	占有権	解答❸	合格者正解率 49.2%	不合格者正解率 33.8%	受験者正解率 42.2%

❶ 誤 指図による占有移転による引渡しが認められる。

売買契約が解除されたことにより，売主の所有物を買主が代理占有している場合において，この所有者が，その占有代理人に対して，第三者のためにその物を占有すべき旨を命じ，かつ，第三者がこれを承諾したときは，その第三者に占有が移転する（民法184条）。よって，本肢は誤り。

❷ 誤 占有者BはCに必要費の償還請求をすることができる。

占有者が占有物を返還する場合においては，原則としてその物の保存のために支出した金額その他の必要費をその返還の相手方に償還させることができる（民法196条1項本文）。よって，本肢は誤り。

❸ 正 悪意の占有者は，果実を所有権者に償還しなければならない（民法190条1項）。そして，賃料は果実にあたる。したがって，Bは，Dから受領した賃料額をCに償還しなければならない。よって，本肢は正しく，本問の正解肢となる。

❹ 誤 Cが敗訴することもある。

占有者がその占有を奪われたときは，占有回収の訴えによりその物の返還を請求することができるが，この占有回収の訴えは，所有権に関する理由に基づいて裁判をすることができない（民法200条1項，202条2項，判例）。したがって，Cが所有権を主張しても考慮されず，Cは，占有回収の訴えについて敗訴することもありうる。よって，本肢は誤り。

ア　誤　追認の効力は，契約時にさかのぼって生じる。

　追認の効力は，別段の意思表示がない限り，契約時にさかのぼって生じる（民法116条本文）。追認をしたときから将来に向かって生じるものではない。よって，本肢は誤り。

イ　正　不動産を担保に金員を借り入れる代理権を与えられた代理人が，本人の名においてその不動産を売却した場合，相手方において本人自身の行為であると信じたことについて正当な理由があるときは，民法110条を類推適用することができる（判例）。よって，本肢は正しい。

ウ　正　代理人は行為能力者であることは要しない（民法102条参照）。また，代理権は，代理人が後見開始の審判を受けたことによって消滅する（民法111条1項2号）。よって，本肢は正しい。

エ　誤　本人について決するものではない。

　意思表示の効力が意思の不存在，詐欺，強迫またはある事情を知っていたこと若しくは知らなかったことにつき過失があったことによって影響を受けるべき場合には，その事実の有無は，代理人について決するものとする（民法101条1項）。本人の選択に従って，本人または代理人のいずれかについて決するわけではない。よって，本肢は誤り。

　以上より，誤っているのはアとエの二つであり，❷が正解となる。

| 問7 | 抵当権 | 解答 ❸ | 合格者正解率 87.8% | 不合格者正解率 58.7% | 受験者正解率 78.9% |

❶　正　法定地上権が成立するためには，抵当権設定当時，①建物が存在すること，②土地と建物が同一人所有であること，③土地・建物の一方または双方に抵当権が設定されたこと，④土地・建物の所有者が競売により異なるに至ったことが必要になる（民法388条）。本肢においては，上記①～④の要件を満たすことになり，法定地上権が成立する。よって，本肢は正しい。

❷　正　抵当権設定に際し，土地抵当権者が建物の築造をあらかじめ承諾していた事実があっても，法定地上権は成立しない（民法388条，判例）。競落人は抵当権者の行為によりみだりにその所有地に法定地上権を負担させられる理由はないからである。したがって，本肢のように，抵当権設定後に地上建物が建築されることを承認していたとしても，法定地上権が成立することはない。よって，本肢は正しい。

❸　誤　1番抵当権設定時を基準にするため法定地上権は成立しない。

　1番抵当権設定当時，土地と地上建物の所有者が異なり，2番抵当権設定時に土地と地上建物の所有者が同一人となった場合であっても，法定地上権は成立しない（民法388条，判例）。本肢のような場合に，法定地上権の成立を肯定すると，法定地上権の不成立を前提に担保価値を高く評価した1番抵当権者を害することになるからである。よって，本肢は誤りであり，本問の正解肢となる。

❹　正　抵当権設定当時，土地・建物が同一人所有であれば，登記記録上は別人所有とされていても法定地上権は成立する（民法388条，判例）。抵当権設定に際し，現地検分をするのが通例であり，同一人所有であることを推知できるからである。したがって，本肢のように建物の所有権移転登記をする前に土地に抵当権を設定したとしても，法定地上権が成立することになる。よって，本肢は正しい。

問8　保証・連帯債務　解答 ❷

合格者正解率	不合格者正解率	受験者正解率
76.7%	49.9%	66.9%

❶　正　保証契約は，債権者と保証人との契約であるから，債権者と保証人だけで有効に締結することができる。主たる債務者の委託の有無によって，求償の範囲が変わるだけである（民法459条，462条1項）。したがって，主たる債務者と連絡を取らず，同人からの委託を受けないまま債権者に対して保証したとしても，保証契約は有効に成立する。よって，本肢は正しい。

❷　誤　保証契約は，書面又は電磁的記録でしなければ，効力を生じない。

　保証契約は，書面又は電磁的記録でしなければ，その効力を生じない（民法446条2項，3項）。したがって，本肢においては，口頭で特定の債務につき保証する旨の意思表示を債権者に対してしたにすぎないから，保証契約は効力を生じない。よって，本肢は誤りであり，本問の正解肢となる。

❸　正　債権者が保証人に債務の履行を請求したときは，連帯ではない保証人は，まず主たる債務者に催告すべき旨を請求することができる。ただし，主たる債務者が破産手続開始の決定を受けたとき，又はその行方が知れないときは，この限りではない（催告の抗弁権，民法452条）。よって，本肢は正しい。

❹　正　保証人が数人いる場合（共同保証）は，原則として，各保証人は債務額を全保証人間にそれぞれ等しい割合でその一部を保証する（分別の利益，民法456条）。しかし，連帯保証人には分別の利益はなく，連帯保証人は各自全額につき保証責任を負うことになる（判例）。よって，本肢は正しい。

問9　債権譲渡　解答 ❷

合格者正解率	不合格者正解率	受験者正解率
62.9%	40.3%	58.0%

❶ 正 当事者が譲渡制限の意思表示をしたときであっても，債権の譲渡は，その効力を妨げられない（民法466条2項）。また，債務者は，譲渡制限の意思表示がされた金銭の給付を目的とする債権が譲渡されたときは，その債権の全額に相当する金銭を供託することができる（民法466条の2第1項）。よって，本肢は正しい。

❷ 誤 現に債権が発生していなくても，将来発生する債権を譲渡することができる。

債権の譲渡は，その意思表示の時に債権が現に発生していることを要しない（民法466条の6第1項）。そして，意思表示の時に現に発生していない債権が譲渡された場合，譲受人は，その後に発生した債権を当然に取得する（民法466条の6第2項）。よって，本肢は誤りであり，本問の正解肢となる。

❸ 正 譲渡制限の意思表示がされた債権の譲受人が，譲渡制限の意思表示がされたことを知り，又は重大な過失によって知らなかった場合，債務者は，その債務の履行を拒むことができ，かつ，譲渡人に対する弁済その他の債務を消滅させる事由をもってその譲受人に対抗することができる（民法466条3項）。よって，本肢は正しい。

❹ 正 債権の譲渡は，譲渡人が債務者に通知をし，又は債務者が承諾をしなければ，債務者その他の第三者に対抗することができない（民法467条1項）。そして，当該通知又は承諾は，確定日付のある証書によってしなければ，債務者以外の第三者に対抗することができない（民法467条2項）。よって，本肢は正しい。

問10	契約不適合責任	解答❷	合格者正解率	不合格者正解率	受験者正解率
			－	－	－

❶ 正 売買の目的物の全部が他人の物であり，売主が権利の全部を移転できない場合，買主は，そのことについて善意・悪意にかかわらず，その売買契約を解除することができる（民法542条1項）。よって，本肢は正しい。

❷ 誤 Aは悪意の場合でも，契約を解除できる。

売買の目的物の一部が他人の物であり，その権利の一部を移転しない場合は，買主の善意・悪意を問わず，解除することができる（民法565条，564条，542条）。よって，本肢は誤りであり，本問の正解肢となる。

❸ 正 売買の目的物に抵当権が設定されており，その抵当権が実行された結果，買主が所有権を失った場合，権利の移転について全部不能となっているため，解除することができる（民法542条1項）。よって，本肢は正しい。

❹ 正 売主が買主に移転した権利が契約の内容に適合しないものであり，その不履行により，残存する部分のみでは契約をした目的を達することができない場合には，契約を解除することができる（民法562条，564条，542条）。そして，この契約不適合には物理的な契約不適合ばかりではなく，法律的な契約不適合も含まれる（判例）。本肢のように，売買の目的物である土地が都市計画街路の区域内にある場合には建築物の

建築が規制されるから，法律上の契約不適合があるといえる。そして，この土地の8割が建築物の建築をすることができないため，残存する部分のみでは契約をした目的を達することができないことになる。したがって，Aは契約を解除することができる。よって，本肢は正しい。

問11 借地借家法（借地） 解答❶

合格者正解率	不合格者正解率	受験者正解率
87.5%	60.9%	78.0%

❶ **正** 土地について賃借権の登記がなくても，土地の上に借地権者が登記されている建物を所有するときは，これをもって第三者に対抗することができる（借地借家法10条1項）。しかし，配偶者名義や長男名義などの場合，第三者に対抗することができない（判例）。本肢では，建物保存登記がAの子C名義であるため，Aは，乙土地の所有権移転登記を備えたDに対して，借地権を対抗することができない。よって，本肢は正しく，本問の正解肢となる。

❷ **誤** 建物の同一性が認められれば，借地権を対抗できる。

借地上の建物の登記に表示された所在地番及び床面積が実際と異なる場合であっても，一定の事情の下では，登記されている建物との同一性は肯定される（判例）。そして，肢1の解説でも述べたとおり，土地の上に借地権者が登記されている建物を所有するときは，これをもって第三者に対抗することができる。したがって，甲建物の登記を備えているAは，Dに対して借地権を対抗することができる。よって，本肢は誤り。

❸ **誤** 建物買取請求権を認める規定は特約で排除できない。

借地権の存続期間が満了した場合の建物買取請求についての規定は強行規定であるため，借地権者に不利な内容の特約は無効となる（借地借家法13条1項，16条）。本肢の特約は，「賃貸借契約終了時にはAが甲建物を収去すべき」となっており，借地権者の建物買取請求を否定するものであるため，借地権者であるAにとって不利な内容といえ，無効である。また，公正証書によって事業用定期借地権を設定した場合であれば，更新や建物買取請求を認めない旨を特約で定めることもできるが（借地借家法23条1項），本問ではAは居住用の甲建物を所有する目的で乙土地を賃借しているので通常の借地権の設定であり，事業用定期借地権の設定にあたらない。よって，本肢は誤り。

❹ **誤** 借地権者の債務不履行による解除の場合，建物買取請求権は認められない。

建物買取請求権が認められるのは，借地権の存続期間が満了したことによって賃貸借契約が終了した場合である（借地借家法13条1項）。債務不履行によって賃貸借契約が解除された場合には建物買取請求権は認められない。したがって，地代を支払わなかったことを理由として賃貸借契約が解除された場合には，Bは甲建物を時価で買い取る必要はない。よって，本肢は誤り。

❶ 正 建物賃貸借では引渡しも対抗要件となる（借地借家法31条）。対抗要件を登記とする特約は，この規定に反する賃借人に不利な特約であるため，無効である（借地借家法37条）。このことは普通建物賃貸借であっても，定期建物賃貸借であっても変わらない。よって，本肢は正しく，本問の正解肢となる。

❷ 誤 いずれの借家契約でも借賃を増額しない特約は有効である。

定期建物賃貸借では借賃の改定に関する特約があれば借賃増額請求権の規定（借地借家法32条1項本文）は適用されないため，3年間賃料を増額しない旨の特約（以下，本件特約とする。）は有効である（借地借家法38条9項）。また，普通建物賃貸借でも一定の期間建物の借賃を増額しない旨の特約がある場合は，借賃増減額請求権は発生しないとされているため（借地借家法32条1項但書），本件特約は有効である。したがって，定期建物賃貸借，普通建物賃貸借ともに本件特約は有効である。よって，本肢は誤り。

❸ 誤 いずれの借家契約でも造作買取請求をすることができない旨の特約は有効である。

造作買取請求権を定める借地借家法33条は，強行規定とされていないため（借地借家法37条），建物賃貸借において造作買取請求権につき賃借人に不利となるような特約を結んでも，この特約は有効である。したがって，期間満了時に造作買取請求を認めない旨の特約は，いずれの建物賃貸借であっても有効である。よって，本肢は誤り。

❹ 誤 期間の定めのある建物賃貸借では解約権を認めない旨の特約は有効である。

期間の定めのある普通借家契約では中途解約は原則として認められておらず（民法618条反対解釈），中途解約を認めない旨の特約は当然有効である。一方，定期借家契約では，居住用建物の賃貸借について，賃借人からの中途解約が認められる場合があり（借地借家法38条7項），賃借人からの中途解約を認めない特約は，これを排除することとなるので無効となる（借地借家法38条8項）。よって，本肢は誤り。

❶ 正 集会においては，規約に別段の定めがある場合および別段の決議をした場合を除いて，管理者または集会を招集した区分所有者の1人が議長となる（区分所有法41条）。したがって，管理者が選任されていない場合であって，規約に別段の定めがなく別段の決議もない場合，集会を招集した区分所有者の1人が議長となる。よって，本肢は正しく，本問の正解肢となる。

❷ **誤** 2週間ではなく1週間。

集会の招集の通知は，会日より少なくとも1週間前に，会議の目的たる事項を示して，各区分所有者に発しなければならない。ただし，この期間は，規約で伸縮することができる（区分所有法35条1項）。よって，本肢は誤り。

❸ **誤** 1人ではなく2人。

集会の議事録が書面で作成されているときは，議長及び集会に出席した区分所有者の2人がこれに署名しなければならない（区分所有法42条3項）。よって，本肢は誤り。

❹ **誤** 任期は2年に限られない。

区分所有者は，規約に別段の定めがない限り集会の決議によって，管理者を選任し，または解任することができる(区分所有法25条1項)。しかし，管理者を選任する場合に，任期を2年以内としなければならないとする規定はない。よって，本肢は誤り。

問14	不動産登記法	解答❶	合格者正解率	不合格者正解率	受験者正解率
			52.7%	32.1%	45.2%

❶ **誤** 表題登記を申請しなければならない。

新築した建物又は区分建物以外の表題登記がない建物の所有権を取得した者は，その所有権の取得の日から1カ月以内に，表題登記を申請しなければならない（不登法47条1項）。申請しなければならないのは，所有権の保存の登記ではない。よって，本肢は誤りであり，本問の正解肢となる。

❷ **正** 抵当権，賃借権は登記することができる権利である（不登法3条7号，8号）。よって，本肢は正しい。

❸ **正** 建物が滅失したときは，表題部所有者又は所有権の登記名義人は，その滅失の日から1カ月以内に，当該建物の滅失の登記を申請しなければならない（不登法57条）。よって，本肢は正しい。

❹ **正** 区分建物にあっては，表題部所有者から所有権を取得した者も，所有権保存の登記を申請することができる（不登法74条2項前段）。よって，本肢は正しい。

問15	国土利用計画法	解答❸	合格者正解率	不合格者正解率	受験者正解率
			96.5%	79.2%	90.6%

❶ **誤** 市と取引をした場合，事後届出は不要。

当事者の一方又は双方が国，地方公共団体その他政令で定める法人である場合，事後届出の必要はない（国土法23条2項3号，18条）。したがって，A市から土地を購入した宅建業者Bは事後届出を行わなくてよい。よって，本肢は誤り。

❷ 誤 対価の額も届出事項である。

土地売買等の契約に係る土地の土地に関する権利の移転又は設定の対価の額は，事後届出の届出事項である（国土法23条1項6号）。よって，本肢は誤り。事後届出の場合，土地の利用目的について勧告をすることができるが，額について勧告をすることはできない（国土法24条）。このことと混乱しないように注意してほしい。

❸ 正 市街化区域を除く都市計画区域内において，5,000㎡を超える面積の一団の土地を取得した場合，権利取得者は事後届出をする必要がある。そして，事後届出において「一団の土地」に当たるか否かは，買主等権利取得者を基準に判断する（国土法23条2項1号ロ）。本肢の甲土地は3,500㎡，乙土地は2,500㎡であることから，買主である宅建業者Eは6,000㎡の一団の土地の所有権を取得する売買契約を締結したことになる。したがって，Eは事後届出を行わなければならない。よって，本肢は正しく，本問の正解肢となる。

❹ 誤 契約を取り消すことはできない。

都道府県知事は，土地利用審査会の意見を聴いて，事後届出をした者に対し，当該事後届出に係る土地の利用目的について必要な変更をすべきことを勧告することができ，当該勧告に従わない場合，勧告に従わない旨及び勧告内容を公表することができる（国土法24条1項，26条）。契約を取り消すことはできない。よって，本肢は誤り。

問 16	都市計画の内容	解答 ❹	合格者正解率 98.1%	不合格者正解率 78.4%	受験者正解率 89.5%

❶ 正 田園住居地域内の農地の区域内において，土地の形質の変更，建築物の建築その他工作物の建設又は土石その他の政令で定める物件の堆積を行おうとする者は，原則として市町村長の許可を受けなければならない（都計法52条1項本文）。よって，本肢は正しい。

❷ 正 風致地区内における建築物の建築，宅地の造成，木竹の伐採その他の行為については，政令で定める基準に従い，地方公共団体の条例で，都市の風致を維持するため必要な規制をすることができる（都計法58条1項）。よって，本肢は正しい。

❸ 正 市街化区域については，少なくとも用途地域を定めるものとし，市街化調整区域については，原則として用途地域を定めないものとする（都計法13条1項7号）。よって，本肢は正しい。

❹ 誤 準都市計画区域に区域区分を定めることはできない。

都市計画区域について無秩序な市街化を防止し，計画的な市街化を図るため必要があるときは，都市計画に，市街化区域と市街化調整区域との区分（以下「区域区分」という。）を定めることができる（都計法7条1項本文）。準都市計画区域には，区域区分を定めることはできない。よって，本肢は誤りであり，本問の正解肢となる。

問 17	開発行為の規制等	解答 ❶	合格者正解率 87.6%	不合格者正解率 49.6%	受験者正解率 76.0%

❶ **正** 準都市計画区域においては，規模が 3,000㎡ 未満の開発行為は許可が不要となる（都計法 29 条 1 項但書 1 号，施行令 19 条 1 項）。したがって，準都市計画区域内における 4,000㎡ の土地の区画形質の変更は都道府県知事の許可が必要となる。本肢は正しく，本問の正解肢となる。

❷ **誤** 1,000㎡ 以上である場合，開発許可を受けなければならない。

農業を営む者の居住の用に供する建築物は「農林漁業用建築物」である（都計法 29 条 1 項但書 2 号）。市街化区域においては，農林漁業用建築物の建築のための開発行為は，その規模が 1,000㎡ 以上である場合，開発許可を受けなければならない（都計法 29 条 1 項但書 2 号参照，施行令 19 条 1 項）。よって，本肢は誤り。

❸ **誤** 8,000㎡ の野球場の建設は開発行為にあたらない。

開発行為とは，主として建築物の建築又は特定工作物の建設の用に供する目的で行う土地の区画形質の変更をいう（都計法 4 条 12 項）。野球場は 1 ヘクタール（10,000㎡）以上のものでなければ特定工作物にはあたらない（都計法 4 条 11 項，施行令 1 条 2 項 1 号）。したがって，野球場の建設の用に供する目的で行う 8,000㎡ の土地の区画形質の変更は，そもそも開発行為にはあたらないことから開発許可を受ける必要はない（都計法 29 条 1 項）。よって，本肢は誤り。

❹ **誤** 1,000㎡ についても開発行為は許可が必要である。

市街化調整区域においては，小規模開発の例外がないため，1,000㎡ の土地の区画形質の変更についても開発行為は許可が必要となる（都計法 29 条 1 項但書 1 号，施行令 19 条 1 項）。また，医療法に規定する病院の建築についても許可が不要となることはない（施行令 20 条等参照）。よって，本肢は誤り。

問 18	建築基準法総合	解答 ❸	合格者正解率 88.6%	不合格者正解率 80.4%	受験者正解率 85.2%

❶ **誤** 特定行政庁の許可が必要。

建築物は，原則として，道路内に，又は道路に突き出して建築してはならない。ただし，公衆便所，巡査派出所その他これらに類する公益上必要な建築物で特定行政庁が通行上支障がないと認めて建築審査会の同意を得て許可したものは，道路に突き出して建築することができる（建基法 44 条 1 項但書 2 号）。よって，本肢は誤り。

❷ **誤** 200㎡ 以上の映画館を建築することができる。

近隣商業地域内において，客席の部分の床面積にかかわらず，映画館を建築すること

ができる（建基法48条9項　別表第二）。客席の部分の床面積の合計が200㎡以上の映画館も，建築することができる。よって，本肢は誤り。

❸　**正**　建築物の容積率の算定の基礎となる延べ面積には，老人ホーム等の共用の廊下又は階段の用に供する部分の床面積は，算入しない（建基法52条6項）。よって，本肢は正しく，本問の正解肢となる。

❹　**誤**　冬至日の真太陽時の午前8時から午後4時である。

日影による中高層の建築物の高さの制限に係る日影時間の測定は，冬至日の真太陽時の午前8時から午後4時までの間について行われる（建基法56条の2第1項本文）。夏至日ではなく，冬至日である。よって，本肢は誤り。

問19	建築基準法総合	解答❸	合格者正解率	不合格者正解率	受験者正解率
			82.3%	51.1%	70.2%

❶　**正**　地方公共団体は，特殊建築物，階数が3以上である建築物，政令で定める窓その他の開口部を有しない居室を有する建築物又は延べ面積が1,000㎡を超える建築物の敷地が接しなければならない道路の幅員等について，条例で，必要な制限を付加することができる（建基法43条3項）。よって，本肢は正しい。

❷　**正**　建蔽率の限度が10分の8とされている地域内で，かつ，防火地域内にある耐火建築物等については，建蔽率の制限は適用されない（建基法53条6項1号）。よって，本肢は正しい。

❸　**誤**　第二種中高層住居専用地域に属する建物の部分には適用がある。

北側斜線制限は，第一種低層住居専用地域，第二種低層住居専用地域，田園住居地域，第一種中高層住居専用地域，第二種中高層住居専用地域において適用がある（建基法56条1項3号）。北側斜線制限の適用がある地域と適用のない地域にわたって建築物が存する場合は，適用地域に係る建築物の部分について，北側斜線制限が適用される（建基法91条，56条5項）。よって，本肢は誤りであり，本問の正解肢となる。

❹　**正**　建築物の敷地が用途規制の異なる複数の地域にわたる場合，その建築物又はその敷地の全部について，敷地の過半の属する地域の用途規制に関する規定が適用される（建基法91条）。本肢の敷地は過半が準住居地域内であり，床面積100㎡の自動車修理工場は建築可能である（建基法48条7項，別表第二（と）2号）。よって，本肢は正しい。

問20	盛土規制法	解答❶	合格者正解率	不合格者正解率	受験者正解率
			69.0%	42.7%	58.9%

❶ **誤** 高さ5m以下なので，資格を有する者の設計である必要はない。

宅地造成等工事規制区域内において宅地造成等に関する工事を行う場合，宅地造成等に伴う災害を防止するために行う高さ5mを超える擁壁の設置に係る工事については，政令で定める資格を有する者の設計によらなければならない（盛土規制法13条2項，施行令21条1号）。よって，本肢は誤りであり，本問の正解肢となる。

❷ **正** 宅地造成等工事規制区域内において行われる宅地造成等に関する工事については，原則として，工事主は，当該工事に着手する前に，都道府県知事の許可を受けなければならない（盛土規制法12条1項本文）。そして，宅地において行われる切土であって，切土をする土地の面積が500㎡を超えるものは，宅地造成にあたる（盛土規制法2条2号，施行令3条5号）。したがって，切土をする土地の面積が600㎡のときの切土に関する工事については，原則として，あらかじめ都道府県知事の許可を受けなければならない。よって，本肢は正しい。

❸ **正** 宅地において行われる盛土であって，当該盛土をした土地の部分に高さが1mを超える崖を生じるものは，宅地造成にあたる（盛土規制法2条2号，施行令3条1号）。したがって，原則として，あらかじめ都道府県知事の許可を受けなければならない（盛土規制法12条1項本文）。よって，本肢は正しい。

❹ **正** 都道府県知事は，宅地造成等工事規制区域内の土地について，宅地造成等に伴う災害の防止のため必要があると認める場合においては，その土地の所有者，管理者，占有者，工事主又は工事施行者に対し，擁壁等の設置等の措置をとることを勧告することができる（盛土規制法22条2項）。よって，本肢は正しい。

問21	土地区画整理法	解答❸	合格者正解率 71.5%	不合格者正解率 46.6%	受験者正解率 63.9%

❶ **正** 施行者は，換地処分を行う前において，換地計画に基づき換地処分を行うため必要がある場合においては，施行地区内の宅地について仮換地を指定することができる（区画法98条1項）。よって，本肢は正しい。

❷ **正** 仮換地が指定された場合においては，従前の宅地について権原に基づき使用し，又は収益することができる者は，仮換地の指定の効力発生の日から換地処分の公告がある日まで，仮換地について，従前の宅地について有する権利の内容である使用又は収益と同じ使用又は収益をすることができる（区画法99条1項）。よって，本肢は正しい。

❸ **誤** 都道府県知事の認可で足り，市町村長の認可は不要である。

施行者は，施行地区内の宅地について換地処分を行うため，換地計画を定めなければならない。この場合において，施行者が個人施行者，組合，区画整理会社，市町村又は機構等であるときは，その換地計画について都道府県知事の認可を受けなければならない（区画法86条1項）。したがって，都道府県知事の認可を受ける必要はあるが，市

町村長の認可を受ける必要はない。よって，本肢は誤りであり，本問の正解肢となる。

❹ 正 換地処分の公告があった場合においては，換地計画において定められた換地は，その公告があった日の翌日から従前の宅地とみなされ，換地計画において換地を定めなかった従前の宅地について存する権利は，その公告があった日が終了した時において消滅する（区画法104条1項）。よって，本肢は正しい。

問22	農地法	解答❸	合格者正解率	不合格者正解率	受験者正解率
			92.2%	68.3%	83.7%

❶ 誤 相続人以外の者に対する特定遺贈は許可が必要である。

農地についての所有権等の権利設定又は移転であっても，相続や遺産分割による場合は，例外的に農地法3条1項の許可は不要となる（農地法3条1項12号）。しかし，相続人以外の者に対する特定遺贈は農地法3条1項の許可が必要である（規則15条5号参照）。本肢は，前半は正しいが，後半が誤りである。よって，本肢は誤り。

❷ 誤 農地所有適格法人でない法人も3条許可を得られる場合がある。

農地所有適格法人以外の法人が所有権，地上権，永小作権等の権利を取得しようとする場合，農地法3条1項の許可を得ることはできない（農地法3条2項2号）。しかし，農地を借り入れようとする場合の許可要件に，農地所有適格法人でなければならないというものはない（農地法3条3項各号参照）。したがって，農地所有適格法人の要件を満たしていない株式会社であっても耕作目的で農地を借り入れることができる。よって，本肢は誤り。

❸ 正 農地法3条1項又は5条1項の許可を得ていない権利設定又は移転は，その効力を生じない（農地法3条6項，5条3項）。したがって，農地法3条1項又は5条1項の許可のない農地の売買契約を締結してもその効力は生じず，所有権移転の効力も生じない。よって，本肢は正しく，本問の正解肢となる。

❹ 誤 市街化調整区域では4条許可に代わる農業委員会への届出の特則はない。

農地法上の「農地」とは，耕作の目的に供される土地をいい（農地法2条1項），遊休化している農地（いわゆる休耕地）も，耕作しうる以上「農地」にあたる。そして，市街化調整区域内の農地を転用する場合は，4条1項の許可を受ける必要がある。よって，本肢は誤り。なお，市街化区域内の農地は，4条1項の許可を得なくても農業委員会への届出により転用することができる（農地法4条1項7号）。

問23	登録免許税	解答❷	合格者正解率	不合格者正解率	受験者正解率
			72.6%	53.4%	66.7%

❶ **誤** 100㎡以上ではなく，50㎡以上である。

　登録免許税の税率の軽減措置の適用を受けることができる住宅用家屋は，個人の住宅の用に供される家屋で，床面積の合計が50㎡以上である場合に限られる（租特法73条，施行令42条1項1号，41条1号）。登録免許税の税率の軽減措置の適用を受けることができる住宅用家屋の床面積は，100㎡以上ではない。よって，本肢は誤り。

❷ **正** 住宅用家屋の所有権の移転の登記に係る登録免許税の税率の軽減措置の適用を受けることができるのは，売買又は競落により住宅用家屋を取得した場合に限られる（租特法73条，施行令42条3項）。したがって，贈与により取得した場合には，適用されない。よって，本肢は正しく，本問の正解肢となる。

❸ **誤** 実際の取引価格ではない。

　登録免許税の課税標準は，原則として，固定資産課税台帳登録価格である（登免法10条1項，附則7条）。売買契約書に記載された実際の取引価格ではない。よって，本肢は誤り。

❹ **誤** 6カ月以内ではなく，1年以内である。

　登録免許税の税率の軽減措置の適用を受けるためには，適用対象となる住宅用家屋の取得後1年以内に所有権の移転登記を受ける必要がある（租特法73条）。取得後6カ月以内に所有権の移転登記を受けるのではない。よって，本肢は誤り。

| 問24 | 不動産取得税 | 解答❸ | 合格者正解率 88.8% | 不合格者正解率 69.7% | 受験者正解率 80.5% |

❶ **誤** 申告納付ではない。

　不動産取得税の徴収は，普通徴収の方法によらなければならない（地方税法73条の17第1項）。納税者に納税通知書を交付することにより徴収するのであり，申告納付ではない（地方税法73条の17第2項）。よって，本肢は誤り。

❷ **誤** 価格が増加すれば課税される。

　不動産取得税は，不動産の取得に対して課される税である（地方税法73条の2第1項）。家屋を改築したことにより当該家屋の価格が増加した場合には，当該改築をもって家屋の取得とみなして，不動産取得税が課される（地方税法73条の2第3項）。よって，本肢は誤り。

❸ **正** 相続による不動産の取得に対しては，不動産取得税を課することができない（地方税法73条の7第1号）。よって，本肢は正しく，本問の正解肢となる。

❹ **誤** 面積によって非課税とする旨の規定はない。

　一定の面積に満たない土地の取得については，不動産取得税を課さないとする旨の規定はない。よって，本肢は誤り。

❶ **誤** 複数の鑑定評価の手法を適用すべきである。

　不動産の価格を求める鑑定評価の基本的な手法は，原価法，取引事例比較法及び収益還元法に大別され，鑑定評価に当たっては，地域分析及び個別分析により把握した対象不動産に係る市場の特性等を適切に反映した複数の鑑定評価の手法を適用すべきである（不動産鑑定評価基準総論7章1節，8章7節）。よって，本肢は誤り。

❷ **正** 土地についての原価法の適用において，宅地造成直後の対象地の地域要因と価格時点における対象地の地域要因とを比較し，公共施設，利便施設等の整備および住宅等の建設等により，社会的，経済的環境の変化が価格水準に影響を与えていると認められる場合には，地域要因の変化の程度に応じた増加額を熟成度として加算することができる（不動産鑑定評価基準総論7章1節Ⅱ2（2）①）。よって，本肢は正しく，本問の正解肢となる。

❸ **誤** 特殊価格ではない。

　特殊価格とは，文化財等の一般的に市場性を有しない不動産について，その利用現況等を前提とした不動産の経済価値を適正に表示する価格をいう（不動産鑑定評価基準5章3節Ⅰ4）。よって，本肢は誤り。なお，本肢の記述は，特定価格に関するものである。

❹ **誤** 自用の住宅地にも適用すべきである。

　収益還元法は，対象不動産が将来生み出すであろうと期待される純収益の現在価値の総和を求めることにより対象不動産の試算価格を求める手法である。そして、この手法は，文化財の指定を受けた建造物等の一般的に市場性を有しない不動産以外のものにはすべて適用すべきものであり，自用の住宅地といえども賃貸を想定することにより適用されるものである（不動産鑑定評価基準7章1節Ⅳ1）。よって，本肢は誤り。

ア **正** 工業専用地域は用途地域である。そして，用途地域内の土地は，一定の場合を除き，宅地に該当する（業法2条1号）。したがって，工業専用地域内の資材置き場の用に供されている土地は，宅地である。よって，本肢は正しい。

イ **誤** 社会福祉法人も貸借の媒介を行うときは免許が必要となる。

　住宅の貸借の媒介を反復継続して行う場合，宅建業を行うことになるから，免許を受ける必要がある（業法3条1項，2条2号）。この点，本肢のような社会福祉法人の場合も同様であり，免許が不要となる場合にあたらない。よって，本肢は誤り。

ウ 誤 倉庫の用に供されている土地は宅地である。

現に建物が建っている土地であれば，建物の種類やその場所は問わず，すべて宅地に該当する（業法2条1号）。したがって，倉庫の用に供されている土地は宅地である。よって，本肢は誤り。

エ 誤 貸借の媒介を反復継続して行う場合，賃貸住宅管理業者も免許が必要である。

住宅の貸借の媒介を反復継続して行う場合，宅建業を行うことになるから，免許を受ける必要がある（業法3条1項，2条2号）。この場合，賃貸住宅の管理業者であっても，宅建業の免許が必要となる。よって，本肢は誤り。

以上より，正しいものはアの一つであり，**❶**が本問の正解肢となる。

問27	従業者名簿	解答❸	合格者正解率	不合格者正解率	受験者正解率
			―	―	―

❶ 違反する 宅地建物取引士であるか否か記載しなければならない。

従業者名簿には，従業者の，(1)氏名，(2)従業者証明書番号，(3)生年月日，(4)主たる職務の内容，(5)宅地建物取引士であるか否か，(6)当該事務所の従業者となった年月日，(7)当該事務所の従業者でなくなったときはその年月日，を記載しなければならない（業法48条3項，規則17条の2第1項）。よって，宅地建物取引士であるか否かの別を記載しなかった本肢は，宅建業法に違反する。

❷ 違反する 最終の記載をした日から10年間保存しなければならない。

従業者名簿は，最終の記載をした日から10年間保存しなければならない（施行規則17条の2第4項）。よって，5年間だけ保存し直ちに廃棄した本肢は，宅建業法に違反する。

❸ 違反しない 従業者名簿は，それぞれの事務所ごとに作成して備え付ければ足り，主たる事務所に一括して備え付ける必要はない（業法48条3項）。よって，本肢は宅建業法に違反せず，本問の正解肢となる。

❹ 違反する 従業者名簿を閲覧に供しなければならない。

宅建業者は，取引の関係者から請求があったときは，従業者名簿を閲覧に供しなければならない（業法48条4項）。従業者名簿の内容は，業法45条により保護されるべき秘密には該当しないから，守秘義務を理由に閲覧の申出を断ることはできない。よって，本肢は宅建業法に違反する。

問28	業務上の規制総合	解答❹	合格者正解率	不合格者正解率	受験者正解率
			69.2%	40.3%	52.5%

ア　違反する　宅建業者は，その業務に関して広告するときは，当該広告に係る宅地又は建物の現在もしくは将来の利用の制限などに関して著しく事実に相違する表示をし，又は実際のものより著しく優良であり，もしくは有利であると人を誤認させるような表示をしてはならない（業法32条）。本肢の広告は，著しく人を誤認させるような表示である。よって，本肢は宅建業法の規定に違反する。

イ　違反する　宅建業者は，定期建物賃貸借の媒介をする場合は，重要事項の説明において，定期建物賃貸借である旨説明しなければならない（業法35条1項14号，規則16条の4の3第9号）。定期建物賃貸借は，期間の定めのある契約であるにもかかわらず，期間の定めのない旨の説明を行うことは，事実に反する説明を行うことになる。よって，本肢は宅建業法の規定に違反する。

ウ　違反する　宅建業者は，宅地の造成又は建物の建築に関する工事の完了前においては，当該工事に関し必要とされる開発許可，建築確認等があった後でなければ，当該工事に係る宅地又は建物の売買その他の業務に関する広告をしてはならない（業法33条）。したがって，建築確認を受ける前に，当該建物の分譲の広告をしてはならない。よって，本肢は宅建業法の規定に違反する。

エ　違反する　宅建業者は，自己の所有に属しない宅地又は建物について，当該宅地又は建物を取得する契約（予約を含み停止条件付のものを除く）を締結しているとき等を除き，自ら売主となる売買契約を締結してはならない（業法33条の2）。裁判所による競売の公告がなされたからといって，当該宅地を取得する契約をしたわけではない。よって，本肢は宅建業法の規定に違反する。

　以上より，宅建業法に違反するものはア，イ，ウ，エの四つすべてであり，❹が本問の正解肢となる。

問29	免許の申請	解答❷	合格者正解率	不合格者正解率	受験者正解率
			58.1%	39.0%	48.8%

❶　**正**　免許の欠格事由に該当するのは，宅建業法66条1項8号又は9号に該当（①不正手段による免許取得，②業務停止処分事由に該当し，情状が特に重い，③業務停止処分に違反）することを理由とする免許取消しである（業法5条1項2号，3号）。C社が免許を取り消されたのは，その役員が禁錮以上の刑に処せられたことによるもので，宅建業法66条1項8号又は9号に該当することによるものではないから，その当時C社の役員だったBは，免許欠格事由に該当しない（業法5条1項2号）。したがって，役員Bが免許欠格事由に該当しない以上，A社は免許を受けることができる（業法5条1項12号）。よって，本肢は正しい。

❷ **誤** 詐欺罪により罰金刑に処せられても，免許可。

法人の役員に免許欠格事由に該当する者がいる場合，その法人は免許を受けることはできない（業法5条1項12号）。そして，一定の罪を犯し罰金刑に処せられた場合，免許欠格事由に該当するが，詐欺罪は，この一定の罪には含まれない（業法5条1項6号）。したがって，役員が免許欠格事由に該当しない以上，E社は免許を受けることができる。よって，本肢は誤りであり，本問の正解肢となる。

❸ **正** 指定暴力団の構成員は，暴力団員による不当な行為の防止等に関する法律第2条6号に規定する暴力団員に該当する（業法5条1項7号）。したがって，役員に指定暴力団の構成員がいるF社は，免許を受けることはできない（業法5条1項12号）。よって，本肢は正しい。

❹ **正** 宅建業者が，免許を受けてから1年以内に事業を開始せず，又は引き続いて1年以上事業を休止したときは，免許の取消しの対象となる（業法66条1項6号）。よって，本肢は正しい。

問 30	営業保証金	解答❶	合格者正解率 97.5%	不合格者正解率 78.1%	受験者正解率 89.0%

❶ **誤** 金銭で供託しているときは，保管替えを請求しなければならない。

主たる事務所を移転したため，最寄りの供託所が変更した場合，金銭のみをもって営業保証金を供託しているときは，遅滞なく費用を予納して，営業保証金を供託している供託所に対し，移転後の主たる事務所の最寄りの供託所へ営業保証金の保管替えを請求しなければならない（業法29条1項前段）。よって，本肢は誤りであり，本問の正解肢となる。なお，金銭以外を供託している場合，遅滞なく，営業保証金を移転後の主たる事務所の最寄りの供託所に新たに供託し，従前の供託所から取り戻す（業法29条1項後段）。

❷ **正** 宅建業者は，営業保証金を供託したときは，その供託物受入れの記載のある供託書の写しを添附して，その旨をその免許を受けた国土交通大臣又は都道府県知事に届け出なければならない（業法25条4項）。このことは，事業の開始後新たに事務所を設置したときも同様である（業法26条2項）。よって，本肢は正しい。

❸ **正** 宅建業者は，一部の事務所を廃止した場合において，営業保証金の額が政令で定める額を超えることとなったときは，その超過額について，取り戻すことができる（業法30条1項）。そして，この場合には，原則として，還付請求権者に対し，6カ月を下らない一定期間内に申し出るべき旨を公告し，その期間内にその申出がなかった場合でなければ，取り戻すことができない（業法30条2項）。よって，本肢は正しい。

❹ **正** 宅建業者は，営業保証金が還付されたため，営業保証金が政令で定める額に不足することとなったときは，免許権者から通知書の送付を受けた日から2週間以内に，

その不足額を供託しなければならない（業法28条1項, 営業保証金規則5条）。よって, 本肢は正しい。

問31	重要事項の説明	解答❶	合格者正解率	不合格者正解率	受験者正解率
			—	—	—

❶ **誤** 重要事項の説明対象ではない。

区分所有建物の貸借の媒介を行う場合, 当該1棟の建物の敷地に関する権利の種類および内容は重要事項の説明対象ではない。これは建物の貸借の契約以外の契約（売買・交換)で説明しなければならない事項である（業法35条1項6号, 規則16条の2）。よって, 本肢は誤りであり, 本問の正解肢となる。

❷ **正** 建物の貸借の契約にあたっては, 台所, 浴室, 便所その他の当該建物の設備の整備の状況について, 重要事項として説明しなければならない（業法35条1項14号, 規則16条の4の3第7号）。したがって, 区分所有建物の貸借の媒介を行う場合でも, 台所, 浴室, 便所その他の当該区分所有建物の設備の整備の状況について説明しなければならない。よって, 本肢は正しい。

❸ **正** 区分所有建物の貸借の契約にあっては, 当該1棟の建物およびその敷地の管理が委託されているときは, その委託を受けている者の氏名（法人にあっては, その商号または名称）および住所（法人にあっては, その主たる事務所の所在地）を, 重要事項として説明しなければならない（業法35条1項6号, 規則16条の2第8号）。よって, 本肢は正しい。

❹ **正** 建物の貸借の契約にあっては, 敷金その他いかなる名義をもって授受されるかを問わず, 契約終了時において精算することとされている金銭の精算に関する事項を, 重要事項として説明しなければならない。この場合, 定まっている場合はその内容を説明しなければならないし, 定まっていない場合でも, その旨を説明しなければならない（業法35条1項14号, 規則16条の4の3第11号）。よって, 本肢は正しい。

問32	宅地建物取引士の登録	解答❷	合格者正解率	不合格者正解率	受験者正解率
			86.3%	61.0%	78.6%

❶ **誤** 2年ではない。

都道府県知事は, 不正の手段によって試験を受け, 又は受けようとした者に対しては, 合格の決定を取り消し, 又はその試験を受けることを禁止することができる（業法17条1項）。そして, 都道府県知事は, 合格の取消し等の処分を受けた者に対し, 情状により, 3年以内の期間を定めて試験を受けることができないものとすることができる（業

法17条3項)。2年を上限とする期間ではない。よって,本肢は誤り。

❷ **正** 登録を受けている者が本籍を変更したときは,本人が,遅滞なく,変更の登録を申請しなければならない(業法20条,18条2項,規則14条の2の2第1項1号)。よって,本肢は正しく,本問の正解肢となる。

❸ **誤** 死亡した日からではない。

登録を受けている者が死亡した場合,その相続人は,死亡を知った日から30日以内に,登録をしている都道府県知事に届け出なければならない(死亡等の届出,業法21条1号)。死亡した日から30日以内ではない。よって,本肢は誤り。

❹ **誤** 住所移転の場合,登録の移転の申請はできない。

登録の移転の申請ができるのは,登録を受けている者が,その登録先以外の都道府県内に所在する宅建業者の事務所の業務に従事し,又は従事しようとするときである(業法19条の2)。したがって,甲県知事の登録を受けている者が,その住所を乙県に変更しても,登録の移転の申請はできない。よって,本肢は誤り。

問33	重要事項の説明	解答❷	合格者正解率 86.1%	不合格者正解率 59.0%	受験者正解率 75.7%

❶ **誤** 管理組合総会の議決権については説明不要。

宅建業者がマンションの分譲を行う場合,管理組合の総会の議決権に関する事項について,重要事項として説明が必要な事項に含まれない(業法35条1項6号,規則16条の2参照)。よって,本肢は誤り。

❷ **正** 建物の区分所有等に関する法律2条4項に規定する共用部分に関する規約の定め(案を含む。)があるときは,その内容は重要事項の説明事項となる(業法35条1項6号,規則16条の2第2号)。よって,本肢は正しく,本問の正解肢となる。

❸ **誤** 建物貸借の場合,建蔽率,容積率に関する制限は説明不要。

建物の貸借においては,建蔽率,容積率に関する制限は,説明事項とされていない(業法35条1項2号,施行令3条3項)。よって,本肢は誤り。

❹ **誤** 保管方法の説明は不要。

建物の貸借の媒介を行う場合,借賃以外に授受される金銭の額及び当該金銭の授受の目的について説明しなければならない(業法35条1項7号)。しかし保管方法については説明不要である。よって,本肢は誤り。

問34	クーリング・オフ	解答❷	合格者正解率 85.8%	不合格者正解率 66.2%	受験者正解率 78.9%

❶ 正 宅建業者はクーリング・オフの方法について書面で告知しなければならない（業法37条の2第1項1号，規則16条の6）。そして，その書面の内容として買主の氏名及び住所，売主の商号又は住所ならびに免許証番号を記載しなければならない（規則16条の6第1号，2号）。よって，本肢は正しい。

❷ 誤 代金全部を支払った場合でも，引渡しを受けていなければクーリング・オフ可。

クーリング・オフの方法を告知する書面には，クーリング・オフができなくなる例外を記載しなければならない（規則16条の6第3号）。そして，クーリング・オフができなくなる例外には，買主が宅地又は建物の引渡しを受け，かつ，代金の全部を支払った場合がある（業法37条の2第1項2号）。したがって，本肢では引渡しについての記載が不足しているということになる。よって，本肢は誤りであり，本問の正解肢となる。

❸ 正 クーリング・オフの方法を告知する書面には，クーリング・オフの効力が生じるのは申込みの撤回の書面を発した時であることについて記載しなければならない（規則16条の6第5号）。よって，本肢は正しい。

❹ 正 クーリング・オフの方法を告知する書面には，クーリング・オフによる解除に伴って，売主は損害賠償請求ができないこと，手付金等の支払済みの金銭を返還しなければならないこと，について記載しなければならない（規則16条の6第4号，6号）。よって，本肢は正しい。

問35 宅地建物取引士総合	解答❹	合格者正解率 95.4%	不合格者正解率 79.1%	受験者正解率 89.4%

❶ 誤 登録を消除された日から5年間登録を受けることができない。

不正の手段により登録を受けたとして，登録の消除の処分の聴聞の期日および場所が公示された日から当該処分をする日または当該処分をしないことを決定する日までに相当の理由なく登録の消除の申請をした者は，登録が消除された日から5年間登録を受けることができない（業法18条1項10号）。よって，本肢は誤り。

❷ 誤 事務禁止処分期間中に登録の移転の申請をすることができない。

登録を受けている者は，登録をしている都道府県知事の管轄する都道府県以外の都道府県に所在する宅建業者の事務所で業務に従事し，または従事しようとする場合，当該事務所の所在地を管轄する都道府県知事へ登録の移転を申請することができる。そして，その申請は，現在登録をしている都道府県知事を経由して行う。しかし，事務の禁止の処分を受けている者は，その禁止期間中，登録の移転の申請をすることができない（業法19条の2但書）。よって，本肢は誤り。

❸ 誤 交付の申請前6カ月以内に行われる法定講習を受講しなければならない。

宅地建物取引士証の交付を受けようとする者は，原則として，登録をしている都道府県知事が指定する講習で，交付の申請前6カ月以内に行われるものを受講しなければな

らない（業法22条の2第2項）。1年以内ではない。よって，本肢は誤り。

❹ 正 宅地建物取引士は，登録が消除されたときは，速やかに，宅地建物取引士証をその交付を受けた都道府県知事，すなわちその登録している都道府県知事に返納しなければならない（業法22条の2第6項）。よって，本肢は正しく，本問の正解肢となる。

問36	手付金等保全措置	解答❹	合格者正解率 **26.8%**	不合格者正解率 **16.9%**	受験者正解率 **23.4%**

ア 誤 代金の1割を支払うという特約は買主に不利であり無効である。

　宅建業者が自ら売主となる取引において，手付金が交付されたとき，相手方が契約の履行に着手するまでは，買主はその手付を放棄して，宅建業者はその倍額を現実に提供して，契約の解除をすることができる（業法39条2項）。したがって，買主Bは手付金10万円の放棄で契約を解除できる。本肢の特約は，代金の1割である300万円を支払わなければ解除できない特約であり，買主に不利な特約として無効となる（業法39条3項）。よって，本肢は誤り。

イ 誤 保険証券の交付前に手付金を受領することはできない。

　宅建業者が自ら売主となる取引において，建物の工事完了前に売買契約を結ぶときは，売買代金の5％又は1,000万円を超える手付金等を受領する前に保全措置を講じなければならない（業法41条1項，施行令3条の5）。本肢の手付金300万円は代金の5％を超えるので保全措置が必要となる。そして，保証保険契約の締結による保全措置の場合，手付金の受領前に保険証券又はこれに代わるべき書面を，買主に交付（電磁的方法により措置を講じた場合を含む。）しなければならない（業法41条1項2号，5項2号）。よって，手付金の受領後に保険証券を交付している本肢は誤り。

ウ 誤 売買契約時に未完成であったため，未完成物件として保全の要否を判断する。

　完成物件に関するものか未完成物件に関するものかの判断は，契約締結時の状態で判断する（解釈・運用の考え方）。本肢のAB間の売買契約は「工事完了前」に締結されているため，保全措置の要否の判断は未完成物件に関するものとして判断される。本肢の場合，売買契約時に手付金150万円を受領し，その後中間金として150万円を受領しようとしているのであるから，合計額である300万円が代金の5％を超えるか否かで判断されることになる。300万円は代金3,000万円の5％を超えるため，中間金である150万円を受領する前に保全措置を講じなければならない（業法41条1項）。よって，保全措置を講じなかったとする本肢は誤り。

　以上より，正しいものは一つもなく，❹が本問の正解肢となる。

<table>
<tr><td>問
37</td><td>事務所以外の場所の
規制</td><td>解答 ❸</td><td>合格者正解率
82.5%</td><td>不合格者正解率
55.5%</td><td>受験者正解率
73.2%</td></tr>
</table>

ア 誤 物件の所在場所に標識を掲示するのは，AではなくB。

宅建業者は，一団の宅地建物を分譲する場合，その宅地又は建物の所在する場所に標識を掲げなければならない（業法50条1項，規則19条1項2号）。標識を掲示する必要があるのは，Aではなく，分譲をするBである。よって，本肢は誤り。

イ 誤 契約を締結する案内所では，案内所設置業者が義務を負う。

宅建業者は，一団の宅地建物の分譲を案内所を設置して行う場合，業務を開始する日の10日前までに，その旨を，免許を受けた国土交通大臣又は都道府県知事及び案内所の所在地を管轄する都道府県知事に届け出なければならない（業法50条2項，規則19条3項）。届出をする必要があるのはBではなく，案内所を設置するAである。よって，本肢は誤り。

ウ 正 宅建業者は，一団の宅地建物の分譲の代理・媒介を案内所を設置して行う場合，その案内所が契約の締結又は申込みを受けるものであるときは，その案内所について，成年者である専任の宅地建物取引士を置かなければならない（業法31条の3第1項，規則15条の5の2第3号）。設置義務を負うのは，当該案内所を設置する代理・媒介業者であり，売主である宅建業者ではない。よって，本肢は正しい。

エ 正 他の宅建業者が行う一団の宅地建物の分譲の代理又は媒介を案内所を設置して行う場合，当該案内所を設置する宅建業者は，当該案内所に，売主の商号又は名称，免許証番号等を記載した国土交通省令で定める標識を掲げなければならない（業法50条1項，規則19条1項4号，2項5号，様式11号の2）。よって，本肢は正しい。

以上より，正しいものの組合せはウとエであり，❸が本問の正解肢となる。

<table>
<tr><td>問
38</td><td>報酬額の制限</td><td>解答 ❹</td><td>合格者正解率
84.8%</td><td>不合格者正解率
52.5%</td><td>受験者正解率
74.9%</td></tr>
</table>

ア 誤 依頼者からの依頼がない場合，報酬と別に広告料金を請求することはできない。

宅建業者は，依頼者に報酬とは別に広告料金を請求することはできない。ただし，依頼者の依頼によって行う広告料金については，報酬とは別に受領することができる（業法46条1項，2項，報酬告示第9）。したがって，依頼がない以上，報酬とは別に広告費の請求をすることができない。よって，本肢は誤り。

イ 誤 A，Bの受領できる報酬の合計は，277万2,000円までである。

売買の代理を行ったＡ社が受領できる報酬の限度額は，（4,000万円×3％＋6万）×1.1×2＝277万2,000円となる（報酬告示第2）。また，売買の媒介を行ったＢ社が受領できる報酬の限度額は，（4,000万円×3％＋6万）×1.1＝138万6,000円となる（報酬告示第2）。しかし，双方が受領できる報酬の合計の限度額は，277万2,000円であり，Ａが277万2,000円受領したうえで，Ｂが138万6,000円受領することはできない。よって，本肢は誤り。

ウ　誤　Ａ，Ｂの受領できる報酬の合計は，借賃の1.1カ月分までである。

居住の用に供する建物の賃貸借の媒介に関して依頼者の一方から受けることのできる報酬の額は，当該媒介の依頼を受けるに当たって当該依頼者の承諾を得ている場合を除き，借賃の1月分の0.55倍に相当する金額以内であり，借賃の1.1カ月分の報酬を受けることはできない（報酬告示第4）。また，宅地または建物の貸借の媒介の依頼者双方から受領することのできる報酬は，原則として，借賃の1月分の1.1倍に相当する金額が限度となる。ＡおよびＢがそれぞれ1.1カ月分を受領することはできない（報酬告示第4）。よって，本肢は誤り。

以上により，正しいものは，一つもなく，**❹**が本問の正解肢となる。

問39	37条書面	解答❷	合格者正解率 64.8%	不合格者正解率 45.6%	受験者正解率 58.9%

ア　正　宅建業法37条1項2号に規定する宅地建物を特定するために必要な表示について書面で交付する際，工事完了前の建物については，重要事項の説明の時に使用した図書を交付することにより行うものとする（解釈・運用の考え方）。よって，本肢は正しい。

イ　誤　自ら貸借であり，宅建業法の適用はない。

自ら貸借は，取引にあたらず，宅建業法の規定は適用されない（業法2条2号）。したがって，借賃の支払方法を記載する必要はなく，37条書面を交付する必要もない。よって，本肢は誤り。

ウ　誤　取決めの内容は37条書面に記載しなければならない。

買主が金融機関から住宅ローンの承認を得られなかったときは契約を無条件で解除できるという取決めは「契約の解除に関する定め」に該当するため，その内容を37条書面に記載しなければならない（業法37条1項7号，4項）。また，当該解除に関する取決めは，代金についての金銭の貸借のあっせんに関する定めがある場合において金銭の貸借が成立しないときの措置にも該当する。したがって，取決めがある以上，当該取決めの内容につき37条書面に記載しなければならない（業法37条1項9号，4項）。よって，本肢は誤り。

エ　正　契約の解除に関する定めがあるときは，その内容を，売買又は交換の場合のみならず貸借の場合においても37条書面（電磁的方法を含む。）に記載しなければな

らない（業法37条1項7号，2項1号，4項，5項）。よって，本肢は正しい。

以上より，正しいものはア，エの二つであり，**❷**が本問の正解肢となる。

問40	媒介・代理契約	解答 ❹	合格者正解率	不合格者正解率	受験者正解率
			82.0%	57.5%	73.1%

❶　誤　宅地建物取引士をして記名押印させる必要はない。

媒介契約書への記名押印は，宅建業者が行うものとされており，また宅地建物取引士をして媒介契約書の内容を確認させる義務もない（業法34条の2第1項）。よって，本肢は誤り。

❷　誤　専任媒介契約では更新後の期間も3カ月以内。

専任媒介契約は，依頼者の申出がある場合には，更新することができ，更新後の期間は3カ月を超えることができない（業法34条の2第4項）。3カ月以内であれば，当初の契約期間を超えることも可能である。よって，本肢は誤り。

❸　誤　一般媒介契約には有効期間の制限はない。

一般媒介契約については，契約期間の制限はない（業法34条の2第3項参照）。したがって，一般媒介契約において有効期間を6カ月とする定めは，有効である。よって，本肢は誤り。

❹　正　媒介契約書には，媒介契約の種類にかかわらず，宅地又は建物を売買すべき価額又はその評価額を記載しなければならない（業法34条の2第1項2号）。売買すべき価額を口頭で述べたとしても，同様である。よって，本肢は正しく，本問の正解肢となる。なお，電磁的方法による提供の場合も，同様である（業法34条の2第11項）。

問41	監督・罰則	解答 ❷	合格者正解率	不合格者正解率	受験者正解率
			97.8%	77.9%	90.2%

❶　誤　事務禁止処分を受けることもある。

都道府県知事は，当該都道府県の区域内において，宅地建物取引士が，他人に自己の名義の使用を許し，当該他人がその名義を使用して宅地建物取引士である旨の表示をした場合，他の都道府県知事の登録を受けている宅地建物取引士であっても，必要な指示をすることができ，さらに事務の禁止の処分をすることもできる（業法68条3項，4項，1項2号）。よって，本肢は誤り。

❷　正　不正の手段により宅地建物取引士証の交付を受けたとき，当該宅地建物取引士が登録している都道府県知事は登録を消除しなければならない（業法68条の2第1

項3号）。この場合，登録している都道府県知事以外の知事は登録を消除することはできない。したがって，Aは乙県知事から登録を消除されることはない。よって，本肢は正しく，本問の正解肢となる。

❸ 誤 他の都道府県知事の事務禁止処分に反しても登録を消除される。

登録している都道府県知事以外の知事から事務の禁止の処分を受け，当該処分に違反したときは，登録している都道府県知事から登録を消除される（業法68条の2第1項4号，68条4項）。よって，本肢は誤り。

❹ 誤 他の都道府県知事から指示処分を受けることもある。

都道府県知事は，その登録を受けている宅地建物取引士及び当該都道府県の区域内で事務を行う宅地建物取引士に対して，報告を求めることができる（業法72条3項）。また，都道府県知事は，当該都道府県の区域内において，他の都道府県知事の登録を受けている宅地建物取引士に対し，必要な指示をすることができる（業法68条3項）。よって，本肢は誤り。

問42	宅建業法の総合問題	解答❹	合格者正解率 76.1%	不合格者正解率 57.0%	受験者正解率 67.7%

ア 違反する 帳簿は閉鎖後一定期間保存しなければならない。

宅建業者は，その事務所ごとに，その業務に関する帳簿を備える必要があり（業法49条），当該帳簿は，帳簿の閉鎖後5年間（当該宅建業者が自ら売主となる新築住宅に係るものにあっては10年間）保存しなければならない（規則18条第3項）。閉鎖後，遅滞なく破棄している本肢は，宅建業法の規定に違反する。

イ 違反する 専任代理契約の場合，必ず指定流通機構へ登録しなければならない。

売買又は交換の媒介において，専任媒介契約を締結したときは，契約の相手方を探索するため指定流通機構に登録しなければならない（業法34条の2第5項）。そして，これに反する特約は，依頼者の要望であっても，無効とされる（業法34条の2第10項）。本肢は専任代理契約であるが，その場合，媒介契約の規定が準用される（業法34条の3）。よって，登録しなかった本肢は，宅建業法の規定に違反する。

ウ 違反する 販売の勧誘に際して，宅建業者の名称を告げなければならない。

宅建業者の従業者は，宅建業に係る契約の締結の勧誘をするに際し，宅建業者の相手方などに対し，当該勧誘に先立って宅建業者の商号又は名称及び当該勧誘を行う者の氏名並びに当該契約の締結について勧誘をする目的である旨を告げなければならない（業法47条の2第3項，規則16条の11第1号ハ）。よって，宅建業者の商号又は名称を告げていない本肢は，宅建業法の規定に違反する。

エ 違反する 売主である宅建業者は，手付の倍額を現実に提供しなければならない。

宅建業者が，自ら売主となった場合において，宅地又は建物の売買契約の締結に際して手付を受領したときは，その手付がいかなる性質のものであっても，相手方が契約の履行に着手するまでは，買主はその手付を放棄して，当該宅建業者はその倍額を現実に提供して，契約の解除をすることができる（業法39条2項）。よって，売主である宅建業者が手付を返還して解除している本肢は，宅建業法の規定に違反する。

以上より，宅建業法に違反しないものは，一つもなく，❹が本問の正解肢となる。

問43 宅地建物取引士総合 解答❷

合格者正解率	不合格者正解率	受験者正解率
90.0%	65.3%	78.8%

❶ **違反する** 変更の届出は30日以内。

宅建業者は，宅地建物取引業者名簿登載事項のうち，事務所ごとに置かれる成年者である専任の宅地建物取引士の氏名に変更があった場合，30日以内にその旨を免許権者に届け出なければならない（変更の届出，業法9条，8条2項6号，31条の3第1項）。よって，B社が半年後に変更の届出をしている本肢は，宅建業法の規定に違反する。

❷ **違反しない** 宅建業者は，業務に関し展示会その他これに類する催しを実施する場所で，契約の締結等を行う場合，それぞれの場所ごとに，1名以上の成年者である専任の宅地建物取引士を置かなければならない（業法31条の3第1項，規則15条の5の2第4号，15条の5の3）。よって，本肢は宅建業法の規定に違反せず，本問の正解肢となる。

❸ **違反する** 宅地建物取引士ではないため事務を行うことはできない。

宅地建物取引士証の有効期間は，申請により更新する（業法22条の3第1項）。そして，宅地建物取引士証の交付を受けようとする者は，登録をしている都道府県知事が指定する講習で交付の申請前6カ月以内に行われるものを受講しなければならない（業法22条の3第2項，22条の2第2項）。したがって，都道府県知事が指定する講習を受講したのみで，宅地建物取引士証の更新の申請を行っていなければ，宅地建物取引士証の更新はされていないので，Eは，宅地建物取引士としてすべき事務を行うことができない。よって，本肢は宅建業法の規定に違反する。

❹ **違反する** 請求があったときは提示しなければならない。

宅地建物取引士は，取引の関係者から請求があったときは，宅地建物取引士証を提示しなければならない（業法22条の4）。これは，重要事項の説明の際に提示していても同様である。よって，取引の関係者である買主から宅地建物取引士証の提示を求められたにもかかわらず，Fがこれを拒んでいる本肢は，宅建業法の規定に違反する。

問 44	弁済業務保証金	解答 ❷	合格者正解率 85.1%	不合格者正解率 59.1%	受験者正解率 73.7%

❶　**誤**　公告をするのは保証協会である。

　保証協会は，社員が社員の地位を失ったときは，当該社員であった者に係る宅建業に関する取引により生じた債権に関し権利を有する者に対し，6月を下らない一定期間内に認証を受けるため申し出るべき旨を公告しなければならない（業法64条の11第4項）。公告をするのは保証協会であって，社員であった宅建業者Aではない。よって，本肢は誤り。

❷　**正**　保証協会は，宅建業者の相手方等から社員の取り扱った宅建業に係る取引に関する苦情の解決について必要があると認めるときは，当該社員に対し，文書もしくは口頭による説明を求めることができる（業法64条の5第2項）。よって，本肢は正しく，本問の正解肢となる。

❸　**誤**　供託すべき額は 2,500 万円となる。

　社員たる宅建業者が保証協会の社員の地位を失ったときは，当該地位を失った日から1週間以内に，営業保証金を供託しなければならない（業法64条の15）。営業保証金の額は，主たる事務所につき 1,000 万円，その他の事務所につき事務所ごとに 500 万円の割合による金額の合計額である（業法25条2項，施行令2条の4）。そして，弁済業務保証金分担金の額は，主たる事務所につき 60 万円，その他の事務所につき事務所ごとに 30 万円の割合による金額の合計額である（施行令7条）。したがって，弁済業務保証金分担金として 150 万円を納付しているAの事務所の数は，150 万円－ 60 万円＝ 90 万円，90 万円÷ 30 万円＝ 3 となり，結果，主たる事務所数 1，その他の事務所数 3 となる。以上より，1,000 万円＋ 500 万円× 3 ＝ 2,500 万円となり，Aが供託すべき額は 2,500 万円となる。よって，本肢は誤り。

❹　**誤**　公告をすることなく取り戻すことができる。

　保証協会は，社員が一部の事務所を廃止したためにその社員が納付した弁済業務保証金分担金の額が政令で定める額を超えることになったときには，その超過額に相当する額の弁済業務保証金を，公告をすることなく取り戻すことができる（業法64条の11第1項，4項参照）。よって，本肢は誤り。

問 45	住宅瑕疵担保履行法	解答 ❸	合格者正解率 95.6%	不合格者正解率 82.3%	受験者正解率 90.8%

❶　**誤**　100㎡以下ではない。

　宅建業者は，所定の新築住宅について，瑕疵担保責任の履行を確保するため，住宅販

売瑕疵担保保証金の供託をしていなければならないが，この新築住宅の合計戸数は，その床面積の合計が55㎡以下のものは，その２戸をもって１戸とする（住宅瑕疵担保履行法11条１項，３項，施行令６条）。よって，本肢は誤り。

❷　**誤**　引き渡した日から３週間ではない。

所定の新築住宅を引き渡した宅建業者は，基準日から３週間以内に，その住宅に関する資力確保措置の状況について，免許を受けた国土交通大臣又は都道府県知事に届け出なければならない（住宅瑕疵担保履行法12条１項，規則16条１項）。よって，本肢は誤り。

❸　**正**　自ら新築住宅の売主となる宅建業者は，住宅販売瑕疵担保保証金の供託をする場合，買主に対し，当該新築住宅の売買契約を締結するまでの間に，供託をしている供託所の所在地等について，これらの事項を記載した書面を交付又は買主の承諾を得て電磁的方法による提供をして説明しなければならない（住宅瑕疵担保履行法15条，10条２項，規則21条）。よって，本肢は正しく，本問の正解肢となる。

❹　**誤**　10年以内に転売した場合に保険契約を解除できる旨の規定はない。

住宅販売瑕疵担保責任保険契約を締結した場合，その契約期間は買主が引渡しを受けた時から10年以上の期間にわたって有効でなければならず，国土交通大臣の承認を受けた場合を除き，変更又は解除をすることができない（住宅瑕疵担保履行法２条７項４号，５号）。10年以内に転売した場合に保険契約を解除できる旨の規定はない。よって，本肢は誤り。

問46	住宅金融支援機構法	解答 ❷	合格者正解率 25.9%	不合格者正解率 23.6%	受験者正解率 25.2%

❶　**正**　機構は，地震に対する安全性の向上を主たる目的とする住宅の改良に必要な資金の貸付けを業務として行っている（機構法13条１項６号）。よって，本肢は正しい。

❷　**誤**　改良に必要な資金の貸付債権は譲受けの対象ではない。

機構は，住宅の建設又は購入に必要な資金（当該住宅の建設又は購入に付随する行為で政令で定めるものに必要な資金を含む。）の貸付けに係る一定の金融機関の貸付債権の譲受けを行うことを業務としている（機構法13条１項１号）。譲受けの対象となるのは，住宅の「建設」「購入」の場合であって「改良」は対象としていない。よって，本肢は誤りであり，本問の正解肢となる。

❸　**正**　機構は，高齢者の家庭に適した良好な居住性能及び居住環境を有する住宅とすることを主たる目的とする住宅の改良（高齢者が自ら居住する住宅について行うものに限る。）に必要な資金の貸付けを行うことを業務として行っている（機構法13条１項９号）。よって，本肢は正しい。

❹　**正**　機構は，合理的土地利用建築物の建設又は合理的土地利用建築物で人の居住の用その他その本来の用途に供したことのないものの購入に必要な資金（当該合理的土

地利用建築物の建設又は購入に付随する行為で政令で定めるものに必要な資金を含む。）に必要な資金の貸付けを行うことを業務として行っている（機構法13条1項7号）。よって，本肢は正しい。

問47	景品表示法	解答❸	合格者正解率	不合格者正解率	受験者正解率
			86.6%	76.0%	82.4%

❶ **誤** 優良であると誤認される表示をしてはならない。

事業者は，学校，病院，官公署その他の公共・公益施設又はデパート，商店その他の商業施設もしくは生活施設の利用の便宜について，実際のものよりも優良であると誤認されるおそれのある表示をしてはならない（表示規約23条1項35号）。よって，本肢は誤り。

❷ **誤** 登記簿の地目と現況の地目は併記する。

事業者は，物件の地目について，登記簿に記載されているものを表示しなければならない。この場合において，登記簿に記載されている地目と現況の地目が異なる場合には，現況の地目を併記しなければならない（表示規約規則9条19号）。よって，本肢は誤り。

❸ **正** 事業者は，管理費について，1戸当たりの月額を表示しなければならない。ただし，住戸により管理費の額が異なる場合において，その全ての住宅の管理費を示すことが困難であるときは，最低額及び最高額のみで表示することができる（表示規約規則9条41号）。よって，本肢は正しく，本問の正解肢となる。

❹ **誤** 居住の用に供されたことがあってはならない。

事業者は，新築という用語については，建築工事完了後1年未満であって，居住の用に供されたことがないものという意味で使用しなければならない（表示規約18条1項1号）。したがって，入居の有無にかかわらずに使用することはできない。よって，本肢は誤り。

問48	景品表示法	解答❹	合格者正解率	不合格者正解率	受験者正解率
			75.3%	46.4%	67.6%

❶ **誤** 現に利用できなくても表示できる場合がある。

デパート，スーパーマーケット，コンビニエンスストア，商店等の商業施設は，現に利用できるものを表示するのが原則である。ただし，工事中である等その施設が将来確実に利用できると認められるものは，その整備予定時期を明示して表示することができる（表示規約15条10号，規則9条31号）。よって，本肢は誤り。

❷ **誤** 300m又は1,000m以内である。

当該物件が公園，庭園，旧跡その他の施設又は海（海岸），湖沼もしくは河川の岸もしくは堤防から直線距離で 300m 以内に所在している場合は，これらの施設の名称を用いることができる（表示規約 19 条 1 項 3 号）。また，本肢のマンションがリゾートマンションであった場合は，直線距離で 1,000m 以内に所在している温泉地，名勝，旧跡等の名称を用いることもできる（表示規約 19 条 2 項 5 号）。いずれにせよ旧跡から直線距離で 1,100m の地点に所在するマンションの場合には，当該旧跡の名称を用いることはできない。よって，本肢は誤り。

❸ **誤**　1 区画当たりの価格を表示するならば，1 ㎡当たりの価格及び 1 区画当たりの土地面積を表示しなくてもよい。

　土地の価格については，1 区画当たりの価格を表示しなければならない。ただし，1区画当たりの土地面積を明らかにし，これを基礎として算出する場合に限り，1 ㎡当たりの価格で表示することもできる（表示規約 15 条 11 号，規則 9 条 35 号）。したがって，1 区画当たりの価格を表示するならば，1 ㎡当たりの価格及び 1 区画当たりの土地面積を表示しなくてもよい。よって，本肢は誤り。

❹ **正**　修繕積立金については，1 戸当たりの月額（予定額であるときは，その旨）を表示しなければならない。ただし，住戸により修繕積立金の額が異なる場合において，その全ての住宅の修繕積立金を示すことが困難であるときは，最低額及び最高額のみで表示することができる（表示規約 15 条 11 号，規則 9 条 43 号）。しかし，全住戸の平均額で表示することは認められていない。よって，本肢は正しく，本問の正解肢となる。

問49	土地	解答❹	合格者正解率 97.5%	不合格者正解率 88.3%	受験者正解率 93.8%

❶ **適当**　国土を山地と平地に大別すると，山地の占める比率は，国土面積の約 75%であり，平地の占める割合は国土面積の約 25%にすぎない。よって，本肢は適当である。

❷ **適当**　火山地は，国土面積の約 7 %を占めており，山地に比べて地形はなだらかであるが，土質が悪く水利に乏しく，開発が進まずに疎林や原野になっている所が多い。よって，本肢は適当である。

❸ **適当**　台地・段丘は，国土面積の約 12%を占めており，地盤も安定し，災害も少ない。ほとんどすべての土地利用に適した土地であり，商業用地，住宅用地，農業用地等，用途を問わず多く利用されている。よって，本肢は適当である。

❹ **不適当**　液状化などの災害危険度は高い。

　低地は，国土面積の約 13%を占めており，そのほとんどが地盤の軟弱な地域となっている。地震災害に対して脆弱であり，液状化の危険度は高い。また，洪水，高潮等の災害の危険度も高い。よって，本肢は最も不適当であり，本問の正解肢となる。

❶ **適当** 常温・常圧において鉄筋とコンクリートの熱膨張率は，高温で熱せられても 900℃位までは，ほぼ等しい。よって，本肢は適当である。

❷ **不適当** 引張強度のほうが小さい。

　コンクリートの引張強度は，一般に圧縮強度の 10 分の 1 程度で，圧縮強度より小さい。よって，本肢は不適当であり，本問の正解肢となる。

❸ **適当** 木材の強度は，含水率が大きい状態のほうが小さく，乾燥して含水率が小さい状態のほうが大きくなる。よって，本肢は適当である。

❹ **適当** 集成材は，単板などを積層したもので，伸縮・変形・割れなどが生じにくいものであり，大規模な木造建築物に使用される。よって，本肢は適当である。

2024年版 出る順宅建士
過去30年良問厳選模試

第4回
解答・解説

中級編②

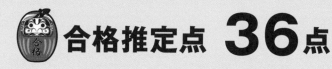

合格推定点 **36**点

◆出題項目・正解一覧＆成績診断
◆解答・解説

出題項目・正解一覧＆成績診断

科目	問	出題項目	正解	チェック	科目	問	出題項目	正解	チェック
権利関係	1	意思表示	4	☐☐	宅建業法	26	宅建業の意味	1	☐☐
	2	請負	2	☐☐		27	免許の申請	1	☐☐
	3	債務不履行・解除	1	☐☐		28	報酬額の制限	4	☐☐
	4	賃貸借	1	☐☐		29	広告等に関する規制	1	☐☐
	5	債権譲渡	4	☐☐		30	重要事項の説明	2	☐☐
	6	相続	2	☐☐		31	宅建業法の総合問題	4	☐☐
	7	共有	4	☐☐		32	業務上の規制総合	3	☐☐
	8	物権変動	1	☐☐		33	手付金等保全措置	2	☐☐
	9	抵当権	1	☐☐		34	重要事項の説明	2	☐☐
	10	不法行為	2	☐☐		35	免許の効力	4	☐☐
	11	借地借家法（借地）	4	☐☐		36	37条書面	1	☐☐
	12	借地借家法（借家）	2	☐☐		37	宅地建物取引士証	3	☐☐
	13	建物区分所有法	2	☐☐		38	自ら売主制限総合	3	☐☐
	14	不動産登記法	1	☐☐		39	監督・罰則	4	☐☐
法令上の制限	15	国土利用計画法	1	☐☐		40	媒介・代理契約	3	☐☐
	16	都市計画の内容	3	☐☐		41	宅地建物取引士証	3	☐☐
	17	開発行為の規制等	2	☐☐		42	クーリング・オフ	1	☐☐
	18	建築基準法総合	2	☐☐		43	営業保証金	2	☐☐
	19	建築基準法総合	1	☐☐		44	弁済業務保証金	3	☐☐
	20	盛土規制法	1	☐☐		45	住宅瑕疵担保履行法	4	☐☐
	21	土地区画整理法	2	☐☐	5問免除	46	住宅金融支援機構法	3	☐☐
	22	農地法	2	☐☐		47	景品表示法	1	☐☐
税・価格	23	印紙税	1	☐☐		48	景品表示法	2	☐☐
	24	固定資産税	4	☐☐		49	土地	2	☐☐
	25	地価公示法	3	☐☐		50	建物	3	☐☐

科目別の成績		総合成績	
科目（問題番号）	正答／正答目標	合計	
権利関係（問1〜問14）	点／9点		
宅建業法（問26〜問45）	点／17点		
法令上の制限（問15〜問22）	点／6点	**点**	
税・価格（問23〜問25）	点／2点	この回の合格推定点は **36** 点です。	
5問免除（問46〜問50）	点／3点		

問1	意思表示	解答 ❹	合格者正解率 94.8%	不合格者正解率 80.4%	受験者正解率 88.3%

❶ **正** AはBの欺罔行為，つまり詐欺によってCと売買契約を結んでいることから，いわゆる第三者の詐欺の問題である。そして，第三者の詐欺によって意思表示をした場合，その意思表示の相手方が，その詐欺の事実を知らず，又は知ることができなかったときはその意思表示を取り消すことができないが，知っていたとき又は知ることができたときは取り消すことができる（民法96条2項）。よって，本肢は正しい。

❷ **正** 売買契約を詐欺を理由として取り消した場合，その契約は初めからなかったものとなるので，契約当事者は，互いに相手方に対して，すでに受け取った物を返還する義務を負う（民法121条，121条の2第1項）。この場合における，当事者の義務は，同時履行の関係にある（判例，民法533条本文）。したがって，Cに移転された登記の抹消とAが受け取った代金の返還は，同時履行の関係になる。よって，本肢は正しい。

❸ **正** 本肢のAのように，詐欺に気が付いていても，異議を留めることなく契約の全部もしくは一部の履行をし，又は相手方に行の請求をしたときは，追認をしたものとみなされる（法定追認，民法125条1号，2号）。したがって，Aは，詐欺による取消しをすることができない。よって，本肢は正しい。

❹ **誤** 詐欺による意思表示の取消しは善意かつ無過失の第三者に対抗不可。

詐欺による意思表示の取消しは，善意かつ無過失の第三者に対抗することができない（民法96条3項）。したがって，Bの詐欺を理由としてAが取消しをしても，Aは，善意無過失のDから建物の返還を求めることはできない。よって，本肢は誤りであり，本問の正解肢となる。

問2	請負	解答 ❷	合格者正解率 71.7%	不合格者正解率 49.5%	受験者正解率 63.5%

❶ **誤** 損害賠償請求する前に修補請求する必要はない。

注文者が請負人に対して契約不適合責任を追及する場合，目的物の修補とともに損害賠償を請求することができる（民法559条，562条，564条）。よって，本肢は誤り。

❷ **正** 請負契約の目的物たる建物に種類・品質に関する契約内容の不適合がある場合，注文者は請負人に対して損害賠償請求をすることができる（民法559条，564条，415条1項）。したがって，請負目的物である建物に建て替えざるを得ない契約不適合が存在する場合，注文者は請負人に対し，建物の建替え費用相当額の損害賠償を請求することができる。よって，本肢は正しく，本問の正解肢となる。

❸ **誤** 注文者は請負契約を解除することができる。

請負契約の目的物たる建物に種類・品質に関する契約内容の不適合があり，修補に要する費用が契約代金を超える場合にも，注文者は請負契約を解除することができる（民法559条，564条，541条）。よって，本肢は誤り。

❹ **誤** 担保責任を負わない旨の特約をしても責任追及しうる。

請負人が担保責任を負わない旨の特約をしているときであっても，請負人が知りながら告げなかった事実については担保責任を免れることはできない（民法559条，572条）。したがって，一切責任を追及することができなくなるわけではない。よって，本肢は誤り。

問3	債務不履行・解除	解答❶	合格者正解率	不合格者正解率	受験者正解率
			56.3%	35.9%	48.4%

❶ **正** 売買契約が解除された場合でも，第三者は，登記などの対抗要件を備えていれば保護される（判例）。したがって，Aは抵当権設定登記を備えたCに抵当権の消滅を主張できない。よって，本肢は正しく，本問の正解肢となる。

❷ **誤** Aは建物の引渡しを受けたDには主張できない。

売買契約が解除された場合でも，第三者は，登記などの対抗要件を備えていれば保護される（判例）。そして，建物賃貸借では，建物の引渡しをもって，第三者への対抗要件となる（借地借家法31条）。したがって，Aは，建物の引渡しを受けているDに賃借権の消滅を主張できない。よって，本肢は誤り。

❸ **誤** 抵当権設定行為が無効となるわけではない。

売買契約が解除された場合でも，第三者は，登記などの対抗要件を備えていれば保護される（判例）。ただし，第三者が対抗要件を備えていなくても，契約そのものが無効になるわけではない。よって，本肢は誤り。

❹ **誤** Aは建物の引渡しを受けたFには主張できない。

売買契約を解除した者と解除後に権利を取得した第三者とは，対抗関係に立つ（民法177条，判例）。したがって，Aは，建物の引渡しを受けているFに賃借権の消滅を主張できない。よって，本肢は誤り。

問4	賃貸借	解答❶	合格者正解率	不合格者正解率	受験者正解率
			80.2%	55.9%	71.9%

❶ **誤** 明渡しを請求できない。

判決文は，承諾なき転貸（無断転貸）があっても，転貸について背信行為と認めるに足りない特段の事情があるため，賃貸人が民法612条2項による解除をすることがで

きない場合において，賃貸人が賃借人と賃貸借を合意解除しても，特段の事情のない限り，賃貸人は転借人に対して合意解除の効果を対抗することができず，転借人に対して賃貸土地の明渡を請求することはできない，としている。しかし，本肢は，判決文の考えとは逆に，合意解除すれば土地の明渡しを請求することができるとしている。よって，本肢は誤りであり，本問の正解肢となる。

❷ **正** 賃貸人の承諾がある転貸の場合には，無断転貸を理由として賃貸借契約を解除することはできない（民法612条2項参照）。よって，本肢の前半部分は正しい。また，賃貸人と賃借人が合意解除したとしても，この解除の効果は転借人に対抗できないに過ぎないのであって，賃貸人と賃借人の間で合意解除が許されなくなるわけではない（民法613条3項本文）。よって，本肢は正しい。

❸ **正** 判決文は，無断転貸があっても，それが背信行為と認めるに足りない特段の事情がある場合には，民法612条により解除できない場合があることを前提としている（判例）。また，賃借人に軽微な賃料不払があっても，信頼関係を破壊するほどのものでなければ，解除することは認められないとした判例がある（判例）。よって，本肢は正しい。

❹ **正** 肢1の解説で述べたように，判決文は，無断転貸があっても，賃貸人が民法612条2項による解除をすることができない場合において，賃貸人が賃借人と賃貸借を合意解除しても，特段の事情のない限り，賃貸人は転借人に対して合意解除の効果を対抗することができず，転借人に対して賃貸土地の明渡を請求することはできないとしている。よって，本肢は正しい。

問5	債権譲渡	解答❹	合格者正解率	不合格者正解率	受験者正解率
			64.7%	29.4%	46.2%

❶ **正** 債権に譲渡禁止特約が付されている場合であっても，当該債権譲渡は有効である（民法466条2項）。しかし，譲渡禁止特約について悪意・重過失の譲受人その他の第三者に対しては，債務者は，その債務の履行を拒むことができ，かつ，譲渡人に対する弁済その他の債務を消滅させる事由をもってその第三者に対抗することができる（民法466条3項）。したがって，Bは譲渡禁止特約について善意・無過失のCに対して，債務の履行を拒むことができない。よって，本肢は正しい。

❷ **正** 債権譲渡は，譲渡人が債務者に通知するか，又は，債務者が承諾しなければ，債務者に対抗することができない（民法467条1項）。したがって，債権譲渡の通知は債権の譲渡人であるAが行わなければならず，譲受人であるCが債務者に対して通知をしたとしても，債務者Bの承諾がない以上，Cは，Bに対して自分が債権者であることを主張することができない。よって，本肢は正しい。

❸ **正** 債権が二重に譲渡された場合において，一方の譲渡の通知が確定日付のある

証書によってなされ，他方の譲渡の通知が確定日付のない証書によってなされたとき，確定日付のある証書による通知が優先する（民法467条2項，判例）。したがって，確定日付のある通知がなされているDがCに優先して権利を行使することができる。よって，本肢は正しい。

❹　**誤**　Bへの通知が先に到達したほうが優先する。

　債権が二重に譲渡された場合において，双方の譲渡の通知が確定日付のある証書によってなされたとき，譲受人相互間の優劣は，その通知が債務者に到達した日時の先後により決する（判例）。したがって，Bへの通知の到達の先後により，CとEの優劣が決することになる。よって，本肢は誤りであり，本問の正解肢となる。

問6	相続	解答❷	合格者正解率 50.7%	不合格者正解率 32.4%	受験者正解率 45.1%

❶　**誤**　被相続人は，遺言によって遺産分割を禁止することができる。

　共同相続人は，原則として，いつでも，遺産分割協議により遺産の全部又は一部の分割をすることができる（民法907条1項）。ただし，被相続人は，遺言で，相続開始の時から5年を超えない期間を定めて，遺産の分割を禁止することができる（民法908条）。よって，本肢は誤り。

❷　**正**　遺産分割の解除は，法的安定性を害することになるため，原則として認められない（判例）。ただし，共同相続人は，既に成立している遺産分割協議につき，その全部又は一部を全員の合意により解除した上，改めて遺産分割協議を成立させることはできる（判例）。よって，本肢は正しく，本問の正解肢となる。

❸　**誤**　預貯金債権は，相続開始と同時に当然に相続分に応じて分割はされない。

　共同相続された預貯金債権は，相続開始と同時に相続分に応じて分割されることはなく，遺産分割の対象となる（判例）。したがって，共同相続人は，持分に応じて，単独で預貯金債権に関する権利を行使することはできない。よって，本肢は誤り。なお，各共同相続人は，遺産に属する預貯金債権のうち相続開始時の債権額の3分の1に当該共同相続人の相続分を乗じた額（預貯金債権の債務者ごとに法務省令で定める額を限度とする。）については，単独でその権利を行使することができる（民法909条の2前段）。

❹　**誤**　遺産の分割は，相続開始の時から効力を生ずる。

　遺産の分割は，「相続開始の時」にさかのぼってその効力を生ずる（民法909条本文）。共同相続人の「遺産分割協議が成立した時」ではない。よって，本肢は誤り。なお，第三者の権利を害することはできない，とする点は正しい（民法909条但書）。

問7	共有	解答❹	合格者正解率 54.4%	不合格者正解率 38.0%	受験者正解率 46.4%

❶ **正** 共有物の各共有者は，いつでも共有物の分割を請求することができる（民法256条1項本文）。ただし，共有者間で，5年を超えない期間を定めて分割を禁止する特約を結ぶことも認められる（民法256条1項但書）。よって，本肢は正しい。

❷ **正** 共有物の分割について共有者間の協議が調わない場合には，裁判所に分割を請求することができる（民法258条1項）。この場合，裁判所は，共有物の現物を分割することも，共有者に債務を負担させて他の共有者の持分の全部又は一部を取得させることもできないとき，又は分割によってその価格を著しく減少させるおそれがあるときは，共有物の競売を命ずることができる（民法258条3項）。よって，本肢は正しい。

❸ **正** 共有物に関する保存行為は，各共有者が単独で行うことができる（民法252条5項）。本肢のような共有物の不法占拠者に対する妨害排除の請求は，共有物の保存行為にあたるとされており，各共有者が単独で行うことができる（判例）。よって，本肢は正しい。

❹ **誤** 当然に明渡しを請求することはできない。

各共有者は，共有物の全部について，その持分に応じた使用をすることができる（民法249条1項）。したがって，本肢のように，他の共有者との協議に基づかないで1人で共有物全部を占有する共有者に対しても，他の共有者から当然に共有物の明渡しを求めることができるわけではない（判例）。よって，本肢は誤りであり，本問の正解肢となる。

問8	物権変動	解答❶	合格者正解率 63.2%	不合格者正解率 33.9%	受験者正解率 55.5%

❶ **誤** Aは，Dと対抗関係にある第三者に該当しない。

不動産が転々譲渡された場合，前主と後主はそれぞれ当事者となり，対抗関係にある第三者（民法177条）の地位に立たない。よって，本肢は誤りであり，本問の正解肢となる。

❷ **正** 第三者とは，当事者及びその包括承継人以外の者であって，不動産に関する物権の得喪，変更の登記欠缺を主張する正当の利益を有する者をいう（民法177条，判例）。土地の賃借人として当該土地上に登記ある建物を所有する者は，当該土地の所有権を新たに取得した者との間で，土地の使用収益について利害関係を有することから，対抗関係に立つものといえる。よって，本肢は正しい。

❸ **正** 時効によって不動産の所有権を取得した者は，時効完成前に権利者から所有権を取得した者に対して，登記なくして所有権を対抗することができる（判例）。よって，

本肢は正しい。

❹ **正** 共同相続財産について，第三者が相続人の一人から相続財産に属する不動産につき所有権の全部の譲渡を受けて移転登記を備えたとしても，他の共同相続人の持分に関しては無権利である。それゆえ，他の共同相続人は，自己の持分につき第三者に対して，登記なくして対抗することができる（判例）。よって，本肢は正しい。

問9	抵当権	解答❶	合格者正解率	不合格者正解率	受験者正解率
			79.8%	50.6%	66.8%

❶ **誤** 不動産質権は利息が担保されないが，抵当権は担保される。

不動産質権者は，その債権の利息を請求することができない（民法358条）。抵当権者は，利息に関し，その満期となった最後の2年分についてのみ抵当権を行使することができる（民法375条1項）。よって，本肢は①についても，②についても誤りであり，本問の正解肢となる。

❷ **正** 不動産質権の存続期間は10年を超えることができず，これより長い期間を定めたときであっても，その期間は10年となる（民法360条1項）。抵当権については，存続期間に関する制限はない。よって，本肢は正しい。

❸ **正** 質権の設定は，債権者にその目的物を引き渡すことによって，その効力を生ずる（民法344条）。抵当権にはこのような規定はなく，引渡しは効力の発生要件ではない。よって，本肢は正しい。

❹ **正** 質権も抵当権も物権であり，ともに登記が対抗要件である（民法177条，不動産登記法3条，4条参照）。よって，本肢は正しい。

問10	不法行為	解答❷	合格者正解率	不合格者正解率	受験者正解率
			65.3%	－	53.1%

❶ **誤** 過失相殺の主張がなくても，賠償金額の減額はできる。

不法行為においては，裁判所は，被害者の過失を認定することができるときには，当事者が過失相殺の主張をしていなくても，損害賠償の額を定めるにあたってこれを考慮することができる（民法722条2項）。したがって，Aから過失相殺の主張がなくても，Bの過失を認定することができれば，裁判所は賠償額の算定にあたって賠償金額を減額することができる。よって，本肢は誤り。

❷ **正** 数人が共同の不法行為によって他人に損害を加えたときは，各自連帯して全損害につき賠償の責任を負う（民法719条1項）。したがって，Aの過失がCより軽微であったとしても，Bは，Aに対して損害の全額について賠償を請求することができる。

よって，本肢は正しく，本問の正解肢となる。

❸ 誤 1年間ではなく，3年間である。

　不法行為による損害賠償請求権は，被害者又はその法定代理人が損害及び加害者を知った時から3年間行使しないと，時効により消滅する(民法724条1号)。したがって，Bが，不法行為による損害と加害者を知った時から1年間損害賠償請求権を行使しなくても，当該請求権は消滅時効により消滅しない。よって，本肢は誤り。

❹ 誤 請求があった時ではなく，損害発生時から遅滞となる。

　不法行為に基づく損害賠償債務は，期限の定めのない債務であるが，被害者保護の見地から催告を待たず，損害発生と同時に遅滞に陥る（判例）。したがって，Bは損害発生以後の遅延損害金を請求することができる。よって，本肢は誤り。

問11	借地借家法（借地）	解答 ❹	合格者正解率 74.3%	不合格者正解率 44.3%	受験者正解率 61.8%

❶ 正 Bが甲土地を自分の土地であると判断していた場合，Bは甲土地を時効により取得できる場合がある（民法162条）。この場合，CがAから甲土地を購入した時期がBの時効完成前ならば当然，Bの時効完成後であってもBが甲土地について登記を得たときは，CはBに対して甲土地の所有権を対抗できない以上，本肢のような請求をすることはできない（民法177条，判例）。よって，本肢は正しい。

❷ 正 使用貸借契約については，借地借家法の適用はない（借地借家法1条）。したがって，Bは甲土地上に自己名義で登記した建物を所有している場合であっても，その使用借権をCに対抗することはできないので，CはBに対して建物を収去して土地を明け渡すよう請求できる。よって，本肢は正しい。

❸ 正 借地権の存続期間が満了した場合であっても，借地権者が契約の更新を請求したときや，借地権者が土地の使用を継続するときは，建物がある場合に限り，契約は更新される（借地借家法5条2項）。いずれの場合でも，借地権設定者が遅滞なく異議を述べれば更新を拒絶できるが，この異議を述べるためには正当事由が必要である（借地借家法6条）。したがって，借地権設定者が正当事由を欠くため異議を述べることができないときは，借地権が存続することになり，本肢のような請求をすることはできない。よって，本肢は正しい。

❹ 誤 いつでも解約申入れできるわけではない。

　借地権設定契約において期間の定めがない場合，その存続期間は30年となる（借地借家法3条本文）。このことは借地権設定後当該土地を取得した者も同様である。したがって，本肢のような請求をすることはできない。よって，本肢は誤りであり，本問の正解肢となる。

❶ **正** 借家人に不利な特約を無効とする借地借家法 37 条は，造作買取請求権を規定する 33 条を対象としていないので，造作買取請求権をあらかじめ放棄する旨の特約は有効である（借地借家法 37 条，33 条参照）。この特約は，建物賃貸借契約が定期建物賃貸借契約であるか否かを問わず，有効に定めることができる。よって，本肢は正しい。

❷ **誤** あらかじめ終了する旨の通知をしなければ，終了を対抗できない。

期間が 1 年以上の定期建物賃貸借契約においては，期間満了の 1 年前から 6 月前までの間に借家人に対する通知をしなければ，契約は終了しない（借地借家法 38 条 6 項）。そして，これに反する特約で建物の賃借人に不利なものは，無効とされる（借地借家法 38 条 8 項）。したがって，本肢の特約は無効である。よって，本肢は誤りであり，本問の正解肢となる。

❸ **正** 取壊し予定建物については，建物を取り壊すべき事由を記載した書面又は電磁的記録によれば，建物を取り壊すこととなる時に賃貸借契約が終了する旨の特約を定めることができる（借地借家法 39 条）。よって，本肢は正しい。

❹ **正** 一時使用目的の建物賃貸借契約は，民法のみが適用され，借地借家法は適用されない（借地借家法 40 条）。民法では，期間を定めた賃貸借契約については，期間内に解約する権利を留保しなければ，各当事者は解約の申入れをすることができない（民法 618 条，617 条 1 項）。よって，本肢は正しい。

❶ **正** 共用部分の管理に関する事項のうち，保存行為については，規約に別段の定めがある場合を除き，集会の決議を経ずに各区分所有者が単独ですることができる（区分所有法 18 条 1 項但書，2 項）。よって，本肢は正しい。

❷ **誤** 規約で減ずることができるのは区分所有者の定数についてのみ。

共用部分の変更（その形状又は効用の著しい変更を伴わないものを除く。）は区分所有者及び議決権の各 4 分の 3 以上の多数による集会の決議で決する（区分所有法 17 条 1 項）。ただし，区分所有者の定数については，規約で過半数まで減ずることができる（区分所有法 17 条 1 項但書）。よって，議決権についてまで減ずることができるとする本肢は誤りであり，本問の正解肢となる。

❸ **正** 管理者は，その職務に関し，区分所有者を代理する（区分所有法 26 条 2 項）。そして，管理者がその職務の範囲内で第三者との間で行った行為の責任は，規約で別段

の定めがない限り, 各区分所有者が共用部分の持分割合に応じて負担する (区分所有法29条1項, 14条1項)。よって, 本肢は正しい。

❹ 正 各区分所有者は, 規約に別段の定めがない限り, その持分に応じて, 共用部分の負担を負い, 共用部分から生じる利益を収取する (区分所有法19条)。したがって, 共用部分の管理に要した費用についても, その持分割合に応じて負担する。よって, 本肢は正しい。

問14	不動産登記法	解答❶	合格者正解率	不合格者正解率	受験者正解率
			39.8%	24.7%	33.6%

❶ 正 区分建物にあっては, 表題部所有者から所有権を取得した者も, 所有権の保存の登記を申請することができる。この場合, 当該建物が敷地権付き区分建物であるときは, 当該敷地権の登記名義人の承諾を得なければならない (不登法74条2項)。よって, 本肢は正しく, 本問の正解肢となる。

❷ 誤 第三者の承諾が必要である。

所有権に関する仮登記に基づく本登記は, 登記上の利害関係を有する第三者がある場合には, 当該第三者の承諾があるときに限り, 申請することができる (不登法109条1項)。よって, 本肢は誤り。

❸ 誤 代位した場合, 登記識別情報は通知されない。

登記官は, その登記をすることによって申請人自らが登記名義人となる場合において, 当該登記を完了したときは, 速やかに, 当該申請人に対し, 当該登記に係る登記識別情報を通知しなければならない (不登法21条本文)。登記識別情報を通知しなければならないのは, 申請人「自ら」が「登記名義人となる」場合であり, 代位して移転登記をした場合, その代位した者に登記識別情報を通知する必要はない。よって, 本肢は誤り。

❹ 誤 配偶者居住権は, 登記をすることができる。

配偶者居住権は, 登記することができる権利である (不登法3条9号)。よって, 本肢は誤り。なお, 居住建物の所有者は, 配偶者居住権を取得した配偶者に対し, 配偶者居住権の設定の登記を備えさせる義務を負う (民法1031条1項)。

問15	国土利用計画法	解答❶	合格者正解率	不合格者正解率	受験者正解率
			95.1%	79.2%	88.5%

❶ 正 市街化区域内においては, 2,000㎡以上の土地を購入した場合に事後届出が必要となる(国土法23条1項, 2項1号イ)。したがって, Bは事後届出を行う必要はない。市街化調整区域内において, 5,000㎡以上の一団の土地に関する権利を対価を得て移転

又は設定する契約（予約を含む。）を締結した場合，権利取得者は，事後届出を行わなければならない（国土法23条1項，2項1号ロ，14条1項）。Dは，市街化調整区域内における6,000㎡の土地を購入する旨の予約をしているので，事後届出を行わなければならない。よって，本肢は正しく，本問の正解肢となる。

❷ **誤** 移転登記を完了した日から起算するのではない。

土地売買等の契約を締結した場合，権利取得者は，その契約を締結した日から起算して2週間以内に，都道府県知事に届け出なければならない（国土法23条1項）。移転登記を完了した日から起算するのではない。よって，本肢は誤り。

❸ **誤** 贈与の場合，事後届出は不要である。

事後届出が必要となる「土地売買等の契約」とは，土地に関する所有権若しくは地上権及び賃借権の移転又は設定であり，対価を得て行われる移転又は設定に限られる（国土法23条1項，14条1項，施行令5条）。贈与契約は，対価を得ていないことからこれに該当せず，事後届出は不要である。よって，本肢は誤り。

❹ **誤** 両者とも届出が必要となる。

都市計画区域外においては10,000㎡以上，市街化調整区域内では5,000㎡以上の一団の土地に関する権利を，対価を得て移転又は設定する契約を締結した場合，権利取得者は，原則として事後届出をする必要がある（国土法23条1項，2項1号ロ，ハ，14条1項）。そして，土地の交換契約は，ここでいう契約に該当するので，I・J両者ともに権利取得者として事後届出をする必要がある。よって，本肢は誤り。

問16	都市計画の内容	解答❸	合格者正解率 59.2%	不合格者正解率 31.4%	受験者正解率 50.8%

❶ **正** 地区計画は，建築物の建築形態，公共施設その他の施設の配置等からみて，一体としてそれぞれの区域の特性にふさわしい態様を備えた良好な環境の各街区を整備し，開発し，及び保全するための計画であり，用途地域が定められている土地の区域，用途地域が定められていない一定の土地の区域に定めることができる（都計法12条の5第1項2号）。よって，本肢は正しい。

❷ **正** 高度利用地区は，土地の合理的かつ健全な高度利用と都市機能の更新とを図るため，建築物の容積率の最高限度及び最低限度，建築物の建蔽率の最高限度，建築物の建築面積の最低限度ならびに壁面の位置の制限を定める地区であり，用途地域内において定めるものである（都計法9条19項）。よって，本肢は正しい。

❸ **誤** 準都市計画区域に市街地開発事業を定めることはできない。

市街地開発事業は，市街化区域又は区域区分が定められていない都市計画区域内において，一体的に開発し，又は整備する必要がある土地の区域について定めるものであり，準都市計画区域に定めることはできない（都計法13条1項13号）。よって，本肢は誤

りであり，本問の正解肢となる。

④ 正 高層住居誘導地区は，住居と住居以外の用途とを適正に配分し，利便性の高い高層住宅の建設を誘導するため，第一種住居地域，第二種住居地域，準住居地域，近隣商業地域，準工業地域で一定の容積率の定められたものの内において定める地区である（都計法9条17項）。よって，本肢は正しい。

問17	開発行為の規制等	解答❷	合格者正解率	不合格者正解率	受験者正解率
			87.4%	65.3%	77.6%

❶ 誤 準都市計画区域で開発許可が必要となる規模は 3,000㎡以上である。

準都市計画区域内において行う開発行為で，その規模が 3,000㎡未満であるものは，開発許可が不要となる（都計法29条1項但書1号，施行令19条1項）。本肢では，準都市計画区域内でその規模が 1,000㎡の開発行為であるから，都道府県知事の許可を受ける必要はない。よって，本肢は誤り。

❷ 正 市街化区域内においては，農業を営む者の居住の用に供する建築物の建築の用に供する目的で行う開発行為は，その規模が 1,000㎡以上であれば，あらかじめ，都道府県知事の許可を受けなければならない（都計法29条1項但書1号，2号，施行令19条1項）。よって，本肢は正しく，本問の正解肢となる。

❸ 誤 変電所は公益上必要な建築物であり，開発許可は不要である。

駅舎その他の鉄道の施設，図書館，公民館，変電所その他これらに類する公益上必要な建築物の建築の用に供する目的で行う開発行為は，許可が不要となる（都計法29条1項但書3号）。本肢は，変電所の建築の用に供する目的で行う開発行為であるから，開発許可は不要である。よって，本肢は誤り。

❹ 誤 3,000㎡の遊園地は，第2種特定工作物とならない。

遊園地はその規模が 10,000㎡以上であれば，第2種特定工作物になる（都計法4条11項，施行令1条2項1号）。本肢では，その規模が 3,000㎡であるから，第2種特定工作物にはならない。したがって，開発行為に該当しないので，都道府県知事の許可を受ける必要はない。よって，本肢は誤り。

問18	建築基準法総合	解答❷	合格者正解率	不合格者正解率	受験者正解率
			86.9%	66.5%	79.9%

❶ 誤 既存不適格建築物は違反建築物とはならない。

建築基準法の改正により，現に存する建築物が建築基準法の規定に適合しなくなった場合，当該建築物に対しては，改正された建築基準法の規定は，適用しない（建基法3

条2項)。これを既存不適格建築物という。したがって，当該建築物は違反建築物とはならない。よって，本肢は誤り。

❷ 正 特殊建築物への用途変更は，その用途に供する部分の床面積が200㎡を超える場合に建築確認が必要となる（建基法87条1項）。飲食店は特殊建築物であるから（建基法6条1項1号，別表第一（い）（四），施行令115条の3第3号），その用途に供する部分の床面積が250㎡である本問では，建築確認が必要となる。よって，本肢は正しく，本問の正解肢となる。

❸ 誤 20分の1以上としなければならない。

住宅の居室には，原則として，換気のための窓その他の開口部を設け，その換気に有効な部分の面積は，その居室の床面積に対して，20分の1以上としなければならない（建基法28条2項）。25分の1以上ではない。よって，本肢は誤り。

❹ 誤 建築基準法以外の規定に適合しているかも審査対象である。

建築主事等は，建築主からの建築物の確認の申請を受けた場合において，申請に係る建築物の計画が建築基準関係規定に適合しているかについて審査しなければならない。ここで建築基準関係規定とは，建築基準法令の規定その他建築物の敷地，構造又は建築設備に関する法律並びにこれに基づく命令及び条例の規定で政令で定めるものをいう（建基法6条1項）。都市計画法等もここに含まれる（施行令9条12号）。よって，本肢は誤り。

問19	建築基準法総合	解答❶	合格者正解率 65.8%	不合格者正解率 47.1%	受験者正解率 57.5%

❶ 正 用途地域の指定のない区域内の建築物の建蔽率の上限値は，10分の3，10分の4，10分の5，10分の6又は10分の7のうち，特定行政庁が土地利用の状況等を考慮し当該区域を区分して都道府県都市計画審議会の議を経て定める（建基法53条1項6号）。よって，本肢は正しく，本問の正解肢となる。

❷ 誤 第二種中高層住居専用地域では，原則，ホテルも旅館も建築できない。

第二種中高層住居専用地域では，原則として，ホテル又は旅館は建築できない（建基法48条4項，別表第2）。よって，本肢は誤り。

❸ 誤 幅員4m以上のものは，原則として建築基準法上の道路である。

都市計画区域及び準都市計画区域内では，幅員4m以上のものは道路である（建基法42条1項）。よって，本肢は誤り。なお，建築基準法が施行された時点又は都市計画区域もしくは準都市計画区域に入った時点で現に存在する道で，特定行政庁の指定がない限り，建築基準法上の道路にならないのは，幅員が4m未満の道の場合である（建基法42条2項）。

④ 誤 前面道路の幅員の最大の数値を用いる。

　前面道路（前面道路が2以上あるときは，その幅員の最大のもの。）の幅員が12m未満である建築物の容積率は，当該前面道路の幅員のメートルの数値に，区分に従い，その定める数値を乗じたもの以下でなければならない（建基法52条2項）。前面道路の幅員の最小の数値を用いて算定するのではない。よって，本肢は誤り。

問20	盛土規制法	解答❶	合格者正解率	不合格者正解率	受験者正解率
			67.4%	**38.4%**	**57.1%%**

❶ 誤 5m未満でも指定できる場合がある。

　都道府県知事は，宅地造成又は特定盛土等（宅地において行うものに限る。）に伴う災害で相当数の居住者等に危害を生ずるものの発生のおそれが大きい一団の造成宅地（宅地造成等工事規制区域内の土地を除く）の区域であって，一定の基準に該当するものを，造成宅地防災区域として指定することができる（盛土規制法45条1項）。そして，造成された盛土の高さが5m未満でも，盛土をした土地の面積が3,000㎡以上であり，かつ，盛土をしたことにより，当該盛土をした土地の地下水位が盛土をする前の地盤面の高さを超え，盛土の内部に浸入しているものは，造成宅地防災区域として指定できる（施行令35条1項1号イ）。よって，本肢は誤りであり，本問の正解肢となる。

❷ 正 宅地造成等工事規制区域内において宅地造成等に関する工事を行う場合，盛土又は切土をする土地の面積が1,500㎡を超える土地における排水施設の設置については，政令で定める資格を有する者の設計によらなければならない（盛土規制法13条2項，施行令21条2号）。よって，本肢は正しい。

❸ 正 宅地造成等工事規制区域内の土地（公共施設用地を除く）において，擁壁又は崖面崩壊防止施設で高さが2mを超えるものの除却工事を行おうとする者は，一定の場合を除き，その工事に着手する日の14日前までに，その旨を都道府県知事に届け出なければならない（盛土規制法21条3項，施行令26条1項）。よって，本肢は正しい。

❹ 正 宅地造成等工事規制区域内において，公共施設用地を宅地に転用した者は，一定の場合を除き，その転用した日から14日以内に，その旨を都道府県知事に届け出なければならない（盛土規制法21条4項）。よって，本肢は正しい。

問21	土地区画整理法	解答❷	合格者正解率	不合格者正解率	受験者正解率
			82.8%	**60.3%**	**74.5%**

❶ 誤 施行地区内の宅地の所有者は組合員となる。

　組合が施行する土地区画整理事業に係る施行地区内の宅地について所有権又は借地権

を有する者は，すべてその組合の組合員となる（区画法25条1項）。したがって，施行地区内の宅地について所有権を有する組合員から当該所有権の一部のみを承継した者も組合員となる。よって，本肢は誤り。

❷ 正 施行地区内の宅地について組合員の有する所有権の全部又は一部を承継した者がある場合においては，その組合員が組合に対して有する権利義務は，その承継した者に移転する（区画法26条1項）。よって，本肢は正しく，本問の正解肢となる。

❸ 誤 すべて完了した後に限られない。

規準，規約，定款又は施行規程に別段の定めがある場合においては，換地計画に係る区域の全部について工事が完了する以前においても換地処分をすることができる（区画法103条2項但書）。よって，本肢は誤り。

❹ 誤 保留地は施行者が取得するから，定めることはできない。

換地計画において定められた保留地は，換地処分の公告があった日の翌日において，施行者が取得する（区画法104条11項）。したがって，換地計画において，保留地の取得を希望する宅地建物取引業者に，当該保留地に係る所有権が帰属するように定めることはできない。よって，本肢は誤り。

問 22	農地法	解答 ❷	合格者正解率 89.9%	不合格者正解率 62.7%	受験者正解率 78.6%

❶ 誤 市街化調整区域内では4条の許可が必要である。

農地を農地以外のものに転用する場合には，原則として農地法4条の許可を受けなければならない（農地法4条1項）。したがって，市街化調整区域内の農地を自己の住宅用地に転用する場合には，農地法4条の許可を受ける必要がある。よって，本肢は誤り。

❷ 正 農地を農地以外のものに転用するために取得する場合には，原則として農地法5条の許可を受けなければならない（農地法5条1項）。しかし，市街化区域内にある農地を農地以外のものに転用するために取得する場合には，あらかじめ農業委員会に届け出れば，農地法5条の許可を受ける必要はない（農地法5条1項但書6号）。よって，本肢は正しく，本問の正解肢となる。

❸ 誤 原野は農地ではない。

原野は，農地法上の農地又は採草放牧地にあたらない（農地法2条1項）。農地法3条の許可を必要とするのは，農地又は採草放牧地について所有権を移転し，又は地上権等の使用収益を目的とする権利を設定又は移転する場合であるから，原野の所有権を取得し，その後造成して農地にする場合には，農地法3条の許可を受ける必要はない（農地法3条1項）。よって，本肢は誤り。

❹ 誤 遊休化していても農地であるから4条の許可が必要である。

農地法上の「農地」とは，耕作の目的に供される土地をいい（農地法2条1項），遊

休化している農地（いわゆる休耕地）も，耕作しうる以上農地にあたる。そして，農地を農地以外のものに転用する場合には，原則として農地法4条の許可を受けなければならない（農地法4条1項）。よって，本肢は誤り。

問23 印紙税　解答❶

合格者正解率	不合格者正解率	受験者正解率
56.2%	26.0%	41.6%

❶ 正　課税文書となる「契約書」とは，契約証書，協定書，約定書その他名称のいかんを問わず，契約（その予約を含む。）の成立，更改，契約の内容の変更，補充の事実を証すべき文書をいう（印紙税法別表第一課税物件表，課税物件表の適用に関する通則5）。したがって，契約内容を補充する「覚書」も課税文書に含まれ，印紙税が課される。よって，本肢は正しく，本問の正解肢となる。

❷ 誤　仮契約書にも課税される。

❶で述べたように，課税文書となる「契約書」とは，名称のいかんを問わず，契約の成立等を証すべき文書をいう（印紙税法別表第一課税物件表，課税物件表の適用に関する通則5）。仮契約書も，契約の成立等を証すべき書面であるから，印紙税が課される。よって，本肢は誤り。

❸ 誤　記載金額は6,000万円ではなく，1億1,000万円である。

一の文書に，課税物件表の同一の号の課税事項の記載金額が2以上ある場合，当該記載金額の合計額を記載金額とする（印紙税法別表第一，基本通達24条（一））。したがって，「甲土地を6,000万円，乙建物を3,500万円，丙建物を1,500万円で譲渡する」旨を記載した契約書を作成した場合，印紙税の課税標準となる当該契約書の記載金額は，これらを合計した1億1,000万円である。よって，本肢は誤り。

❹ 誤　記載金額は3,000万円ではなく，1億円である。

交換契約書において，交換対象物の双方の価額が記載されているときは，いずれか高いほうの金額を記載金額として印紙税が課せられる（印紙税法基本通達23条（一）ロ）。したがって，本肢の土地交換契約書に係る印紙税の課税標準となる記載金額は1億円となる。よって，本肢は誤り。

問24 固定資産税　解答❹

合格者正解率	不合格者正解率	受験者正解率
66.9%	44.9%	59.4%

❶ 誤　賦課期日は当該年度の初日の属する年の1月1日である。

新築された住宅に対する固定資産税の減額は，当該住宅に対して新たに固定資産税が課されることとなった年度から3年度分，中高層耐火建築物である住宅については当該

住宅に対して新たに固定資産税が課されることとなった年度から5年度分，固定資産税額の2分の1に相当する額を当該住宅に係る固定資産税額から減額する（地方税法附則15条の6）。固定資産税の賦課期日は当該年度の初日の属する年の1月1日とする（地方税法359条）。本肢の建物は，令和6年1月15日に新築されているため，令和6年度分の固定資産税は課税されない。課税されないので減税ということも生じない。よって，本肢は誤り。

❷ **誤** 税率の上限に関する規定はない。

固定資産税の標準税率は，100分の1.4であるが，制限税率に関する規定は廃止されている（地方税法350条1項）。よって，本肢は誤り。

❸ **誤** 自己の持分に応じた税額を各自が納税する。

区分所有に係る家屋の敷地の用に供されている土地に対して課する固定資産税は，当該共用土地に係る固定資産税額を当該共用土地に係る各共用土地納税義務者の当該共用土地に係る持分の割合によってあん分した額を，当該各共用土地納税義務者の当該共用土地に係る固定資産税として納付する義務を負う（地方税法352条の2第1項）。したがって，各区分所有者が連帯して納税義務を負うわけではない。よって，本肢は誤り。

❹ **正** 市町村は，同一の者について当該市町村の区域内におけるその者の所有に係る土地に対して課する固定資産税の課税標準となるべき額が30万円に満たない場合においては，固定資産税を課することができない。ただし，財政上その他特別の必要がある場合においては，当該市町村の条例の定めるところによって，その額が30万円に満たないときであっても，固定資産税を課することができる（地方税法351条）。よって，本肢は正しく，本問の正解肢となる。

| 問25 | 地価公示法 | 解答 ❸ | 合格者正解率 92.0% | 不合格者正解率 66.6% | 受験者正解率 84.2% |

❶ **誤** 最も近傍の標準地の価格を指標とするものではない。

都市及びその周辺の地域等において，土地の取引を行う者は，取引の対象土地に類似する利用価値を有すると認められる標準地について公示された価格を指標として取引を行うよう努めなければならないものとされている（地価公示法1条の2）。「最も近傍の標準地」の価格を指標とするものではない。よって，本肢は誤り。

❷ **誤** 都市計画区域外からも選定できる。

土地鑑定委員会は，「都市計画区域その他の土地取引が相当程度見込まれるもの」として国土交通省令で定める区域内の標準地について，正常な価格を判定し，これを公示するものとする（地価公示法2条）。したがって，都市計画区域外から選定することもできる。よって，本肢は誤り。なお，国土利用計画法の規制区域内から選定されないという点は正しい。

❸ **正** 「正常な価格」とは，土地について，自由な取引が行われるとした場合におけるその取引において通常成立すると認められる価格をいい，当該土地に関して地上権等の権利が存する場合には，その権利が存しないものとして通常成立すると認められる価格をいう（地価公示法2条2項）。よって，本肢は正しく，本問の正解肢となる。なお，当該土地に建物その他の定着物がある場合もその建物等は存しないものとする。

❹ **誤** 環境等が特に良好と認められる土地を選定するものではない。

標準地は，土地鑑定委員会が，自然的及び社会的条件からみて類似の利用価値を有すると認められる地域において，土地の利用状況，環境等が通常と認められる一団の土地について選定するものとする（地価公示法3条）。「環境等が通常と認められる一団の土地」であって，「環境等が特に良好と認められる一団の土地」ではない。よって，本肢は誤り。

問26	宅建業の意味	解答❶	合格者正解率 87.6%	不合格者正解率 61.4%	受験者正解率 77.6%

❶ **正** Aは，Bに建物を自ら賃貸しているにすぎず，「取引」にあたらないため，免許を必要としない。他方，Bは，Aから賃借した建物を転貸しているが，自ら転貸を行うことも「取引」にあたらないので，免許を必要としない（業法2条2号，3条1項）。よって，本肢は正しく，本問の正解肢となる。

❷ **誤** 建物の敷地は「宅地」。あっせんは「媒介」。

建物の敷地は宅地であるから，その売買のあっせん（媒介等）を反復継続して行うことは，宅建業に該当する（業法2条2号）。したがって，Cは，宅建業の免許を受ける必要がある（業法3条1項）。よって，本肢は誤り。

❸ **誤** 共有会員制リゾートクラブ会員権の売買の媒介は免許必要。

共有会員制のリゾートクラブ会員権（宿泊施設等のリゾート施設の全部又は一部の所有権を会員が共有するもの）の売買は建物の売買と同視でき，その媒介を業として行う行為は，宅建業に該当する（旧建設省通達，業法2条2号）。よって，本肢は誤り。

❹ **誤** 相続人が新たに宅建業を行う場合，免許必要。

宅建業者の相続人は，宅建業者が締結した契約に基づく取引を結了する目的の範囲内では宅建業者とみなされる（業法76条）。しかし，本肢のように新たに宅地の分譲を行うような場合には，宅建業の免許を受ける必要がある（業法3条1項）。よって，本肢は誤り。

問27	免許の申請	解答❶	合格者正解率 61.9%	不合格者正解率 37.5%	受験者正解率 54.4%

ア　誤　復権を得れば直ちに免許を受けることができる。

　破産手続開始の決定を受けても復権を得れば直ちに免許を受けることができる（業法5条1項1号）。復権を得てから5年を経過する必要はない。よって，本肢は誤り。

イ　正　宅建業法に違反したことにより罰金の刑に処せられ，その刑の執行を終わった日から5年を経過しない取締役がいる法人Bは，免許を受けることができない（業法5条1項12号，6号）。よって，本肢は正しい。

ウ　誤　業務停止処分による場合は，免許を受けることができる。

　宅建業法66条1項8号又は9号に該当するとして，免許の取消処分の聴聞の期日及び場所が公示された日から当該処分をする日又は当該処分をしないことを決定する日までの間に，相当の理由なく廃業の届出を行った場合，当該届出の日から5年を経過しなければ免許を受けることができない（業法5条1項3号）。しかし，業務停止処分は免許の基準に該当せず，相当の理由なく廃業の届出をしたとしても5年を経過するまでの間に免許を受けることができる。よって，本肢は誤り。

エ　誤　"有する"未成年者は法定代理人と無関係に免許可。

　宅建業に係る営業に関し成年者と同一の行為能力を有する未成年者は，法定代理人が免許欠格事由に該当していても，免許を受けることができる（業法5条1項11号参照）。よって，本肢は誤り。

　以上より，正しいものはイの一つであり，**❶**が本問の正解肢となる。

問28	報酬額の制限	解答❹	合格者正解率 89.0%	不合格者正解率 69.5%	受験者正解率 80.4%

❶　誤　双方から11万円を受領することはできない。

　居住用建物以外の賃貸借で，権利金等の授受がある場合には，権利金等の額を売買代金とみなして報酬計算した額と1カ月分の借賃とを比較して，高いほうが報酬限度額となる（業法46条，報酬告示第4，第6）。本肢の場合，権利金を基準とすると（150万円×5％）7万5,000円をB及びCから受領でき，合計は15万円となる。これは借賃1カ月分の10万円よりも高い。しかし，この7万5,000円に消費税を上乗せしても7万5,000円×1.1＝8万2,500円となるので，B及びCから11万円の報酬を受けることはできない。よって，本肢は誤り。なお，本肢の11万円は，借賃に消費税を上乗せした額であるが，借賃を基準とする報酬を当事者双方から受領することはできない。

❷　誤　居住用建物の場合，権利金を基準とできない。

　居住用建物の場合，そもそも権利金を基準として報酬額を算出することはできない（報酬告示第6）。よって，本肢は誤り。

❸ **誤** 依頼者の依頼がなければ，広告料金を請求できない。

　宅建業者は，依頼者の依頼がなければ，報酬とは別に広告料金を請求することはできない（業法46条，報酬告示第9）。寄与の有無は影響しない。よって，本肢は誤り。

❹ **正** 定期建物賃貸借の再契約に関して宅建業者が受けることのできる報酬についても，新規の契約と同様に宅建業法及び告示の規定が適用される（業法46条，報酬告示第4，解釈・運用の考え方）。よって，本肢は正しく，本問の正解肢となる。

問 29	広告等に関する規制	解答 ❶	合格者正解率	不合格者正解率	受験者正解率
			53.3%	32.9%	46.2%

ア　誤 「自ら貸借」には宅建業法の規制は及ばない。

　自ら借り受けた建物を他に転貸する行為も「自ら貸借」に該当するため宅建業にあたらず，宅建業法の規制は及ばない。したがって，広告に自らが契約の当事者となって貸借を成立させる旨を明示しなくとも取引態様の明示義務に違反しない。よって，本肢は誤り。

イ　正 宅建業者は，宅地の造成又は建物の建築に関する工事の完了前においては，当該工事に関し必要とされる許可，確認等があった後でなければ，すべての取引態様における広告をすることができない（業法33条）。よって，本肢は正しい。

ウ　誤 誇大広告の禁止は継続的に求められる。

　売買契約が成立した物件のように，物件は存在するが，実際には取引の対象とはなり得ない物件に関する広告表示をすることは誇大広告の禁止に違反し許されない（業法32条）。そして，継続的に広告を行う場合には，掲載時のみならず掲載後も継続的に違反しないことが求められる。また，インターネットによる広告の場合も当該規制は及ぶ。よって，本肢は誤り。

エ　誤 申請中の表示をしても広告は不可。

　宅建業者は，宅地の造成又は建物の建築に関する工事の完了前においては，当該工事に関し必要とされる許可，確認等があった後でなければ，すべての取引態様における広告をすることができない（業法33条）。したがって，建築確認申請中である旨の表示をしている場合であっても広告をすることはできない。よって，本肢は誤り。

　以上より，正しいものはイの一つであり，❶が本問の正解肢となる。

問 30	重要事項の説明	解答 ❷	合格者正解率	不合格者正解率	受験者正解率
			59.4%	38.2%	51.1%

❶ 誤 壁面の塗装の状況についても説明する必要がある。

宅建業者は、工事完了前の建物の分譲にあたり、当該建物の工事完了時における形状、構造、主要構造部、内装および外装の構造または仕上げならびに設備の設置および構造を、重要事項として説明しなければならない（業法35条1項5号、規則16条）。ここにいう「外装の仕上げ」には、壁面の塗装の状況も含まれる（解釈・運用の考え方）。よって、外壁の塗装については説明しなくてもよいとする本肢は誤り。なお、建物の形状や構造については、平面図を交付して説明しなければならないとする点は正しい（解釈・運用の考え方）。

❷ 正 宅建業者は、建物の貸借の契約にあたり、台所、浴室、便所その他当該建物の設備の整備の状況を、重要事項として説明しなければならない（業法35条1項14号、規則16条の4の3第7号）。この点は、事業用建物であっても居住用建物であっても同様である。よって、本肢は正しく、本問の正解肢となる。

❸ 誤 損害賠償の予定は説明必要、契約不適合担保責任は説明不要。

宅建業者は、建物の売買契約にあたり、損害賠償額の予定に関する事項は重要事項として説明しなければならないが（業法35条1項9号）、契約不適合担保責任に関する事項については説明する必要はない。よって、本肢は誤り。

❹ 誤 管理組合の総会の議決権に関する事項は説明する必要はない。

宅建業者がマンションの分譲を行うにあたり、管理組合の総会の議決権に関する事項は、重要事項として説明が必要な事項に含まれていない。よって、本肢は誤り。

問31	宅建業法の総合問題	解答 ❹	合格者正解率 **81.4%**	不合格者正解率 **57.2%**	受験者正解率 **70.8%**

❶ 誤 あっせんの有無について確認する必要はない。

重要事項の説明事項となるのは、建物状況調査（実施後国土交通省令で定める期間の経過していないものに限る。）を実施しているかどうか、及びこれを実施している場合におけるその結果の概要であり、建物状況調査を実施する者のあっせんの有無ではない（業法35条1項6号の2イ）。よって、本肢は誤り。なお、建物状況調査を実施する者のあっせんの有無は、媒介契約書の記載事項である（業法34条の2第1項4号）。

❷ 誤 書類に記載されている内容を説明する必要はない。

媒介業者A及びCは、売買契約が成立するまでの間に、宅建業者でない場合のDに対して、設計図書、点検記録その他の建物の建築及び維持保全の状況に関する書類で国土交通省令で定めるものの保存の状況について重要事項として説明をしなければならない（業法35条1項6号の2ロ）。しかし、それぞれの書類に記載されている内容を説明する必要はない。よって、本肢は誤り。

❸ **誤** 建物状況調査は，1年を経過していないものに限る。

　重要事項の説明事項となる建物状況調査は，実施後国土交通省令で定める期間である1年を経過していないものに限る（業法35条1項6号の2イ，規則16条の2の2）。したがって，媒介契約を締結する2年前に受けた建物状況調査は，実施している旨及びその結果の概要について重要事項として説明する必要はない。よって，本肢は誤り。

❹ **正** 宅建業者は，売買契約が成立したときは，宅建業者を含む各当事者に，遅滞なく，37条書面を交付（電磁的方法による提供を含む。）しなければならない。そして，当該建物が既存の建物であるときは，建物の構造耐力上主要な部分等の状況について当事者の双方が確認した事項はこの37条書面に必ず記載する事項であり，省略することはできない（業法37条1項2号の2，4項）。よって，本肢は正しく，本問の正解肢となる。

問32	業務上の規制総合	解答❸	合格者正解率	不合格者正解率	受験者正解率
			59.6%	30.4%	44.3%

❶ **違反する**　制限がある場合は，貸借でも説明必要。

　区分所有建物の専有部分の用途その他の利用の制限に関する規約の定め（その案を含む）があるときは，その内容を，重要事項として説明しなければならない（業法35条1項6号，規則16条の2第3号）。そして，当該規約の定めには，ペット飼育の禁止又は制限に関するものも含まれる（解釈・運用の考え方）。したがって，Aは，管理規約で「ペット飼育禁止」の制限があることについて説明する必要がある。よって，本肢は宅建業法の規定に違反する。

❷ **違反する**　ガスの供給については説明必要。

　飲用水，電気及びガスの供給ならびに排水のための施設の整備の状況については，重要事項として説明しなければならない（業法35条1項4号）。したがって，Aは，ガスの供給に関して説明をする必要がある。よって，本肢は宅建業法の規定に違反する。

❸ **違反しない**　宅建業者は，宅地又は建物の売買又は交換の媒介契約を締結したときは，遅滞なく，一定事項を記載した書面を作成して記名押印し，依頼者に交付（電磁的方法による提供を含む。）しなければならない（業法34条の2第1項，11項）。しかし，貸借の媒介契約の場合には，書面を作成して，依頼者に交付する必要はない。よって，本肢は宅建業法の規定に違反せず，本問の正解肢となる。

❹ **違反する**　修繕積立金の滞納についても説明必要。

　区分所有建物の売買・交換契約においては，当該一棟の建物の計画的な維持修繕のための費用の積立てを行う旨の規約の定めがあるときは，その内容及び既に積立てられている額について，重要事項として説明する必要がある（業法35条1項6号，規則16条の2第6号）。そして，当該区分所有建物に関し修繕積立金についての滞納があると

きは，その額を告げることとする（解釈・運用の考え方）。したがって，Aは，管理規約に定めのある修繕積立金をDが滞納していることを説明する必要がある。よって，本肢は宅建業法の規定に違反する。

問33	手付金等保全措置	解答 ❷	合格者正解率	不合格者正解率	受験者正解率
			75.4%	48.3%	66.0%

ア　違反する　中間金を受領する前に保全措置を講ずることが必要。

　自ら売主制限の規制が適用になる場合，宅建業者は保全措置を講じなければ手付金等を受領できないのが原則である。ただし，完成物件を取引する場合，受け取る手付金等の額が代金の10％以下であり，かつ1,000万円以下であれば保全措置を講ずる必要はない（業法41条の2第1項，施行令3条の5）。本問では中間金を受領するときに手付金と合わせると代金の10％を超えてしまうので，中間金を受領する前に本件手付金と中間金を合わせた300万円について保全措置を講ずる必要がある。よって，本肢は宅建業法の規定に違反する。

イ　違反しない　手付金等の保全措置の対象となる手付金等とは，契約締結後，引渡しまでの間に，代金の一部として授受される金銭をいうので，本肢の申込証拠金は手付金等にあたる。申込証拠金と本件手付金を合計すると210万円となるから，本件手付金を受領する前に保全措置を講ずる必要がある。よって，本肢は宅建業法の規定に違反しない。

ウ　違反する　手付の貸与は禁止されている。

　宅建業者は，手付について貸付けその他信用の供与をすることにより契約の締結を誘引してはならない（業法47条3号）。よって，本肢は宅建業法の規定に違反する。

　以上より，宅建業法の規定に違反するのはアとウの二つであり，❷が本問の正解肢となる。

問34	重要事項の説明	解答 ❷	合格者正解率	不合格者正解率	受験者正解率
			85.8%	51.3%	70.5%

❶　誤　売主には，重要事項の説明をする必要はない。

　宅建業者は，売買，交換又は貸借の契約が成立するまでの間に，買主，借主，交換の両当事者に，宅地建物取引士をして，一定事項を記載した書面を交付又はこれらの者の承諾を得て電磁的方法による提供をして説明をさせなければならない（業法35条1項）。しかし，売主や貸主に対しては，交付と説明は不要である。よって，本肢は誤り。

❷ **正** 代金等に関する金銭の貸借をあっせんすることとした場合，あっせんの内容と当該あっせんに係る金銭の貸借が不成立のときの措置を，重要事項として説明し，重要事項説明に係る書面に記載しなければならない（業法35条1項12号）。よって，本肢は正しく，本問の正解肢となる。

❸ **誤** 建物の貸借においては，私道に関する負担は，説明事項ではない。

宅地の売買・貸借においては，私道に関する負担に関する事項について説明しなければならない（業法35条1項3号）。しかし，建物の貸借においては説明事項とされていない。よって，本肢は誤り。

❹ **誤** 天災その他不可抗力による損害の負担は，重要事項説明の対象ではない。

天災その他不可抗力による損害の負担に関する定め（危険負担の定め）があるときは，宅建業者は，その内容を37条書面に記載し，その書面を交付しなければならない（業法37条1項10号）。しかし，重要事項説明の対象ではない。よって，本肢は誤り。

| 問 35 | 免許の効力 | 解答 ❹ | 合格者正解率 92.6% | 不合格者正解率 76.3% | 受験者正解率 85.4% |

❶ **誤** 処分がなされるまでの間は宅建業を行うことができる。

免許の更新の申請があった場合において，その有効期間の満了の日までにその申請について処分がなされないときは，従前の免許は，同項の有効期間の満了後もその処分がなされるまでの間は，なお効力を有する（業法3条4項）。したがって，Aは免許の処分がなされるまでの間も宅建業を営むことができる。よって，本肢は誤り。

❷ **誤** 免許申請中は，広告等事業活動をすることができない。

宅建業者は，新たに免許を受け，営業保証金を供託し，その旨を免許権者に届け出た後でなければ，その事業を開始してはならない（業法3条，12条2項，25条5項）。したがって，Bは免許の申請中に事業である広告をすることはできない。よって，本肢は誤り。

❸ **誤** 兼業する事業に変更が生じたとしても，届出対象とはならない。

宅建業者は，宅建業者名簿登載事項のうち一定事項について変更があったときは，30日以内にその旨を免許権者に届け出なければならない（変更の届出，業法9条，8条2項各号）。しかし，兼業している宅建業以外の事業の種類は，宅建業者名簿登載事項ではあるが，変更の届出の対象とはなっていない（業法9条，8条2項8号，規則5条2号）。よって，本肢は誤り。

❹ **正** 宅建業者が吸収合併により消滅した場合は，当該宅建業者を吸収した一般承継人である存続会社は，当該宅建業者が締結した契約に基づく取引を結了する目的の範囲内においては，なお宅建業者とみなされる（業法76条，11条1項2号）。よって，本肢は正しく，本問の正解肢となる。

ア 誤 売主である宅建業者も，宅地建物取引士をして記名させなければならない。

宅建業者は，37 条書面には，宅地建物取引士をして記名させなければならない（業法 37 条 3 項）。売主となっている宅建業者 A も宅地建物取引士をして記名させなければならない。よって，本肢は誤り。

イ 誤 公正証書で契約を成立させても，宅地建物取引士の記名が必要である。

宅建業者は，37 条書面には，宅地建物取引士をして記名させなければならない（業法 37 条 3 項）。事業用宅地の定期賃貸借契約を公正証書によって成立させた場合でも同様である。よって，本肢は誤り。

ウ 正 契約の解除に関する定めがあるときは，その内容を 37 条書面（電磁的方法による提供を含む。）に記載しなければならない（業法 37 条 1 項 7 号，4 項）。「C は，自宅を一定の金額以上で売却できなかった場合，本件売買契約を無条件で解除できる」旨の定めは解除に関する事項であり，その定めがあれば，37 条書面に記載しなければならない。よって，本肢は正しい。

以上より，誤っているものは，ア，イであり，❶が本問の正解肢となる。

❶ 誤 取引関係者からの請求時に提示しなくても，罰則なし。

宅地建物取引士は，取引の関係者から請求があったときには，必ず宅地建物取引士証を提示しなければならない（業法 22 条の 4）。しかし，この規定に違反したとしても，過料に処せられることはない。重要事項の説明の際の宅地建物取引士証の提示義務に違反したときに過料に処せられることと区別してほしい。よって，本肢は誤り。

❷ 正 宅地建物取引士は，重要事項の説明をするときには，必ず宅地建物取引士証を提示しなければならない（業法 35 条 4 項）。この規定に違反すると，宅地建物取引士は，事務禁止処分を受けることがある（業法 68 条 2 項，4 項）。よって，本肢は正しく，本問の正解肢となる。

❸ 誤 情状が特に重い場合，登録を消除されることもある。

宅地建物取引士は，宅地建物取引士証を他人に貸与するなどして，他人に自己の名義の使用を許し，その他人が宅地建物取引士の名義を使用して宅地建物取引士である旨を表示したときには，事務禁止処分を受けることがある（業法 68 条 2 項，4 項）。そして，この規定に違反して情状が特に重いときには，登録消除処分を受けることがある（業法

68条の２第１項４号）。よって，本肢は誤り。

❹ **誤** 勤務先を変更しても，宅地建物取引士証の書換えは不要。

　宅地建物取引士は，その氏名又は住所を変更したときは，変更の登録の申請とあわせて，宅地建物取引士証の書換え交付を申請しなければならない（規則14条の13）。しかし，勤務先を変更したときには，宅地建物取引士証の書換え交付を申請する必要はない。よって，本肢は誤り。

問38	自ら売主制限総合	解答❸	合格者正解率	不合格者正解率	受験者正解率
			90.6%	73.0%	85.2%

❶ **誤** 400万円を超えてはならない。

　宅建業者が自ら売主となる売買契約においては，債務不履行を理由とする契約の解除に伴う損害賠償の予定額及び違約金を定めるときは，これらを合算して，代金額の10分の２を超える定めをしてはならない（業法38条１項）。しかし，本肢の手付金はそのいずれでもない（業法39条２項参照）。したがって，代金額の10分の２である400万円を上限として，損害賠償の予定額を定めることができる。よって，本肢は誤り。

❷ **誤** 特約は無効。Ａの履行着手前であればＢは手付解除可。

　宅建業者が自ら売主となる売買契約の締結に際して手付を受領したときは，売主が契約の履行に着手するまでは買主は手付を放棄して契約の解除をすることができ，これに反する特約で買主に不利なものは無効となる（業法39条２項，３項，判例）。本肢の特約は買主に不利な特約として無効となり，売主Ａは，自らが契約の履行に着手する前であれば，Ｂの手付放棄による契約の解除を拒むことはできない。よって，本肢は誤り。

❸ **正** 「事務所等」以外の場所で売買契約を締結した買主は，クーリング・オフをすることができる（業法37条の２第１項）。しかし，例外として，①宅建業者からクーリング・オフについて書面で告げられた日から８日を経過したとき（業法37条の２第１項１号，規則16条の６），②物件の引渡しを受け，かつ代金の全部を支払ったとき（業法37条の２第１項２号）は，クーリング・オフをすることができなくなる。本肢の場合，まだ引渡しがなされていないため，クーリング・オフをすることができる。よって，本肢は正しく，本問の正解肢となる。

❹ **誤** 900万円を超える額の支払いを受けるまでである。

　宅建業者は，自ら売主として割賦販売を行った場合には，引渡しまでに買主に登記を移転しなければならない（業法43条１項本文）。ただし，代金額の10分の３以下の金銭の支払いしか受けていないときは，10分の３を超える額の金銭の支払いを受けるまでに登記を移転すればよい（業法43条１項かっこ書）。本肢では，代金額の10分の３である900万円を超える額の賦払金の支払いを受けるまでに移転登記をしなければならない。よって，本肢は誤り。

❶ **誤** 宅建業の業務に関しないので，指示処分を受けることはない。

免許権者は，宅建業者が業務に関し他の法令に違反し，宅建業者として不適当であると認められるときは，当該宅建業者に対して指示処分をすることができる（業法65条1項3号）。しかし，宅建業に関係のない業務（本肢においては「マンション管理業」）に関する法令に違反しても，宅建業法上の処分を受けることはない。よって，本肢は誤り。

❷ **誤** 免許を取り消すことができるのは，免許権者だけである。

免許権者は，宅建業者の事務所の所在地を確知できないとき等において，官報又は当該都道府県の公報でその事実を公告し，その公告の日から30日を経過しても当該宅建業者から申出がないときは，当該宅建業者の免許を取り消すことができる（業法67条1項）。しかし，取り消すことができるのはあくまでも免許権者である。本肢における免許権者でない国土交通大臣はBの免許を取り消すことができない。よって，本肢は誤り。

❸ **誤** 大臣免許を受けているものに対して処分するときは，内閣総理大臣と協議。

国土交通大臣が，その免許を受けた宅建業者に対して，重要事項の説明をしていなかったことを理由に，業務停止処分をしようとするときは，あらかじめ，内閣総理大臣に協議しなければならない（業法71条の2第1項，65条2項2号）。しかし，処分を命じた後，通知しなければならない旨の規定はない。よって，本肢は誤り。

❹ **正** 国土交通大臣又は都道府県知事は，宅建業の適正な運営を確保するため必要があると認めるときは，その業務について必要な報告を求め，又はその職員に事務所その他その業務を行う場所に立ち入り，帳簿，書類その他業務に関係のある物件を検査させることができる。違反した宅建業者は，50万円以下の罰金に処せられることがある（業法72条1項，83条1項6号）。よって，本肢は正しく，本問の正解肢となる。

ア **誤** 依頼者からの申出があっても，指定流通機構への登録を省略することはできない。

宅建業者は，専任媒介契約を締結した場合，指定流通機構に登録しなければならない（業法34条の2第5項）。そして，この登録は，たとえ本肢のように依頼者から登録しないでほしい旨の申出があっても省略することはできない。よって，本肢は誤り。

イ **誤** 依頼者が宅建業者であっても，媒介契約書面を交付しなければならない。

宅建業者は，売買の媒介契約を締結した場合，遅滞なく，一定事項を記載した書面を作成して記名押印し，依頼者にこれを交付等しなければならない（業法34条の2第1項，11項）。そして，この書面の交付は，依頼者が宅建業者の場合でも省略できない（業法78条2項参照）。よって，本肢は誤り。

ウ　誤　依頼者からの申出がない場合に自動更新されるわけではない。

専任媒介契約の有効期間は3カ月を超えることができない。そして，この有効期間の更新は，依頼者の申出がある場合に限られる（業法34条の2第3項，4項）。依頼者からの申出がない場合に自動的に更新されるわけではない。よって，本肢は誤り。

エ　正　売買の媒介契約の書面（電磁的方法による場合を含む。）には，媒介契約に違反した場合の措置を記載しなければならない。他の宅地建物取引業者を明示する義務がある一般媒介契約にあっては，依頼者が明示していない他の宅地建物取引業者の媒介又は代理によって売買又は交換の契約を成立させたときの措置を記載等しなければならない（業法34条の2第1項8号，11項，規則15条の9第3号）。よって，本肢は正しい。

以上より，誤っているものはア，イ，ウの三つであり，**❸**が本問の正解肢となる。

問41	宅地建物取引士証	解答 ❸	合格者正解率	不合格者正解率	受験者正解率
			—	—	—

❶　誤　移転前の宅地建物取引士証の有効期間の残りの期間となる。

宅地建物取引士証の有効期間は5年であるが（業法22条の2第3項），登録の移転とともに，宅地建物取引士証の交付を受けたときは，その移転後の新たな宅地建物取引士証の有効期間は，移転前の宅地建物取引士証の有効期間の残りの期間である（業法22条の2第3項，5項）。したがって，本肢の宅地建物取引士証の有効期間は，「交付の日から5年」にはならない。よって，本肢は誤り。

❷　誤　甲県知事に提出しなければならない。

宅地建物取引士が，監督処分として事務の禁止処分を受けたときは，速やかに宅地建物取引士証をその「交付を受けた都道府県知事」に提出しなければならない（業法22条の2第7項）。したがって，Aは，乙県知事にではなく，甲県知事に宅地建物取引士証を提出しなければならない。よって，本肢は誤り。

❸　正　宅地建物取引士が氏名を変更したときは，変更の登録の申請とともに宅地建物取引士証の書換え交付を申請しなければならない（業法20条，規則14条の13）。したがって，Aは，変更の登録とともに宅地建物取引士証の書換え交付の申請をしなければならない。よって，本肢は正しく，本問の正解肢となる。

❹　誤　知事が指定する講習を受講しなければならない。

宅地建物取引士証の更新を受けようとするときは，その申請前6カ月以内に，都道府

県知事が指定する講習を受講しなければならない（業法22条の3第2項，22条の2第2項）。「国土交通大臣の登録を受けた講習」ではない。よって，本肢は誤り。

問42	クーリング・オフ	解答 ❶	合格者正解率 77.4%	不合格者正解率 46.3%	受験者正解率 68.4%

❶ **正** 告知書面には，クーリング・オフによる買受けの申込みの撤回又は売買契約の解除があったときは，宅建業者は，その買受けの申込みの撤回又は売買契約の解除に伴う損害賠償又は違約金の支払を請求することができないことを記載しなければならない（業法37条の2第1項，規則16条の6第4号）。よって，本肢は正しく，本問の正解肢となる。

❷ **誤** 「又は」ではなく「かつ」。

　告知書面には，クーリング・オフを告げられた日から起算して8日を経過する日までの間は，宅地又は建物の引渡しを受け，「かつ」，その代金の全部を支払った場合を除き，書面により買受けの申込みの撤回又は売買契約の解除を行うことができることを記載しなければならない（業法37条の2第1項1号，2号，規則16条の6第3号）。引渡しを受け，「又は」，代金の全部を支払った場合ではない。よって，本肢は誤り。

❸ **誤** 発した時点で効力が生ずることの記載を要する。

　告知書面には，買受けの申込みの撤回又は売買契約の解除は，買受けの申込みの撤回又は売買契約の解除を行う旨を記載した書面を発した時に，その効力を生ずることを記載しなければならない（業法37条の2第1項1号，2項，規則16条の6第5号）。告知書面が到達した時ではない。よって，本肢は誤り。

❹ **誤** 媒介業者Bについて記載する必要はない。

　告知書面には，売主である宅建業者の商号又は名称及び住所並びに免許証番号を記載しなければならない（業法37条の2第1項，規則16条の6第2号）。売主業者であるAについて必要なのであって，媒介業者であるBについて記載する必要はない。よって，本肢は誤り。

問43	営業保証金	解答 ❷	合格者正解率 96.0%	不合格者正解率 76.2%	受験者正解率 88.8%

❶ **正** 宅建業に関し不正または著しく不当な行為をし，情状が特に重い場合は，免許は必ず取り消される（業法66条1項9号，65条2項5号）。この場合，宅建業者であった者またはその承継人は，営業保証金を取り戻すことができる（業法30条1項）。よって，本肢は正しい。

❷ 誤 免許の有効期間満了による取戻しには公告必要。

　免許の有効期間が満了したときは，宅建業者であった者またはその承継人は，営業保証金を取り戻すことができる（業法30条1項）。この場合の営業保証金の取戻しには，原則として，公告が必要である（業法30条2項）。よって，本肢は誤りであり，本問の正解肢となる。

❸ 正 宅建業者は，一部の事務所を廃止した場合において，営業保証金の額が政令で定める額を超えることとなったときは，その超過額について，取り戻すことができる（業法30条1項）。そして，この場合には，原則として，還付請求権者に対し，6カ月を下らない一定期間内に申し出るべき旨を公告し，その期間内にその申出がなかった場合でなければ，取り戻すことができない（業法30条2項）。よって，本肢は正しい。

❹ 正 宅建業者は，保証協会の社員となったことにより営業保証金を供託することを要しなくなったときは，供託した営業保証金を取り戻すことができる（業法64条の14第1項）。この場合の営業保証金の取戻しには，公告は不要である。よって，本肢は正しい。

問44	弁済業務保証金	解答 ❸	合格者正解率	不合格者正解率	受験者正解率
			85.9%	59.8%	77.9%

❶ 誤 保証協会の社員の地位を失った後，供託により地位を回復するという制度はない。

　保証協会の社員である宅建業者が保証協会から還付充当金を納付すべき旨の通知を受けた場合，その日から2週間以内に，還付充当金を納付しなければ社員の地位を失う（業法64条の10第2項，3項）。還付充当金の未納により保証協会の社員の地位を失った場合，その日から1週間以内に営業保証金を供託しなければならない（業法64条の15）。弁済業務保証金を供託することによって社員の地位を回復するといった制度はない。よって，本肢は誤り。

❷ 誤 2週間ではなく，1週間以内に弁済業務保証金を供託しなければならない。

　宅地建物取引業保証協会は，社員となろうとする宅建業者から弁済業務保証金分担金の納付を受けたときは，その日から1週間以内に，その納付を受けた額に相当する額の弁済業務保証金を供託しなければならない（業法64条の7第1項）。2週間ではなく，1週間である。よって，本肢は誤り。

❸ 正 宅地建物取引業保証協会は，権利の実行により弁済業務保証金の還付があったときは，当該還付に係る社員又は社員であった者に対し，当該還付額に相当する額の還付充当金を宅地建物取引業保証協会に納付すべきことを通知しなければならない（業法64条の10第1項）。よって，本肢は正しく，本問の正解肢となる。

❹ 誤 社員となる前に行った取引を含む。

弁済業務保証金から還付を受けるためには，宅建業者と取引した者（宅建業者を除く）が取引により生じた債権を有していることが必要であるが，ここでいう取引には，宅建業者が保証協会の社員となる前にしたものも含まれる（業法64条の8第1項かっこ書）。よって，本肢は誤り。

<table>
<tr><td>問
45</td><td>住宅瑕疵担保履行法</td><td>解答 ❹</td><td>合格者正解率
52.1%</td><td>不合格者正解率
43.2%</td><td>受験者正解率
49.3%</td></tr>
</table>

❶ 誤 新たな売買契約締結が禁止されるのは，基準日の「翌日」から起算して50日を経過した日以後である。

新築住宅を引き渡した宅建業者は，基準日に係る資力確保措置の状況の届出をしなければ，当該基準日の「翌日」から起算して50日を経過した日以後においては，新たに自ら売主となる新築住宅の売買契約を締結してはならない（住宅瑕疵担保履行法13条）。基準日から50日ではない。よって，本肢は誤り。

❷ 誤 媒介業者に資力確保の義務はない。

宅建業者は，毎年，基準日から3週間を経過する日までの間において，当該基準日前10年間に自ら売主となる売買契約に基づき買主に引き渡した新築住宅について，当該買主に対する特定住宅販売瑕疵担保責任の履行を確保するため，住宅販売瑕疵担保保証金の供託，又は住宅販売瑕疵担保責任保険契約の資力確保措置を講ずる義務負う（住宅瑕疵担保履行法11条1項，2項）。しかし，媒介業者には資力確保措置を講ずる義務はない。よって，本肢は誤り。

❸ 誤 売主である宅建業者が保険料を支払う契約である。

住宅瑕疵担保責任保険契約は，新築住宅を自ら売主として販売する宅建業者が住宅瑕疵担保責任保険法人と締結する保険契約であり，宅建業者が保険料を支払うことを約するものである（住宅瑕疵担保履行法11条2項かっこ書，2条7項1号）。新築住宅の買主が保険料を支払うわけではない。よって，本肢は誤り。

❹ 正 宅建業者は，自ら売主となる新築住宅の買主に対し，当該新築住宅の売買契約を締結するまでに，その住宅販売瑕疵担保保証金の供託をしている供託所の所在地等について，これらの事項を記載した書面を交付し又は買主の承諾を得て電磁的方法による提供をして説明しなければならない（住宅瑕疵担保履行法15条，10条2項，規則21条）。よって，本肢は正しく，本問の正解肢となる。

<table>
<tr><td>問
46</td><td>住宅金融支援機構法</td><td>解答 ❸</td><td>合格者正解率
93.3%</td><td>不合格者正解率
73.5%</td><td>受験者正解率
84.4%</td></tr>
</table>

❶ 正 機構は貸付けを受けた者とあらかじめ契約を締結することによって，その者が死亡した場合に支払われる生命保険の保険金を当該貸付けに係る債務の弁済に充当することができる（団体信用生命保険業務）。これは死亡の場合のみならず，重度障害の状態となった場合も含まれている（機構法13条1項11号）。よって，本肢は正しい。

❷ 正 機構は，直接融資業務において高齢者死亡時に一括償還をする方法により貸付金の償還を受けるときは，当該貸付金の貸付けのために設定された抵当権の効力の及ぶ範囲を超えて，弁済の請求をしないことができる（機構業務方法書24条5項）。よって，本肢は正しい。

❸ 誤 金融機関によって異なる。

借入金利は各金融機関が決定することから，どの金融機関においても同一の利率が適用されるものではない。そのため，機構は，そのホームページにおいて，「借入金利に関する注意事項」という文書を掲載し注意喚起を促している（機構ホームページ）。よって，本肢は誤りであり，本問の正解肢となる。

❹ 正 機構は，住宅の建設又は購入に必要な資金の貸付けに係る貸付債権の譲受けを行うことができる。いわゆる証券化支援業務（買取型）である。この場合の貸付債権には，住宅の購入に付随する土地もしくは借地権の取得又は当該住宅の改良に必要な資金も含まれる（機構法13条1項1号，施行令5条1項2号）。よって，本肢は正しい。

問47	景品表示法	解答❶	合格者正解率 98.3%	不合格者正解率 90.2%	受験者正解率 95.0%

❶ 正 路地状部分のみで道路に接する土地であって，その路地状部分の面積が当該土地面積のおおむね30％以上を占めるときは，路地状部分を含む旨及び路地状部分の割合又は面積を明示しなければならない（表示規約規則7条8号）。よって，本肢は正しく，本問の正解肢となる。

❷ 誤 道路距離により算出した所要時間を表示する。

徒歩による所要時間は，道路距離80メートルにつき1分間を要するものとして算出した数値を表示する（表示規約規則9条9号）。実際に歩いたときの所要時間を表示するのではない。よって，本肢は誤り。

❸ 誤 建築確認を受けていることが必要である。

事業者は，宅地の造成又は建物の建築に関する工事の完了前においては，宅建業法33条に規定する許可等の処分があった後でなければ，当該工事に係る宅地又は建物の内容又は取引条件その他取引に関する広告表示をしてはならない（表示規約5条）。予告広告である旨及び契約又は予約の申込みには応じられない旨を明瞭に表示していても，建築確認を受けていなければ広告表示をすることはできない。よって，本肢は誤り。

❹ 誤 平均額の表示ではない。

　管理費については，1戸当たりの月額（予定額であるときは，その旨）を表示すること。ただし，住戸により管理費の額が異なる場合において，その全ての住宅の管理費を示すことが困難であるときは，最低額及び最高額のみで表示することができる（表示規約規則9条41号）。すべての住宅の管理費を示すことが困難であるときは，全住戸の管理費の平均額を表示するのではない。よって，本肢は誤り。

問48	景品表示法	解答 ❷	合格者正解率	不合格者正解率	受験者正解率
			63.9%	46.7%	56.3%

❶ 誤 旧価格の公表時期や値下げした日を明示しなければならない。

　物件の価格について二重価格表示をする場合，事実に相違する広告表示又は実際のものもしくは競争事業者に係るものよりも有利であると誤認されるおそれのある広告表示をしてはならない（表示規約20条）。そして，過去の販売価格を比較対照価格とする二重価格表示については，過去の販売価格の公表日及び値下げした日を明示しなければならない（表示規約規則12条1号）。よって，本肢は誤り。

❷ 正 土地取引において，当該土地上に古家，廃屋等が存在するときは，その旨を明示しなければならない（表示規約規則7条7号）。住宅として使用することが可能であることの表示は要求されていない。よって，本肢は正しく，本問の正解肢となる。

❸ 誤 周囲の状況について，現況に反する表示をしてはならない。

　宅地又は建物のコンピュータグラフィックス，見取図，完成図又は完成予想図は，その旨を明示して用い，当該物件の周囲の状況について表示するときは，現況に反する表示をしてはならない（表示規約規則9条23号）。したがって，電柱や電線を消去する加工を施せば，不当表示に問われることがある。よって，本肢は誤り。

❹ 誤 どの物件がどの取引態様かを明示しなければならない。

　取引態様は，「売主」，「貸主」，「代理」又は「媒介」（「仲介」）の別をこれらの用語を用いて表示しなければならない（表示規約規則9条1号）。そして，取引態様については，事実に相違する表示又は実際のものもしくは競争事業者に係るものよりも優良もしくは有利であると誤認されるおそれのある表示をしてはならない（表示規約23条1項1号）。したがって，どの物件がどの取引態様かを明示しなければ，不当表示に問われることがある。よって，本肢は誤り。

問49	土地	解答 ❷	合格者正解率	不合格者正解率	受験者正解率
			－	－	－

❶ 正 丘陵地や台地内の小さな谷間は，地盤も軟弱で，地震や洪水の被害を受けやすい。そして，これを埋土して造成された宅地では，地盤沈下や排水不良を起こしやすい。よって，本肢は正しい。

❷ 誤 安全な宅地としては利用できない。

擁壁を設置する場合には，鉄筋コンクリート造，無筋コンクリート造又は間知石練積み造その他の練積み造のものとしなければならない（盛土規制法施行令8条1項2号）。また，石材その他の組積材は，コンクリートを用いて一体の擁壁としなければならない（盛土規制法施行令10条2号）。本肢のように，ブロックを擁壁に積み増し，盛土して造成すると，宅地は崩壊の危険性が高くなる。よって，本肢は誤りであり，本問の正解肢となる。

❸ 正 丘陵地を切り盛りして平坦化した宅地で，切土部と盛土部にまたがる区域では，崩壊のおそれが多い。また，盛土部分は地盤が弱く，不同沈下を生じやすい。よって，本肢は正しい。

❹ 正 宅地の水はけをよくするためには，排水処理は重要である。そのため，擁壁には水抜き穴を設けなければならず，盛土をする場合には，雨水その他の地表水を排除することができるように排水施設を設ける必要がある（盛土規制法施行令12条，16条）。そのような排水処理が行われていない宅地は，不適当であることが多い。よって，本肢は正しい。

問50	建物	解答❸	合格者正解率	不合格者正解率	受験者正解率
			92.5%	85.0%	89.0%

❶ 適当 ラーメン構造は，柱とはりといった部材の各接点が剛に接合されて一体となった骨組みによる構造をいう。この骨組みは，柱とはりを組み合わせて直方体を形成することとなる。したがって，ラーメン構造は，柱とはりを組み合わせた直方体で構成する骨組であるといえる。よって，本肢は適当である。

❷ 適当 トラス式構造とは，部材の節点が，ピン接合となっている三角形を単位とした構造骨組みによる構造をいう。一般的に，部材は細長いものを使用する。したがって，細長い部材を三角形に組み合わせた構成の構造といえる。よって，本肢は適当である。

❸ 不適当 アーチ式構造は，大空間を構成するのに適した構造である。

アーチ式構造とは，材軸が曲線状をなす骨組をいい，主として軸方向圧縮力により，力が伝達されるものをいう。この構造は，一般に体育館等のスポーツ施設のように大空間を構成する場合に使用される。したがって，アーチ式構造は，大空間を構成するのに適した構造である。よって，本肢は最も不適当であり，本問の正解肢となる。

❹ 適当 壁式構造とは，板状の部材で構成されている構造をいう。壁や床といった平面的な構造体のみで構成される構造で，柱の代わりに壁で建物荷重を支えるものであ

る。したがって，壁式構造は，壁板により構成する構造であるといえる。よって，本肢
は，適当である。

2024年版 出る順宅建士 過去30年良問厳選模試

第5回 解答・解説

上級編①

 合格推定点 **34**点

◆出題項目・正解一覧＆成績診断

◆解答・解説

出題項目・正解一覧＆成績診断

科目	問	出題項目	正解	チェック	科目	問	出題項目	正解	チェック
権利関係	1	意思表示	4	☐☐	宅建業法	26	宅建業の意味	4	☐☐
	2	委任	3	☐☐		27	事務所の設置	2	☐☐
	3	民法総合	3	☐☐		28	37条書面	2	☐☐
	4	相続	3	☐☐		29	業務上の規制総合	1	☐☐
	5	物権変動	3	☐☐		30	媒介・代理契約	1	☐☐
	6	時効	4	☐☐		31	自ら売主制限総合	4	☐☐
	7	抵当権	2	☐☐		32	監督・罰則	2	☐☐
	8	質権	3	☐☐		33	37条書面	2	☐☐
	9	弁済	2	☐☐		34	免許の効力	3	☐☐
	10	民法総合	4	☐☐		35	業務上の規制総合	3	☐☐
	11	借地借家法（借地）	4	☐☐		36	手続きの総合問題	1	☐☐
	12	借地借家法（借家）	2	☐☐		37	重要事項の説明	2	☐☐
	13	建物区分所有法	4	☐☐		38	報酬額の制限	3	☐☐
	14	不動産登記法	2	☐☐		39	クーリング・オフ	2	☐☐
法令上の制限	15	農地法	4	☐☐		40	自ら売主制限総合	3	☐☐
	16	都市計画事業制限	4	☐☐		41	宅地建物取引士総合	1	☐☐
	17	開発行為の規制等	3	☐☐		42	営業保証金	2	☐☐
	18	建築基準法総合	4	☐☐		43	宅建業法の総合問題	4	☐☐
	19	建築確認	3	☐☐		44	弁済業務保証金	4	☐☐
	20	盛土規制法	4	☐☐		45	住宅瑕疵担保履行法	2	☐☐
	21	土地区画整理法	1	☐☐	5問免除	46	住宅金融支援機構法	3	☐☐
	22	その他の法令上の規制	4	☐☐		47	景品表示法	1	☐☐
税・価格	23	所得税	4	☐☐		48	土地	4	☐☐
	24	不動産取得税	4	☐☐		49	土地	4	☐☐
	25	不動産鑑定評価基準	2	☐☐		50	建物	1	☐☐

科目別の成績		総合成績	
科目（問題番号）	**正答／正答目標**	合計	
権利関係（問1〜問14）	点／ 8点		
宅建業法（問26〜問45）	点／17点		**点**
法令上の制限（問15〜問22）	点／ 5点		
税・価格（問23〜問25）	点／ 1点	この回の合格推定点は **34**点です。	
5問免除（問46〜問50）	点／ 4点		

問1	意思表示	解答 ❹	合格者正解率 80.0%	不合格者正解率 55.5%	受験者正解率 69.3%

❶ **正** 詐欺に基づく取消しがあった場合，当事者の原状回復義務は同時履行になる（民法533条，判例）。第三者の詐欺による場合も同様である。よって，本肢は正しい。

❷ **正** 錯誤に基づく取消しの主張は，原則として表意者のみがすることができる（民法95条，判例）。したがって，表意者が錯誤に基づく取消し主張をできない場合，相手方も当該取消しの主張をすることはできない。よって，本肢は正しい。

❸ **正** 虚偽表示による意思表示の無効は，善意の第三者に対抗することができない（民法94条2項）。よって，本肢は正しい。

❹ **誤** 相手方が善意かつ無過失なので取り消すことができない。

　第三者が詐欺を行った場合，相手方がその事実について悪意又は有過失のとき，その意思表示を取り消すことができる（民法96条2項）。本肢の場合，相手方Bが善意かつ無過失なのでAは売買契約を取り消すことはできない。この場合，新たな買受人であるDの主観は影響しない。よって，本肢は誤りであり，本問の正解肢となる。

問2	委任	解答 ❸	合格者正解率 65.7%	不合格者正解率 45.1%	受験者正解率 58.1%

❶ **正** 委任は，各当事者がいつでもその解除をすることができる（民法651条1項）。ただし，当事者の一方が相手方の不利な時期に委任の解除をしたときは，やむを得ない事由があったときを除いて，相手方の損害を賠償しなければならない（民法651条2項1号）。よって，本肢は正しい。

❷ **正** 委任は，①委任者又は受任者の死亡，②委任者又は受任者が破産手続開始の決定を受けたとき，③受任者が後見開始の審判を受けたことのいずれかの事由によって終了する（民法653条）。よって，本肢は正しい。

❸ **誤** 相続人が委任事務を処理できる時まで処理する義務あり。

　委任契約が委任者の死亡により終了した場合において，急迫の事情があるときは，受任者は委任者の相続人が委任事務を処理することができるに至るまで，必要な処分をしなければならない（民法654条）。しかし，受任者は，委任者の相続人から終了についての承諾を得るときまで委任事務を処理する義務を負うわけではない。よって，本肢は誤りであり，本問の正解肢となる。

❹ **正** 委任の終了事由は，これを相手方に通知したとき，又は相手方がこれを知っていたときでなければ，これをもってその相手方に対抗することができない（民法655条）。したがって，そのときまで当事者は委任契約上の義務を負う。よって，本肢は正しい。

❶ **正** 売買契約を解除すると,契約は遡及的に消滅する(判例)。解除権の行使によって原状に復させる義務を負う場合において,金銭以外の物を返還するときは,その受領の時以後に生じた果実をも返還しなければならない(民法545条3項)。したがって,❶において,Bは甲建物を使用収益した利益をAに償還する必要がある。賃貸借の解除をした場合には,その解除は,将来に向かってのみその効力を生ずる(民法620条)。したがって,❷において,Aは解除までの期間の賃料をBに返還する必要はない。よって,本肢は❶❷ともに正しい。

❷ **正** 所有者は,法令の制限内において,自由にその所有物の使用,収益及び処分をする権利を有する(民法206条)。したがって,❶において,BはAの承諾を得ずにCに甲建物を賃貸することができる。賃借人は,賃貸人の承諾を得なければ,その賃借物を譲り渡し,又は賃借物を転貸することができない(民法612条1項)。したがって,❷において,BはAの承諾を得なければ甲建物をCに転貸することができない。よって,本肢は❶❷ともに正しい。

❸ **誤** 不法占拠者に所有権を対抗するのに登記は不要。

不法占拠者に対して所有権を対抗する場合,所有権の登記を具備する必要はない(民法177条,判例)。したがって,❶において,Bは甲建物の所有権移転登記を備えていなくても,所有権を不法占拠者Dに対抗できる。よって,本肢は誤りであり,本問の正解肢となる。なお,不動産の賃借人は,賃借権の登記を備えれば,その不動産賃借権を第三者に対抗することができる(民法605条)。

❹ **正** 当事者双方の責めに帰することができない事由によって債務を履行することができなくなったときは,債権者は,反対給付の履行を拒むことができる(民法536条1項)。したがって,❶において,BはAに対する売買代金の支払を拒むことができる。賃借物の全部が滅失その他の事由により使用及び収益をすることができなくなった場合には,賃貸借は,これによって終了する(民法616条の2)。したがって,❷において,賃貸借契約は終了する。よって,本肢は❶❷ともに正しい。

❶ **誤** 各2分の1であり等しい。

被相続人の子(民法887条1項),配偶者(民法890条)は,相続人となる。また,子及び配偶者が相続人であるときは,子の相続分及び配偶者の相続分は,各2分の1と

なる（民法900条1号）。また、子が数人あるときは、各自の相続分は相等しいものとなる（民法900条4号）。したがって、①、②いずれの場合も、法定相続分は各2分の1であり等しい。よって、本肢は誤り。

❷ **誤** 代襲相続は生じない。

被相続人の子が、相続の開始以前に死亡したとき、その者の子がこれを代襲して相続人となる（民法887条2項）。しかし、本肢では、Aが死亡した後にBが死亡していることから、Bの子であるEに代襲相続が生じることはない。よって、本肢は誤り。

❸ **正** 賃料債権は、遺産とは別個の財産であり、各共同相続人がその相続分に応じて分割単独債権として確定的に取得する（判例）。したがって、当該賃料債権の帰属は後にされた遺産分割の影響を受けないことから、Cが既に取得した賃料債権につき清算をする必要はない。よって、本肢は正しく、本問の正解肢となる。

❹ **誤** 限定承認は、共同相続人の全員が共同してのみすることができる。

相続人が数人あるときは、限定承認は、共同相続人の全員が共同してのみこれをすることができる（民法923条）。そして、一人が限定承認をすれば、他の相続人も限定承認をする旨を申述したとみなされるとする規定は存在しない。したがって、Cも限定承認をする旨を申述したとみなされることはない。よって、本肢は誤り。

問 5	物権変動	解答 ❸	合格者正解率 95.5%	不合格者正解率 81.2%	受験者正解率 90.6%

❶ **誤** 背信的悪意者は、二重譲渡のもう一方の取得者たる第三者に対抗できない。

背信的悪意者は、第三者に登記がないことを主張する正当な利益を有しない（民法177条、判例）。本肢において、Cは、登記を具備していても、自らが背信的悪意者に該当するときには、当該不動産の所有権取得をもってBに対抗することができない。よって、本肢は誤り。

❷ **誤** 登記を備えていない以上、所有権取得を第三者に対抗できない。

不動産がBとCに対して二重に譲渡された場合、BC間の優劣は、登記の有無で決する（民法177条）。本肢において、Bは、登記が未了であるから、Cよりも先に買い受けていたとしても、当該不動産の所有権取得をCに対抗することはできない。よって、本肢は誤り。

❸ **正** 転得者は、登記を完了した場合に、二重譲渡のもう一方の取得者たる第三者に対する関係で、取得者が背信的悪意者に当たるとしても、転得者自身が背信的悪意者と評価されるのでない限り、当該不動産の所有権取得をもって二重譲渡のもう一方の取得者たる第三者に対抗することができる（判決文）。本肢において、背信的悪意者Cから買い受けて登記を完了した転得者Dは、背信的悪意者に該当するときには、当該不動産の所有権取得をもってBに対抗することができない。よって、本肢は正しく、本問の

正解肢となる。

❹ 誤 登記を具備すれば，悪意であっても第三者に対抗できる。

不動産がBとCに対して二重に譲渡された場合，ＢＣ間の優劣は，登記の有無で決する（民法177条）。悪意であるかどうかは影響しない。本肢において，Ｃは，背信的悪意者に該当しなければ，Bが登記未了であることにつき悪意であっても，当該不動産の所有権取得をもってBに対抗することができる。よって，本肢は誤り。

問6	時効	解答❹	合格者正解率	不合格者正解率	受験者正解率
			70.4%	45.5%	62.8%

❶ 正 裁判上の請求は，時効の完成猶予事由である（民法147条1項1号）。そして，裁判上の請求をした後に確定判決又は確定判決と同一の効力を有するものによって権利が確定した場合は，時効が更新される（民法147条2項）。ただし，裁判上の請求が，確定判決又は確定判決と同一の効力を有するものによって権利が確定することなく終了した場合は，終了時から6カ月が経過するまで時効の完成が猶予されるにとどまる（民法147条1項柱書かっこ書）。この「権利が確定することなく終了した場合」には，訴えの却下，訴えの取下げ等がある。

したがって，訴えの提起後に訴えが取下げられた場合，訴えの取下げから6カ月が経過するまで時効の完成が猶予されるにとどまり更新されない。よって，本肢は正しい。

❷ 正 ❶で述べたように，訴えの却下は「権利が確定することなく終了した場合」にあたる。したがって，訴えの提起後に当該訴えの却下の判決が確定した場合，却下判決から6カ月が経過するまで時効の完成が猶予されるにとどまり更新されない。よって，本肢は正しい。

❸ 正 請求棄却判決とは，請求している権利の不存在が裁判上で確定された場合をいい，「権利が確定することなく終了した場合」にあたる。したがって，訴えの提起後に請求棄却の判決が確定した場合には，棄却判決確定から6カ月が経過するまで時効の完成が猶予されるにとどまる。よって，本肢は正しい。

❹ 誤 裁判上の和解によって権利が確定した場合，時効の更新が生じる。

裁判上の和解は，「確定判決と同一の効力を有するもの」（147条2項）にあたる。したがって，訴えの提起後に裁判上の和解が成立し権利が確定した場合には，時効が更新される。よって，本肢は誤りであり，本問の正解肢となる。

問7	抵当権	解答❷	合格者正解率	不合格者正解率	受験者正解率
			36.4%	25.7%	32.6%

❶ 正 土地と建物を所有する者が，土地に抵当権を設定し，その後当該土地を第三者に売却した場合であっても，法定地上権は成立する(民法388条前段，判例)。したがって，Cのために法定地上権が成立するので，DはCに対して甲土地の明渡しを求めることはできない。よって，本肢は正しい。

❷ 誤 建物に関する債権に対して物上代位はできない。

火災保険金請求権については，建物の抵当権に基づく物上代位が認められる（民法372条，304条1項本文，判例)。もっとも，甲土地上の建物は，甲土地の抵当権の目的物ではないので，甲土地の抵当権に基づいて当該建物の火災保険金請求権を行使することはできない。よって，本肢は誤りであり，本問の正解肢となる。

❸ 正 抵当権の順位の変更は，各抵当権者の合意と，利害関係人がいる場合には利害関係人の承諾がある場合に認められ（民法374条1項)，抵当権設定者の合意は不要である。よって，本肢は正しい。

❹ 正 抵当不動産の第三取得者は，民法383条所定の書面を送付して抵当権の消滅を請求することができる（民法379条)。よって，本肢は正しい。

| 問8 | 質権 | 解答❸ | 合格者正解率 62.8% | 不合格者正解率 46.2% | 受験者正解率 55.3% |

❶ 誤 確定日付を得ていなければ，第三者に対抗できない。

債権に対する質権の設定を受けたことを第三債務者以外の第三者に対抗するためには，第三債務者に確定日付のある証書によって通知をするか，第三債務者が確定日付のある証書によって承諾をすることが必要である(民法364条, 467条2項)。したがって，Bの承諾が確定日付を得ていないのであれば，Cは，質権を第三者に対して対抗することができない。よって，本肢は誤り。

❷ 誤 満期となった最後の2年分に限定されない。

質権は元本の他利息等を担保するが（民法362条，346条)，債権質の場合，不動産質のように，利息は最後の2年分という制限はない（民法361条, 375条参照)。よって，本肢は誤り。

❸ 正 第三債務者の債務の弁済期が，債権質権者の債権の弁済期前に到来したときは，質権者は，第三債務者にその弁済金額を供託させることができる（民法366条3項)。したがって，Cは，Bに対し，敷金を供託するよう請求することができる。よって，本肢は正しく，本問の正解肢となる。

❹ 誤 直ちに敷金を返還するようには請求できない。

質権者は，質権の目的である債権を直接に取り立てることができるが（民法366条1項)，第三債務者も期限の利益を有する（民法136条1項)。したがって，Cは，Bに対し，敷金を直ちに交付するよう請求することはできない。よって，本肢は誤り。

第5回 解答・解説

❶ **正** 弁済をするについて正当な利益を有する者でない第三者は，債務者の意思に反して，弁済をすることができない（民法474条2項）。ここでいう，「正当な利益を有する者」とは，物上保証人，抵当不動産の第三取得者，後順位担保権者等の自ら債務を負わないが，債務者の意思に反してでも弁済しうる「利害関係」を有する第三者をいう。Bの親友であるCは，弁済について法律上の利害関係を有しないので，Bの意思に反して弁済をすることはできない。もっとも，債務者の意思に反することを債権者が知らなかったときは，弁済が有効となる（民法474条2項ただし書）。本肢の場合，Cの弁済はBの意思に反しており，Aがそのことを知っているため，Cの弁済は無効であり，Bの代金債務は消滅しない。よって，本肢は正しい。

❷ **誤** Aは債務者Bの意思に反して弁済の充当はできない。

　債務者が同一の債権者に対して数個の金銭債務を負担する場合において，債務者が弁済として提供した金銭の額が，すべての債務を消滅させるのに足りないときには，当事者の合意がない限り，債務者が，弁済の時に弁済を充当する債務を指定することができる(民法488条1項)。したがって，債務者Bが代金債務の弁済として支払っている以上，Bの意思に反することはできない。よって，本肢は誤りであり，本問の正解肢となる。

❸ **正** 受領権者以外の者であって取引上の社会通念に照らして受領権者としての外観を有するものに対してした弁済は，弁済者が善意無過失のときに限り，有効となる（民法478条）。したがって，Bが善意無過失で弁済している本肢の場合，Bの弁済は有効となり，Bは，代金債務を免れる。よって，本肢は正しい。

❹ **正** 弁済をする正当の利益を有する者が弁済をした場合，その者は，債務者の承諾又は債務者への通知がなくても，当然に債権者に代位する（民法499条，500条かっこ書）。そして，連帯保証人は，弁済をする正当の利益を有する者にあたる。したがって，連帯保証人Eは，弁済した場合，Bの承諾がなくても，Aに代位する。よって，本肢は正しい。

❶ **正** 無権代理人が単独で本人を相続した場合，無権代理人による追認拒絶は信義に反し許されないことから，当該無権代理行為は当然に有効となる（判例）。結果，本

人が自ら売却したのと同様の法律上の効果が生じることになる。よって，本肢は正しい。

❷ **正** 相続財産である不動産につき，遺産分割協議前に，共同相続人の1人が，他の共同相続人の同意なく自己名義への所有権移転登記をし，これを第三者に譲渡し，所有権移転登記をしても，他の共同相続人は，自己の持分を登記なくして，その第三者に対抗することができる（判例）。よって，本肢は正しい。

❸ **正** 連帯債務の場合，相続人は，各相続分に応じて分割された債務を承継し，各自その範囲において，本来の連帯債務者とともに連帯債務者となる（判例）。よって，本肢は正しい。

❹ **誤** 当然に明渡しを請求することはできない。

相続人が数人あるときは，相続財産は，その共有となる（民法898条）。各共有者は，共有物の全部についてその持分に応じた使用をすることができる（民法249条）。そして，共有持分の価格が過半数を超えるものであっても，共有物を単独で占有する他の共有者に対して当然にはその明渡しを請求することはできない（判例）。よって，本肢は誤りであり，本問の正解肢となる。

問 11	借地借家法（借地）	解答 ❹	合格者正解率 36.8%	不合格者正解率 13.3%	受験者正解率 32.0%

❶ **誤** 表示に関する登記でも第三者に対抗できる。

借地権の登記がなくても，借地権者が土地の上に登記されている建物を所有するときは，これをもって第三者に対抗することができる（借地借家法10条1項）。この場合の登記は，権利の登記に限られることはなく，表示に関する登記でもよい（判例）。よって，本肢は誤り。

❷ **誤** 建物に登記がなければ第三者に対抗することができない。

借地権者が登記ある建物を滅失したとしても，建物が滅失した日から2年以内に新たな建物を築造し，かつ，その建物につき登記をすれば，建物が滅失した日から2年を経過した後も借地権を第三者に対抗することができる（借地借家法10条2項但書）。本肢は「築造すれば対抗できる」としているが，築造だけでは足りず登記を備えなければ第三者に対抗することはできない。よって，本肢は誤り。

❸ **誤** 転借人は，賃借人の対抗力ある賃借権をもって第三者に対抗できる。

賃借人が対抗力のある建物を所有している場合は，適法な転借人は自ら対抗力を備えていなくても，賃借人の対抗力ある賃借権を援用して，転借権を第三者に対抗することができる（判例）。よって，本肢は誤り。

❹ **正** 一筆の土地の上に借地権者の所有する数棟の建物がある場合は，そのうちの一棟について登記があれば，対抗力は土地全部に及ぶ（判例）。よって，本肢は正しく，本問の正解肢となる。

❶ **正** 建物の借賃の減額について当事者間に協議が調わない場合，その請求を受けた者（貸主）は，減額を正当とする裁判が確定するまでは，相当と認める額の借賃の支払いを請求することができる（借地借家法32条3項本文）。よって，本肢は正しい。

❷ **誤** 裁判が確定した時点ではなく，減額請求した時点である。

借賃の減額の請求をした後，減額を正当とする裁判が確定した場合，裁判が確定した時点以降分だけでなく，減額の請求をしてから裁判が確定するまでの分の借賃も減額される（判例）。よって，本肢は誤りであり，本問の正解肢となる。

❸ **正** 建物の借賃が，近傍同種の建物の借賃に比較して不相当となったときは，契約の条件にかかわらず，当事者は，将来に向かって借賃の額の増減を請求することができる（借地借家法32条1項本文）。よって，本肢は正しい。なお，一定の期間建物の借賃を増額しない旨の特約がある場合には，その期間は増額を請求することはできない（同法32条1項ただし書）。

❹ **正** 一定の期間建物の借賃を減額しない旨の特約は，建物賃借人に不利な特約であり，効力を有しない（借地借家法32条1項但書参照）。よって，本肢は正しい。

❶ **正** 管理者は，少なくとも毎年1回集会を招集しなければならない（区分所有法34条2項）。また，集会の招集の通知は，会日より少なくとも1週間前に，会議の目的たる事項を示して，各区分所有者に発しなければならない。ただし，この期間は，規約で伸縮することができる（区分所有法35条1項）。よって，本肢は正しい。

❷ **正** 区分所有法又は規約により集会において決議をすべき場合において，区分所有者全員の承諾があるときは，書面又は電磁的方法による決議をすることができる（区分所有法45条1項）。したがって，全員の承諾が必要であるから，書面による決議を行うことについて区分所有者が1人でも反対するときは，書面による決議をすることができない。よって，本肢は正しい。

❸ **正** 建替え決議を目的とする集会を招集するときは，その招集の通知は，当該集会の会日より少なくとも2月前に発しなければならない。ただし，この期間は，規約で伸長することができる（区分所有法62条4項）。よって，本肢は正しい。

❹ **誤** 本肢の者は，公正証書による規約の設定はできない。

最初に建物の専有部分の全部を所有する者は，公正証書により，一定の事項について

の規約を設定することができる（区分所有法32条）。他の区分所有者から区分所有権を譲り受けた者は、「最初に」建物の専有部分の全部を所有する者ではないから、公正証書による規約の設定を行うことはできない。よって、本肢は誤りであり、本問の正解肢となる。

問14	不動産登記法	解答 ❷	合格者正解率	不合格者正解率	受験者正解率
			37.1%	20.1%	31.2%

❶ **正** 登記の申請をする者の委任による代理人の権限は、本人の死亡によっては、消滅しない（不動産登記法17条1号）。よって、本肢は正しい。

❷ **誤** 要役地に所有権の登記が必要。

承役地についてする地役権の設定の登記は、要役地に所有権の登記がないときは、承役地に地役権の設定の登記をすることができない（不動産登記法80条3項）。よって、本肢は誤りであり、本問の正解肢となる。

❸ **正** 区分建物である建物を新築した場合において、その所有者について相続その他の一般承継があったときは、相続人その他の一般承継人も、被承継人を表題部所有者とする当該建物についての表題登記を申請することができる（不動産登記法47条2項）。よって、本肢は正しい。

❹ **正** 権利に関する登記の申請は、登記権利者及び登記義務者が共同してしなければならない（不動産登記法60条）のが原則であるが、不動産の収用による所有権の移転の登記は、起業者が単独で申請することができる（不動産登記法118条1項）。よって、本肢は正しい。

問15	農地法	解答 ❹	合格者正解率	不合格者正解率	受験者正解率
			82.9%	55.2%	73.5%

❶ **誤** 農地法3条許可に市街化区域の特則はない。

農地又は採草放牧地について所有権を移転し、又は地上権、永小作権、質権、使用貸借による権利、賃借権もしくはその他の使用及び収益を目的とする権利を設定し、もしくは移転する場合には、当事者が農業委員会の許可を受けなければならない（農地法3条1項）。農地法3条が適用される場合、市街化区域の特則はない。よって、本肢は誤り。

❷ **誤** 農地の転用には農地法4条許可が必要となる。

農地を農地以外のものにする者は、都道府県知事等の許可を受けなければならない（農地法4条1項）。農業者が自己所有の農地に賃貸住宅を建築するため転用する場合であっても、農地法4条の許可を不要とする規定はない。よって、本肢は誤り。

❸ 誤 農地の転用には農地法4条許可が必要となる。

　農地を農地以外のものにする者は，都道府県知事等の許可を受けなければならない（農地法4条1項）。農業者が自己所有の農地に自己の居住用の住宅を建築するため転用する場合であっても，農地法4条の許可を不要とする規定はない。よって，本肢は誤り。

❹ 正 競売により農地を取得することは，農地の権利移動（農地法3条1項）又は農地の転用のための権利移動（農地法5条1項）に当たる。取得が競売によるものであっても許可を不要とする規定はない。よって，本肢は正しく，本問の正解肢となる。

問 16	都市計画事業制限	解答 ❹	合格者正解率	不合格者正解率	受験者正解率
			83.3%	61.0%	74.7%

❶ 誤 届出ではなく，許可が必要。

　都市計画施設の区域又は市街地開発事業の施行区域内において建築物の建築を行おうとする者は，原則として，都道府県知事等の許可を受けなければならない（都計法53条1項）。都道府県知事への届出ではない。よって，本肢は誤り。

❷ 誤 施行者の同意ではなく，知事等の許可が必要。

　都市計画事業の認可の告示があった後において，当該事業地内で，当該事業の施行の障害となるおそれがある土地の形質の変更，建築物の建築その他工作物の建設を行い，又は一定の移動の容易でない物件の設置もしくは堆積を行おうとする者は，都道府県知事等の許可を受けなければならない（都計法65条1項）。事業の施行者の同意ではない。よって，本肢は誤り。

❸ 誤 告示があった後ではなく，また譲渡後ではない。

　都市計画事業の認可の告示に係る公告の日の翌日から起算して10日を経過した後に事業地内の土地建物等を有償で譲り渡そうとする者は，原則として，当該土地建物等，その予定対価の額及び当該土地建物等を譲り渡そうとする相手方等の事項を書面で施行者に届け出なければならない（都計法67条1項）。届出義務が課せられるのは公告の日の翌日から10日経過後であり，また譲渡前に届け出るのであって，譲渡後速やかに届け出るのではない。よって，本肢は誤り。

❹ 正 市町村長は，地区整備計画が定められている地区計画の区域内において届出があった場合に，その届出に係る行為が地区計画に適合しないと認めるときは，その届出をした者に対し，その届出に係る行為に関し設計の変更その他の必要な措置をとることを勧告することができる（都計法58条の2第3項）。よって，本肢は正しく，本問の正解肢となる。

問 17	開発行為の規制等	解答 ❸	合格者正解率	不合格者正解率	受験者正解率
			35.3%	30.1%	32.6%

❶ **正** 開発許可を受けた開発区域内の土地においては，工事完了の公告があるまでの間は，原則として，建築物を建築し，又は特定工作物を建設してはならない（都計法37条本文）。ただし，開発許可を受けた者が，当該開発行為に関する工事用の仮設建築物又は特定工作物を建築し，又は建設するとき，その他都道府県知事が支障がないと認めたときは，この限りではない（都計法37条但書1号）。よって，本肢は正しい。なお，「開発行為に同意していない者」は本肢の「開発許可を受けた者」ではないから，考慮する必要はない（都計法37条但書2号参照）。

❷ **正** 開発許可を受けた開発区域内においては，工事完了の公告があった後は，都道府県知事が許可したとき，又は，用途地域等が定められているときを除き，当該開発許可に係る予定建築物以外の建築物を新築してはならない（都計法42条1項）。よって，本肢は正しい。

❸ **誤** 本肢の場合に限られない。

市街化調整区域のうち開発許可を受けた開発区域以外の区域内においては，原則として，建築物の新築等をしてはならない。ただし，一定の例外に該当すれば建築することができ，この例外には，都道府県知事の許可を受けた場合や都市計画事業の施行として行う場合だけでなく，公益上必要な建築物を建築する場合や非常災害のため必要な応急措置として行う場合などがある（都計法43条1項）。よって，本肢は誤りであり，本問の正解肢となる。

❹ **正** 国土交通大臣又は都道府県知事は，都市計画法の規定に違反した者又は当該違反の事実を知って，当該違反に係る土地もしくは工作物等を譲り受けた者に対して，都市計画上必要な限度において，相当の期限を定めて，建築物等の除却その他違反を是正するため必要な措置をとることを命ずることができる（都計法81条1項1号）。よって，本肢は正しい。

問18	建築基準法総合	解答❹	合格者正解率	不合格者正解率	受験者正解率
			79.4%	45.4%	61.5%

❶ **誤** 延べ面積が800㎡の場合には不要。

延べ面積が1,000㎡を超える建築物は，原則として，防火上有効な構造の防火壁又は防火床によって有効に区画し，かつ，各区画における床面積の合計をそれぞれ1,000㎡以内としなければならない（建基法26条）。延べ面積が800㎡であれば，その必要はない。よって，本肢は誤り。

❷ **誤** 通知ではなく同意が必要。

建築主事等は，建築確認をする場合においては，原則として，当該確認に係る建築物の工事施工地又は所在地を管轄する消防長（消防本部を置かない市町村にあっては，市

町村長。）又は消防署長の同意を得なければ，当該確認をすることができない（建基法
93条1項）。よって，本肢は誤り。

❸ 誤 高さ25mの場合には不要。

　高さ31mを超える建築物（政令で定めるものを除く。）には，非常用の昇降機を設
けなければならない（建基法34条2項）。高さ25mであれば，その必要はない。よって，
本肢は誤り。

❹ 正 防火地域又は準防火地域内にある建築物で，外壁が耐火構造のものについて
は，その外壁を隣地境界線に接して設けることができる（建基法63条）。よって，本
肢は正しく，本問の正解肢となる。

問19	建築確認	解答❸	合格者正解率	不合格者正解率	受験者正解率
			87.0%	76.3%	83.4%

❶ 正 防火地域及び準防火地域外において建築物を増築し，改築し，又は移転しよ
うとする場合で，その増築，改築又は移転に係る部分の床面積の合計が10㎡以内であ
るとき，建築確認を得る必要はない（建基法6条2項）。よって，本肢は正しい。

❷ 正 木造の建築物で3以上の階数を有するものは，建築確認を得る必要がある（建
基法6条1項2号）。よって，本肢は正しい。

❸ 誤 特殊建築物に用途変更するときは建築確認が必要。

　建築物の用途を変更して特殊建築物とする場合，建築確認を得る必要がある（建基法
87条1項）。事務所は特殊建築物ではないが，ホテルは特殊建築物である（建基法別表
1（い）欄）。したがって，事務所をホテルに供する部分の床面積の合計が200㎡を超
えるものに用途変更する場合，建築確認が必要となる（建基法87条1項，6条1項1号）。
よって，本肢は誤りであり，本問の正解肢となる。

❹ 正 映画館は特殊建築物であり（建基法別表1（い）欄），その用途に供する部分
の床面積の合計が200㎡を超えるものについて改築する場合，建築確認が必要となる（建
基法6条1項1号，2項）。よって，本肢は正しい。

問20	盛土規制法	解答❹	合格者正解率	不合格者正解率	受験者正解率
			60.6%	34.2%	51.5%

❶ 正 宅地造成等工事規制区域内において行われる宅地造成又は特定盛土等に関す
る工事について許可を受けた者は，当該許可に係る工事を完了したとき，主務省令で定
める期間内に，主務省令で定めるところにより，都道府県知事の検査を申請しなければ
ならない（盛土規制法17条1項）。よって，本肢は正しい。

❷ **正** 宅地造成等工事規制区域内において行われる宅地造成等に関する工事について許可をする都道府県知事は，当該許可に，工事の施行に伴う災害を防止するため必要な条件を付することができる（盛土規制法12条3項）。よって，本肢は正しい。

❸ **正** 都道府県知事は，宅地造成等工事規制区域内の土地の所有者，管理者又は占有者に対して，当該土地又は当該土地において行われている工事の状況について報告を求めることができる（盛土規制法25条）。よって，本肢は正しい。

❹ **誤** 宅地造成等工事規制区域内には，造成宅地防災区域を指定できない。

都道府県知事は，関係市町村長の意見を聴いて，宅地造成又は特定盛土等（宅地において行うものに限る。）に伴う災害で相当数の居住者等に危害を生ずるものの発生のおそれが大きい一団の造成宅地の区域であって政令で定める基準に該当するものを，造成宅地防災区域として指定することができる。この区域の指定は，宅地造成等工事規制区域内の土地についてはできない（盛土規制法45条1項，3項，10条2項）。よって，本肢は誤りであり，本問の正解肢となる。

問21	土地区画整理法	解答❶	合格者正解率	不合格者正解率	受験者正解率
			65.9%	31.8%	52.7%

❶ **正** 規準，規約，定款又は施行規程に別段の定めがある場合においては，換地計画に係る区域の全部について土地区画整理事業の工事が完了する以前においても換地処分をすることができる（区画法103条2項但書）。よって，本肢は正しく，本問の正解肢となる。

❷ **誤** 「公告」ではなく，「通知」して行う。

換地処分は，関係権利者に換地計画において定められた関係事項を通知してする（区画法103条1項）。よって，「公告」としている本肢は誤り。

❸ **誤** 個人施行の場合には，審議会の同意は不要。

公的施行の場合，保留地を定めようとする場合においては，土地区画整理審議会の同意を得なければならない（区画法96条3項）。しかし，個人施行の場合には，同意は不要である。よって，本肢は誤り。

❹ **誤** 仮換地となるべき宅地の所有者の同意も必要。

仮換地を指定しようとする場合において，あらかじめ，その指定について，個人施行者は，従前の宅地の所有者の同意及び仮換地となるべき宅地の所有者の同意を得る必要がある（区画法98条3項）。よって，本肢は誤り。

問22	その他の法令上の規制	解答❹	合格者正解率	不合格者正解率	受験者正解率
			85.7%	55.6%	76.6%

❶ 正 国土利用計画法によれば，土地売買等の契約を締結した場合，当事者のうち当該土地売買等の契約により土地に関する権利の移転又は設定を受けることとなる者（買主等）は，土地売買等の契約に係る土地の土地に関する権利の移転又は設定の対価の額を都道府県知事（地方自治法に基づく指定都市にあっては，当該指定都市の長）に届け出なければならないものとされている（国土法23条1項6号，44条）。よって，本肢は正しい。

❷ 正 森林法によれば，保安林においては，一定の例外を除き，都道府県知事の許可を受けなければ，立木を伐採してはならないものとされている（森林法34条1項）。よって，本肢は正しい。

❸ 正 海岸法によれば，海岸保全区域内において，土地の掘削，盛土又は切土をしようとする者は，一定の例外を除き，海岸管理者の許可を受けなければならない（海岸法8条1項3号）。よって，本肢は正しい。

❹ 誤 都道府県知事等の許可が必要。

特別緑地保全地区内においては，一定の例外を除き，都道府県知事等の許可を受けなければ，建築物その他の工作物の新築，改築又は増築をしてはならない（都市緑地法14条1項1号）。よって，「公園管理者」の許可としている本肢は誤りであり，本問の正解肢となる。

問23	所得税	解答❹	合格者正解率 14.9%	不合格者正解率 13.7%	受験者正解率 14.5%

❶ 誤 譲渡のあった年の1月1日における所有期間ではない。

総合課税とされる譲渡所得の基因となる機械の譲渡については，取得の日以後5年以内に譲渡がなされたか否かで長期・短期の区分を判定する（所得税法33条3項1号，2号）。よって，本肢は誤り。

❷ 誤 含まれる。

譲渡所得の金額の計算上控除する資産の取得費には，その資産の取得に要した金額のみならず，設備費や改良費の額も含まれる（所得税法38条1項）。よって，本肢は誤り。

❸ 誤 まず長期譲渡から控除するのではない。

総合課税の譲渡所得の特別控除額（50万円）を控除する場合は，まず当該譲渡益のうち短期譲渡に係る部分の金額から控除し，その後長期譲渡に係る部分の金額から控除する（所得税法33条3項，4項，5項）。よって，本肢は誤り。

❹ 正 個人が譲渡所得の基因となる資産をその譲渡の時における価額の2分の1に満たない金額で個人に譲渡した場合において，当該対価の額が当該資産の譲渡に係る譲渡所得の金額の計算上控除する必要経費又は取得費及び譲渡に要した費用の額の合計額に満たないときは，その不足額は，その譲渡所得の金額の計算上，なかったものとみな

される（所得税法59条2項，1項2号，施行令169条）。よって，本肢は正しく，本問の正解肢となる。

問24 不動産取得税　解答❹

合格者正解率	不合格者正解率	受験者正解率
82.2%	49.7%	68.7%

❶ **誤** 土地の標準税率は3％である。

住宅又は土地の取得に係る不動産取得税の標準税率は3％である。これに対して，住宅以外の家屋の取得については4％である（地方税法73条の15，附則11条の2第1項）。したがって，住宅用以外の土地の標準税率は3％である。よって，本肢は誤り。

❷ **誤** 面積によって非課税とする旨の規定はない。

一定の面積に満たない土地の取得については，不動産取得税を課さないとする旨の規定はない。よって，本肢は誤り。なお，不動産取得税の課税標準となるべき額が，土地の取得については10万円，家屋の取得のうち建築に係るものについては1戸につき23万円，その他のもの（売買等）については1戸につき12万円に満たない場合には，不動産取得税は課税されない（地方税法73条の15の2第1項）。

❸ **誤** 家屋の価格が増加した場合は不動産取得税が課される。

家屋を改築したことにより，当該家屋の価格が増加した場合には，当該改築をもって家屋の取得とみなして，不動産取得税が課される（地方税法73条の2第3項）。そして，この場合の課税標準は，当該改築によって増加した価格とされる（地方税法73条の13第2項）。よって，本肢は誤り。

❹ **正** 共有物の分割による不動産の取得については，不動産の取得者の分割前の当該共有物に係る持分の割合を超える部分の取得があった場合を除いて，不動産取得税を課することはできない（地方税法73条の7第2号の3）。要するに，持分割合に従って単に共有物を分割するような場合であれば，共有者にとって新たな不動産の取得とはならないため，不動産取得税は課税されないということである。よって，本肢は正しく，本問の正解肢となる。

問25 不動産鑑定評価基準　解答❷

合格者正解率	不合格者正解率	受験者正解率
35.1%	20.5%	29.9%

❶ **誤** 市場性を有しない不動産について求める価格は特殊価格のみ。

不動産の鑑定評価によって求める価格は，基本的には正常価格である（不動産鑑定評価基準総論5章3節Ⅰ）。したがって，前半部分は正しい。次に，特殊価格は，「文化財等の一般的に市場性を有しない不動産について，その利用現況等を前提とした不動産の

経済価値を適正に表示する価格」をいう（不動産鑑定評価基準総論5章3節 I 4）が，正常価格，限定価格及び特定価格は「市場性を有する不動産について」求める価格を指す。したがって，限定価格及び特定価格を市場性を有しない不動産について求める価格としている点で，後半部分は誤りである。よって，本肢は誤り。

❷ **正** 同一需給圏とは，一般に対象不動産と代替関係が成立して，その価格の形成について相互に影響を及ぼすような関係にある他の不動産の存する圏域をいう。そして，同一需給圏は，不動産の種類，性格及び規模に応じた需要者の選好性によってその地域的範囲を異にするものである（不動産鑑定評価基準総論6章1節 II 1(2)）。よって，本肢は正しく，本問の正解肢となる。

❸ **誤** 特殊な取引事例等も補正により用いることができる。

取引事例等は，鑑定評価の各手法に即応し，適切にして合理的な計画に基づき，豊富に秩序正しく収集し，選択すべきであり，投機的取引であると認められる事例等適正さを欠くものであってはならない。もっとも，取引事例等に係る取引等が特殊な事情を含み，これが当該取引事例等に係る価格等に影響を及ぼしているときは適切に補正しなければならない（不動産鑑定評価基準総論7章1節 I 3(1)）。したがって，鑑定評価の各手法の適用にあたっては，特殊な事情の存在する取引事例等であっても補正をすれば用いることができる。よって，本肢は誤り。

❹ **誤** 収益還元法は取引価格が著しく上昇しているときは活用されるべきである。

収益還元法は，市場における不動産の取引価格の上昇が著しいときは，取引価格と収益価格との乖離が増大するものであるので，先走りがちな取引価格に対する有力な検証手段として，この手法が活用されるべきである（不動産鑑定評価基準総論7章1節 IV 1）。よって，本肢は誤り。

問 26	宅建業の意味	解答 ❹	合格者正解率	不合格者正解率	受験者正解率
			87.2%	**60.8%**	**77.6%**

❶ **誤** 宅地の売買の代理を業とするから免許必要。

農業協同組合は，免許不要の例外にあたらない。そして，宅地の売買の代理を業として行う以上，宅建業にあたり，免許を必要とする（業法2条2号，3条1項）。よって，本肢は誤り。

❷ **誤**「自ら貸借」は免許不要。

自ら借り受けた建物を他に転貸する行為も「自ら貸借」に該当し，「取引」にあたらないため，免許を必要としない（業法2条2号，3条1項）。よって，本肢は誤り。

❸ **誤** 宅地・建物の売買の媒介を業とするから免許必要。

宅地・建物の売買の媒介を反復継続して行う以上，媒介の依頼者を問わず，「宅建業」にあたるから，免許を必要とする（業法2条2号，3条1項）。よって，本肢は誤り。

❹ **正** 信託業法 3 条の免許を受けた信託会社は，免許に関する規定が適用されないから，宅建業を営もうとする場合でも，免許を取得する必要はないが（業法 77 条 1 項），信託会社が宅建業を営もうとする場合は，その旨を国土交通大臣に届け出なければならない（業法 77 条 3 項）。よって，本肢は正しく，本問の正解肢となる。

問27	事務所の設置	解答 ❷	合格者正解率	不合格者正解率	受験者正解率
			93.2%	64.9%	82.2%

❶ **誤** 所定の要件を満たせば，電子媒体による代替が可能。
　宅建業者は，その事務所ごとにその業務に関する帳簿を備えなければならない（業法 49 条）。そして，その帳簿は事務所のパソコンのハードディスクに記録し，必要に応じ当該事務所においてパソコンやプリンターを用いて紙面に表示されるときは，当該記録をもって当該帳簿への記載に代えることができる（規則 18 条 2 項）。よって，本肢は誤り。

❷ **正** 宅建業者は，その事務所において，国土交通省令で定める標識を掲げなければならない（業法 50 条 1 項）。しかし，宅地建物取引業者免許証を掲げる必要はない。よって，本肢は正しく，本問の正解肢となる。

❸ **誤** 取引のつど一定事項を記載しなければならない。
　宅建業者は，宅建業に関し取引のあったつど，その年月日，その取引に係る宅地又は建物の所在及び面積その他国土交通省令で定める事項を記載しなければならない（業法 49 条）。「取引のあった月の翌月 1 日までに」記載するのではない。よって，本肢は誤り。

❹ **誤** 宅地建物取引士証で代替することはできない。
　宅建業者は，その業務に従事させる者に，従業者証明書を携帯させなければ，その者を業務に従事させてはならない（業法 48 条 1 項）。この従業者証明書は様式が法定されており（規則 17 条，様式 8 号），宅地建物取引士証で代えることはできない。よって，本肢は誤り。

問28	37 条書面	解答 ❷	合格者正解率	不合格者正解率	受験者正解率
			45.8%	30.0%	40.4%

ア 正 宅建業者は，当事者を代理して契約した場合において，契約不適合担保責任の履行に関し保証保険契約の締結その他の措置についての定めがあるときは，その内容を 37 条書面（電磁的方法を含む。）に記載し，当該書面を相手方及び代理を依頼した者に交付しなければならない（業法 37 条 1 項 11 号，4 項）。したがって，中古マンションの売買契約において，契約不適合担保責任の履行に関して講ずべき保証保険契約の締結その他の措置について定めがあるときは，その内容を記載した書面を売主及び買主に

交付しなければならない。よって，本肢は正しい。

イ　誤　移転登記の申請時期と建物の引渡し時期双方を記載しなければならない。

　宅建業者は，媒介により売買契約が成立した場合において，移転登記の申請時期及び引渡しの時期を37条書面（電磁的方法を含む。）に記載し，当該書面を売主及び買主に交付しなければならない。移転登記の申請時期と建物の引渡し時期双方を記載するのであり，いずれかを記載するのではない（業法37条1項4号，5号，4項）。また，37条書面の交付は，相手が宅建業者であっても省略できない（業法78条2項参照）。よって，本肢は誤り。

ウ　誤　自ら貸主として行う場合は，宅建業法の適用がない。

　宅建業者が自ら貸主として貸借の契約を締結することは，宅建業法上の取引に該当せず，宅建業にはあたらない（業法2条2号）。したがって，宅建業者が自ら貸主として宅地の定期賃貸借契約を締結しても，宅建業法の適用がなく，借主に37条書面（電磁的方法を含む。）を交付する必要はない。よって，本肢は誤り。

エ　正　宅建業者は，宅地又は建物の売買又は交換において，自ら当事者として契約を締結したときはその相手方に遅滞なく37条書面（電磁的方法を含む。）を交付しなければならない（業法37条1項，4項）。したがって，宅建業者である買主は，宅地にかかる租税その他の公課の負担に関する定めがあるときは，売主が宅建業者であっても，その旨を記載した37条書面を交付しなければならない（業法37条1項12号，4項）。よって，本肢は正しい。

　以上より，正しいものはアとエの二つであり，**❷**が本問の正解肢となる。

問29	業務上の規制総合	解答❶	合格者正解率 83.9%	不合格者正解率 73.8%	受験者正解率 80.0%

❶　誤　売主に対して重要事項説明は不要。

　宅建業者は，宅建業者の相手方等に対して，その者が取得し，又は借りようとしている宅地又は建物に関して法第35条の規定に基づく重要事項を説明しなければならない。したがって，買主である宅建業者が売主に対して重要事項の説明をする必要はない。よって，本肢は誤りであり，本問の正解肢となる。

❷　正　建物の管理が管理会社に委託されている当該建物の賃貸借契約の媒介をする宅建業者は，当該建物が区分所有建物であるか否かにかかわらず，その管理会社の商号又は名称及びその主たる事務所の所在地を，借主に説明しなければならない（業法35条1項6号，14号，規則16条の2第8号，規則16条の4の3第12号）。よって，本肢は正しい。

❸ **正** 買主が宅建業者である場合，重要事項の説明は不要である（業法35条6項）。よって本肢は正しい。

❹ **正** 法35条の2に規定する供託所の説明は，買主が宅建業者である場合には，省略することができる（業法35条の2）。よって本肢は正しい。

問30	媒介・代理契約	解答 ❶	合格者正解率	不合格者正解率	受験者正解率
			94.5%	79.0%	89.2%

❶ **正** 宅建業者は，価額又は評価額について意見を述べるときは，その根拠を明らかにしなければならない（業法34条の2第2項）。この根拠の明示は，法律上の義務であるので，そのために行った価額の査定等に要した費用は，依頼者に請求できない（解釈・運用の考え方）。よって，本肢は正しく，本問の正解肢となる。なお，この規制は一般媒介であることで影響を受けない。

❷ **誤** 媒介契約書面には売買すべき価額を記載する必要がある。

宅建業者が作成する媒介契約書面には，宅地又は建物を売買すべき価額を記載する必要がある（業法34条の2第1項2号）。よって，本肢は誤り。なお，この規制は一般媒介であることで影響を受けない。

❸ **誤** 専任媒介の場合，更新後の期間も3カ月以内である。

宅建業者は，依頼者と専任媒介契約を締結した場合，当該契約は依頼者からの申出により更新することができるが，その有効期間は，3カ月を超えることができない（業法34条の2第3項，4項）。よって，本肢は誤り。

❹ **誤** 媒介契約書面を交付しなければならない。

宅建業者は，売買又は交換の媒介契約を締結したときは，遅滞なく，所定事項を記載した媒介契約書面を作成して記名押印し，依頼者にこれを交付しなければならない（業法34条の2第1項）。この規制は，依頼者が買主であることや，媒介契約が一般媒介であることで影響を受けない。よって，本肢は誤り。

問31	自ら売主制限総合	解答 ❹	合格者正解率	不合格者正解率	受験者正解率
			95.1%	74.5%	87.8%

ア 違反する 合算して200万円を超えるので，受領できない。

宅建業者が自ら売主となった場合には，原則として保全措置を講じた後でなければ，宅建業者でない買主から手付金等を受領してはならない。もっとも，未完成物件の場合，手付金等の額が代金の5％かつ1,000万円以下のときは，保全措置を講じなくても受領できる（業法41条1項，施行令3条の5）。本肢では，マンション代金が4,000万円で

あるから，その５％にあたる 200 万円の手付金は受領できる。しかし，これに加えて中間金 200 万円を受領すると，代金の５％を超えるので，保全措置を講じる前には受け取ることはできない。よって，本肢は宅建業法の規定に違反する。

イ　違反しない　宅建業者が自ら売主となった場合には，原則として保全措置を講じた後でなければ，宅建業者でない買主から手付金等を受領してはならない。もっとも，完成物件の場合，手付金等の額が代金の 10％かつ 1,000 万円以下のときは，保全措置を講じなくても受領できる（業法 41 条の２第１項，施行令３条の５）。したがって，本肢では代金の 10％である 400 万円までは，保全措置を講じなくても受領できる。よって，本肢は宅建業法の規定に違反しない。

ウ　違反する　売主からの手付解除は，倍額の提供が必要。

　宅建業者が，自ら売主となった場合において，宅地又は建物の売買契約の締結に際して手付を受領したときは，その手付がいかなる性質のものであっても，相手方が契約の履行に着手するまでは，買主はその手付を放棄して，当該宅建業者はその倍額を現実に提供して，契約の解除をすることができる（業法 39 条２項）。本肢では，Ａは手付金と同額である 500 万円しか現実に提供していないため，契約を解除することはできない。よって，本肢は宅建業法の規定に違反する。

エ　違反する　10 分の２を超えてはならない。

　宅建業者が自ら売主となる宅地又は建物の売買契約において，損害賠償の額を予定し，又は違約金を定めるときは，これらを合算した額が代金の額の 10 分の２を超えることとなる定めをしてはならない（業法 38 条１項）。本肢では，代金の額の 10 分の２である 800 万円を超える 1,000 万円を損害賠償の予定額としている。よって，本肢は宅建業法の規定に違反する。

　以上より，宅建業法に違反するものはア，ウ，エであり，❹が本問の正解肢となる。

問32	監督・罰則	解答❷	合格者正解率	不合格者正解率	受験者正解率
			50.3%	32.5%	44.2%

❶　正　宅建業者は，自ら売主となって，宅建業者でないものとの間で宅地又は建物の売買契約をする場合，その目的物の契約不適合担保責任に関し，民法に規定するものより買主に不利となる特約をしてはならない（業法 40 条１項）。したがって，（買主が宅建業者でない場合は）契約不適合担保責任を負わない旨の特約をしてはならず，当該規定に違反すれば，指示処分を受けることがある（業法 65 条１項）。この場合，業務が行われた地の都道府県知事も指示処分をすることができる（業法 65 条３項）。よって，本肢は正しい。

❷　誤　免許権者及び業務地の知事以外から業務停止処分を受けることはない。

宅建業者に対して指示処分又は業務停止処分をすることができるのは，免許権者と違反行為が行われている地の都道府県知事のみである。本肢の場合，免許権者は国土交通大臣で，違反行為が行われている地の知事が乙県知事であり，甲県知事から業務停止処分を受けることはない（業法65条2項4項参照）。よって，本肢は誤りであり，本問の正解肢となる。

❸ 正 宅建業者が業務停止処分に該当する行為を行い，情状が特に重い場合，免許権者は，当該宅建業者の免許を取り消さなければならない（業法66条1項9号，65条2項2号，47条の2第2項）。したがって，宅建業者Cの免許権者である甲県知事は，Cの免許を取り消さなければならない。よって，本肢は正しい。

❹ 正 国土交通大臣又は，都道府県知事（その都道府県の区域内で宅建業を営む場合に限る）は，必要な指導，助言，勧告を行うことができ，また，報告を受けることができる（業法71条，72条1項）。よって，本肢は正しい。

問 33	37条書面	解答❷	合格者正解率 81.5%	不合格者正解率 48.8%	受験者正解率 67.1%

❶ 違反する 37条書面の交付は，買主のみならず，売主に対しても必要。

宅建業者は，契約が成立したときは，契約の両当事者に，遅滞なく，一定事項を記載した書面（電磁的方法による提供を含む。）を交付しなければならない（業法37条1項，4項）。契約の両当事者に交付しなければならないので，買主のみならず，売主にも交付しなければならない。よって，本肢は宅建業法に違反する。

❷ 違反しない 手付金等の保全措置の内容は，重要事項説明書（電磁的方法による提供を含む。）の記載事項であるが（業法35条1項10号，8項），37条書面（電磁的方法による提供を含む。）の記載事項ではない（業法37条1項各号参照）。したがって，手付金等の保全措置の内容が定められていても，当該内容を37条書面に記載する必要はない。よって，本肢は宅建業法に違反せず，本問の正解肢となる。

❸ 違反する 契約解除事項は，定めがあれば記載しなければならない。

契約の解除に関する事項は，37条書面の任意的記載事項である。定めがあれば記載しなければならない（業法37条1項7号，4項）。よって，本肢は宅建業法に違反する。

❹ 違反する 37条書面は，相手方が宅建業者でも，定めた特約の内容を記載しなければならない。

宅建業者は，契約が成立したときは，契約の両当事者に，遅滞なく，一定事項を記載した書面（電磁的方法による提供を含む。）を交付しなければならない（業法37条1項，4項）。相手方が宅建業者でも省略することはできない。また，契約不適合担保責任に関する特約（内容）は，37条書面の任意的記載事項であるので，定めがあればその内容を記載しなければならない（業法37条1項11号）。よって，本肢は宅建業法の規定

に違反する。

問 34	免許の効力	解答 ❸	合格者正解率 78.7%	不合格者正解率 57.1%	受験者正解率 70.8%

❶ **誤** 死亡の事実を知った日から 30 日以内に届出必要。

宅建業者が死亡した場合，その相続人が死亡の事実を知った日から 30 日以内に，その旨を免許権者に届け出なければならない（業法 11 条 1 項 1 号）。業務が終了した後に廃業届を提出するわけではない。よって，本肢は誤り。なお，相続人に免許は承継されないとする点は正しい。

❷ **誤** 免許を承継することはできない。

存続会社が合併した旨の届出を行えば，免許を承継する旨の規定はなく，免許が相続や法人の合併により承継されることはない。よって，本肢は誤り。

❸ **正** 宅建業者は，自己の名義をもって，他人に宅建業を営ませてはならない（名義貸しの禁止，業法 13 条 1 項）。当該他人が宅建業の免許を受けているとしても，名義貸しに該当する。よって，本肢は正しく，本問の正解肢となる。

❹ **誤** 無免許事業に該当しない。

宅建業の免許を受けない者は，宅建業を営む目的をもって，広告をしてはならない（業法 12 条 2 項，3 条 1 項）。宅建業者は，営業保証金を供託した旨の届出をした後でなければ，その事業を開始してはならないから（業法 25 条 5 項），法人 F は，当該届出前に宅建業を営む目的で広告をすると，届出前の事業開始の違反となるが，免許を受けている以上，無免許事業には該当しない。よって，本肢は誤り。

問 35	業務上の規制総合	解答 ❸	合格者正解率 78.4%	不合格者正解率 53.3%	受験者正解率 69.7%

ア 違反する 勧誘の目的を告げなければならない。

宅建業者等は，宅建業に係る契約の締結の勧誘をするに際し，宅建業者の相手方等に対し，当該勧誘に先立って宅建業者の商号又は名称及び当該勧誘を行う者の氏名ならびに当該契約の締結について勧誘をする目的である旨を告げなければならない（業法 47条の 2 第 3 項，規則 16 条の 11 第 1 号ハ）。よって，本肢は宅建業法の規定に違反する。

イ 違反する 過失であっても，断定的判断を提供してはならない。

宅建業者等は，宅建業に係る契約の締結の勧誘をするに際し，宅建業者の相手方等に対し，当該契約の目的物である宅地又は建物の将来の環境又は交通その他の利便について誤解させるべき断定的判断を提供してはならない（業法 47 条の 2 第 3 項，規則 16

条の 11 第 1 号イ）。本肢の説明は，将来の環境について誤解をさせるべき断定的判断の提供にあたる。よって，本肢は宅建業法の規定に違反する。

ウ　違反しない　宅建業者は，手付について貸付その他信用の供与をすることにより，契約の締結を誘引してはならない（業法 47 条 3 号）。手付についての信用の供与とは，契約締結の際，手付けについて金銭等の有価物の現実の交付を後日に期することをいい，売買代金の引き下げは，これに当たらない。よって，本肢は宅建業法の規定に違反しない。

エ　違反する　迷惑を覚えさせるような時間に訪問してはならない。

　宅建業者等は，宅建業に係る契約の締結の勧誘をするに際し，宅建業者の相手方等に対し，迷惑を覚えさせるような時間に電話し，又は訪問してはならない（業法 47 条の 2 第 3 項，規則 16 条の 11 第 1 号ホ）。よって，本肢は宅建業法の規定に違反する。

　以上より，宅建業法の規定に違反するのはア，イ，エの三つであり，**❸**が本問の正解肢となる。

問36 手続きの総合問題	解答❶	合格者正解率	不合格者正解率	受験者正解率
		－	－	－

❶　正　B の事務所であった乙県内の支店は，建設業のみを営んでいるので宅建業法上の事務所にあたらない（施行令 1 条の 2，解釈・運用の考え方）。したがって，A は，免許換えの申請をする必要はない（業法 7 条 1 項参照）。よって，本肢は正しく，本問の正解肢となる。

❷　誤　合併消滅した時に効力を失う。

　宅建業者である法人が合併により消滅した場合，免許が効力を失うのは合併により消滅した時であり，届出の時ではない（業法 11 条 1 項 2 号，2 項参照）。よって，本肢は誤り。なお，届出義務者が合併消滅した法人の代表役員であるとする点は正しい。

❸　誤　免許権者は事務所の場所で決まる。

　案内所を設置しても，免許換えの必要はない（業法 7 条 1 項参照）。よって，本肢は誤り。

❹　誤　過失傷害罪による罰金刑であれば取り消されない。

　宅建業者である法人の役員が免許欠格事由に該当する場合には，免許権者は，その免許を取り消さなければならない（業法 66 条 1 項 3 号）。しかし，「過失傷害罪」により罰金刑を受けても，免許欠格事由とはならないから（業法 5 条 1 項 6 号参照），そのような役員がいても法人の免許は取り消されない。よって，本肢は誤り。なお，「過失傷害罪」は，過失によって人を傷害した罪であり，故意に人を傷害した罪である「傷害罪」とは異なる。

POINT

会社の役員又は政令で定める使用人が免許欠格事由に該当していれば，その会社は免許を受けることができない。会社が免許欠格事由に該当する者を役員又は政令で定める使用人とした場合，その会社の免許は取り消される。

問37　重要事項の説明　解答②

合格者正解率	不合格者正解率	受験者正解率
96.0%	86.7%	92.6%

❶ **正** 建物の売買においては，建築基準法に規定する建蔽率，容積率に関する制限について，その概要を説明しなければならない（業法35条1項2号，施行令3条1項2号）。しかし，建物の貸借においては，建蔽率，容積率に関する制限は，説明事項とされていない（施行令3条3項）。よって，本肢は正しい。

❷ **誤** 建物の貸借においても説明必要。

宅地の売買のみならず，建物の貸借においても，宅地又は建物が土砂災害警戒区域内にあるときは，その旨を説明しなければならない（業法35条1項14号，規則16条の4の3第2号）。よって，本肢は誤りであり，本問の正解肢となる。

❸ **正** 建物の売買においては，当該建物が住宅の品質確保の促進等に関する法律に規定する住宅性能評価を受けた新築住宅であるときは，その旨を説明しなければならない（業法35条1項14号，規則16条の4の3第6号）。しかし，建物の貸借においては，説明事項とされていない。よって，本肢は正しい。

❹ **正** 宅地の売買においては，私道に関する負担に関する事項について説明しなければならない（業法35条1項3号）。しかし，建物の貸借においては，説明事項とされていない。よって，本肢は正しい。

問38　報酬額の制限　解答③

合格者正解率	不合格者正解率	受験者正解率
63.8%	35.2%	54.0%

ア　違反する 複数業者の場合も業者1人分の報酬が限度となる。

売買の媒介を行ったBが受領できる報酬の限度額は，（3,000万円×3％＋6万円）×1.1＝105万6,000円となる（報酬告示第2）。また，売買の代理を行ったAが受領できる報酬の限度額は，105万6,000円×2＝211万2,000円となる（報酬告示第3）。そして，複数の宅建業者が関与する場合，宅建業者全員の受領する報酬総額は，1人の宅建業者に依頼した場合の報酬限度額内でなければならない。本件では，AとBは合計316万8,000円の報酬を受領しているが，これは報酬総額の限度額である211万2,000

円を超過している。よって，本肢は宅建業法の規定に違反する。

イ　違反しない　店舗用建物の貸借で権利金の授受があるものの媒介の場合，1ヵ月分の借賃と，権利金の額を売買代金の額とみなして算出した額とを比較して，高いほうが限度額となる（報酬告示第6）。したがって，Aは，貸主と借主それぞれから，権利金から算出される額（500万円×3％＋6万円）×1.1＝23万1,000円を限度として報酬を受け取ることができる。よって，本肢は宅建業法の規定に違反しない。

ウ　違反する　複数業者の場合も業者1人分の報酬が限度となる。

居住用建物の貸借の媒介を行う場合，依頼者の双方から受領できる報酬額の合計は，借賃1ヵ月分が限度となる（報酬告示第4）。また，複数の宅建業者が関与する場合，宅建業者全員の受領する報酬総額は，1人の宅建業者に依頼した場合の報酬限度額内でなければならない。本件では，AとBは合計13万5,000円の報酬を受領しているが，これは報酬総額の限度額10万円×1.1＝11万円を超過している。よって，本肢は宅建業法の規定に違反する。

以上より，宅建業法の規定に違反するものはア，ウであり，**❸**が本問の正解肢となる。

問39 クーリング・オフ	解答 ❷	合格者正解率 69.6%	不合格者正解率 47.4%	受験者正解率 62.8%

ア　誤　売主である宅建業者は，違約金の支払を請求することができない。

クーリング・オフが行われた場合，宅建業者は，クーリング・オフに伴う損害賠償又は違約金の支払を請求することができない（業法37条の2第1項）。そして，申込者等に不利な特約は無効となるので，定めがあっても請求をすることはできない（業法37条の2第4項）。よって，本肢は誤り。

イ　正　申込者等が申込みの撤回等を行うことができる旨及びその申込みの撤回等を行う場合の方法について書面を交付して告げられた場合において，その告げられた日から起算して8日を経過したとき，申込者等は，クーリング・オフをすることができなくなる（業法37条の2第1項1号，規則16条の6）。この点に関して，宅建業法の規定に反する特約で申込者等に不利なものは無効となる（業法37条の2第4項）。本肢の場合，書面で告げられたのは買受けの申込みをした日の3日後であり，買受けの申込みの日から起算して10日間という特約は，書面で告げられた日から起算して7日間となるので，宅建業法の規定よりも短くなる。したがって，この特約は無効となる。よって，本肢は正しい。

ウ　誤　媒介業者の事務所は，クーリング・オフができない事務所にあたる。

宅建業者が他の宅建業者に対し，宅地又は建物の売却について代理又は媒介の依頼をした場合にあっては，代理又は媒介の依頼を受けた他の宅建業者の事務所又は事務所以

外の場所で継続的に業務を行うことができる施設を有するものは，事務所等にあたる（業法 37 条の 2 第 1 項，規則 16 条の 5 第 1 号ハ）。したがって，A が依頼した媒介業者 C の事務所で買受けの申込みがされているので，B は，クーリング・オフをすることができない（業法 37 条の 2 第 1 項）。よって，本肢は誤り。

以上より，誤っているものはア，ウの二つであり，**❷**が本問の正解肢となる。

問 40	自ら売主制限総合	解答 ❸	合格者正解率 92.6%	不合格者正解率 68.1%	受験者正解率 84.2%

❶　誤　クーリング・オフによる契約解除ができる。

クーリング・オフについて書面で告げられた場合は，告げられた日から起算して 8 日経過すると，クーリング・オフはできなくなる（業法 37 条の 2 第 1 項 1 号，規則 16 条の 6）。そしてクーリング・オフの効力はその書面を発した時に生じる（業法 37 条の 2 第 2 項）。したがって，B は書面で告げられた日から 7 日目に解除の書面を発送しているため，クーリング・オフによる契約の解除をすることができる。よって，本肢は誤り。

❷　誤　契約不適合担保責任を負わない旨の特約を定めることはできない。

宅建業者は，自ら売主となる宅地又は建物の売買契約において，その目的物の契約不適合担保責任に関し，民法に規定するものより買主に不利となる特約をしてはならない（業法 40 条 1 項）。買主が建物を短期間使用後取り壊す予定である場合でも，変わらない。したがって，建物についての契約不適合担保責任を負わない旨の特約を定めることができない。よって，本肢は誤り。

❸　正　宅建業者が自ら売主となる宅地の売買契約において，当事者の債務不履行を理由とする契約の解除に伴う損害賠償額の予定又は違約金を定めるときは，これらを合算した額が代金の額の 10 分の 2 を超えることとなる定めをしてはならない（業法 38 条 1 項）。しかし，買主が宅建業者の場合は，この規制は適用がない（業法 78 条 2 項）。したがって，代金の額の 30％と定めることができる。よって，本肢は正しく，本問の正解肢となる。

❹　誤　特約を定めることはできない。

宅建業者は，自ら売主となる宅地又は建物の売買契約において，その目的物の契約不適合担保責任に関し，民法に規定するものより買主に不利となる特約をしてはならないが，例外として，買主が目的物の契約不適合である旨を通知すべき期間について目的物の引渡しの日から 2 年以上となる特約をすることができる（業法 40 条 1 項）。本肢の特約は「売買契約を締結した日から 2 年間」としているので，引渡しから 1 年 11 カ月ということになり，定めることができない。よって，本肢は誤り。

問41	宅地建物取引士総合	解答❶	合格者正解率	不合格者正解率	受験者正解率
			45.2%	28.9%	38.9%

ア　誤　破産をした日から30日以内に届出。

　宅地建物取引士登録を受けている者は，氏名，住所，本籍，勤務先の商号又は名称，免許証番号に変更があったときには，遅滞なく，変更の登録を申請しなければならない（業法20条，18条2項，規則14条の2の2第1項）。また，宅地建物取引士登録を受けている者が破産手続開始の決定を受けて復権を得ない者となった場合には，本人は，その日から30日以内に届け出なければならない（業法21条2号，18条1項2号）。よって，本肢は誤り。

イ　誤　申請前6カ月以内の法定講習を受講する必要がある。

　宅地建物取引士証の交付を受けようとする者は，原則として，登録をしている都道府県知事が指定する講習で，交付の申請前6カ月以内に行われるものを受講しなければならない（業法22条の2第2項）。交付の申請の90日前から30日前までに受講するのではない。よって，本肢は誤り。

ウ　誤　宅地建物取引士であればよく，「専任」である必要はない。

　35条書面も37条書面も，宅地建物取引士が記名しなければならないが（業法35条5項，37条3項），宅地建物取引士であればよく，専任の宅地建物取引士である必要はない。よって，本肢は誤り。

エ　正　宅地建物取引士は，事務禁止処分を受けた場合には，速やかに宅地建物取引士証をその交付を受けた都道府県知事に提出しなければならない（業法22条の2第7項）。これに違反した場合には，10万円以下の過料に処せられる（業法86条）。よって，本肢は正しい。

　以上より，正しいものはエの一つであり，❶が本問の正解肢となる。

問42	営業保証金	解答❷	合格者正解率	不合格者正解率	受験者正解率
			92.2%	54.1%	80.6%

❶　誤　営業保証金の供託は，宅建業の免許を受けた後に行う。

　営業保証金の供託は，宅建業の免許を受けた後に行う（業法25条1項参照）。供託した後に免許を受けるのではない。よって，本肢は誤り。

❷　正　宅地建物取引業者は，営業保証金の変換のため新たに供託したときは，遅滞なく，その旨を，供託書正本の写しを添付して，その免許を受けている国土交通大臣又は都道府県知事に届け出なければならない（規則15条の4の2）。よって，本肢は正しく，本問の正解肢となる。

❸ 誤 従たる事務所ではなく，主たる事務所の最寄りの供託所。

　宅地建物取引業者は，事業の開始後新たに事務所を設置したときは，営業保証金を主たる事務所の最寄りの供託所に供託しなければならない。設置した従たる事務所の最寄りの供託所ではない（業法26条1項，2項，25条1項）。よって，本肢は誤り。

❹ 誤 保管替えは，金銭のみで供託している場合のみである。

　保管替えの請求は，金銭のみをもって営業保証金を供託している場合にのみ認められる（業法29条1項）。本肢のように，営業保証金に有価証券が含まれている場合，金銭の部分に限っても営業保証金の保管替えの請求はできない。よって，本肢は誤り。

問43	宅建業法の総合問題	解答❹	合格者正解率 78.9%	不合格者正解率 42.0%	受験者正解率 58.1%

❶ 誤 宅建業者間取引では保全措置不要。

　手付額の制限や手付金等の保全措置の制限は宅建業者相互間の取引については，適用されない（業法78条2項）。したがって，Aは保全措置を講ずることなくBから当該手付金を受領することができる。よって，本肢は誤り。

❷ 誤 宅建業者間取引でも手付金を貸し付けてはならない。

　宅建業者は，手付について貸付けその他信用の供与をすることにより契約の締結を誘引する行為をしてはならない（業法47条3号）。そして，当該制限は宅建業者相互間の取引についても適用される（業法78条2項参照）。よって，本肢は誤り。

❸ 誤 宅建業者間取引でも建築確認前は売買契約不可。

　宅建業者は，建物の建築に関する工事の完了前においては，当該工事に関し必要とされる建築基準法6条1項の確認その他があった後でなければ，売買契約を締結してはならない（業法36条）。そして，当該制限は宅建業者相互間の取引についても適用される（業法78条2項参照）。したがって，当該確認の申請をしているにすぎないAは，Bと売買契約を締結することができない。よって，本肢は誤り。

❹ 正 契約不適合担保責任についての特約の制限は，宅建業者相互間の取引については，適用されない（業法78条2項）。したがって，契約不適合担保責任を追及するためのその不適合である旨の通知期間については，引渡しの日から6カ月間とするAB間の特約は有効である。よって，本肢は正しく，本問の正解肢となる。

- - - - - **POINT** - - - - -

　本問は，一見自ら売主規制の場面のように思えるが，設問部分を見ると買主Bは宅建業者である。このように，設問部分には重要なヒントが隠されていることが多く，注意する必要がある。

問44	弁済業務保証金	解答 ❹	合格者正解率 70.3%	不合格者正解率 52.9%	受験者正解率 61.9%

❶ **誤** 分担金は金銭でのみ納付，弁済業務保証金は一定の有価証券でも供託可。

弁済業務保証金分担金は，営業保証金とは異なり，金銭で納付しなければならず，有価証券をもって充てることはできない（業法64条の9第1項，25条3項の準用なし）。また，保証協会が供託する弁済業務保証金は，金銭のほか一定の有価証券によることもでき，金銭でしなければならないわけではない（業法64条の7第1項，3項，25条3項）。よって，本肢は誤り。

❷ **誤** 知事指定講習をもって代えることはできない。

保証協会は，宅地建物取引士その他宅地建物取引業の業務に従事し，又は従事しようとする者に対する研修を行わなければならない（業法64条の3第1項2号）。しかし，宅地建物取引士について，宅地建物取引士証交付の際に行われる都道府県知事が指定する講習をもって代えることができる旨の規定はない。よって，本肢は誤り。

❸ **誤** 新事務所を設置した日から2週間以内に分担金を納付しなければならない。

保証協会の社員は，弁済業務保証金分担金を納付した後に，新たに事務所を設置したときは，その日から2週間以内に，弁済業務保証金分担金を当該保証協会に納付しなければならない（業法64条の9第2項）。設置する日までに納付しなければならないわけではない。よって，本肢は誤り。

❹ **正** 保証協会は，弁済業務保証金から生ずる利息又は配当金を弁済業務保証金準備金に繰り入れなければならない（業法64条の12第2項）。また，弁済業務保証金準備金を弁済業務保証金の供託に充てた後において，社員から還付充当金の納付を受けたときは，その還付充当金を弁済業務保証金準備金に繰り入れなければならない（業法64条の12第6項）。よって，本肢は正しく，本問の正解肢となる。

問45	住宅瑕疵担保履行法	解答 ❷	合格者正解率 91.1%	不合格者正解率 70.9%	受験者正解率 82.8%

❶ **誤** 売主である宅建業者が資力確保措置を行わなければならない。

住宅販売瑕疵担保保証金の供託又は住宅販売瑕疵担保責任保険契約の締結による資力確保措置を講ずる義務を負うのは，売主である宅建業者である（住宅瑕疵担保履行法11条1項，2項）。売主から依頼を受けた媒介業者又は買主が住宅販売瑕疵担保責任保険契約の締結をしていても，売主が住宅瑕疵担保履行法による資力確保措置を講ずる義務を負ったことにはならない。よって，本肢は誤り。

❷ **正** 宅建業者で住宅販売瑕疵担保保証金の供託をしているものは，基準日におい

て当該住宅販売瑕疵担保保証金の額が当該基準日に係る基準額を超えることとなったときは，免許権者である国土交通大臣又は都道府県知事の承認を受けて，その超過額を取り戻すことができる（住宅瑕疵担保履行法16条，9条1項，2項）。宅建業者Aは甲県知事免許を受けているので，甲県知事の承認を受けて，その超過額を取り戻すことができる。よって，本肢は正しく，本問の正解肢となる。

❸ **誤** 基準日ごとに基準日から3週間以内である。

新築住宅を引き渡した宅建業者は，基準日ごとに，当該基準日に係る住宅販売瑕疵担保保証金の供託及び住宅販売瑕疵担保責任保険契約の締結の状況について，基準日から3週間以内に，免許を受けた国土交通大臣又は都道府県知事に届け出なければならない（住宅瑕疵担保履行法12条1項，規則16条1項）。届出期間は，基準日ごとに基準日から50日以内ではない。よって，本肢は誤り。

❹ **誤** 買主が宅建業者である場合，資力確保措置の義務を負わない。

買主が宅建業者である場合，売主である宅建業者は，住宅販売瑕疵担保保証金の供託又は住宅販売瑕疵担保責任保険契約の締結による資力確保措置を講ずる義務を負わない（住宅瑕疵担保履行法2条7項2号ロかっこ書）。買主Bは，宅建業者である。よって，本肢は誤り。

問46	住宅金融支援機構法	解答❸	合格者正解率	不合格者正解率	受験者正解率
			57.9%	34.8%	49.7%

❶ **正** 機構の証券化支援事業には「買取型」（機構法13条1項1号）と「保証型」（機構法13条1項2号）があるが，本肢は「買取型」の説明である。機構は，民間金融機関が貸し付けた住宅ローンを買い取ることによって民間金融機関がかかえる長期の貸し出しリスクを低減させるという役割を担っている。機構が買い取った住宅ローンは，最終的にはMBS（資産担保証券）に証券化され，債券市場で流通することになる。債券市場で投資家がMBSを購入することにより，機構は住宅ローン債権の買取り資金を調達している。よって，本肢は正しい。

❷ **正** 機構の証券化支援事業（買取型）の住宅ローン金利は長期固定金利であるが，民間金融機関が顧客に貸し出す金利は，機構が提示した金利に独自の利益分を上乗せして決定される。したがって，住宅ローン金利は，各金融機関によって異なる場合がある。よって，本肢は正しい。

❸ **誤** 高齢者向け返済特例は融資事業として行ったときに認められる制度である。

機構は，重要な政策上の理由が認められる場合に直接融資業務を行うが（機構法13条1項5号，6号等），高齢者に直接貸し付ける場合，元金の返済を債務者本人の死亡時に一括して行う高齢者向け返済特例が認められている（機構業務方法書24条4項）。証券化支援業務ではこのような特例は認められていない。よって，本肢は誤りであり，

本問の正解肢となる。

❹ 正 機構法において，住宅とは，人の居住の用に供する建築物又は建築物の人の居住の用に供する部分をいい，新築・中古を問わない（機構法2条1項）。したがって，証券化支援事業（買取型）の対象となる住宅ローン債権には新築住宅に係る貸付債権だけでなく，中古住宅を購入するための貸付債権も含まれる。よって，本肢は正しい。

問47	景品表示法	解答❶	合格者正解率	不合格者正解率	受験者正解率
			97.8%	90.2%	94.2%

❶ 正 土地の価格については，1区画当たりの価格を表示するのが原則であるが（表示規約規則9条35号），取引する全ての区画の価格を表示しなければならない。ただし，分譲宅地の価格については，パンフレット等の媒体を除き，1区画当たりの最低価格，最高価格及び最多価格帯ならびにその価格帯に属する販売区画数のみで表示することができる（表示規約規則9条36号）。よって，本肢は正しく，本問の正解肢となる。

❷ 誤 モデル・ルームは，「表示」にあたる。

表示規約において「表示」とは，顧客を誘引するための手段として事業者が不動産に関する事項について行う広告その他の表示であり，モデル・ルームその他これらに類似する物による表示も含まれる（表示規約4条5項5号）。よって，本肢は誤り。

❸ 誤 道路距離80メートルにつき1分間で算出する。

徒歩による所要時間は，道路距離80メートルにつき1分間を要するものとして算出した数値を表示しなければならない。この場合において，1分未満の端数が生じたときは，1分として算出する（表示規約規則9条9号）。したがって，道路距離にかかわらず，徒歩による所要時間を表示することはできない。よって，本肢は誤り。

❹ 誤 運行主体が公表したものでないと，表示できない。

新設予定の駅等又はバスの停留所は，当該路線の運行主体が公表したものに限り，その新設予定時期を明示して表示することができる（表示規約規則9条6号）。したがって，新駅設置を要請している事実があるだけでは，新駅と表示することはできない。よって，本肢は誤り。

問48	土地	解答❹	合格者正解率	不合格者正解率	受験者正解率
			83.6%	66.8%	77.0%

❶ 正 盛土をする場合には，盛土をした後の地盤に雨水その他の地表水又は地下水の浸透によるゆるみ，沈下，崩壊又は滑りが生じないように締め固めるとともに，必要に応じて地滑り抑止ぐい等の設置その他の措置を講じなければならない（盛土規制法施

行令7条1項1号)。よって，本肢は正しい。

② **正** 切土又は盛土したがけ面の擁壁は，原則として鉄筋コンクリート造，無筋コンクリート造又は間知石練積み造その他の練積み造のものとしなければならない（盛土規制法施行令8条1項2号）。よって，本肢は正しい。

③ **正** 擁壁には，その裏面の排水をよくするため，耐水性の材料を用いた水抜き穴を設け，かつ，擁壁の裏面の水抜き穴の周辺その他必要な場所には，砂利等の透水層を設けなければならない（盛土規制法施行令12条）。よって，本肢は正しい。

④ **誤** 盛土部分で地盤沈下量が大きくなる。

造成して平坦にした宅地では，一般に切土部分に比べて盛土部分で地盤沈下量が大きくなる。よって，本肢は誤りであり，本問の正解肢となる。

問49	土地	解答④	合格者正解率	不合格者正解率	受験者正解率
			98.4%	89.5%	95.6%

① **適当** 旧河道とは，過去に河川であった跡の土地のことをいう。低地の中でさらに周囲の土地よりも低い帯状のくぼ地になっている。浸水しやすく，排水も悪く，軟弱な地盤であるため，地震や洪水などによる災害を受ける危険度が高い所である。よって，本肢は適当である。

② **適当** 地盤の液状化は，地下水で飽和している砂質地盤に地震動が加わることによって砂の粒子間のかみ合わせがはずれることによって生じる。したがって，地盤の条件と地震の揺れ方により，発生することがある。よって，本肢は適当である。

③ **適当** 沿岸地域は，海岸に面しているため，津波や高潮などの被害を受けやすい。したがって，普段から宅地の標高や避難経路を把握しておくことが必要である。よって，本肢は適当である。

④ **不適当** 縁辺部は崖崩れに対して危険な場所である。

台地や丘陵は基本的には崖崩れに対して安全な場所である。しかし，台地や丘陵であっても，その縁辺部は，集中豪雨のときに崖崩れを起こすことが多いので，宅地には適さない。したがって，縁辺部は崖崩れに対して安全とはいえない。よって，本肢は最も不適当であり，本問の正解肢となる。

問50	建物	解答①	合格者正解率	不合格者正解率	受験者正解率
			99.1%	93.7%	97.2%

① **不適当** 木造は湿気に弱い構造である。

木材は，水分を吸収すると，変形し，腐りやすく，またシロアリにも侵されやすくな

る。木造は，木材に水分を吸収させてしまう湿気には弱い構造といえる。そのため，木造では，湿気を回避するため，地盤面基礎の立ち上がりを十分とる必要がある。よって，本肢は最も不適当であり，本問の正解肢となる。

❷ **適当** 基礎の種類には，基礎の底面が直接支持地盤に接する直接基礎と，地盤が深い場合に使用する杭基礎などがある。よって，本肢は適当である。

❸ **適当** 抗基礎には木杭，既製コンクリート杭，鋼杭，場所打ちコンクリート杭などがある。よって，本肢は適当である。

❹ **適当** 建物は上部構造と基礎構造から構成され，基礎構造は上部構造を安全に支持する役目を負うものである。なお，上部構造は建築空間の骨格を形成し，荷重に耐える役目を負う主要構造と，屋根・壁・床等の仕上げ部分などから構成される。よって，本肢は適当である。

2024年版 出る順宅建士 過去30年良問厳選模試

第6回

解答・解説

上級編②

 合格推定点 **32**点

◆出題項目・正解一覧＆成績診断
◆解答・解説

出題項目・正解一覧＆成績診断

科目	問	出題項目	正解	チェック	科目	問	出題項目	正解	チェック
権利関係	1	意思表示	2	☐☐	宅建業法	26	宅建業の意味	2	☐☐
	2	制限行為能力者	4	☐☐		27	事務所の設置	3	☐☐
	3	債権譲渡	4	☐☐		28	営業保証金	1	☐☐
	4	根抵当権	4	☐☐		29	クーリング・オフ	2	☐☐
	5	物権変動	3	☐☐		30	報酬額の制限	1	☐☐
	6	債務不履行	2	☐☐		31	重要事項の説明	1	☐☐
	7	代理	3	☐☐		32	業務上の規制総合	4	☐☐
	8	地役権	2	☐☐		33	自ら売主制限総合	3	☐☐
	9	民法総合	3	☐☐		34	監督・罰則	4	☐☐
	10	不法行為	4	☐☐		35	重要事項の説明	4	☐☐
	11	借地借家法（借地）	3	☐☐		36	弁済業務保証金	4	☐☐
	12	借地借家法（借家）	1	☐☐		37	免許の申請	4	☐☐
	13	区分所有建物の登記	4	☐☐		38	37条書面	3	☐☐
	14	不動産登記法	4	☐☐		39	35条・37条書面	1	☐☐
法令上の制限	15	都市計画の内容	1	☐☐		40	自ら売主制限総合	2	☐☐
	16	開発行為の規制等	2	☐☐		41	宅地建物取引士の登録	2	☐☐
	17	建築基準法総合	4	☐☐		42	媒介・代理契約	2	☐☐
	18	建築基準法総合	3	☐☐		43	宅建業法の総合問題	4	☐☐
	19	盛土規制法	2	☐☐		44	宅地建物取引士総合	1	☐☐
	20	農地法	4	☐☐		45	住宅瑕疵担保履行法	2	☐☐
	21	土地区画整理法	1	☐☐	5問免除	46	住宅金融支援機構法	1	☐☐
	22	国土利用計画法	4	☐☐		47	景品表示法	4	☐☐
税・価格	23	登録免許税	2	☐☐		48	土地	4	☐☐
	24	固定資産税	4	☐☐		49	建物	1	☐☐
	25	地価公示法	3	☐☐		50	建物	3	☐☐

科目別の成績		総合成績	
科目（問題番号）	正答／正答目標	合計	
権利関係（問1〜問14）	点／6点		
宅建業法（問26〜問45）	点／16点		
法令上の制限（問15〜問22）	点／5点	**点**	
税・価格（問23〜問25）	点／2点	この回の合格推定点は	
5問免除（問46〜問50）	点／3点	**32**点です。	

問1	意思表示	解答 ❷	合格者正解率	不合格者正解率	受験者正解率
			56.8%	34.8%	49.3%

❶ **正** 虚偽表示に基づく契約は無効である（民法94条1項）。もっとも，虚偽表示について善意の「第三者」には契約の無効を対抗できない（民法94条2項）。ここにいう「第三者」（民法94条2項の第三者）とは，当事者及び包括承継人以外の者で，虚偽表示による法律行為の存在を前提として新たな利害関係を有するに至った者を指す。そして，第三者として保護されるために登記を備えることは不要である（判例）。本肢のCは仮装譲受人からの譲受人であるため，民法94条2項の「第三者」に該当する。したがって，AはCに無効を主張できない。よって，本肢は正しい。

❷ **誤** Aは，AB間の売買契約の無効をCに主張できる。

　甲土地の仮装譲受人Bから，Bが甲土地上に建てた乙建物を借り受けたCは，甲土地について法律上の利害関係を有しない（判例）。したがって，Cは民法94条2項の「第三者」に該当せず，AはAB間の売買契約の無効をCに主張できる。よって，本肢は誤りであり，本問の正解肢となる。

❸ **正** 仮装譲受人の債権者は，虚偽表示による売買の目的物である土地を差し押さえた場合には，虚偽表示に基づく法律関係を前提とした利害関係を有するといえる。本肢のCは民法94条2項の「第三者」に該当する。したがって，AはAB間の売買契約の無効をCに主張できない（判例）。よって，本肢は正しい。

❹ **正** 虚偽表示による売買の目的物の転得者も民法94条2項の「第三者」に該当する（判例）。したがって，AはAB間の売買契約の無効を善意のDに対して主張できない。よって，本肢は正しい。

問2	制限行為能力者	解答 ❹	合格者正解率	不合格者正解率	受験者正解率
			51.2%	45.0%	48.8%

❶ **誤** 乳児も権利能力を有しているので，不動産を所有することができる。

　権利能力を有する者は，所有者（民法206条）となることができる。権利能力とは権利義務の主体となり得る能力をいい，自然人（個人のこと）の場合は出生によって権利能力を取得する（民法3条1項）。したがって，父母と意思疎通ができない乳児であっても，権利能力を有し，不動産を所有することができる。よって，本肢は誤り。

❷ **誤** 営業の範囲内の契約を結ぶ場合，父母の同意は不要である。

　未成年者が法律行為をするには原則として法定代理人の同意を得なければならない（民法5条1項本文）。もっとも，営業を許可された未成年者は，その営業に関して成年者と同一の行為能力を有する（民法6条1項）。つまり，許可された営業を遂行するのに必要な範囲内においては，法定代理人の同意を要しない。したがって，営業を許可さ

れた未成年者が，その営業のための商品を仕入れる売買契約を有効に締結するためには，法定代理人である父母のいずれの同意も不要である。よって，本肢は誤り。

❸ 誤 未成年後見人は後見開始の審判の請求権者である。

精神上の障害により事理を弁識する能力を欠く常況にあるものについては，家庭裁判所は，未成年後見人等の請求により後見開始の審判をすることができる（民法7条）。よって，本肢は誤り。

❹ 正 親権を行う者が数人の子に対して親権を行う場合，その一人と他の子との利益が相反する行為について，その親権を行う者は，その一方のために特別代理人の選任を家庭裁判所に請求しなければならず（民法826条2項，利益相反行為），これに反する行為は無権代理行為となるから（判例），有効な追認がない限り無効となる（民法113条1項）。そして，親権者が共同相続人である数人の子を代理して遺産分割の協議をすることは，利益相反行為に当たる（判例）。したがって，母EがCとDを代理してBとの間で遺産分割協議をすることは，利益相反行為であり，特別代理人が選任されていない本肢では無権代理行為となるから，有効な追認がない限り無効である。よって，本肢は正しく，本問の正解肢となる。

問3	債権譲渡	解答❹	合格者正解率 39.5%	不合格者正解率 −	受験者正解率 36.2%

❶ 正 債権譲渡において，譲受人は，譲渡人に代位して債務者に債権譲渡の通知をすることはできないが，譲渡人の代理人として，債務者に債権譲渡の通知をすることができる（民法467条1項，判例）。したがって，CがAの代理人としてBに対して通知しても差し支えない。よって，本肢は正しい。

❷ 正 債権譲渡についての債務者の承諾の相手方は，譲渡人又は譲受人のいずれでも差し支えない（民法467条1項，判例）。したがって，BはA又はCのいずれに対して承諾をしてもよい。よって，本肢は正しい。

❸ 正 債権が二重譲渡され，いずれの譲渡についても確定日付ある証書による通知がなされた場合，譲受人間の優劣は，通知が債務者に到達した日時の先後による（民法467条2項，判例）。したがって，Dの通知が先にBに到達しているからDへの債権譲渡が優先する。よって，本肢は正しい。

❹ 誤 BはAに弁済したことを，Cに主張できる。

債務者は，対抗要件具備時までに譲渡人に対して生じた事由をもって譲受人に対抗することができる（民法468条1項）。そして，債務者に対する債権譲渡の対抗要件は，債務者への通知又は承諾である（民法467条1項）。本肢の場合，Cが対抗要件を具備するよりも前に，BがAに弁済している。したがって，Bは，弁済したことをCに主張することができる。よって，本肢は誤りであり，本問の正解肢となる。

❶　**誤**　被担保債権の範囲の変更には後順位抵当権者の承諾不要。

　根抵当権において，元本の確定前は後順位抵当権者の承諾を得ることなく，根抵当権の担保すべき債権の範囲の変更をすることができる（民法398条の4第1項，第2項）。よって，本肢は誤り。

❷　**誤**　元本確定前に債権譲渡を受けても根抵当権の行使不可。

　元本の確定前に，根抵当権者から債権を取得した者は，その債権について根抵当権を行使することができない（随伴性の否定，民法398条の7第1項前段）。したがって，B信用金庫から，被担保債権の範囲に属する個別債権の譲渡を受けた者が，確定日付ある証書でAに対して債権譲渡通知を行っていても，根抵当権を行使することができない。よって，本肢は誤り。

❸　**誤**　極度額を超えて根抵当権を行使できない。

　根抵当権者は，確定した元本ならびに利息その他の定期金及び債務の不履行によって生じた損害の賠償の全部について，極度額を限度として，その根抵当権を行使することができる（民法398条の3第1項）。極度額を超えて行使できるのではない。よって，本肢は誤り。

❹　**正**　根抵当権の担保すべき債権の範囲は，債務者との特定の継続的取引契約によって生ずるものその他債務者との一定の種類の取引によって生ずるものに限定して，定めなければならない（民法398条の2第2項）。「信用金庫取引による債権」は一定の種類の取引に入る。そして，「信用金庫取引による債権」として設定された根抵当権の被担保債権には，信用金庫の根抵当債務者に対する保証債権も含まれる（判例）。したがって，Aが友人CのためにB信用金庫との間で保証契約を締結した場合，この保証債権は，「信用金庫取引による債権」に含まれ，根抵当権で担保される。よって，本肢は正しく，本問の正解肢となる。

❶　**誤**　登記を備えていなければ，第三者に所有権を主張することができない。

　不動産の二重譲渡では，原則として，先に登記を備えた者が第三者に所有権を主張することができる（民法177条）。売買契約締結の先後で決するのではない。したがって，いずれも登記を備えていないACは，自己の所有権を第三者に主張することができない。よって，本肢は誤り。

❷　**誤**　取消しの前後で異なる。

第6回　解答・解説

強迫による意思表示は，取消前の第三者には，その取消しを主張することができる（民法96条1項，3項）。しかし，取消後の第三者に対しては，登記を備えなければ，自己が所有者であることを第三者に主張することができない（民法177条，判例）。よって，売買契約の時期にかかわらずとする本肢は誤り。

❸ 正 時効完成前に原所有者から所有権を取得し登記を備えた者に対し，その後の時効取得者は，登記を備えなくても所有権の取得を主張することができる（民法162条，判例）。当事者と同様の関係にあるからである。したがって，Cは登記を備えていなくてもAに所有権を主張することができる。よって，本肢は正しく，本問の正解肢となる。

❹ 誤 Aが善意であれば所有権を主張できる。

虚偽表示による契約は，無効である（民法94条1項）。しかし，この無効は善意の第三者に主張することができない（民法94条2項，判例）。したがって，Aが善意であれば，Aは自己の所有権を主張することができる。よって，本肢は誤り。

問6	債務不履行	解答❷	合格者正解率 64.3%	不合格者正解率 43.9%	受験者正解率 56.9%

❶ 正 甲契約と併せて乙契約を解除することができるのは，契約の目的が相互に密接に関連付けられている場合である（判決文）。したがって，本肢のように，契約の目的が相互に密接に関連付けられていない場合には，甲契約上の債務の不履行を理由に，甲契約と併せて乙契約をも解除できるわけではない。よって，本肢は正しい。

❷ 誤 乙契約の契約書に表示されていたときに限定されない。

契約の目的が相互に密接に関連付けられていて，社会通念上，甲契約又は乙契約のいずれかが履行されるだけでは契約を締結した目的が全体として達成されないと認められる場合に，甲契約と併せて乙契約をも解除することができる（判決文）。乙契約の契約書に表示されているときに限定されるわけではない。よって，本肢は誤りであり，本問の正解肢となる。

❸ 正 甲契約と併せて乙契約をも解除することができるのは，甲契約上の債務不履行が認められる場合である（判決文）。本肢のように，そもそも甲契約を解除することができないような付随的義務の不履行があるにすぎない場合には，契約の目的が相互に密接に関連付けられていても，甲契約を解除することができない以上，乙契約も解除することはできない。よって，本肢は正しい。

❹ 正 契約の目的が相互に密接に関連付けられていて，社会通念上，甲契約又は乙契約のいずれかが履行されるだけでは契約を締結した目的が全体として達成されないと認められる場合に，甲契約と併せて乙契約をも解除することができる（判決文）。甲契約と乙契約とがこのような関係にあれば，甲契約の履行遅延を理由に乙契約を解除することができる（民法541条，判例）。よって，本肢は正しい。

問7	代理	解答 ❸	合格者正解率	不合格者正解率	受験者正解率
			57.4%	47.6%	53.1%

❶ **正** 売買契約を締結する権限を与えられた代理人は，特段の事情がない限り，相手方からその売買契約を取り消す旨の意思表示を受領する権限を有する（判例）。よって，本肢は正しい。

❷ **正** 委任による代理人は，本人の許諾を得たとき，又はやむを得ない事由があるときでなければ，復代理人を選任することができない（民法104条）。したがって，本人の許諾を得たときのほか，やむを得ない事由があるときにも復代理人を選任することができる。よって，本肢は正しい。

❸ **誤** 代理人に引き渡せば，本人に対する引渡義務は消滅する。

委任による代理人は，委任事務を処理するに当たって受領した金銭その他の物を委任者である本人に引き渡さなければならない（民法646条1項）。ただし，復代理人が委任事務を処理して受領した金銭を代理人に引き渡せば，本人に対する引渡義務は消滅する（判例）。よって，本肢は誤りであり，本問の正解肢となる。

❹ **正** 夫婦の一方が日常の家事に関して第三者と法律行為をした場合，これによって生じた債務を夫婦は連帯して負う（民法761条）。そして，夫婦は互いに日常家事に関する法律行為について個別の授権がなくても代理権を有する（判例）。よって，本肢は正しい。

問8	地役権	解答 ❷	合格者正解率	不合格者正解率	受験者正解率
			89.1%	75.7%	83.0%

❶ **誤** Cは原則として通行地役権を否定できない。

通行地役権の承役地が譲渡された場合において，譲渡の時に，承役地が要役地の所有者によって継続的に通路として使用されていることが客観的に明らかであり，かつ，承役地の譲受人がそのことを認識していたか，又は認識することが可能であったときは，その譲受人は，特段の事情がない限り，当該通行地役権を否定することはできない（判例）。よって，本肢は誤り。

❷ **正** 要役地の所有権が移転したときは，設定行為に別段の定めがない限り，地役権も要役地とともに移転する（民法281条1項）。そして，所有権の移転を承役地の所有者に対抗することができるときは，これに伴う地役権の移転も登記がなくても対抗することができる（判例）。したがって，乙土地の所有権移転登記を経由したDは，地役権が移転したことをAに対して主張することができる。よって，本肢は正しく，本問の正解肢となる。

❸ 誤 通行地役権を分離して売却することはできない。

地役権は要役地と分離して譲渡することはできない（民法281条2項）。よって，本肢は誤り。

❹ 誤 Bは通行地役権を時効取得できる。

地役権は，契約による場合だけでなく，継続的に行使され，かつ，外形上認識することができるものに限り，時効によっても取得することができる（民法283条）。したがって，Bは，通行地役権を時効取得することができる。よって，本肢は誤り。

問9	民法総合	解答 ❸	合格者正解率	不合格者正解率	受験者正解率
			34.3%	27.2%	31.2%

本問のように，法律義務がないにもかかわらず，他人のために事務を行うことを事務管理という。義務なく他人のために事務の管理を始めた者は，その事務の性質に従い，最も本人の利益に適合する方法によって，その事務の管理をしなければならない（民法697条1項）。

❶ 正 事務管理を行った者は，本人のために有益な費用を支出したときは，本人に対し，その償還を請求することができる（民法702条1項）。しかし，報酬を請求できる旨の規定は存在しない。よって，本肢は正しい。

❷ 正 事務管理を行った者は，本人からの請求があるときは，いつでも，事務管理の処理の状況を本人に報告しなければならない（民法701条，645条）。よって，本肢は正しい。

❸ 誤 急迫の場合，善良な管理者の注意義務は負わない。

事務管理を行う者は，原則として善良な管理者の注意義務をもって事務を行う。しかし，本人の財産に対する急迫の危害を免れさせるために事務管理をしたときは，悪意又は重大な過失がなければ，損害賠償責任を負わない（民法698条）。すなわち，このような場合は善良な管理者の注意義務を負わないということである。本問の場合，「台風の接近」「甚大な被害が生じる差し迫ったおそれ」というのであるからこの場合に該当し，善良な管理者の注意義務を負わない。よって，本肢は誤りであり，本問の正解肢となる。

❹ 正 事務管理を行った者は，本人のために有益な費用を支出したときは，本人に対し，その全額の償還を請求することができる（民法702条1項）。よって，本肢は正しい。なお，管理者が本人の意思に反して事務管理をしたときは，本人が現に利益を受けている限度においてのみ費用の償還を請求することができる（民法702条3項）。

問10	不法行為	解答 ❹	合格者正解率	不合格者正解率	受験者正解率
			30.5%	14.6%	23.9%

❶ **正** 不法行為による損害賠償債務は，催告を待たずに損害発生の時（不法行為の時）から遅滞に陥る（判例）。したがって，その時以降完済に至るまでの遅延損害金を支払わなければならない。よって，本肢は正しい。

❷ **正** 不法行為による慰謝料請求権は，被害者が生前に請求の意思を表明しなくても，当然に相続される（判例）。よって，本肢は正しい。

❸ **正** 共同不法行為が成立する場合，各加害者は損害全体について「連帯」して賠償する義務を負う（民法719条1項）。もっとも，連帯債務者の1人に対する履行の請求は，別段の意思表示のない限り，他の連帯債務者に対しては，その効力は及ばない（民法441条）。よって，本肢は正しい。

❹ **誤** 権利を行使することができる時から10年ではない。

　不法行為による損害賠償の請求権は，被害者又はその法定代理人が損害及び加害者を知った時から3年間又不法行為の時から20年間行使しないときは，時効によって消滅する（民法724条1号2号）。なお，人の生命又は身体を害する不法行為による損害賠償請求権の消滅時効は，被害者又はその法定代理人が損害及び加害者を知った時から5年間行使しないときは，時効により消滅する（民法724条の2）。よって，本肢は誤りであり，本問の正解肢となる。

問11 借地借家法（借地）解答❸	合格者正解率	不合格者正解率	受験者正解率
	42.0%	31.5%	37.8%

❶ **誤** 「借地」に関する規定は，建物の所有を目的とする地上権・土地の賃借権が対象。

　借地借家法では，「借地」に関する規定については，建物の所有を目的とする地上権又は土地の賃借権でなければ適用されない（借地借家法1条）。本肢では，土地の賃貸借契約おいてゴルフ場経営を目的としているにすぎず，建物の所有を目的としていないため，借地借家法11条を直接適用することはできない。また，その土地が建物の所有と関連する態様で使用されている事実をうかがうこともできないため，借地借家法11条を類推適用することもできない（判例）。よって，本肢は誤り。

❷ **誤** 正当事由があることを要する。

　借地権者の地位の保護するため，借地権者からの契約の更新請求に対して借地権設定者が異議を述べる場合には，正当事由がなければならないとされている（借地借家法6条）。したがって，更新請求に対して借地権設定者が異議を述べれば，当然契約が終了するというわけではない。よって，本肢は誤り。

❸ **正** 二筆以上ある土地の借地権者が，そのうち一筆の土地上に登記のある建物を所有しているにすぎない場合，登記ある建物がない他方の土地に借地借家法10条1項による対抗力は及ばない（判例）。よって，本肢は正しく，本問の正解肢となる。

❹ 誤 存続期間の延長のためには，借地権設定者の承諾が必要。

借地権の存続期間が満了する前に建物が滅失し，借地権者が存続期間を超えて存続すべき建物を築造した場合，借地権設定者の承諾がある場合に限り，借地権は，承諾があった日又は建物が築造された日のいずれか早い日から 20 年間存続する（借地借家法 7 条）。したがって，存続期間の延長が認められるためには借地権設定者の承諾が必要であり，借地権設定者が異議を述べないにすぎないときは，存続期間は延長されない。よって，本肢は誤り。

問 12	借地借家法（借家）	解答 ❶	合格者正解率 76.5%	不合格者正解率 54.5%	受験者正解率 69.0%

❶ 誤 別個独立の書面によって契約をしなければならない。

定期建物賃貸借において，賃貸人が建物の賃貸借が契約の更新がなく，期間の満了により当該建物賃貸借が終了することについて賃借人に交付し説明しなければならない書面と定期建物賃貸借契約書とは別個独立の書面でなければならない（判例）。そして，定期建物賃貸借は，公正証書による等書面又は電磁的記録によって契約をする必要がある（借地借家法 38 条 1 項，2 項）。本肢において，契約の更新がなく，期間の満了により建物賃貸借が終了することについて定期建物賃貸借契約書を交付して説明しても，これとは別個独立の書面によって契約をしなければ，定期建物賃貸借契約は成立しない。よって，本肢は誤りであり，本問の正解肢となる。

❷ 正 建物の賃貸借は，その登記がなくても，建物の引渡しがあったときは，その後その建物について物権を取得した者に対し，その効力を生ずる（借地借家法 31 条）。当該建物の賃貸借は，定期建物賃貸借であるか否かにかかわらない。本肢において，Aは，甲建物の引渡しを受けているので，その後，甲建物を購入したCに対し，賃借権を対抗することができる。よって，本肢は正しい。

❸ 正 定期建物賃貸借が，居住の用に供する建物の賃貸借であり，その床面積が 200 ㎡未満である場合，転勤，療養，親族の介護その他のやむを得ない事情により，建物の賃借人が建物を自己の生活の本拠として使用することが困難となったときは，建物の賃借人は，建物の賃貸借の解約の申入れをすることができる（借地借家法 38 条 7 項）。本肢において，甲建物は，居住用であり，床面積 100 ㎡であるので，やむを得ない事情によって賃借人Aが当該建物を自己の生活の本拠として使用することが困難となったときは，定期建物賃貸借契約の解約の申入れをすることができる。このような場合にまでAからの中途解約を禁止する特約は，賃借人に不利なものであり，無効となる（借地借家法 38 条 8 項）。よって，本肢は正しい。

❹ 正 賃貸人は，敷金を受け取っている場合において，賃貸借が終了し，かつ，賃貸物の返還を受けたときは，賃借人に対し，その受け取った敷金の額から賃貸借に基づ

いて生じた賃借人の賃貸人に対する金銭の給付を目的とする債務の額を控除した残額を返還しなければならない（民法622条の2第1項1号）。したがって，Bは甲建物の返還を受けるまでは，Aに対して敷金を返還する必要はない。よって，本肢は正しい。

問13 区分所有建物の登記 解答 ④

合格者正解率	不合格者正解率	受験者正解率
－	－	－

❶ **正** 区分建物の表題登記は，その一棟の建物に属する他の区分建物の表題登記とともに申請しなければならない（不登法48条1項）。建物が一棟の建物を区分したものである場合には，各区分建物ごとに表題登記の申請を認めると，登記手続きが煩雑になるからである。よって，本肢は正しい。

❷ **正** 所有権保存の登記は，①表題部所有者又はその相続人その他の一般承継人，②所有権を有することが確定判決によって確認された者，③収用により所有権を取得した者，が申請することができる（不登法74条1項）。この他に，区分建物においては，表題部所有者から所有権を取得した者も，所有権保存の登記を申請することができる（不登法74条2項）。よって，本肢は正しい。

❸ **正** 区分建物における規約共用部分は，登記をしなければ第三者に対抗することができない（区分所有法4条2項）。そして，この登記は区分建物の登記記録の表題部に記載される（不登法44条1項6号，2条7号参照）。よって，本肢は正しい。

❹ **誤** 表題部ではなく，権利部である。

登記官は，区分建物に関する敷地権について表題部に最初に登記するときは，その敷地権の目的である土地の登記記録について，職権で，所有権，地上権その他の権利が敷地権である旨の登記をしなければならない（不登法46条）。この登記は，所有権，地上権その他の不動産についての権利に関する登記であるから，登記記録のうち，権利部になされる（不登法2条8号参照）。よって，本肢は誤りであり，本問の正解肢となる。

問14 不動産登記法 解答 ④

合格者正解率	不合格者正解率	受験者正解率
22.1%	16.6%	20.2%

❶ **正** 何人も，登記官に対し，手数料を納付して，登記事項証明書の交付を請求することができる（不登法119条1項）。この場合に，利害関係を明らかにしなければならないとする規定はない。よって，本肢は正しい。

❷ **正** 何人も，登記官に対し，手数料を納付して，登記簿の附属書類の閲覧を請求することができる。ただし，土地所在図，地積測量図，地役権図面，建物図面及び各階平面図以外のものについては，正当な理由があるときに限る（不登法121条3項，1項，

不動産登記令 21 条 1 項，不動産登記規則 193 条 2 項 4 号）。よって，本肢は正しい。

❸　正　登記事項証明書の交付の請求は，請求情報を電子情報処理組織を使用して登記所に提供する方法によりすることができる（不動産登記規則 194 条 3 項前段）。よって，本肢は正しい。

❹　誤　利害関係を有する部分という限定はない。

　何人も，登記官に対し，筆界特定手続記録のうち筆界特定書の写しの交付を請求することができる（不登法 149 条 1 項）。この場合に，請求人が利害関係を有する部分に限るという規定はない。よって，本肢は誤りであり，本問の正解肢となる。

問15	都市計画の内容	解答❶	合格者正解率	不合格者正解率	受験者正解率
			50.5%	31.0%	43.8%

❶　正　開発整備促進区は，第二種住居地域，準住居地域もしくは工業地域が定められている土地の区域または用途地域が定められていない土地の区域（市街化調整区域を除く。）に定めることができる（都計法 12 条の 5 第 4 項 4 号）。よって，本肢は正しく，本問の正解肢となる。

❷　誤　準都市計画区域には，区域区分を定めることができない。

　都市計画区域について無秩序な市街化を防止し，計画的な市街化を図るため必要があるときは，都市計画に，市街化区域と市街化調整区域との区分を定めることができる（都計法 7 条 1 項）。したがって，準都市計画区域は都市計画区域外であり，区域区分を定めることができない。よって，本肢は誤り。

❸　誤　工業専用地域は風致地区に隣接することを禁止する旨の規定はない。

　工業専用地域は，工業の利便を増進するため定める地域とする（都計法 9 条 13 項）。しかし，風致地区に隣接してはならないという規定はない。よって，本肢は誤り。

❹　誤　都道府県が定めた都市計画のほうが優先する。

　市町村が定めた都市計画が，都道府県が定めた都市計画と抵触するときは，その限りにおいて，都道府県が定めた都市計画が優先する（都計法 15 条 4 項）。よって，本肢は誤り。

問16	開発行為の規制等	解答❷	合格者正解率	不合格者正解率	受験者正解率
			62.3%	43.0%	55.7%

❶　誤　市街地再開発事業の施行として行う開発行為に開発許可は不要。

　市街地再開発事業の施行として行う開発行為については，行おうとする区域や規模にかかわらず開発許可は常に不要である（都計法 29 条 1 項但書 6 号）。よって，本肢は誤り。

❷ 正 博物館法に規定する博物館は，駅舎，図書館，公民館，変電所等と同様に公益上必要な建築物に当たる（都計法29条1項但書3号，施行令21条17号）。したがって，行おうとする区域や規模にかかわらず開発許可は常に不要である。よって，本肢は正しく，本問の正解肢となる。

❸ 誤 土砂災害警戒区域内の土地を含んではならないという規定はない。

自己の業務の用に供する施設の建築の用に供する目的で行う開発行為において，土砂災害警戒区域内の土地を含んではならないという規定はない。よって，本肢は誤り。なお，自己の居住の用に供する住宅を建築する目的で行う開発行為以外の開発行為にあっては，土砂災害特別警戒区域内の土地を含まないことが許可基準となっている（都計法33条1項8号）。要するに，本肢に設定されている「自己の業務の用に供する施設」の建築の場合は「特別警戒区域」を含むことはできないという趣旨であるが，本肢は「警戒区域」であって「特別警戒区域」ではないので誤りとなる。

❹ 誤 市街化を促進するおそれがないことを要する。

市街化調整区域内における開発行為について，都道府県知事が開発審査会の議を経て開発許可をするためには，開発区域の周辺における市街化を促進するおそれがなく，かつ，市街化区域内において行うことが困難又は著しく不適当と認められることを要する（都計法34条14号）。よって，本肢は誤り。

| 問17 | 建築基準法総合 | 解答❹ | 合格者正解率 24.5% | 不合格者正解率 9.6% | 受験者正解率 21.3% |

❶ 誤 使用は認められている。

居室を有する建築物にあっては，石綿等以外の物質でその居室内において衛生上の支障を生ずるおそれがある一定の物質は，建築材料及び換気設備について政令で定める技術的基準に適合させなければならない（建基法28条の2第3号）。そして，ホルムアルデヒドを発散させる建築材料を居室の内装の仕上げについて使用する場合は，この規定に従って，一定量を超える場合に使用しないこととされているが，ホルムアルデヒドを発散させる建築材料を使用すること自体は認められている（建基法施行令20条の7）。よって，本肢は誤り。

❷ 誤 1.5 m以上である。

4階建ての共同住宅の敷地内には，避難階に設けた屋外への出口から道又は公園，広場その他の空地に通ずる幅員が「1.5 m以上」の通路を設けなければならない（建基法施行令128条）。「2 m以上」ではない。よって，本肢は誤り。なお，階数が3以下で延べ面積が200㎡未満の建築物の敷地内にあっては，90cm以上の通路を設けなければならないとされている（建基法施行令128条かっこ書）。

❸ 誤 防火構造ではなく耐火構造である。

防火地域又は準防火地域内にある建築物で，外壁が耐火構造のものについては，その外壁を隣地境界線に接して設けることができる（建基法63条）。「耐火構造」であり「防火構造」ではない。よって，本肢は誤り。なお，「耐火構造」は「通常の火災が終了するまでの間当該火災による建築物の倒壊及び延焼を防止するために当該建築物の部分に必要とされる性能（建基法2条7号）」に着目した構造であるのに対し，「防火構造」は「建築物の周囲において発生する通常の火災による延焼を抑制するために必要とされる性能（建基法2条8号）」に着目した構造であり，両者は性格を異にする。

❹ **正** 3階建ての木造の建築物を新築する場合，原則として，建築主は検査済証の交付を受けた後でなければ，当該建築物を使用し，又は使用させてはならない（建基法6条1項2号，7条の6第1項本文）。ただし，特定行政庁が，安全上，防火上及び避難上支障がないと認めたときは検査済証の交付を受ける前においても仮に使用することができる（建基法7条の6第1項但書1号）。よって，本肢は正しく，本問の正解肢となる。

問18	建築基準法総合	解答 ❸	合格者正解率 85.8%	不合格者正解率 46.4%	受験者正解率 75.4%

❶ **正** 建築物の避難階以外の階が劇場，映画館，観覧場，公会堂又は集会場の用途に供する階でその階に客席，集会室その他これらに類するものを有する場合には，その階から避難階又は地上に通ずる2以上の直通階段を設けなければならない（建基法施行令121条1項1号）。よって，本肢は正しい。

❷ **正** 建築物の用途を変更して特殊建築物のいずれかとする場合には，原則として建築主事等又は指定確認検査機関の確認を受けなければならない（建基法87条1項）。しかし，当該用途の変更が政令で指定する類似の用途相互間におけるものである場合は，確認が不要となる（建基法87条1項かっこ書）。劇場，映画館，演芸場の用途間での用途変更は類似の用途相互間におけるものとなる（建基法施行令137条の18第1号）。よって，本肢は正しい。

❸ **誤** 20分の1以上としなければならない。

政令で定める技術的基準に従った換気設備を設けていない居室には換気のための窓その他の開口部を設け，その換気に有効な部分の面積は，その居室の床面積に対して，20分の1以上としなければならない（建基法28条2項）。よって，本肢は誤りであり，本問の正解肢となる。

❹ **正** 延べ面積800㎡の百貨店は，特殊建築物で延べ面積500㎡を超えるものに当たることから，原則として，排煙設備を設けなければならない（建基法35条,別表第一（い）欄（四）項，施行令126条の2第1項本文）。しかし，階段の部分には，排煙設備を設ける必要はない（施行令126条の2第1項但書3号）。よって，本肢は正しい。

問19	盛土規制法	解答 ②	合格者正解率 34.2%	不合格者正解率 14.6%	受験者正解率 26.6%

❶ 正 宅地を宅地以外の土地にするために行う土地の形質の変更は，宅地造成に該当しない（盛土規制法2条2号）。よって，本肢は正しい。

❷ 誤 本肢のような規定はない。

都道府県知事は，宅地造成等工事規制区域内において行われる宅地造成等に関する工事についての許可に，工事の施行に伴う災害を防止するため必要な条件を付することができる（盛土規制法12条3項）。しかし，良好な都市環境の形成のために必要と認める場合に条件を付することができるとする規定はない。よって，本肢は誤りであり，本問の正解肢となる。

❸ 正 宅地造成とは，宅地以外の土地を宅地にするために行う盛土その他の土地の形質の変更で一定のものをいう（盛土規制法2条2号）。ここで一定のものとは，①盛土部分に高さが1mを超える崖を生ずることとなる盛土，②切土部分に高さが2mを超える崖を生ずることとなる切土，③盛土と切土とを同時にする場合であって，当該盛土及び切土をした土地の部分に高さが2mを超える崖を生ずることとなるもの，④①又は③に該当しない盛土であって，高さが2mを超えるもの，⑤①〜④に該当しない盛土又は切土であって，面積が500㎡を超えるものをいう（盛土規制法施行令3条）。本肢の場合は，①〜⑤のいずれにもあたらないから，宅地造成に該当しない。よって，本肢は正しい。

❹ 正 本肢の場合，面積が500㎡を超える盛土をしているので，❸の⑤に該当する。したがって，本肢の土地の形質の変更は，宅地造成に該当する。よって，本肢は正しい。

問20	農地法	解答 ④	合格者正解率 79.6%	不合格者正解率 54.2%	受験者正解率 69.9%

❶ 誤 農地賃貸借の対抗要件は，引渡しで足りる。

農地の賃貸借は，その登記がなくても，引渡しがあったときは，その後に物権を取得した第三者に対抗できる（農地法16条）。よって，本肢は誤り。

❷ 誤 農地法上の農地か否かは現況で判断する。

農地法上の農地かどうかは，現況で判断する。登記簿上の地目が雑種地でも，現に畑として耕作されている土地であれば，農地法上の農地となる（農地法2条1項）。よって，本肢は誤り。

❸ 誤 国又は都道府県等が取得する場合は，協議成立をもって許可とみなす。

国又は都道府県等が，農地を農地以外のものするため取得する場合，国又は都道府県

東京リーガルマインド　2024年版 出る順宅建士 過去30年良問厳選模試　　191

等と都道府県知事等との協議が成立することをもって農地法5条1項の許可があったものとみなす（農地法5条4項）。よって，本肢は誤り。

❹ **正** 農業者が相続により市街化調整区域内の農地を取得した場合，農地法3条の許可を受ける必要はない（農地法3条1項但書12号）。しかし，その農地を自己の住宅用地として転用する場合には，農地法4条1項の許可を受ける必要がある。よって，本肢は正しく，本問の正解肢となる。

問21 土地区画整理法 解答❶	合格者正解率	不合格者正解率	受験者正解率
	45.0%	21.8%	36.5%

❶ **誤** 土地区画整理審議会の意見を聴くのではない。

土地区画整理組合が仮換地を指定しようとする場合は，あらかじめ，その指定について，総会もしくはその部会又は総代会の同意を得なければならない（区画法98条3項）。土地区画整理審議会の意見を聴かなければならないのは，施行者が公的機関の場合である（区画法98条3項）。よって，本肢は誤りであり，本問の正解肢となる。

❷ **正** 施行者は，仮換地を指定した場合において，必要があると認めるときは，仮に算出した仮清算金を，清算金の徴収又は交付の方法に準ずる方法により徴収し，又は交付することができる（区画法102条1項）。よって，本肢は正しい。

❸ **正** 仮換地が指定された場合においては，従前の宅地について権原に基づき使用し，又は収益することができる者は，仮換地の指定の効力発生の日から換地処分の公告がある日まで，仮換地について，従前の宅地について有する権利の内容である使用又は収益と同じ使用又は収益をすることができる(区画法99条1項)。よって，本肢は正しい。

❹ **正** 仮換地を指定した場合において，その処分により使用し，又は収益することができる者のなくなった従前の宅地については，当該処分により当該宅地を使用し，又は収益することができる者のなくなった時から換地処分の公告がある日までは，施行者がこれを管理する（区画法100条の2）。よって，本肢は正しい。

問22 国土利用計画法 解答❹	合格者正解率	不合格者正解率	受験者正解率
	59.2%	27.2%	46.7%

❶ **誤** 事前届出をする必要がある。

監視区域に所在する一団の土地について，都道府県の規則で定める面積以上の土地売買等の契約を締結しようとする場合には，当事者は，原則として事前届出をする必要がある。そして，この規則で定められる面積は，市街化区域以外の都市計画区域内では5,000㎡に満たない範囲内に限られ，事前届出においては，「一団の」土地といえるか否

かは，権利取得者（買主等）・権利設定者（売主等）双方を基準に判断される（国土法27条の7第1項，27条の4）。本肢の場合，売主Aが分割して売却する契約を締結した土地の面積は 6,000㎡ であり，規則で定められる面積以上であるから，売買契約の当事者であるA，B及びCは，事前届出をする必要がある。よって，本肢は誤り。

❷ 誤 価額についても届け出る必要がある。

事後届出においては，土地の利用目的のみならず土地の売買価額についても届け出る必要がある（国土法23条1項5号，6号）。よって，本肢は誤り。

❸ 誤 届出対象面積未満であるから事後届出を行う必要はない。

都市計画区域外において 10,000㎡ 以上の土地売買等の契約を締結した場合，権利取得者は，原則として事後届出をする必要がある（国土法23条1項，2項1号ハ）。準都市計画区域は，都市計画区域外であるから，7,000㎡ である場合には，事後届出をする必要はない。よって，本肢は誤り。

❹ 正 市街化区域内においては 2,000㎡，市街化区域以外の都市計画区域内においては 5,000㎡ 以上の土地売買等の契約を締結した場合，権利取得者は，原則として事後届出をする必要がある（国土法23条1項，2項1号）。土地の交換契約は，金銭の授受を伴わなくても，届出を要する土地売買等の契約にあたり，それぞれ一定面積以上の一団の土地について交換契約を締結した場合，事後届出をする必要がある。よって，本肢は正しく，本問の正解肢となる。

問 23	登録免許税	解答 ❷	合格者正解率 25.9%	不合格者正解率 24.1%	受験者正解率 25.1%

❶ 誤 持分割合で乗じた面積ではない。

登録免許税の税率の軽減措置の適用を受けることができる住宅用家屋は，個人の住宅の用に供するもので，床面積が 50㎡ 以上である場合に限られる（租特法73条，施行令42条1項1号，41条1号）。対象となる住宅用家屋の床面積が 50㎡ 以上あればよく，共有持分の割合で乗じたものが 50㎡ 以上であることは要求されていない。よって，本肢は誤り。

❷ 正 住宅用家屋の所有権の移転の登記に係る登録免許税の税率の軽減措置の適用を受けるためには，売買又は競落により住宅用家屋を取得することが必要である（租特法73条，施行令42条3項）。したがって，交換により取得した場合には，適用されない。よって，本肢は正しく，本問の正解肢となる。

❸ 誤 新耐震基準に適合していることが必要である。

建築基準法施行令第3章及び第5章の4の規定による新耐震基準に適合する建築物であること又は昭和57年1月1日以後に建築されたものであることが登録免許税の税率の軽減措置の適用を受けるために必要である（租特法73条，施行令42条1項2号）。よっ

て，本肢は誤り。

❹ 誤 税務署長の証明書は不要である。

登録免許税の税率の軽減措置の適用を受けるためには，適用要件のすべてに該当する家屋であることにつき，個人の申請に基づき当該家屋の所在地の市町村長等が証明したものとする（租特法73条，施行令42条1項）。市町村長等の証明が必要であり，税務署長の証明書は要求されていない。よって，本肢は誤り。

問 24	固定資産税	解答 ❹	合格者正解率	不合格者正解率	受験者正解率
			86.5%	**55.9%**	**77.1%**

❶ 誤 一定の補正率を反映して計算する。

居住用超高層建築物（いわゆるタワーマンション）の固定資産税の計算については，各区分所有者に按分する際に用いる各区分所有者の専有部分の床面積に，住戸の所在する階層の差違による床面積当たりの取引単価の変化の傾向を反映するための補正率（階層別専有床面積補正率）を反映して計算する（地方税法352条2項，規則15条の3の2）。各専有部分の取引価格の当該居住用超高層建築物の全ての専有部分の取引価格の合計額に対する割合により按分した額を対象とするものではない。よって，本肢は誤り。なお，階層別専有床面積補正率は，居住用超高層建築物の1階を100とし，階が1つ増えるごとに，これに10/39を加算した数値とされる。つまり，『○○階の階層別専有床面積補正率＝ 100 ＋ 10/39 ×（○○－1）』として計算される。

❷ 誤 6分の1である。

住宅用地のうち，小規模住宅用地に対して課す固定資産税の課税標準は，当該小規模住宅用地に係る固定資産税の課税標準となるべき価格の6分の1の額となる（地方税法349条の3の2第2項）。よって，本肢は誤り。

❸ 誤 異なる納期を定めることができる。

固定資産税の納期は，4月，7月，12月及び2月中において，当該市町村の条例で定める。ただし，特別の事情がある場合においては，これと異なる納期を定めることができる（地方税法362条1項）。よって，本肢は誤り。

❹ 正 固定資産税は，固定資産の所有者に課されることが原則であるが，質権又は100年より永い存続期間の定めのある地上権の目的である土地については，その質権者又は地上権者に課されることになる（地方税法343条1項）。よって，本肢は正しく，本問の正解肢となる。

問 25	地価公示法	解答 ❸	合格者正解率	不合格者正解率	受験者正解率
			32.5%	**17.4%**	**26.6%**

❶ **誤** 標準地の正常な価格を公示する。

地価公示法の目的は，都市及び周辺の地域等において，標準地を選定し，その正常な価格を公示することにより，適正な地価の形成に寄与することである（地価公示法1条）。また，土地鑑定委員会は標準地及びその「周辺」の土地の利用の現況を公示する（地価公示法6条4号）が，標準地「周辺」の土地の取引価格に関する情報を公示するのではない。よって，本肢は誤り。

❷ **誤** 権利が制限された土地を除外する規定はない。

標準地は，土地鑑定委員会が，自然的及び社会的条件からみて類似の利用価値を有すると認められる地域において，土地の利用状況，環境等が通常と認められる一団の土地について選定する（地価公示法3条）。本肢の「当該土地の使用又は収益を制限する権利が存しない一団の土地について選定する」という条件は存しない。よって，本肢は誤り。

❸ **正** 公示価格を規準とするとは，対象土地の価格を求めるに際して，当該対象土地とこれに類似する利用価値を有すると認められる1又は2以上の標準地との位置，地積，環境等の土地の客観的価値に作用する諸要因についての比較を行い，その結果に基づき，当該標準地の公示価格と当該対象土地の価格との間に均衡を保たせることをいう（地価公示法11条）。よって，本肢は正しく，本問の正解肢となる。

❹ **誤** 「いずれか」を勘案して行うのではない。

不動産鑑定士は，土地鑑定委員会の求めに応じて標準地の鑑定評価を行うにあたっては，近傍類地の取引価格から算定される推定の価格，近傍類地の地代等から算定される推定の価格「及び」同等の効用を有する土地の造成に要する推定の費用の額を勘案してこれを行わなければならない（地価公示法4条）。「いずれか」を勘案して行うのではない。よって，本肢は誤り。

問 26	宅建業の意味	解答 ❷	合格者正解率	不合格者正解率	受験者正解率
			96.3%	80.8%	89.9%

❶ **誤** Aは宅地の売主なので免許必要。

宅地の所有者が，宅建業者の代理により宅地を不特定多数の者に継続して販売する場合，その効果は所有者に帰属する（民法99条1項）。すなわち，所有者自身は，自ら宅地を不特定多数の者に継続して販売することになるので，免許を受ける必要がある（業法2条2号，3条1項）。したがって，Aは，免許を受ける必要がある。よって，本肢は誤り。

❷ **正** 自己の所有地にマンションを建築し，自ら賃貸することや，マンションの管理を行うことは，宅建業の「取引」に含まれず，宅建業にはあたらない。他方，Cは，Bからの代理の依頼を受けて建物を不特定多数の者に反復継続して賃貸することになるので，Cの行おうとする行為は宅建業にあたる。したがって，Cは免許を受ける必要が

あるが，B及びDは免許を受ける必要はない（業法2条2号，3条1項）。よって，本肢は正しく，本問の正解肢となる。

❸ **誤** Eは建物の売買の媒介をしているため，免許必要。

宅地又は建物の売買の媒介を業として行うことは，宅建業にあたり，免許を受ける必要がある（業法2条2号，3条1項）。したがって，Eは，免許を受ける必要がある。よって，本肢は誤り。

❹ **誤** 建物の敷地は「宅地」。あっせんは「媒介」。

建物の敷地に供せられる土地は宅地であるから，その売買のあっせん（媒介等）を反復継続して行うことは，宅建業にあたる（業法2条1号，2号）。したがって，Fは，免許を受ける必要がある（業法3条1項）。よって，本肢は誤り。

問 27	事務所の設置	解答 ❸	合格者正解率	不合格者正解率	受験者正解率
			91.8%	73.9%	83.9%

❶ **誤** 宅建業者が自ら貸主となる場合は，宅建業法の規制は及ばない。

宅建業者が自ら貸主となる場合は，宅建業法の規制は及ばないので，帳簿記載義務は生じない（業法2条2号参照）。よって，本肢は誤り。

❷ **誤** 帳簿は，各事務所ごとに備えなければならない。

宅建業者は，その事務所ごとに，その業務に関する帳簿を備えなければならない（業法49条）。一括して主たる事務所に備え付ける必要はない。よって，本肢は誤り。

❸ **正** 宅建業者は，国土交通省令の定めるところにより，その事務所ごとに，その業務に関する帳簿を備え，宅建業に関し取引のあったつど，その年月日，その取引に係る宅地又は建物の所在及び面積その他国土交通省令で定める事項を記載しなければならない（業法49条）。本肢の報酬の額は記載しなければならない事項である（規則18条1項7号）。そして，これを記載しなかった場合は，指示処分の対象となる（業法65条1項）。よって，本肢は正しく，本問の正解肢となる。

❹ **誤** 従業者名簿には，一時的な事務の補助者も記載しなければならない。

宅建業者は，国土交通省令で定めるところにより，その事務所ごとに，従業者名簿を備え，従業者の氏名等の所定の事項を記載しなければならない（業法48条3項）。そして，ここでいう「従業者」には，一時的に事務の補助をする者も含まれる（解釈・運用の考え方）。よって，本肢は誤り。

問 28	営業保証金	解答 ❶	合格者正解率	不合格者正解率	受験者正解率
			85.1%	58.7%	75.7%

❶ **正** 主たる事務所の移転により最寄りの供託所が変更した場合に、金銭と有価証券で営業保証金を供託しているときは、保管替えの請求はできないため、移転先の事務所の最寄りの供託所に遅滞なく供託しなければならない（二重供託、業法29条1項）。Aは本店を移転し、営業保証金のうち500万円分は国債証券で供託しているため、二重供託しなければならない。よって、本肢は正しく、本問の正解肢となる。

❷ **誤** 営業保証金の不足額を供託した旨の届出は2週間以内。

営業保証金の不足額を供託した場合、供託の日から2週間以内に免許権者に届け出なければならない（業法28条2項）。したがって、Aは不足額を供託した旨を甲県知事に届け出なければならないが、その時期は供託した日から30日以内ではなく2週間以内である。よって、本肢は誤り。

❸ **誤** 還付請求は営業保証金の額が限度である。

宅建業者と宅建業に関して取引をした者（宅建業者を除く）は、取引により生じた債権につき、営業保証金の額を限度として、還付請求することができる（業法27条1項）。したがって、本肢では1,500万円を限度として還付請求をすることができる。よって、本肢は誤り。

❹ **誤** 主たる事務所の変更に伴う営業保証金の取戻しは公告不要。

本店の移転により最寄りの供託所が変更した場合の営業保証金の取戻しの際には、二重供託となっているため、債権者に対する公告は不要である（業法30条2項本文かっこ書）。よって、本肢は誤り。

問29	クーリング・オフ	解答❷	合格者正解率	不合格者正解率	受験者正解率
			65.6%	47.1%	57.9%

ア **できない** 書面で告げられた日の翌日から起算するのではない。

「事務所等」以外の場所で買受けの申込みをし、又は売買契約を締結した場合には、買主は、クーリング・オフによる契約の解除をすることができる（業法37条の2第1項）。本肢でBは、喫茶店で買受けを申し込んでいるので、「事務所等」以外の場所で買受けの申込みをしたことになる。しかし、買主は、クーリング・オフについて宅建業者から書面で告げられた日から起算して8日を経過したときは、クーリング・オフによる契約の解除をすることができない（業法37条の2第1項1号、規則16条の6）。Bは、申込みをした際に書面で告げられているので、その日から8日経過するとクーリング・オフによる契約の解除をすることができなくなる。よって、本肢は解除できない。

イ **できる** 上記のとおり、喫茶店は「事務所等」以外の場所にあたり、Bはクーリング・オフによる解除をすることができる。買主が物件の引渡しを受け、かつ、代金の全部を支払ったときは、クーリング・オフによる契約の解除をすることができなくなる（業法37条の2第1項2号）。しかし、Aが契約の履行に着手しただけなので、クーリング・

オフによる契約の解除をすることができる。よって，本肢は解除できる。

ウ　できる　業法37条の2第1項の規定と異なる特約で買主に不利なものは無効となる（業法37条の2第4項）。クーリング・オフによる契約の解除をしないとする本肢の特約は，買主Bに不利なものとして無効となる。よって，本肢は解除できる。

エ　できない　申込みをした場所がクーリング・オフできない場所なので，解除できない。

　事務所ではないが，土地に定着し，専任の宅地建物取引士の設置義務のある継続的に業務を行うことができる施設を有する場所において，買受けの申込み又は売買契約を締結した場合，クーリング・オフによる申込みの撤回又は契約の解除はできなくなる（業法37条の2第1項本文，規則16条の5第1号イ）。また，買受けの申込みの場所と契約締結の場所が異なる場合は，「申込み」の場所で判断する。以上より，Aが継続的に業務を行うことができる施設があり業法31条の3第1項の規定により専任の宅地建物取引士が置かれている場所で申込みをしている以上，Bはクーリング・オフによる契約の解除をすることはできない。よって，本肢は解除できない。

　以上より，解除できるものはイとウの二つであり，**❷**が本問の正解肢となる。

問30	報酬額の制限	解答❶	合格者正解率 88.1%	不合格者正解率 81.1%	受験者正解率 85.8%

❶　正　宅建業者は，遠隔地への現地調査に伴う費用が発生する場合に，それが，依頼者の特別の依頼により支出する特別の費用であり，依頼者が事前に承諾をしているものについては，報酬とは別に，費用相当額を受領することができる（解釈・運用の考え方）。よって，本肢は正しく，本問の正解肢となる。

❷　誤　必要に応じて不動産鑑定業者の鑑定評価を求めればよい。

　居住用建物の貸借の媒介に関して，依頼者の双方から受けることのできる報酬の額の合計額は，当該媒介が使用貸借に係るものである場合においては，「通常の借賃」の1カ月分の1.1倍に相当する金額以内とする（報酬告示第4）。そして，当該「通常の借賃」とは，賃貸借される場合に通常定められる適正かつ客観的な賃料を指すものであり，その算定に当たっては，必要に応じて不動産鑑定業者の鑑定評価を求めることとされる（解釈・運用の考え方）。不動産鑑定業者の鑑定評価を求めなければならないものではない。よって，本肢は誤り。

❸　誤　承諾を得た場合でも，借賃1カ月分の1.1倍以内でなければならない。

　居住用建物の貸借の媒介の場合において，依頼者の一方から受けることのできる報酬の額は，当該媒介の依頼を受けるに当たって当該依頼者の承諾を得ている場合を除き，

借賃の１カ月分の 0.55 倍に相当する金額以内である。依頼者から承諾を得れば，借賃の１カ月分の 1.1 倍に相当する報酬を受領できることになるが，その場合でも，双方から受けることができる報酬の額の合計額は，借賃１カ月分の 1.1 倍に相当する金額を超えることはできない（報酬告示第４）。よって，本肢は誤り。

❹ **誤** 特例を適用する場合でも，受領できる限度額は 19 万 8,000 円以内である。

代金が 400 万円以下である低廉な空家等の場合，宅建業者は，所定の要件を満たせば，通常の報酬の計算方法により算出した金額と当該現地調査等に要する費用に相当する額を合計した金額を依頼者から報酬として受領できる（空家等の売買又は交換の媒介における特例，報酬告示第７）。しかし，この場合においても，当該依頼者から受領できる報酬の限度額は 18 万円の 1.1 倍に相当する 19 万 8,000 円を超えることはできない（報酬告示第７）。よって，本肢は誤り。

問31	重要事項の説明	解答❶	合格者正解率 92.6%	不合格者正解率 76.7%	受験者正解率 87.2%

❶ **正** 宅建業者が，建物の売買の媒介を行う場合において，当該建物が既存住宅であるときは，設計図書，点検記録その他の建物の建築及び維持保全の状況に関する書類の保存の状況について説明しなければならない（業法 35 条１項６号の２ロ）。そして，当該「維持保全の状況に関する書類」には検査済証を含み，当該検査済証が存在しない場合には，その旨を説明することとなる（規則 16 条の２の３第２号，解釈・運用の考え方）。よって，本肢は正しく，本問の正解肢となる。

❷ **誤** 代金の額，支払時期，支払方法は説明対象ではない。

代金の額並びにその支払の時期及び方法は重要事項の説明事項ではない（業法 35 条１項参照）。よって，本肢は誤り。なお，代金の額並びにその支払の時期及び方法は，37 条書面の必要的記載事項である（業法 37 条１項３号）。

❸ **誤** 図面を提示の上，概ねの位置を示さなければならない。

宅建業者は，建物の貸借の媒介を行う場合においては，借主に対し，水防法施行規則の規定により当該建物が所在する市町村の長が提供する図面（水害ハザードマップ）に当該建物の位置が表示されているときは，当該図面における当該建物の所在地を説明しなければならない（業法 35 条１項 14 号，規則 16 条の４の３第３号の２）。説明の際には当該図面を提示の上，当該建物の概ねの位置を示すことにより行う必要がある（解釈・運用の考え方）。したがって，当該図面が存在していることを説明するだけでは足りない。よって，本肢は誤り。

❹ **誤** 引渡しの時期は説明対象ではない。

宅地又は建物の引渡しの時期は重要事項の説明対象ではない（業法 35 条１項参照）。よって，本肢は誤り。なお，宅地又は建物の引渡しの時期は，37 条書面の必要的記載

事項である（業法37条1項4号）。

❶　**違反する**　申込みの撤回の際，預り金の返還を拒んではならない。

　宅建業者等は，相手方が申込みの撤回を行う際に，既に受領した預り金を返還することを拒んではならない（業法47条の2第3項，規則16条の11第2号）。重要事項の説明を終えているという理由で申込証拠金等の預り金を解約手数料に充当することは，預り金の返還を拒むことに該当する。よって，本肢は宅建業法の規定に違反する。

❷　**違反する**　重要事項の説明は契約が成立する前に行わなければならない。

　宅建業者は，契約が成立するまでの間に，重要事項を説明し，これを記載した書面を交付（電磁的方法による提供を含む。）しなければならない（業法35条1項，8項）。早急に資金を調達するという必要に迫られていても，重要事項を説明する前に契約を締結することは認められていない。よって，本肢は宅建業法の規定に違反する。

❸　**違反する**　金銭の貸借のあっせんは重要事項の説明に係る書面の記載事項。

　代金等に関する金銭の貸借をあっせんすることとした場合，あっせんの内容と当該あっせんが不成立のときの措置を，重要事項として説明し，重要事項説明に係る書面（電磁的方法を含む。）に記載しなければならない（業法35条1項12号，8項）。そして，契約成立後，37条書面（電磁的方法を含む。）において，当該あっせんが不成立の場合の措置を記載しなければならない（業法37条1項9号，4項）。重要事項説明に係る書面にはあっせんの内容と不成立のときの措置を記載することが義務付けられているのに対し，37条書面では不成立のときの措置だけを記載すれば足りることとされている。よって，本肢は宅建業法の規定に違反する。

❹　**違反しない**　契約の目的物である宅地又は建物の将来の環境又は交通その他の利便について誤解させるべき断定的判断を提供することは禁止されている（業法47条の2第3項，規則16条の11第1号イ）。交通の整備の見通しについて「確定はしていないが，…報道がある」と報道内容を説明する程度では断定的判断を提供したとはいえない。よって，本肢は宅建業法の規定に違反せず，本問の正解肢となる。

ア　**誤**　引渡しの日から2年以上とする特約は有効。

　宅建業者は，自ら売主となる宅地又は建物の売買契約において，その目的物の契約不適合担保責任に関し，民法に規定するものより買主に不利となる特約をしてはならない

が，例外として，契約不適合である旨の通知期間について目的物の引渡しの日から２年以上となる特約をすることができる（業法40条１項）。したがって，契約不適合である旨の通知期間を物件の引渡しの日から３年間とする特約は有効である。よって，本肢は誤り。

イ　誤　払下げ申請中には，売買契約を締結できない。

宅建業者は，自己の所有に属しない宅地又は建物について，当該宅地又は建物を取得する契約（予約を含み停止条件付のものを除く）を締結しているとき，その他宅建業者が当該宅地又は建物を取得できることが明らかな場合などを除き，自ら売主となる売買契約を締結してはならない（業法33条の２第１号）。したがって，甲市に払下げ申請中の旧道路敷も甲市所有であり，Ａは，自ら売主となって売買契約をすることができない。よって，本肢は誤り。

ウ　誤　買主に不利な特約は無効であり，買主は手付解除できる。

宅建業者が自ら売主となる宅地又は建物の売買契約の締結に際して手付を受領したときは，売主が契約の履行に着手するまでは買主は手付を放棄して契約の解除をすることができ，これに反する特約で買主に不利なものは無効となる（業法39条２項，３項，判例）。契約締結後30日までとする特約は，買主に不利な特約として無効となり，Ｂは，Ａが履行に着手するまで手付放棄による手付解除をすることができる。よって，本肢は誤り。

以上より，誤っているものはア，イ，ウの三つすべてであり，**❸**が本問の正解肢となる。

問34	監督・罰則	解答 ❹	合格者正解率	不合格者正解率	受験者正解率
			19.7%	7.9%	15.6%

❶　誤　弁明の機会ではなく，聴聞が必要。

国土交通大臣又は都道府県知事は，宅建業者に対し処分をしようとするときは，「聴聞」を行わなければならない（業法69条１項）。弁明の機会の付与ではない。よって，本肢は誤り。

❷　誤　指示処分の場合，公告は不要。

国土交通大臣又は都道府県知事は，宅建業者に対し業務停止処分又は免許取消処分をしたときは，その旨を公告しなければならない（業法70条１項）。しかし，指示処分の場合は公告の必要はない。よって，本肢は誤り。

❸　誤　乙県ではなく，丙県。

宅建業者が指示又は業務停止処分を受けたときは，宅建業者名簿に，当該処分の年月日及び内容が記載される（業法８条２項８号，規則５条１号）。免許権者は，免許を付与した宅建業者を宅建業者名簿に登載し，当該名簿を備えなければならない（業法８条

１項)。B社は丙県知事免許を有する業者であるので，B社が登載された宅建業者名簿は，丙県に備えられている。乙県ではない。よって，本肢は誤り。

❹ 正 国土交通大臣が，その免許を受けた宅建業者に対して，宅建業法37条に規定する書面の交付をしていなかったことを理由に，業務停止処分をしようとするときは，あらかじめ，内閣総理大臣に協議しなければならない（業法71条の2第1項，65条2項2号）。よって，本肢は正しく，本問の正解肢となる。

問35	重要事項の説明	解答❹	合格者正解率	不合格者正解率	受験者正解率
			55.7%	46.7%	53.9%

ア 正 宅地の売買の媒介において，当該宅地が急傾斜地の崩壊による災害の防止に関する法律に基づく急傾斜地崩壊危険区域内にあるときは，立木竹の伐採等には都道府県知事の許可を受けなければならないこと等の急傾斜地崩壊危険区域内における制限の概要について説明しなければならない（業法35条1項2号，施行令3条1項43号，急傾斜地の崩壊による災害の防止に関する法律7条1項）。よって，本肢は正しい。

イ 正 建物の貸借の媒介において，当該建物が土砂災害警戒区域等における土砂災害防止対策の推進に関する法律により指定された土砂災害警戒区域内にあるときは，その旨を説明しなければならない（業法35条1項14号，規則16条の4の3第2号）。よって，本肢は正しい。

ウ 正 宅地の売買又は売買の媒介においては，文化財保護法の規定による重要文化財の譲渡に関する制限について説明しなければならない（業法35条1項2号，施行令3条1項51号）。しかし，宅地の貸借の媒介においては，説明事項とされていない（施行令3条2項）。よって，本肢は正しい。

エ 正 宅建業者は，建物の貸借以外の契約においては，取引の対象となる宅地又は建物が津波防災地域づくりに関する法律の規定により指定された津波防護施設区域内にあるときは，津波防護施設以外の施設又は工作物の新築又は改築等の行為をしようとする者は津波防護施設管理者の許可を受けなければならない旨を説明しなければならない（業法35条1項2号，施行令3条1項40号，津波防災地域づくりに関する法律23条1項）。よって，本肢は正しい。

以上より，正しいものはア，イ，ウ，エの四つすべてであり，❹が本問の正解肢となる。

問36	弁済業務保証金	解答❹	合格者正解率	不合格者正解率	受験者正解率
			93.9%	82.1%	89.9%

❶ 誤 認証申出書の受理の順序に従って処理をする。

　保証協会は，弁済業務保証金について弁済を受ける権利を有する者から，弁済を受けることができる額について，認証申出書の提出があり，当該認証に係る事務を処理する場合には，当該認証申出書の受理の順序に従ってしなければならない（業法64条の8第2項，規則26条の7第1項）。取引が成立した時期の順序ではない。よって，本肢は誤り。

❷ 誤 社員の主たる事務所の最寄りの供託所ではない。

　保証協会は，社員から弁済業務保証金分担金の納付を受けたときは，その日から1週間以内に，その納付を受けた額に相当する額の弁済業務保証金を供託しなければならない（業法64条の7第1項）。この供託は，法務大臣及び国土交通大臣の定める供託所にしなければならない（業法64条の7第2項）。社員の主たる事務所の最寄りの供託所ではない。よって，本肢は誤り。

❸ 誤 分担金の納付は，有価証券をもって充てることはできない。

　保証協会の社員が，弁済業務保証金分担金を納付した後に，新たに事務所を設置したときは，その日から2週間以内に，弁済業務保証金分担金を保証協会に納付しなければならない（業法64条の9第2項）。この分担金の納付については，国債証券等の有価証券を充てることはできない（業法64条の9第1項，25条3項の準用なし）。よって，本肢は誤り。

❹ 正 保証協会の社員と宅建業に関し取引をした者（宅建業者を除く。）は，その取引により生じた債権に関し，当該保証協会が供託した弁済業務保証金について，弁済を受ける権利を有する（業法64条の8第1項）。そして，ここでいう「取引をした者」には，当該社員が社員となる前に宅建業に関し取引をした者が含まれる（業法64条の8第1項かっこ書）。よって，本肢は正しく，本問の正解肢となる。

問37	免許の申請	解答 ❹	合格者正解率	不合格者正解率	受験者正解率
			50.4%	**18.7%**	**39.6%**

❶ 正 宅建業法66条1項8号又は9号に該当するとして免許の取消処分の聴聞の期日及び場所が公示された日から，当該処分をする日又は当該処分をしないことを決定する日までの間に，合併により消滅した法人（合併につき相当の理由がある法人を除く。）の聴聞の期日及び場所の公示日前60日以内に役員であった者で，その消滅の日から5年を経過しない者は，免許を受けることができない（業法5条1項4号）。よって，本肢は正しい。

❷ 正 法人の役員又は政令で定める使用人に免許欠格事由に該当する者がいる場合，その法人は免許を受けることができない（業法5条1項12号）。そして，禁錮以上の刑に処せられ，その刑の執行を終わり，又は執行を受けることがなくなった日から5年

を経過しない者（刑の全部の執行猶予が付されていて，執行猶予期間を満了している場合を除く）は免許欠格事由に該当する（業法5条1項5号）。よって，本肢は正しい。

❸ **正** 宅建業に係る営業に関し成年者と同一の行為能力を有しない未成年者で，その法定代理人が免許欠格事由に該当するときは，免許を受けることはできない（業法5条1項11号）。そして，背任罪により罰金の刑に処せられ，その刑の執行を終わり，又は執行を受けることがなくなった日から5年を経過しない者は，免許欠格事由に該当する（業法5条1項6号）。よって，本肢は正しい。

❹ **誤** 役員が暴力団員であることを理由に取り消された場合は5年経過する必要がない。

宅建業を営んでいた者が，①不正手段による免許取得，②業務停止処分対象行為で情状が特に重い，③業務停止処分違反のいずれかを理由として免許を取り消され，取消しの日から5年を経過しない者は，免許を受けることができない（業法5条1項2号）。しかし，暴力団員又は暴力団員でなくなった日から5年を経過しない者が役員であることを理由に免許を取り消された場合は，上記事由に該当しない。よって，本肢は誤りであり，本問の正解肢となる。

問38	37 条書面	解答 ❸	合格者正解率 83.2%	不合格者正解率 62.1%	受験者正解率 76.8%

ア 正 37条書面（電磁的方法を含む。）に，当該宅地もしくは建物の契約不適合を担保すべき責任又は当該責任の履行に関して講ずべき保証保険契約の締結その他の措置についての定めがあるときは，その内容を記載しなければならない（業法37条1項11号，4項）。よって，本肢は正しい。

イ 誤 37条書面は説明する必要がない。

宅建業者は，37条書面（電磁的方法を含む。）を作成したときは，宅地建物取引士をして，当該書面に記名させなければならない（業法37条3項）。しかし，その内容の説明までする必要はない。よって，本肢は誤り。

ウ 正 宅建業者は，自ら売主として契約を締結したときは，その契約の相手方に37条書面（電磁的方法を含む。）を交付しなければならない（業法37条1項，4項）。これは相手方が宅建業者であっても省略できない（業法78条2項参照）。また，売買において「引渡し時期」は，必ず記載しなければならない事項である（業法37条1項4号，4項）。よって，本肢は正しい。

エ 正 建物の売買の媒介において，当該建物に係る租税その他の公課の負担に関する定めがあるときは，その内容を37条書面（電磁的方法を含む。）に記載しなければならない（業法37条1項12号，4項）。よって，本肢は正しい。

以上より，正しいものはア，ウ，エの三つであり，**❸**が本問の正解肢となる。

問39	35条・37条書面	解答 **❶**	合格者正解率 **76.5%**	不合格者正解率 **55.7%**	受験者正解率 **66.4%**

❶ 誤 登記された権利について，37条書面（電磁的方法を含む。）には記載不要。

　登記された権利に関する事項は，35条書面（電磁的方法を含む。）の記載事項であるが，37条書面（電磁的方法を含む。）の記載事項ではない（業法35条1項1号，8項，37条1項，4項参照）。したがって，37条書面に当該登記について記載する必要はない。よって，本肢は誤りであり，本問の正解肢となる。

❷ 正 宅建業者は37条書面を作成したときは，宅地建物取引士をして当該書面に記名させなければならない（業法37条3項）。宅地建物取引士にさせなければならないのは，記名であって，作成については宅地建物取引士ではない従業者が行ってもよい。よって，本肢は正しい。

❸ 正 天災その他不可抗力による損害の負担（危険負担）に関する定めがあるときは，売買，交換，貸借のいずれの場合も，その内容を37条書面（電磁的方法を含む。）に記載しなければならない（業法37条2項1号，1項10号，4項，5項）。よって，本肢は正しい。

❹ 正 35条書面及び37条書面のいずれも，宅地建物取引士が記名しなければならないが，同一の宅地建物取引士が行うことは要求されていない（業法35条5項，37条3項）。したがって，必ずしも同じ宅地建物取引士である必要はない。よって，本肢は正しい。

第6回　解答・解説

問40	自ら売主制限総合	解答 **❷**	合格者正解率 **60.2%**	不合格者正解率 **41.4%**	受験者正解率 **52.9%**

ア 誤 責任の範囲を限定するのは買主に不利な特約だから無効。

　宅建業者は，自ら売主となる売買契約において，その目的物の契約不適合担保責任に関し，民法に規定する通知期間についてその目的物の引渡しの日から2年以上となる特約をする場合を除き，民法の規定より買主に不利となる特約をしてはならない（業法40条）。本肢においては，責任の範囲を「雨漏り，シロアリの害，建物の構造耐力上主要な部分」と限定しており，買主に不利な特約であるから無効となる（業法40条2項）。よって，本肢は誤り。

イ 正 宅建業者が自ら売主となる場合において，当事者の債務不履行を理由とする損害賠償の額を予定し，又は違約金を定めるときは，これらを合算した額が代金の額

の 20％を超えることとなる定めをしてはならない（業法 38 条）。本肢では，代金 3,500 万円に対し，損害賠償の予定額と違約金の合計額は 700 万円であるから 20％を超えていない。よって，本肢は正しい。

ウ　誤　中間金を放棄させるのは買主に不利な特約で無効。

　宅建業者が自ら売主となる場合，受領する手付金は相手方が契約の履行に着手するまでは，買主はその手付を放棄して，宅建業者はその倍額を現実に提供して契約の解除をすることができ，それに反する特約で，買主に不利なものは無効となる（業法 39 条）。本肢で買主は手付金の他，中間金を放棄することまで契約解除の条件と定めているため，買主に不利な特約であり，無効となる。よって，本肢は誤り。

　以上より，誤っているものはアとウの二つであり，**②**が本問の正解肢となる。

問41	宅地建物取引士の登録	解答②	合格者正解率 64.9％	不合格者正解率 39.6％	受験者正解率 51.6％

❶　誤　宅地建物取引士の破産は本人が届け出る。

　宅地建物取引士が破産手続開始の決定を受けて復権を得ない者に該当することとなったときは，破産手続開始の決定を受けた日から 30 日以内に，本人が，登録をしている都道府県知事にその旨を届け出なければならない（業法 21 条 2 号，18 条 1 項 2 号）。本人が届出をするのであって，破産管財人ではない。よって，本肢は誤り。

❷　正　宅地建物取引士は，事務の禁止処分を受けた場合，その禁止の期間が満了するまでは登録の移転の申請をすることはできない。 しかし，禁止期間が満了すれば，申請することができる。そして，登録の移転の申請は，登録をしている都道府県知事を経由して，業務に従事し又は従事しようとする事務所の所在地を管轄する都道府県知事に対して行う（業法 19 条の 2）。よって，本肢は正しく，本問の正解肢となる。

❸　誤　業法違反で罰金を納付しているので，5 年間登録不可。

　宅地建物取引士は，禁錮以上の刑に処せられ，あるいは宅建業法違反等により罰金の刑に処せられた場合，登録が消除される（業法 68 条の 2 第 1 項 1 号，18 条 1 項 6 号，18 条 1 項 7 号）。本肢の場合，刑の全部の執行猶予が付されているのは懲役についてのみであり，罰金については付されていない。したがって，執行猶予期間が満了しても，Aは，その翌日から登録を受けることはできない。よって，本肢は誤り。

❹　誤　営業保証金未供託による免許取消しであれば消除不可。

　宅建業者である法人が，不正の手段により免許を受けたなど業法 66 条 1 項 8 号又は 9 号に該当することにより免許を取り消された場合，その法人の役員のうち，当該取消しに係る聴聞の期日及び場所の公示の日前 60 日以内に役員であった者は，登録が消除される（業法 68 条の 2 第 1 項 1 号，18 条 1 項 3 号）。しかし，営業保証金を供託せず

免許が取り消された場合は、業法66条1項8号又は9号に該当しない。よって、本肢は誤り。

問42 媒介・代理契約　解答 ❷

合格者正解率	不合格者正解率	受験者正解率
99.5%	91.5%	96.8%

❶ **誤**　1週間に1回以上報告しなければならない。

宅建業者は、依頼者との間で専属専任媒介契約を締結した場合、当該依頼者に対し、当該専属専任媒介契約に係る業務の処理状況を1週間に1回以上報告しなければならない（業法34条の2第9項かっこ書）。よって、本肢は誤り。なお、専属ではない専任媒介契約の場合が、2週間に1回以上である。

❷ **正**　宅建業者は、目的物たる宅地の売買すべき価額又は評価額について意見を述べるときは、その根拠を明らかにしなければならないが、根拠の明示方法は、口頭でも書面を用いてもどちらでもよい（業法34条の2第2項、解釈・運用の考え方）。よって、本肢は正しく、本問の正解肢となる。

❸ **誤**　専任媒介契約の有効期間は3カ月を超えることはできない。

宅建業者が、依頼者との間で専属専任媒介契約を締結した場合、当該専属専任媒介契約の有効期間は、3カ月を超えることができない（業法34条の2第3項）。依頼者から書面による申出があったことは影響しない。よって、本肢は誤り。なお、3カ月より長い期間を定めたときは、その期間は3カ月となる。

❹ **誤**　依頼がなくとも、登録済証を引き渡さなければならない。

宅建業者は、指定流通機構へ登録をした場合、当該指定流通機構より発行される登録済証を、遅滞なく、依頼者に引き渡さなければならない（業法34条の2第6項、50条の6）。依頼の有無は影響しない。よって、本肢は誤り。

問43 宅建業法の総合問題　解答 ❹

合格者正解率	不合格者正解率	受験者正解率
86.9%	56.9%	80.5%

❶ **誤**　5年間ではなく10年間保存しなければならない。

宅建業者は、その事務所ごとに、従業者証明書番号等を記載した従業者名簿を備えなければならない（業法48条3項、1項、規則17条の2第2項、様式8号の2）。そして、宅建業者は、従業者名簿を最終の記載をした日から10年間保存しなければならない（規則17条の2第4項）。よって、本肢は誤り。

❷ **誤**　標識の掲示は必要である。

宅建業者は、一団の宅地建物の分譲を案内所を設置して行う場合にあっては、その

案内所の公衆の見やすい場所に標識を掲げなければならない（業法50条1項，規則19条1項3号）。契約の締結を行うか否かは影響しない。よって，本肢は誤り。

❸ **誤** 案内所には，報酬額の掲示は不要である。

宅建業者は，その事務所ごとに報酬額を掲示しなければならないが，案内所についてはその必要はない（業法46条4項参照）。よって，本肢は誤り。

❹ **正** 宅建業者は，継続的に業務を行うことができる施設を有する場所で事務所以外のもので，契約（予約を含む。）を締結し，又は契約の申込みを受けるものについては，専任の宅地建物取引士を置かなければならない（業法31条の3第1項，規則15条の5の2第1号）。本肢では，契約（予約を含む。）を締結せず，かつ，その申込みを受けないことから，専任の宅地建物取引士を置く必要はない。よって，本肢は正しく，本問の正解肢となる。

問 44	宅地建物取引士総合	解答 ❶	合格者正解率 48.8%	不合格者正解率 36.7%	受験者正解率 44.4%

ア 誤 移転後新たに5年ではない。

宅地建物取引士証の有効期間は5年であるが（業法22条の2第3項），登録の移転とともに，宅地建物取引士証の交付を受けたときは，その移転後の新たな宅地建物取引士証の有効期間は，移転前の宅地建物取引士証の有効期間の残りの期間である（業法22条の2第4項，5項）。よって，本肢は誤り。

イ 誤 代表取締役も提示義務がある。

宅地建物取引士は，取引の関係者から請求があったときは，宅地建物取引士証を提示しなければならない（業法22条の4）。したがって，前半部分は正しい。次に，宅建業者は，従業者に，その従業者であることを証する証明書を携帯させなければ，その者をその業務に従事させてはならない（業法48条1項）が，この従業者には代表者も含む（解釈・運用の考え方）。そして，従業者は，取引の関係者から請求があったときは，従業者証明書を提示しなければならない（業法48条2項）。したがって，宅建業者の代表取締役である宅地建物取引士であっても，従業者証明書を携帯しなければならず，取引の関係者からの請求があれば提示しなければならない。よって，本肢は誤り。

ウ 誤 3カ月以内ではなく30日以内。

登録を受けている者が，心身の故障により宅地建物取引士の事務を適正に行うことができない者として国土交通省令で定めるものとなった場合，本人又はその法定代理人もしくは同居の親族は，30日以内に，登録をしている都道府県知事に届け出なければならない（業法21条3号）。3カ月以内ではない。よって，本肢は誤り。

エ 正 国土交通大臣又は都道府県知事は，宅建業者名簿を一般の閲覧に供しなければならない（業法10条）。しかし，宅地建物取引士資格登録簿については，そのよう

な規定はなく，一般の閲覧には供されない。よって，本肢は正しい。

以上より，正しいものはエの一つであり，**❶**が本問の正解肢となる。

問45	住宅瑕疵担保履行法	解答 ❷	合格者正解率	不合格者正解率	受験者正解率
			85.7%	58.7%	73.7%

❶ 誤 引き渡すまでではなく，契約締結までに説明しなければならない。

　宅建業者は，自ら売主となって新築住宅の売買契約を締結する場合，買主に対し，当該新築住宅の売買契約を締結するまでに，その住宅販売瑕疵担保保証金の供託をしている供託所の所在地等について記載した書面を交付又は買主の承諾を得て電磁的記録により提供をして説明しなければならない（住宅瑕疵担保履行法15条，10条2項，規則21条）。住宅を引き渡すまでに説明するのではない。よって，本肢は誤り。

❷ 正 新築住宅の合計戸数の算定に当たっては，新築住宅のうち，その床面積の合計が55㎡以下のものは，その2戸をもって1戸とする（住宅瑕疵担保履行法11条3項，施行令6条）。よって，本肢は正しく，本問の正解肢となる。

❸ 誤 基準日から1月ではなく，基準日の翌日から50日経過後。

　新築住宅を引き渡した宅建業者は，毎年，基準日から3週間を経過するまでの間において，当該基準日に係る住宅瑕疵担保保証金の供託をし，かつ，住宅瑕疵担保保証金の供託の状況について届出をしなければ，当該基準日の翌日から起算して50日を経過した日以後においては，新たに自ら売主となる新築住宅の売買契約を締結してはならない（住宅瑕疵担保履行法13条本文）。基準日から1月を経過した日以後ではない。よって，本肢は誤り。

❹ 誤 支払いを受けることができるのは，構造耐力上主要な部分等の瑕疵である。

　新築住宅の売主である宅建業者が，住宅販売瑕疵担保責任保険から保険金の支払いを受けることができるのは，新築住宅の構造耐力上主要な部分又は雨水の浸入を防止する部分の瑕疵による契約不適合責任を履行したときである（住宅瑕疵担保履行法2条7項2号イ，品確法95条1項，94条1項）。ここにいう構造耐力上主要な部分とは，具体的には，住宅の基礎，基礎ぐい，壁，柱等をいい，雨水の浸入を防止する部分とは屋根，外壁，外壁内部の排水管等をいう（品確法施行令5条）。給水設備やガス設備は含まれない。よって，本肢は誤り。

問46	住宅金融支援機構法	解答 ❶	合格者正解率	不合格者正解率	受験者正解率
			82.5%	62.5%	77.1%

❶ 誤 業務として行っている。

機構は，子どもを育成する家庭又は高齢者の家庭に適した良好な居住性能及び居住環境を有する賃貸住宅又は賃貸の用に供する住宅部分が大部分を占める建築物の建設に必要な資金の貸付けを業務として行っている（機構法13条1項8号）。よって，本肢は誤りであり，本問の正解肢となる。

❷ 正 機構は，災害復興建築物の建設又は購入に必要な資金の貸付けを業務として行っている（機構法13条1項5号）。よって，本肢は正しい。なお，災害復興建築物とは，災害により，住宅又は主として住宅部分からなる建築物が滅失した場合におけるこれらの建築物又は建築物の部分に代わるべき建築物又は建築物の部分をいう（機構法2条2項）。

❸ 正 機構が，証券化支援事業（買取型）により譲り受ける貸付債権は，自ら居住する住宅又は自ら居住する住宅以外の親族の居住の用に供する住宅を建設し，又は購入する者に対する貸付けに係るものでなければならない（機構法13条1項1号，機構業務方法書3条1号）。よって，本肢は正しい。

❹ 正 機構は，マンションの共用部分の改良に必要な資金の貸付けを業務として行っている（機構法13条1項7号）。よって，本肢は正しい。

問47	景品表示法	解答❹	合格者正解率 67.4%	不合格者正解率 54.4%	受験者正解率 61.5%

❶ 誤 情報が間違っていれば不当表示となる。

他の宅建業者から入手した情報をそのまま掲載した場合であっても，広告において間違った情報を表示すれば不当表示となる（景品表示法5条以下，表示規約4章以下）。また，規制の対象となる広告媒体はインターネットやパソコン通信等によるものも含まれる（表示規約4条5項1号）。よって，本肢は誤り。

❷ 誤 外観等は同一でなければならない。

宅地又は建物の写真は，取引するものを表示しなければならない。ただし，取引する建物が建築工事の完了前である等その建物の写真を用いることができない事情がある場合においては，取引する建物を施工する者が過去に施工した建物であり，かつ，建物の外観は，取引する建物と構造，階数，仕様が同一であって，規模，形状，色等が類似するものに限り，他の建物の外観写真を，他の建物である旨及び取引する建物と異なる部位を写真に接する位置に明示することによって用いることができる（表示規約規則9条22号）。構造，階数，仕様が同一でなければならない。よって，本肢は誤り。

❸ 誤 「6分」と表示しなければならない。

徒歩による所要時間は，道路距離80メートルにつき1分間を要するものとして算出した数値を表示しなければならず，1分未満の端数が生じたときは，1分として算出

しなければならない（表示規約規則9条9号）。端数は1分として切り上げることから、本肢の場合「6分」と表示しなければならず、四捨五入してはならない。よって、本肢は誤り。

❹ **正**　新築分譲マンションにおいては、パンフレット等の媒体を除き、専有面積は最小面積及び最大面積のみで表示することができる（表示規約別表第6－17）。したがって、パンフレットで全戸数の専有面積を表示した上で、インターネット広告では最小面積及び最大面積のみで表示しても不当表示にはならない。よって、本肢は正しく、本問の正解肢となる。

問48	土地	解答❹	合格者正解率 94.0%	不合格者正解率 73.2%	受験者正解率 84.6%

❶ **適当**　扇状地とは、山地から河川により運ばれてきた砂礫等が谷の出口等に扇状に堆積し、広がった微高地である。よって、本肢は適当である。

❷ **適当**　三角州は、河川の搬出する砂泥が河口付近に堆積し、形成された低平な扇状の地形であり、全体的に標高は非常に低く、地盤は軟弱である。よって、本肢は適当である。

❸ **適当**　台地は、一般的に水はけがよく、地盤が安定しているので、低地に比べ、地震、水害等の自然災害に対して安全性が高い。よって、本肢は適当である。

❹ **不適当**　埋立地より干拓地のほうが水害に対して危険である。

　埋立地は、一般に海面に対して数メートルの比高を持ち、一般に海面以下の場合が多い干拓地より災害に対して安全である。よって、本肢は最も不適当であり、本問の正解肢となる。

問49	建物	解答❶	合格者正解率 81.8%	不合格者正解率 68.4%	受験者正解率 76.8%

❶ **不適当**　鉄骨造は、自重が軽く、靭性が大きい。

　鉄骨造は、自重が軽く、靭性が大きいことから、大空間の建築や高層建築に多く使用される構造である。よって、本肢は最も不適当であり、本問の正解肢となる。なお、自重とは、建築物自体の重量のことであり、鉛直方向に働く荷重を意味し、靭性とは、材料の粘り強さのことである。

❷ **適当**　鉄筋コンクリート造においては、骨組の形式はラーメン構造が一般的に用いられる。よって、本肢は適当である。なお、ラーメン構造とは、柱と梁を剛に接合することによって一体化した構造のことをいう。ラーメンとはドイツ語で「枠」のことで

ある。

❸ **適当** 鉄骨鉄筋コンクリート造は，柱や梁などを鉄骨で組み上げてあり，その周りに鉄筋を配置しコンクリートを流し込んでいる構造のことをいう。強度や靭性などの面で鉄筋コンクリート造よりも優れているとされており，10 階建て以上の高層マンションや超高層マンションなどの建築に用いられる場合が多い。よって，本肢は適当である。

❹ **適当** 組積造（ブロック造等）を耐震的な構造にするには，鉄筋コンクリートの布基礎及び臥梁により壁体の底部と頂部を固めることが必要である（建基法施行令 56 条参照）。よって，本肢は適当である。なお，布基礎とは，鉄筋コンクリートが連続して設けられた基礎のことであり，臥梁とは，ブロック等の組積造において，各階の壁体頂部を連続的に固める鉄筋コンクリート製の梁のことをいう。

問50	建物	解答❸	合格者正解率 94.4%	不合格者正解率 77.4%	受験者正解率 86.8%

❶ **適当** 木材は，水分を吸収すると，変形し，腐りやすく，シロアリにも侵されやすくなる。木材は，乾燥状態のほうが，強度が高く，耐久性があるため，木造建築物を造る際には，できるだけ乾燥している木材を使用することが望ましい。よって，本肢は適当である。

❷ **適当** 集成木材構造は，乾燥収縮が少ない集成木材で骨組を構成した構造で，体育館や展示場等の大規模な建築物にも使用されている。よって，本肢は適当である。

❸ **不適当** 鉄骨構造は，耐火材料による被覆をすることによって耐火構造とできる。

鉄骨構造は不燃構造ではあるが，火熱に遭うと耐力が著しく減少するので耐火構造とするためには，気泡コンクリート板等の耐火材料で被覆する必要がある。よって，本肢は最も不適当であり，本問の正解肢となる。

❹ **適当** 鉄筋コンクリート構造は，耐久性を大きくするためには，中性化の防止，鉄筋を直接的に錆びさせる要因となるコンクリートの亀裂防止等に注意をする必要がある。よって，本肢は適当である。

出題項目・正解一覧＆成績診断

科目	問	出題項目	正解	チェック	科目	問	出題項目	正解	チェック
権利関係	1	相続	1	☐☐	宅建業法	26	37条書面	3	☐☐
	2	相隣関係	1	☐☐		27	宅建業法総合	4	☐☐
	3	請負	2	☐☐		28	その他の業務上の規制	3	☐☐
	4	相殺	4	☐☐		29	免許総合	2	☐☐
	5	民法―その他の問題点	4	☐☐		30	営業保証金	1	☐☐
	6	時効	3	☐☐		31	広告等に関する規制	4	☐☐
	7	相続	3	☐☐		32	宅建業法総合	4	☐☐
	8	制限行為能力者	3	☐☐		33	重要事項の説明	1	☐☐
	9	賃貸借	2	☐☐		34	報酬額の制限	3	☐☐
	10	抵当権	3	☐☐		35	クーリング・オフ	4	☐☐
	11	借地借家法（借地）	4	☐☐		36	その他の業務上の規制	3	☐☐
	12	借地借家法（借家）	3	☐☐		37	事務所の設置	3	☐☐
	13	建物区分所有法	2	☐☐		38	宅建業法総合	2	☐☐
	14	不動産登記法	2	☐☐		39	手付金等の保全措置	2	☐☐
法令上の制限	15	都市計画の内容	4	☐☐		40	媒介・代理契約	4	☐☐
	16	開発行為の規制等	1	☐☐		41	監督・罰則	2	☐☐
	17	建築基準法総合	3	☐☐		42	重要事項の説明	3	☐☐
	18	建築基準法総合	1	☐☐		43	37条書面	4	☐☐
	19	盛土規制法	1	☐☐		44	弁済業務保証金	1	☐☐
	20	土地区画整理法	4	☐☐		45	住宅瑕疵担保履行法	4	☐☐
	21	農地法	2	☐☐	5問免除	46	住宅金融支援機構法	2	☐☐
	22	国土利用計画法	1	☐☐		47	景品表示法	2	☐☐
税・価格	23	印紙税	1	☐☐		48	不動産の需給・統計	1	☐☐
	24	不動産取得税	4	☐☐		49	土地	2	☐☐
	25	不動産鑑定評価基準	4	☐☐		50	建物	3	☐☐

科目別の成績		総合成績	
科目（問題番号）	正答／正答目標	合計	
権利関係（問1～問14）	点／9点		
宅建業法（問26～問45）	点／18点	**点**	
法令上の制限（問15～問22）	点／6点		
税・価格（問23～問25）	点／2点	この回の合格基準点は **36**点です。	
5問免除（問46～問50）	点／4点		

<table>
<tr><td rowspan="2">問
1</td><td rowspan="2">相続</td><td rowspan="2">解答❶</td><td>合格者正解率</td><td>不合格者正解率</td><td>受験者正解率</td></tr>
<tr><td>78.0%</td><td>52.2%</td><td>70.9%</td></tr>
</table>

❶ **誤** 賃料債権は，遺産とは別個の財産であり，分割単独債権となる。

判決文によれば，「相続開始から遺産分割までの間」に生ずる「賃料債権は，遺産とは別個の財産というべきであって，各共同相続人がその相続分に応じて分割単独債権として確定的に取得」されるものである。遺産分割により，遺産である不動産が相続人の一人に帰属する場合，当該相続人が相続開始から遺産分割までの間に生じた賃料債権を相続開始時にさかのぼって取得するのではない。よって，本肢は誤りであり，本問の正解肢となる。

❷ **正** 相続人が数人あるときは，相続財産は，その共有に属する（民法898条1項）。そして，各共同相続人は，その相続分に応じて被相続人の権利義務を承継する（民法899条）。よって，本肢は正しい。

❸ **正** 遺産の分割は，相続開始の時にさかのぼってその効力を生ずる。ただし，第三者の権利を害することはできない（民法909条）。よって，本肢は正しい。

❹ **正** 遺産分割によって遺産である不動産を取得した相続人は，当該不動産の所有者として，当該不動産の使用，収益及び処分をする権利を有する（民法206条）。したがって，当該相続人は，当該不動産の法定果実となる遺産分割後の賃料債権を取得する（民法88条2項）。よって，本肢は正しい。なお，本判決文は，相続開始から遺産分割までの間において，遺産である賃貸不動産から生じた賃料債権の帰属について述べたものである。他方，本肢は「遺産分割後に生じた」賃料債権について述べたものであるから，本判決文とは異なる。

<table>
<tr><td rowspan="2">問
2</td><td rowspan="2">相隣関係</td><td rowspan="2">解答❶</td><td>合格者正解率</td><td>不合格者正解率</td><td>受験者正解率</td></tr>
<tr><td>57.9%</td><td>39.9%</td><td>52.9%</td></tr>
</table>

❶ **正** 土地の所有者は，境界標の調査又は境界に関する測量をする等の一定の目的のため必要な範囲内で，隣地を使用することができる（民法209条1項本文各号）。ただし，住家については，その居住者の承諾がなければ，立ち入ることはできない（民法209条1項但書）。よって，本肢は正しく，本問の正解肢となる。

❷ **誤** 自ら切り取ることができる。

土地の所有者は，隣地の竹木の枝が境界線を越えるときは，その竹木の所有者に，その枝を切除させることができる（民法233条1項）。そして，竹木の所有者に枝を切除するよう催告したにもかかわらず，竹木の所有者が相当の期間内に切除しないとき，土地の所有者は，その枝を切り取ることができる（民法233条3項1号）。よって，本肢

は後半が誤り。

❸ 誤 他方の相隣者の承諾を得る必要はない。

相隣者の一人は，共有の障壁の高さを増すことができる（民法231条1項本文）。しかし，他方の相隣者の承諾を得る必要はない。よって，本肢は誤り。

❹ 誤 自由に選んで通行することはできない。

他の土地に囲まれて公道に通じない土地の所有者は，公道に至るため，その土地を囲んでいる他の土地を通行することができる（民法210条1項）。この場合，通行の場所及び方法は，通行権を有する者のために必要であり，かつ，他の土地のために損害が最も少ないものを選ばなければならない（民法211条1項）。したがって，その土地を囲んでいる他の土地を自由に選んで通行することはできない。よって，本肢は誤り。

問3	請負	解答❷	合格者正解率 82.1%	不合格者正解率 65.9%	受験者正解率 77.7%

❶ 正 不動産の所有者は，その不動産に従として付合した物の所有権を取得する（民法242条本文）。本肢において，A所有の建物に対して独立性を有さずその構成部分となる増築部分は，不動産であるA所有の建物に従として付合した物であり，Aが所有権を取得する。よって，本肢は正しい。

❷ 誤 不適合を知った日から1年以内にその旨を通知しなければならない。

注文者が請負人に対して目的物の種類又は品質に関する契約不適合責任を追及するためには，原則として注文者がその不適合を知った時から1年以内にその旨を請負人に通知する必要がある（民法637条1項）。工事が終了した日から1年以内に契約不適合である旨の通知をするのではない。よって，本肢は誤りであり，本問の正解肢となる。

❸ 正 仕事の目的物を注文者に引き渡した時（引渡しを要しない場合にあっては，仕事が終了した時）において請負人が不適合を知り，又は重大な過失によって知らなかったときは，注文者は，請負人に対して不適合である旨の通知をせずに契約不適合責任を追及することができる（民法637条2項）。契約不適合責任は，債権者が権利を行使することができることを知った時から5年間行使しないとき又は権利を行使することができる時から10年間行使しないとき時効によって消滅する（民法166条1項）。したがって，AはBに対して，消滅時効が完成するまでは契約不適合を理由とした修補を請求することができる。よって，本肢は正しい。

❹ 正 注文者は，注文者の供した材料の性質又は注文者の与えた指図によって生じた不適合を理由として，履行の追完の請求，報酬の減額の請求，損害賠償の請求及び契約の解除をすることができない（民法636条本文）。したがって，増築した部分にAが提供した材料の性質によって契約不適合が生じ，Bが材料が不適当であることを知らない場合，AはBに対して，Aが提供した材料によって生じた契約不適合を理由とした修

補を請求することはできない。よって，本肢は正しい。

<table>
<tr><td rowspan="2">問
4</td><td rowspan="2">相殺</td><td rowspan="2">解答❹</td><td>合格者正解率</td><td>不合格者正解率</td><td>受験者正解率</td></tr>
<tr><td>53.3%</td><td>30.4%</td><td>47.0%</td></tr>
</table>

　相殺をするためには，①債権が有効に存在し，対立していること，②双方の債権が同種の目的を有すること，③双方の債権が弁済期にあること，④性質上「相殺を許す債務」であることが要件となる（相殺適状，民法505条1項）。AはBに対して甲債権を有し，BはAに対して乙債権を有することから①を充す。甲債権，乙債権ともに貸金債権であることから②を充たす。相殺の禁止・制限をする意思表示もないことから，④を充たす。それゆえ，本問では③を検討することになる。

ア　できる　期限の定めのない債務は成立と同時に弁済期にあることから，甲債権は弁済期にある（判例）。また，債務者が債権者に対して期限の利益を放棄することで，自己の債務の弁済期が到来したものとして扱われる（民法136条2項本文）。このことから，乙債権も弁済期にある。したがって，③を充たす。よって，本肢は相殺できるものである。

イ　できる　弁済期の定めがない貸金債権は，成立と同時に弁済期にある（判例）。それゆえ，期限の定めがない債権である乙債権は弁済期にあるものとして扱われる。そして，甲債権も弁済期が到来していることから，③を充たす。よって，本肢は相殺できるものである。

ウ　できる　肢アと同様，甲債権は弁済期にある。そして，乙債権も弁済期が到来していることから，③を充たす。よって，本肢は相殺できるものである。

エ　できない　甲債権は弁済期が到来していない。したがって，③を充たさない。よって，本肢は相殺できないものである。

　以上より，相殺できないものはエであり，❹が本問の正解肢となる。

<table>
<tr><td rowspan="2">問
5</td><td rowspan="2">民法—
その他の問題点</td><td rowspan="2">解答❹</td><td>合格者正解率</td><td>不合格者正解率</td><td>受験者正解率</td></tr>
<tr><td>56.9%</td><td>42.6%</td><td>53.0%</td></tr>
</table>

❶　**誤**　不在者の生死が7年間明らかでない場合に限らない。

　不在者が管理人を置かなかったときは，家庭裁判所は，利害関係人又は検察官の請求により，その財産の管理について必要な処分を命ずることができる（民法25条1項）。不在者の生死が7年間明らかでない場合に限らない。よって，本肢は誤り。

❷　**誤**　管理人を改任することができる。

不在者が管理人を置いた場合において、その不在者の生死が明らかでないときは、家庭裁判所は、利害関係人又は検察官の請求により、管理人を改任することができる（民法26条）。よって、本肢は誤り。

❸ 誤 家庭裁判所の許可を要しない。

家庭裁判所の選任した不在者財産管理人が民法103条所定の権限内の行為をするには、その行為が訴え又は上訴の提起という訴訟行為であっても、同法28条の家庭裁判所の許可を要しない（判例）。建物収去土地明渡請求を認容した第一審判決に対して控訴を提起することは、財産の現状を維持する行為として民法103条1号にいう保存行為に該当する（判例）。したがって、家庭裁判所により選任された管理人は、不在者を被告とする建物収去土地明渡請求を認容した第一審判決に対して控訴を提起するには、家庭裁判所の許可を要しない。よって、本肢は誤り。

❹ 正 家庭裁判所により選任された管理人は、一種の法定代理人であり、権限の定めがない場合は、保存行為及び代理の目的である物又は権利の性質を変えない範囲内において、その利用又は改良を目的とする行為のみをする権限を有する（民法103条）。したがって、家庭裁判所により選任された管理人は、保存行為として不在者の自宅を修理することができる。また、管理人は、民法103条に規定する権限を超える行為を必要とするときは、家庭裁判所の許可を得て、その行為をすることができる（民法28条前段）。したがって、家庭裁判所により選任された管理人は、家庭裁判所の許可を得て不在者の自宅を売却することができる。よって、本肢は正しく、本問の正解肢となる。

問6	時効	解答❸	合格者正解率	不合格者正解率	受験者正解率
			17.0%	9.4%	14.9%

ア 正 不動産の時効取得者は、取得時効の進行中に原権利者から当該不動産の譲渡を受けその旨の移転登記を経由した者に対して、登記がなくても、時効取得を対抗することができる（判例）。よって、本肢は正しい。

イ 正 不動産の取得時効が完成しても、その登記がなければ、その後に所有権取得登記を経由した第三者に対しては時効による権利の取得を対抗することができない。しかし、第三者のその登記後に占有者がなお引き続き時効取得に要する期間占有を継続した場合には、その第三者に対して、登記を経由しなくとも時効取得を対抗することができる（判例）。よって、本肢は正しい。

ウ 正 不動産の取得時効の完成後、所有権移転登記がされないまま、第三者が原所有者から抵当権の設定を受けて抵当権設定登記をした場合において、当該不動産の時効取得者である占有者がその後引き続き時効取得に必要な期間占有を継続して、その期間の経過後に取得時効を援用したときは、占有者が当該抵当権の存在を容認していたなど抵当権の消滅を妨げる特段の事情がない限り、占有者が当該不動産を時効取得する結果、

抵当権は消滅する。よって，本肢は正しい。

　以上より，正しいものはア，イ，ウの三つであり，**❸**が本問の正解肢となる。

問7	相続	解答❸	合格者正解率	不合格者正解率	受験者正解率
			41.5%	**24.2**%	**36.8**%

❶　誤　配偶者居住権の存続期間は，別段の定めがない限り終身である。

　配偶者居住権の存続期間は，遺産の分割の協議もしくは遺言に別段の定めがあるとき，又は家庭裁判所が遺産の分割の審判において別段の定めをしたときを除き，配偶者の終身の間である（民法1030条）。したがって，Bの配偶者居住権の存続期間が定められなかった場合の存続期間は終身となる。よって，本肢は誤り。

❷　誤　所有者Cの承諾が必要である。

　配偶者は，居住建物の所有者の承諾を得なければ，居住建物の改築もしくは増築をし，又は第三者に居住建物の使用もしくは収益をさせることができない（民法1032条3項）。したがって，BはCの承諾を得なければ，甲建物をDに賃貸することができない。よって，本肢は誤り。

❸　正　居住建物の所有者は，配偶者居住権を取得した配偶者に対し，配偶者居住権の設定の登記を備えさせる義務を負う（民法1031条1項）。したがって，Cには，Bに対し，配偶者居住権の設定の登記を備えさせる義務がある。よって，本肢は正しく，本問の正解肢となる。

❹　誤　Bが負担する。

　配偶者は，居住建物の通常の必要費を負担する（民法1034条1項）。したがって，甲建物の通常の必要費を負担するのはBである。よって，本肢は誤り。

問8	制限行為能力者	解答❸	合格者正解率	不合格者正解率	受験者正解率
			69.7%	**48.6**%	**63.9**%

❶　誤　Bは，Aの取消しの意思表示を取り消すことができない。

　制限行為能力者は，制限行為能力を理由に，単独で自己の行為を取り消すことができる（民法120条1項）。これにより，当該法律行為は初めから無効であったものとみなされる（民法121条）。したがって，制限行為能力者である未成年者による取消しの意思表示を，その法定代理人が取り消すことはできない。よって，本肢は誤り。

❷　誤　制限行為能力者の相手方の主観を問わない。

　制限行為能力を理由とする法律行為の取消しは，当該法律行為の相手方の主観を問わ

ずにすることができる（民法5条1項，2項）。そして，制限行為能力を理由とする法律行為の取消しは，制限行為能力者だけでなく，その法定代理人もすることができる（民法120条1項）。したがって，Cが善意無過失であったとしても，Bは，Aの制限行為能力を理由として，本件売買契約を取り消すことができる。よって，本肢は誤り。

❸ **正** 取り消すことができる行為の追認は，取消しの原因となっていた状況が消滅し，かつ，取消権を有することを知った後にしなければ，その効力を生じない（民法124条1項）。したがって，Bが反対していたとしても，Aは，成年に達することで未成年者という制限行為能力者である状況が消滅し，かつ，取消権を有すると知った以後，単独で追認することができる。そして，取り消すことができる行為は，追認によって，以後，取り消すことができなくなる（民法122条）。したがって，追認後のAは本件売買契約を取り消すことができなくなる。よって，本肢は正しく，本問の正解肢となる。

❹ **誤** Aは本件売買契約を取り消すことができる。

法定追認の一つとして，取り消すことができる行為によって取得した権利を譲渡することがある（民法125条5号）。そして，法定追認は，追認をすることができる時以後になされることを要する（民法125条柱書）。しかし，AがBの同意を得ずに甲建物をDに売却したのは，Aが成年に達する前であることから，法定追認は生じない。また，本件売買契約につき，Bの追認はない。したがって，Aは制限行為能力を理由として，本件売買契約を取り消すことができる。よって，本肢は誤り。

問9	賃貸借	解答❷	合格者正解率 45.4%	不合格者正解率 30.7%	受験者正解率 41.4%

❶ **正** 賃借物である甲建物の修繕が必要である場合において，賃貸人であるAがその旨を知ったにもかかわらず，Aが相当の期間内に必要な修繕をしないとき，賃借人であるBは，甲建物の修繕をすることができる（民法607条の2第1号）。よって，本肢は正しい。

❷ **誤** Bが修繕できるのは，Aが相当の期間内に必要な修繕をしないときである。

甲建物の修繕が必要である場合において，BがAに修繕が必要である旨を通知したにもかかわらず，Aが相当の期間内に必要な修繕をしないとき，Bは，甲建物の修繕をすることができる（民法607条の2第1号）。Bが甲建物の修繕をすることができるのは，「Aが相当の期間内に必要な修繕をしないとき」であって，「Aが必要な修繕を直ちにしないとき」ではない。よって，本肢は誤りであり，本問の正解肢となる。

❸ **正** 賃貸人は，賃貸物の使用及び収益に必要な修繕をする義務を負う。ただし，賃借人の責めに帰すべき事由によってその修繕が必要となったときは，この限りでない（民法606条1項）。したがって，Bの責めに帰すべき事由によってその修繕が必要となった場合は，Aは，修繕をする義務を負わない。よって，本肢は正しい。

❹ **正** 甲建物の修繕が必要である場合において，急迫の事情があるときは，Bは，甲建物の修繕をすることができる（民法607条の2第2号）。よって，本肢は正しい。

<table>
<tr><td rowspan="2">問
10</td><td rowspan="2">抵当権</td><td rowspan="2">解答❸</td><td>合格者正解率</td><td>不合格者正解率</td><td>受験者正解率</td></tr>
<tr><td>40.6%</td><td>18.8%</td><td>34.7%</td></tr>
</table>

抵当権の順位の放棄とは，先順位抵当権者から後順位抵当権者に対してなされる先順位たる地位の放棄のことをいう（民法376条1項後段）。BがDに順位を放棄すると，BはDに対して優先弁済権を主張できなくなる。つまり，BとDは債権者として平等の立場に立つことになるので，Bが本来受ける配当額1,000万円とDが本来受ける配当額200万円の合計額1,200万円を債権額に応じて按分することになる。Bの債権額は1,000万円，Dの債権額は2,000万円であることから比率は1：2となる。したがって，1,200万円の3分の1が抵当権の順位の放棄により受けるBの配当額，1,200万円の3分の2が抵当権の順位の放棄により受けるDの配当額ということになる。よって，Bの配当額＝1,200万円×1／3＝400万円となり，❸が本問の正解肢となる。

<table>
<tr><td rowspan="2">問
11</td><td rowspan="2">借地借家法（借地）</td><td rowspan="2">解答❹</td><td>合格者正解率</td><td>不合格者正解率</td><td>受験者正解率</td></tr>
<tr><td>72.5%</td><td>50.7%</td><td>66.6%</td></tr>
</table>

❶ **誤** 減額請求をすることができる。

地代等が，土地に対する租税その他の公課の増減等の事情により不相当となったときは，契約の条件にかかわらず，当事者は，将来に向かって借賃の額の増減を請求することができる。ただし，一定の期間地代等を増額しない旨の特約がある場合には，その定めに従う（借地借家法11条1項）。したがって，減額しない旨の特約を定めた場合であっても，事情によっては減額請求をすることはできる。よって，本肢は誤り。

❷ **誤** 公正証書でする必要はない。

存続期間を50年以上として借地権を設定する場合においては，契約の更新や建物の築造による存続期間の延長がない旨を定めることができる。この特約は，公正証書による等書面によってしなければならない（借地借家法22条1項）。書面であればよく，公正証書である必要はない。よって，本肢は誤り。

❸ **誤** Bの債務不履行に基づく場合は建物の買取請求をすることはできない。

借地権の存続期間が満了した場合において，契約の更新がないときは，借地権者は，借地権設定者に対し，建物を時価で買い取るべきことを請求することができるのが原則である（借地借家法13条1項）。しかし，借地権者の債務不履行によって賃貸借契約が解除された場合，建物買取請求権は認められない（判例）。したがって，終了事由の

いかんにかかわらず買取請求ができるわけではない。よって，本肢は誤り。

❹ **正** 借地権の存続期間が満了する場合において，借地権者が契約の更新を請求したときは，建物がある場合に限り，原則として，従前の契約と同一の条件で契約を更新したものとみなされる（借地借家法5条1項本文）。ただし，借地権設定者が遅滞なく正当の事由がある異議を述べたときは，更新されない（借地借家法5条1項但書，6条）。よって，本肢は正しく，本問の正解肢となる。

問 12	借地借家法（借家）	解答 ❸	合格者正解率 73.0%	不合格者正解率 46.8%	受験者正解率 65.8%

❶ **誤** 期間の定めがない建物の賃貸借とみなされる。

期間を1年未満とする建物の賃貸借は，期間の定めがない建物の賃貸借とみなされる（借地借家法29条1項）。期間を1年未満とする建物の賃貸借は，期間を1年とするものとみなされるわけではない。よって，本肢は誤り。

❷ **誤** 特約にかかわらず，建物の賃料の減額を請求できる。

建物の借賃が，土地もしくは建物に対する租税その他の負担の増減により，土地もしくは建物の価格の上昇もしくは低下その他の経済事情の変動により，又は近傍同種の建物の借賃に比較して不相当となったときは，契約の条件にかかわらず，当事者は，将来に向かって建物の借賃の額の増減を請求することができる（借地借家法32条1項本文）。したがって，一定の期間は建物の賃料を減額しない旨の特約があっても，現行賃料が不相当になったなどの事情が生じた場合には，当該特約にかかわらず，建物の賃料の減額を請求することができる。よって，本肢は誤り。

❸ **正** 賃貸借の対抗要件が備えられた不動産が譲渡されたとき，その不動産の賃貸人たる地位は，譲受人に移転する（民法605条の2第1項）。しかし，不動産の譲渡人及び譲受人が，賃貸人たる地位を譲渡人に留保する旨及びその不動産を譲受人が譲渡人に賃貸する旨の合意をしたときは，賃貸人たる地位は，譲受人に移転しない（民法605条の2第2項前段）。よって，本肢は正しく，本問の正解肢となる。

❹ **誤** 一定期間の経過を要しない。

賃料増減請求について，現行賃料が定められた時から一定の期間が経過していることを要する旨の規定はない（借地借家法32条参照）。よって，本肢は誤り。

問 13	建物区分所有法	解答 ❷	合格者正解率 89.0%	不合格者正解率 56.4%	受験者正解率 80.1%

❶ **正** 集会においては，あらかじめ通知した事項についてのみ，決議をすることが

できるのが原則である（区分所有法 37 条 1 項）。そして，区分所有法で集会の決議につき特別の定数が定められている事項を除いて，規約で別段の定めをすることができる（区分所有法 37 条 2 項）。したがって，規約で別段の定めをすれば，あらかじめ通知した事項以外についても決議することができる。よって，本肢は正しい。

❷ **誤** 全員の同意が必要である。

集会は，区分所有者全員の同意があるときは，招集の手続を経ないで開くことができる（区分所有法 36 条）。区分所有者の 4 分の 3 の同意では足りない。よって，本肢は誤りであり，本問の正解肢となる。

❸ **正** 共用部分の管理に関する事項は，重大変更の場合を除いて，集会の決議で決する。ただし，保存行為は，各共有者がすることができる（区分所有法 18 条 1 項）。しかし，規約で別段の定めをすることを妨げない（区分所有法 18 条 2 項）。したがって，規約に別段の定めがある場合を除き，共用部分の保存行為は各共有者がすることができ，集会の決議を必要としない。よって，本肢は正しい。

❹ **正** 一部共用部分に関する事項で区分所有者全員の利害に関係しないものについての区分所有者全員の規約の設定，変更又は廃止は，当該一部共用部分を共用すべき区分所有者の 4 分の 1 を超える者又はその議決権の 4 分の 1 を超える議決権を有する者が反対したときは，することができない（区分所有法 31 条 2 項，30 条 2 項）。本肢では，一部共用部分を共用すべき区分所有者 8 人のうち，その 4 分の 1 を超える 3 人が反対したことから，規約の変更をすることができない。よって，本肢は正しい。

問14	不動産登記法	解答 ❷	合格者正解率 79.5%	不合格者正解率 53.6%	受験者正解率 72.5%

❶ **正** 建物が滅失したときは，表題部所有者又は所有権の登記名義人は，その滅失の日から 1 カ月以内に，当該建物の滅失の登記を申請しなければならない（不登法 57条）。よって，本肢は正しい。

❷ **誤** 申請書の閲覧には正当な理由が必要となる。

何人も，正当な理由があるときは，登記官に対し，手数料を納付して，登記簿の附属書類（土地所在図，地積測量図，地役権図面，建物図面及び各階平面図を除く。）の全部又は一部（その正当な理由があると認められる部分に限る。）の閲覧を請求することができる（不登法 121 条 3 項，不登令 21 条 1 項）。したがって，申請書を閲覧するには正当な理由が必要となる。よって，本肢は誤りであり，本問の正解肢となる。

❸ **正** 共有物分割禁止の定めに係る権利の変更の登記の申請は，当該権利の共有者であるすべての登記名義人が共同してしなければならない（不登法 65 条）。よって，本肢は正しい。

❹ 正 区分建物にあっては，表題部所有者から所有権を取得した者も，所有権の保存の登記を申請することができる（不登法74条2項前段）。よって，本肢は正しい。

問15	都市計画の内容	解答❹	合格者正解率	不合格者正解率	受験者正解率
			94.5%	71.5%	88.2%

❶ 誤 市街化調整区域は，市街化を抑制すべき区域である。

市街化調整区域は，市街化を抑制すべき区域である（都計法7条3項）。よって，本肢は誤り。なお，本肢の「土地利用を整序し，又は環境を保全するための措置を講ずることなく放置すれば，将来における一体の都市としての整備に支障が生じるおそれがある区域」は準都市計画区域のことである（都計法5条の2第1項）。

❷ 誤 高度利用地区は，建築物の高さの最低限度を定める地区ではない。

高度利用地区は，用途地域内の市街地における土地の合理的かつ健全な高度利用と都市機能の更新とを図るため，建築物の容積率の最高限度及び最低限度，建築物の建蔽率の最高限度，建築物の建築面積の最低限度並びに壁面の位置の制限を定める地区である（都計法9条19項）。よって，本肢は誤り。なお，「建築物の高さの最高限度又は最低限度を定める地区」は高度地区である（都計法9条18項）。

❸ 誤 特定用途制限地域は，用途地域内に定めることはできない。

特定用途制限地域は，用途地域が定められていない土地の区域（市街化調整区域を除く。）内において，その良好な環境の形成又は保持のため当該地域の特性に応じて合理的な土地利用が行われるよう，制限すべき特定の建築物等の用途の概要を定める地域である（都計法9条15項）。用途地域が定められている土地の区域内に定めることはできない。よって，本肢は誤り。

❹ 正 地区計画は，①用途地域が定められている土地の区域，②用途地域が定められていない一定の土地の区域のいずれかに該当する土地の区域について定めることができる（都計法12条の5第1項1号，2号）。よって，本肢は正しく，本問の正解肢となる。

問16	開発行為の規制等	解答❶	合格者正解率	不合格者正解率	受験者正解率
			88.4%	61.1%	80.9%

❶ 正 開発許可を申請しようとする者は，あらかじめ，開発行為に関係がある公共施設の管理者と協議し，その同意を得なければならない（都計法32条1項）。よって，本肢は正しく，本問の正解肢となる。

❷ 誤 変更については原則として許可が必要であり，軽微な場合は届出が必要である。

開発許可を受けた者は，所定の事項の変更をしようとする場合においては，原則として都道府県知事の許可を受けなければならない（都計法35条の2第1項）。そして，国土交通省令で定める軽微な変更をしたときは，遅滞なく，その旨を都道府県知事に届け出なければならない（都計法35条の2第3項）。よって，本肢は誤り。

❸ 誤 公告は都道府県知事が行う。

　都道府県知事は，検査済証を交付したときは，遅滞なく，当該工事が完了した旨を公告しなければならない（都計法36条3項）。工事が完了した旨を公告しなければならないのは都道府県知事であって，開発許可を受けた者ではない。よって，本肢は誤り。

❹ 誤 都道府県知事の許可が必要である。

　何人も，市街化調整区域のうち開発許可を受けた開発区域以外の区域内においては，都道府県知事の許可を受けなければ，建築物を新築してはならない（都計法43条1項本文）。自己の居住用の住宅の場合でも同様である。また，この規制は開発行為を伴わない場合の建築に関する規制である。よって，本肢は誤り。

問17 建築基準法総合	解答 ❸	合格者正解率 96.4%	不合格者正解率 87.2%	受験者正解率 93.8%

❶ 正 地方公共団体は，条例で，津波，高潮，出水等による危険の著しい区域を災害危険区域として指定することができる（建基法39条1項）。また，当該区域内における住居の用に供する建築物の建築の禁止その他建築物の建築に関する制限で災害防止上必要なものは，条例で定めることができる（建基法39条2項）。よって，本肢は正しい。

❷ 正 床面積の合計が1,500㎡を超える物品販売業を営む店舗の用途に供する階でその階に売場を有するものが，避難階以外の階に該当する場合においては，その階から避難階又は地上に通ずる2以上の直通階段を設けなければならない（建基法施行令121条1項2号）。よって，本肢は正しい。

❸ 誤 全部について防火地域内の建築物に関する規定を適用する。

　建築物が防火地域及び準防火地域にわたる場合においては，その全部について防火地域内の建築物に関する規定を適用する（建基法65条2項本文）。準防火地域内の建築物に関する規定を適用するものではない。よって，本肢は誤りであり，本問の正解肢となる。

❹ 正 石綿等をあらかじめ添加した建築材料は，石綿等を飛散又は発散させるおそれがないものとして国土交通大臣が定めたもの又は国土交通大臣の認定を受けたものを除き，使用してはならない（建基法28条の2第2号）。よって，本肢は正しい。

❶ **正** 建蔽率制限に係る規定の適用については，準防火地域内にある準耐火建築物であり，かつ，街区の角にある敷地又はこれに準ずる敷地で特定行政庁が指定するものの内にある建築物にあっては，都市計画において定められた数値に10分の2を加えたものが当該各号に定める数値となる（建基法53条3項）。よって，本肢は正しく，本問の正解肢となる。

❷ **誤** 地盤面下に設ける建築物は道路内に建築することができる。

建築物又は敷地を造成するための擁壁は，原則として，道路内に，又は道路に突き出して建築し，又は築造してはならない（建基法44条1項本文）。ただし，地盤面下に設ける建築物については，例外的に，道路内に，又は道路に突き出して建築することができる（建基法44条1項但書1号）。よって，本肢は誤り。

❸ **誤** 一戸建ての住宅は規制されていない。

地方公共団体は，その敷地が袋路状道路にのみ接する建築物で，延べ面積が150㎡を超えるものについては，一戸建ての住宅を除いて，条例で，その敷地が接しなければならない道路の幅員，その敷地が道路に接する部分の長さその他その敷地又は建築物と道路との関係に関して必要な制限を付加することができる（建基法43条3項5号かっこ書き）。よって，一戸建ての住宅であっても必要な制限を付加することができるとする本肢は誤り。

❹ **誤** 日影規制の対象区域外であっても適用される場合がある。

日影規制の対象区域外にある建築物であっても，高さが10mを超える建築物で，冬至日において，対象区域内の土地に日影を生じさせるものは，日影規制の対象区域内にある建築物とみなして，日影規制に関する規定が適用される（建基法56の2第4項）。よって，対象区域外にある建築物であれば一律に日影規制に関する規定が適用されないとする本肢は誤り。

❶ **誤** 造成宅地防災区域を宅地造成等工事規制区域内に指定できない。

都道府県知事は，基本方針に基づき，かつ，基礎調査の結果を踏まえ，必要があると認めるときは，関係市町村長の意見を聴いて，宅地造成又は特定盛土等（宅地において行うものに限る。）に伴う災害で相当数の居住者等に危害を生ずるものの発生のおそれが大きい一団の造成宅地の区域であって政令で定める基準に該当するものを，造成宅地

防災区域として指定することができる(盛土規制法45条1項, 3項, 10条2項)。ただし, 宅地造成等工事規制区域内の土地についてはこれを指定することができない (盛土規制法45条1項かっこ書き)。よって, 本肢は誤りであり, 本問の正解肢となる。

❷ **正** 都道府県知事は, その地方の気候, 風土又は地勢の特殊性により, 盛土規制法の規定のみによっては宅地造成, 特定盛土等又は土石の堆積に伴う崖崩れ又は土砂の流出の防止の目的を達し難いと認める場合においては, 都道府県の規則で, 宅地造成等工事規制区域内において行われる宅地造成等に関する工事の技術的基準を強化し, 又は必要な技術的基準を付加することができる (盛土規制法施行令20条2項)。よって, 本肢は正しい。

❸ **正** 都道府県知事は, 宅地造成等工事規制区域内の土地について, 宅地造成等に伴う災害の防止のため必要があると認める場合においては, その土地の所有者, 管理者, 占有者, 工事主又は工事施行者に対し, 擁壁等の設置又は改造その他宅地造成等に伴う災害の防止のため必要な措置をとることを勧告することができる (盛土規制法22条2項)。よって, 本肢は正しい。

❹ **正** 宅地造成等工事規制区域内の土地 (公共施設用地を除く。) において, 擁壁もしくは崖面崩壊防止施設で高さが2mを超えるもの, 地表水等を排除するための排水施設又は地滑り抑止ぐい等の全部又は一部の除却の工事を行おうとする者は, その工事に着手する日の14日前までに, 主務省令で定めるところにより, その旨を都道府県知事に届け出なければならない (盛土規制法21条3項, 施行令26条1項)。よって, 本肢は正しい。

問20	土地区画整理法	解答❹	合格者正解率 80.8%	不合格者正解率 50.0%	受験者正解率 72.4%

❶ **正** 換地計画において定められた清算金は, 換地処分の公告があった日の翌日において確定する (区画法104条8項)。よって, 本肢は正しい。

❷ **正** 現に施行されている土地区画整理事業の施行地区となっている区域については, その施行者の同意を得なければ, その施行者以外の者は, 土地区画整理事業を施行することができない (区画法128条1項)。よって, 本肢は正しい。

❸ **正** 施行者は, 換地処分の公告があった場合において, 施行地区内の土地及び建物について土地区画整理事業の施行により変動があったときは, 遅滞なく, その変動に係る登記を申請し, 又は嘱託しなければならない (区画法107条2項)。よって, 本肢は正しい。

❹ **誤** 必要となるのは土地区画整理審議会の同意ではない。

施行者である土地区画整理組合が仮換地を指定しようとする場合, あらかじめ, その指定について, 総会もしくはその部会又は総代会の同意を得なければならないのであっ

て，土地区画整理審議会の同意は不要である（区画法98条3項）。よって，本肢は誤りであり，本問の正解肢となる。なお，都道府県，市町村，国土交通大臣，独立行政法人都市再生機構，地方住宅供給公社が施行者となって仮換地を指定しようとする場合は，土地区画整理審議会の意見を聴かなければならない（区画法98条3項）。

問 21	農地法	解答 ❷	合格者正解率	不合格者正解率	受験者正解率
			86.0%	64.6%	80.2%

❶ **正** 農地を相続により取得する場合は，農地法3条の許可は不要である（農地法3条1項但書12号）。一方，相続人以外の者に対する特定遺贈は農地法3条の許可が必要である（規則15条5号参照）。よって，本肢は正しい。

❷ **誤** 4条1項の許可を受けなければならない。

耕作の事業を行う者が，その農地（2アール未満のものに限る。）をその者の農作物の育成もしくは養畜の事業のための農業用施設に転用しようとする場合は，例外的に農地法4条1項の許可を受ける必要はない（農地法4条1項但書8号，規則29条1号）。この点，本肢の農地は4アールであり，2アール以上なので，原則どおり農地法4条1項の許可が必要となる。よって，本肢は誤りであり，本問の正解肢となる。

❸ **正** 農地法3条1項又は5条1項の許可が必要な農地の売買について，その許可を受けない場合は，効力を生じない（農地法3条6項，5条3項）。したがって，契約が効力を生じない以上，その所有権は移転しない。よって，本肢は正しい。

❹ **正** 社会福祉事業を行うことを目的として設立された法人（社会福祉法人）が，その権利を取得しようとする農地を当該目的に係る業務の運営に必要な施設の用に供すると認められる場合，農地法3条1項に基づく農業委員会の許可を得て，農地の所有権を取得することができる(農地法3条2項1号但書，施行令2条1項1号ハ，規則16条)。よって，本肢は正しい。

問 22	国土利用計画法	解答 ❶	合格者正解率	不合格者正解率	受験者正解率
			93.9%	67.9%	86.8%

❶ **正** 当事者の一方又は双方が国等である場合は事後届出を行う必要はない（国土法23条2項3号）。よって，本肢は正しく，本問の正解肢となる。なお，この場合，土地の規模等は影響しないので，本肢の「都市計画区域外において，……一団の土地である6,000㎡と5,000㎡の土地を購入した」という部分はゆさぶり表現である。

❷ **誤** 相続による取得の場合は届出を行う必要はない。

事後届出が必要となるのは，「対価を得て行う契約」を締結した場合である（国土法

23条1項，14条1項）。相続は，「対価を得て行う契約」ではないことから，相続により取得した場合，事後届出を行う必要はない。よって，本肢は誤り。なお，この場合，土地の規模等は影響しないので，本肢の「市街化区域を除く都市計画区域内において，……7,000㎡の土地を」という部分はゆさぶり表現である。

❸ **誤** 売主であるCに届出義務はない。

　土地売買等の契約を締結した場合，当事者のうち当該土地売買等の契約により土地に関する権利の移転又は設定を受けることとなる者（権利取得者）は，一定の事項を都道府県知事に届け出なければならない(国土法23条1項，2項)。市街化区域における3,000㎡の土地の売買の場合は，買主（D）のみに届出義務があり，売主（C）に届出義務はない。よって，本肢は誤り。

❹ **誤** 200㎡以上の場合に届出が必要となる。

　重要土地等調査法によれば，特別注視区域内にある土地等であって，その面積が200㎡以上のものに関する所有権又はその取得を目的とする権利の移転又は設定をする契約を締結する場合には，当事者は，一定の事項を，あらかじめ，内閣総理大臣に届け出なければならない（重要土地等調査法13条1項，同施行令4条）。本肢の土地の規模は100㎡であり，200㎡未満なので届出は不要である。よって，本肢は誤り。

問23	印紙税	解答❶	合格者正解率 90.7%	不合格者正解率 66.1%	受験者正解率 84.0%

❶ **正** 土地の譲渡契約書は課税文書である（印紙税法別表第一）。そして，契約当事者以外の者に提出又は交付する一定の文書は課税文書に該当しないが，不動産売買契約における仲介人は，契約当事者以外の者には該当しないので，仲介人Cが保存する契約書も印紙税の課税対象となる（印紙税法基本通達20条）。したがって，本肢の契約書3通には印紙税が課されることになる。よって，本肢は正しく，本問の正解肢となる。

❷ **誤** 6,000万円である。

　印紙税法上，土地の譲渡契約書は1号文書であり，建物の建築請負契約書は2号文書である（印紙税法別表第一）。そして，一つの契約書で1号文書と2号文書の契約金額を区分することができる場合において，1号文書の契約金額が2号文書の契約金額未満であるときは，2号文書の契約金額が記載金額になる（印紙税法別表第一，課税物件表の適用に関する通則3ロ）。本肢の場合，土地の譲渡契約金額は5,000万円であり，建物の建築請負契約金額6,000万円未満なので，2号文書である建築請負契約金額6,000万円が記載金額となる。よって，本肢は誤り。

❸ **誤** 記載金額なしとなる。

　不動産の贈与契約書は不動産の譲渡に関する契約書であり課税文書である（印紙税法別表第一）。ただし，贈与契約においては，譲渡の対価である金額はないから，契約金

額はないものとして扱う（印紙税法基本通達23条（1）ホ（注））。よって，本肢は誤り。

❹ 誤 記載金額なしとなる。

契約金額を変更する契約書については，一定の条件のもと，契約金額を減少させる場合には，記載金額のない契約書となる（印紙税法基本通達30条2項（2），印紙税法別表第一，課税物件表の適用に関する通則4ニ）。よって，本肢は誤り。

問24	不動産取得税	解答❹	合格者正解率	不合格者正解率	受験者正解率
			56.6%	36.7%	51.1%

❶ 誤 普通徴収の方法による。

不動産取得税の徴収は普通徴収の方法によらなければならず，特別徴収の方法によることはできない（地方税法73条の17第1項）。よって，本肢は誤り。

❷ 誤 目的税ではなく普通税である。

不動産取得税は，目的税ではなく，普通税として課される（地方税法4条2項4号）。よって，本肢は誤り。なお，普通税とは，その税収の使い道を特定せず，一般経費に充てるために課される税を指し，目的税とは，特定の目的のために課される税を指す。目的税はその使い道があらかじめ定められており，たとえば都市計画税は，その税収を市町村の都市計画事業に充てるための目的税である。

❸ 誤 不動産が所在する都道府県において課税する。

不動産取得税は，不動産の取得に対し，当該不動産所在の都道府県において，当該不動産の取得者に課する（地方税法73条の2第1項，1条2項）。不動産所在の市町村及び特別区において課するものではない。よって，本肢は誤り。

❹ 正 不動産取得税は，市町村及び特別区に対して，課することができない（地方税法73条の3第1項）。よって，本肢は正しく，本問の正解肢となる。なお，不動産取得税は，市町村及び特別区以外に，国，非課税独立行政法人，国立大学法人等，日本年金機構及び福島国際研究教育機構並びに都道府県，地方公共団体の組合，財産区，合併特例区及び地方独立行政法人に対しても課することができない。

問25	不動産鑑定評価基準	解答❹	合格者正解率	不合格者正解率	受験者正解率
			85.1%	74.4%	82.2%

❶ 誤 原価法は収益価格や比準価格を求めるものではない。

原価法は，価格時点における対象不動産の再調達原価を求め，この再調達原価について減価修正を行って対象不動産の積算価格を求める手法である（不動産鑑定評価基準総論7章1節Ⅱ1）。よって，本肢は誤り。なお，「収益価格」は収益還元法による試算価

格であり，「比準価格」は取引事例比較法による試算価格である。

❷ 誤 土地のみの場合でも原価法を適用することができる。

原価法は，対象不動産が建物又は建物及びその敷地である場合において，再調達原価の把握及び減価修正を適切に行うことができるときに有効であり，対象不動産が土地のみである場合においても，再調達原価を適切に求めることができるときは適用することができる（不動産鑑定評価基準総論7章1節Ⅱ1）。よって，本肢は誤り。

❸ 誤 補正できるものであれば採用することができる。

取引事例等に係る取引等が特殊な事情を含み，これが当該取引事例等に係る価格等に影響を及ぼしているときは適切に補正しなければならない（不動産鑑定評価基準総論7章1節Ⅰ3）。そして，取引事例等に係る取引等の事情が正常なものに補正することができるものであれば採用することができる（不動産鑑定評価基準総論7章1節Ⅰ2（2））。よって，本肢は誤り。

❹ 正 取引事例比較法は，近隣地域もしくは同一需給圏内の類似地域等において対象不動産と類似の不動産の取引が行われている場合又は同一需給圏内の代替競争不動産の取引が行われている場合に有効である(不動産鑑定評価基準総論7章1節Ⅲ1)。よって，本肢は正しく，本問の正解肢となる。

| 問26 | 37 条書面 | 解答 ❸ | 合格者正解率 72.3% | 不合格者正解率 52.4% | 受験者正解率 66.8% |

ア 正 宅建業者は，自ら当事者として契約を締結した場合，37条書面の交付に代えて，当該契約の相手方の承諾を得て，当該書面に記載すべき事項を電磁的方法により提供することができる（業法37条4項1号，施行令3条の4第1項）。よって，本肢は正しい。

イ 誤 宅地建物取引士の明示は省略できない。

宅建業者は，その媒介により契約が成立した場合，37条書面の交付に代えて，当該契約の各当事者の承諾を得て，当該書面に記載すべき事項を電磁的方法により提供することができる（業法37条4項3号）。この提供を行う場合，当該書面の交付に係る宅地建物取引士が明示されなければならない（規則16条の4の12第2項4号）。たとえ，宅建業法施行令第3条の4第1項に規定する承諾を取得するための通知の中に宅地建物取引士を明示しておいたとしても，この措置は省略できない。よって，本肢は誤り。

ウ 正 宅建業者は，自ら当事者として契約を締結した場合，37条書面の交付に代えて，当該契約の相手方の承諾を得て，当該書面に記載すべき事項を電磁的方法により提供することができる（業法37条4項1号）。この提供を行う場合，相手方が相手方ファイルへの記録を出力することにより書面を作成することができるものでなければならない（規則16条の4の12第2項1号）。よって，本肢は正しい。

エ　正　宅建業者は，その媒介により契約が成立した場合，37条書面の交付に代えて，当該契約の各当事者の承諾を得て，当該書面に記載すべき事項を電磁的方法により提供することができる（業法37条4項3号）。この提供を行う場合，宅建業者は，ファイルに記録された記載事項について，改変が行われていないかどうかを確認することができる措置を講ずる必要がある(規則16条の4の12第2項2号)。よって，本肢は正しい。

　以上より，正しいものはア，ウ，エの三つであり，**❸**が本問の正解肢となる。

問27	宅建業法総合	解答❹	合格者正解率 85.2%	不合格者正解率 61.9%	受験者正解率 78.8%

❶　正　建物状況調査とは，建物の構造耐力上主要な部分又は雨水の浸入を防止する部分として国土交通省令で定めるものの状況の調査であって，経年変化その他の建物に生じる事象に関する知識及び能力を有する者として国土交通省令で定める者が実施するものをいう（業法34条の2第1項4号）。よって，本肢は正しい。

❷　正　建物状況調査を実施する者は，建築士法2条1項に規定する建築士であって国土交通大臣が定める講習を修了した者でなければならない（規則15条の8第1項）。よって，本肢は正しい。

❸　正　建物状況調査を実施する者のあっせんは，媒介業務の一環であるため，宅建業者は，依頼者に対し建物状況調査を実施する者をあっせんした場合において，報酬とは別にあっせんに係る料金を受領することはできない（解釈・運用の考え方）。よって，本肢は正しい。

❹　誤　貸借の場合は記載不要。
　貸借の媒介の場合，当該建物が既存の建物であるときは，建物の構造耐力上主要な部分等の状況について当事者の双方が確認した事項は，37条書面に記載しなければならない事項ではない（業法37条2項，1項2号の2参照）。よって，本肢は誤りであり，本問の正解肢となる。

問28	その他の業務上の規制	解答❸	合格者正解率 96.8%	不合格者正解率 77.6%	受験者正解率 91.5%

ア　違反する　勧誘を継続してはならない。
　宅建業者等（宅建業者又はその代理人，使用人その他の従業者）は，宅建業に係る契約の締結の勧誘をするに際し，宅建業者の相手方等が当該契約を締結しない旨の意思(当該勧誘を引き続き受けることを希望しない旨の意思を含む。）を表示したにもかかわら

ず，当該勧誘を継続してはならない（業法47条の2第3項，規則16条の11第1号ニ）。よって，本肢は宅建業法の規定に違反する。

イ　違反する　不実告知をしてはならない。

宅建業者は，勧誘をするに際し，宅地もしくは建物の所在，規模，形質，現在もしくは将来の利用の制限，環境，交通等の利便等に関する事項であって，宅建業者の相手方等の判断に重要な影響を及ぼすこととなるものについて，故意に不実のことを告げる行為をしてはならない（業法47条1号ニ）。よって，本肢は宅建業法の規定に違反する。

ウ　違反する　迷惑を覚えさせるような時間に電話してはならない。

宅建業者等は，宅建業に係る契約の締結の勧誘をするに際し，宅建業者の相手方等に対し，迷惑を覚えさせるような時間に電話し，又は訪問してはならない（業法47条の2第3項，規則16条の11第1号ホ）。よって，本肢は宅建業法の規定に違反する。

エ　違反しない　宅建業者は，宅地又は建物の売買又は交換に関し，自ら当事者として契約を締結したときはその相手方に，遅滞なく，法37条の規定に基づく書面を交付しなければならず，当該書面を作成したときは，宅地建物取引士をして，当該書面に記名させなければならない（業法37条1項，3項）。押印させる義務はない。よって，本肢は宅建業法の規定に違反しない。

以上より，違反するものはア，イ，ウの三つであり，**③**が本問の正解肢となる。

問29	免許総合	解答❷	合格者正解率 94.1%	不合格者正解率 67.3%	受験者正解率 86.7%

❶　誤　法人の政令で定める使用人が免許欠格事由に該当すると免許は取り消される。

宅建業者である法人の支店の代表者（政令で定める使用人）が懲役の刑に処せられた場合，当該法人の免許は取り消される（業法66条1項3号，5条1項5号）。したがって，A社の免許は取り消される。よって，本肢は誤り。

❷　正　宅建業者である法人の役員が一定の罪を犯し罰金刑に処せられた場合，当該法人の免許は取り消される（業法66条1項3号，5条1項6号）。しかし，所得税法違反は，この一定の罪に該当しないので，B社の取締役が罰金刑に処せられたとしても，B社の免許は取り消されない。よって，本肢は正しく，本問の正解肢となる。

❸　誤　免許欠格事由に該当する。

個人である宅建業者が一定の罪を犯し罰金刑に処せられた場合，免許は取り消される（業法66条1項1号，5条1項6号）。宅建業法違反は，この一定の罪に該当するので，個人Cの免許は取り消される。よって，本肢は誤り。

❹　誤　非常勤役員も「役員」である。

宅建業者である法人の役員又は政令で定める使用人が免許欠格事由に該当する場合，

当該法人の免許は取り消される（業法66条1項3号）。そして，この「役員」には非常勤役員も含まれる。役員が，刑法222条（脅迫）の罪により罰金の刑に処せられた場合，免許欠格事由に該当するので（業法5条1項6号），D社の免許は取り消される。よって，本肢は誤り。

| 問 30 | 営業保証金 | 解答 ❶ | 合格者正解率 90.3% | 不合格者正解率 60.5% | 受験者正解率 82.1% |

ア　誤　6カ月以内ではない。

　国土交通大臣又は都道府県知事は，免許をした日から「3月以内」に宅建業者が営業保証金を供託した旨の届出をしないときは，その届出をすべき旨の催告をしなければならず，この催告が到達した日から1月以内に宅建業者が営業保証金を供託した旨の届出をしないときは，その免許を取り消すことができる（業法25条6項，7項）。よって，本肢は誤り。

イ　正　宅建業者は，営業保証金を供託したときは，その供託物受入れの記載のある供託書の写しを添附して，その旨をその免許を受けた国土交通大臣又は都道府県知事に届け出なければならず，当該届出をした後でなければ，その事業を開始することができない（業法25条4項，5項）。よって，本肢は正しい。

ウ　誤　30日以内ではない。

　宅建業者は，還付により不足した営業保証金を供託したときは，その供託物受入れの記載のある供託書の写しを添附して，2週間以内に，その旨をその免許を受けた国土交通大臣又は都道府県知事に届け出なければならない（業法28条2項）。よって，本肢は誤り。

エ　誤　3カ月ではない。

　宅建業者は，免許失効に伴い営業保証金を取り戻すときは，還付請求権者に対し，「6月」を下らない一定期間内に権利を申し出るべき旨の公告をしなければならない（業法30条2項本文）。よって，本肢は誤り。

　以上より，正しいものはイの一つであり，❶が本問の正解肢となる。

| 問 31 | 広告等に関する規制 | 解答 ❹ | 合格者正解率 95.3% | 不合格者正解率 74.7% | 受験者正解率 89.7% |

❶　誤　取引態様の別を明らかにする必要がある。

　宅建業者は取引に関する注文を受けたときは，遅滞なく，注文者に対し，取引態様の

別を明らかにしなければならない（業法34条2項）。このことは，宅建業者が，取引に関する広告をするときに，取引態様の別を明示していたとしても，変わるものではない。よって，本肢は誤り。

❷ 誤 建物状況調査の実施について明示することを要しない。

宅建業者が既存の住宅の広告を行うときに，建物状況調査（業法34条の2第1項4号）の実施の有無を明示しなければならないとする規定はない。よって，本肢は誤り。

❸ 誤 貸借の媒介の広告もできない。

宅建業者は，宅地の造成又は建物の建築に関する工事の完了前においては，当該工事に関し必要とされる開発許可，建築確認等があった後でなければ，当該工事に係る宅地又は建物の売買その他の業務に関する広告をしてはならない（業法33条）。したがって，売買の媒介に関する広告だけでなく，貸借の媒介に関する広告もすることができない。よって，本肢は誤り。

❹ 正 宅建業者は，業務に関する広告につき，著しく事実に相違する表示をしてはならない（誇大広告等の禁止，業法32条）。これに違反した場合，監督処分の対象となるほか，6月以下の懲役もしくは100万円以下の罰金に処せられ，又はこれを併科されることがある（業法65条2項2号，4項2号，66条1項9号，81条1号）。よって，本肢は正しく，本問の正解肢となる。

問32	宅建業法総合	解答 ❹	合格者正解率	不合格者正解率	受験者正解率
			91.2%	69.9%	85.3%

❶ 正 宅建業者は，宅地建物取引業者名簿の登載事項のうちの一定のものに変更があったときは，30日以内に免許権者に変更の届出をしなければならない（業法9条）。新たに支店を設置した場合，登載事項のうちの，「事務所の名称及び所在地」の変更にあたるため，変更の届出が必要である（業法8条2項5号）。よって，本肢は正しい。

❷ 正 法人が合併により消滅した場合，その法人を代表する役員であった者は，30日以内に，その旨をその免許を受けた国土交通大臣又は都道府県知事に届け出なければならない（業法11条1項2号）。したがって，合併により消滅したBを代表する役員であった者は，その日から30日以内に，その旨を乙県知事に届け出なければならない。よって，本肢は正しい。

❸ 正 宅建業者は，事務所ごとに置かれる成年者である専任の宅地建物取引士の氏名に変更が生じた場合には，その日から30日以内に免許権者に変更の届出をしなくてはならない（業法9条，8条2項6号）。よって，本肢は正しい。

❹ 誤 業務開始の10日前までに届出が必要である。

宅建業者は，業務に関し展示会その他これに類する催しを実施する場所で，宅地又は建物の売買の契約締結等をする場合，業務開始の「10日前」までに，その旨を免許を

受けた国土交通大臣又は都道府県知事及び案内所の所在地を管轄する都道府県知事に届け出なければならない（業法50条2項，規則19条3項）。よって，本肢は誤りであり，本問の正解肢となる。

問33 重要事項の説明　解答❶

❶ **正**　宅建業者は，相手方等に対して，その者が取得し，又は借りようとしている宅地又は建物に関し，契約が成立するまでの間に説明しなければならない（業法35条1項柱書）。本肢において甲宅地を取得するのはBであり，乙宅地を取得するのはAである。したがって，AはBに対して，甲宅地に関する重要事項の説明を行う義務を負うが，乙宅地に関する重要事項の説明を行う義務を負わない。よって，本肢は正しく，本問の正解肢となる。

❷ **誤**　売買における引渡しの時期は説明事項ではない。

売買における物件の引渡しの時期は，重要事項の説明事項ではない（業法35条1項参照）。よって，本肢は誤り。なお，売買における物件の引渡しの時期は，37条書面の記載事項である（業法37条1項4号）。

❸ **誤**　買主への所有権移転登記以後に受領するものについては不要。

宅建業者は，支払金又は預り金を受領しようとする場合，保全措置を講ずるかどうか，及びその措置を講ずる場合における措置の概要を重要事項説明書に記載しなければならない（業法35条1項11号）。しかし，この「支払金又は預り金」には，売主である宅建業者が登記以後に受領するものは含まれない（規則16条の3第3号）。よって，本肢は誤り。

❹ **誤**　改めて承諾を得る必要がある。

重要事項説明書の電磁的方法による提供については，宅建業者が，あらかじめ，重要事項説明を受ける者に対して電磁的方法による提供に用いる電磁的方法の種類及び内容を示した上で，重要事項説明を受ける者から電磁的方法でよい旨の書面又は電子情報処理組織を使用する方法等による承諾が必要である（業法35条8項，施行令3条の3第1項）。したがって，口頭で依頼があったことをもって，電磁的方法によることの承諾にはならず，宅建業者は改めて承諾を得なければならない。よって，本肢は誤り。

問34 報酬額の制限　解答❸

宅建業者が宅地又は建物の貸借の媒介に関して依頼者の双方から受けることのできる

報酬の額の合計額は，当該宅地又は建物の借賃の1月分の1.1倍に相当する金額以内でなければならない（報酬告示第4）。複数の宅建業者が関与する場合であっても，宅建業者全員が受領する報酬の合計額はこれを超えることはできない。本問の場合，1か月分の借賃は12万円であることから，この1.1倍である132,000円が上限額となる。

ア　違反する　承諾を得ないで132,000円を受領することはできない。

居住の用に供する建物の賃貸借の媒介に関して依頼者の一方から受けることのできる報酬の額は，当該媒介の依頼を受けるに当たって当該依頼者の承諾を得ている場合を除き，借賃の1月分の0.55倍を超えてはならない（報酬告示第4）。したがって，Cは，Dの承諾を得なければ66,000円を超えて報酬を受領することができない。よって，Dの承諾を得ないまま132,000円の報酬を受領している本肢は宅建業法の規定に違反する。

イ　違反しない　宅建業者は，依頼者の依頼によって行う広告の料金に相当する額について，報酬とは別に受領することができる（報酬告示第9①但書）。よって，本肢は宅建業法の規定に違反しない。

ウ　違反する　契約書の作成費を受領することはできない。

宅建業者は，報酬の限度額の規定によるほか報酬を受けることができない（業法46条1項，2項，報酬告示第9①本文）。したがって，報酬の限度額まで受領したうえでこの他に賃貸借契約書の作成費を受領することはできない。よって，本肢は宅建業法の規定に違反する。

エ　違反する　132,000円をそれぞれ受領することはできない。

冒頭で述べた通り，本問の場合，132,000円が報酬額の上限となる。また，複数の宅建業者が関与する場合，宅建業者全員の受領する報酬の合計額は，1人の宅建業者に依頼した場合の報酬の限度額以内でなければならない（業法46条，報酬告示第4参照）。したがって，AとBの合計額が132,000円を超えることはできない。よって，AはBから132,000円を，CはDから132,000円をそれぞれ受領している本肢は宅建業法の規定に違反する。

以上より，宅建業法の規定に違反するものはア，ウ，エの三つであり，**❸**が本問の正解肢となる。

問35	クーリング・オフ	解答❹	合格者正解率 95.3%	不合格者正解率 73.9%	受験者正解率 89.4%

❶　誤　書面を交付して告げる。

売主である宅建業者が，クーリング・オフができる旨及びその方法について告げるときは，一定の事項を記載した書面を交付して告げなければならない（業法37条の2第

1項1号，規則16条の6柱書）。したがって，Aは，Bから承諾を得た場合であっても，クーリング・オフについて電磁的方法で告げることはできない。よって，本肢は誤り。

❷ 誤 クーリング・オフは書面で行う。

買主が行うクーリング・オフは，書面により行う（業法37条の2第1項柱書前段）。したがって，Bは，電磁的方法により当該申込みの撤回を申し出ても，クーリング・オフを行うことはできない。よって，本肢は誤り。

❸ 誤 事務所はクーリング・オフができない場所である。

事務所等において買受けの申込みをした場合には，申込者等はクーリング・オフを行うことができない（業法37条の2第1項柱書かっこ書）。したがって，Bが，Aの事務所で買受けの申込みをした場合，Bは，クーリング・オフを行うことができない。よって，本肢は誤り。

❹ 正 事務所等において買受けの申込みをした場合には，申込者等はクーリング・オフを行うことができない（業法37条の2第1項柱書かっこ書）。そして，宅建業者が他の宅建業者に対し，宅地又は建物の売却について代理又は媒介の依頼をした場合に，当該代理又は媒介の依頼を受けた他の宅建業者の事務所は，クーリング・オフができない事務所等にあたる（規則16条の5第1号ハ）。本肢において，Aは，売却の媒介を依頼している宅建業者Cの事務所でBから買受けの申込みを受けているので，Bは，クーリング・オフを行うことができない。よって，本肢は正しく，本問の正解肢となる。

問36	その他の業務上の規制	解答❸	合格者正解率 94.8%	不合格者正解率 74.8%	受験者正解率 89.3%

ア 違反する かかった諸費用を差し引くことはできない。

宅建業者等は，宅建業者の相手方等が契約の申込みの撤回を行うに際し，既に受領した預り金を返還することを拒むことをしてはならない（業法47条の2第3項，規則16条の11第2号）。したがって，Aは，預り金を返還する際に，かかった諸費用を差し引くことはできない。よって，本肢は宅建業法の規定に違反する。

イ 違反する 手付金の分割払いをすることはできない。

宅建業者は，その業務に関して，宅建業者の相手方等に対し，手付について貸付けその他信用の供与をすることにより契約の締結を誘引する行為をしてはならない（業法47条3号）。手付金の分割払いは，手付について信用の供与をすることに該当する（解釈・運用の考え方）。したがって，Aは，マンションの売買契約を締結するに際して，手付金の分割払いを買主に提案してはならない。よって，本肢は宅建業法の規定に違反する。

ウ 違反しない 宅建業者は，その事務所ごとに，その業務に関する帳簿を備え，宅建業に関し取引のあったつど，その年月日，その取引に係る宅地又は建物の所在及び面積等の事項を記載しなければならない（業法49条）。当該帳簿に記載する事項が，電

子計算機に備えられたファイル又は磁気ディスクに記録され、必要に応じ当該事務所において電子計算機その他の機器を用いて明確に紙面に表示されるときは、当該記録をもって帳簿への記載に代えることができる（規則18条2項）。よって、本肢は宅建業法の規定に違反しない。

エ 違反する 勧誘の目的を告げる必要がある。

宅建業者等は、宅建業に係る契約の締結の勧誘をするに際し、宅建業者の相手方等に対し、当該勧誘に先立って宅建業者の商号又は名称及び当該勧誘を行う者の氏名並びに当該契約の締結について勧誘をする目的である旨を告げずに、勧誘を行ってはならない（業法47条の2第3項、規則16条の11第1号ハ）。したがって、Aは、目的がマンションの売買の勧誘であることを告げずにマンションの売買の勧誘をしてはならない。よって、本肢は宅建業法の規定に違反する。

以上より、宅建業法の規定に違反するものはア、イ、エの三つであり、**❸**が本問の正解肢となる。

問37	事務所の設置	解答❸	合格者正解率 98.0%	不合格者正解率 89.3%	受験者正解率 95.7%

❶ 誤 非常勤役員にも従業者証明書を携帯させる。

宅建業者は、従業者に、その従業者であることを証する証明書を携帯させなければ、その者をその業務に従事させてはならない（業法48条1項）。従業者証明書を携帯させるべき者の範囲は、代表者（いわゆる社長）を含み、かつ、非常勤の役員、単に一時的に事務の補助をする者を加えるものとする（解釈・運用の考え方）。したがって、宅建業者は、非常勤役員にも従業者であることを証する証明書を携帯させる必要がある。よって、本肢は誤り。

❷ 誤 従業者名簿を閲覧に供しなければならない。

宅建業者は、取引の関係者から請求があったときは、従業者名簿をその者の閲覧に供しなければならない（業法48条4項）。したがって、宅建業者は、秘密を守る義務を理由に閲覧を拒むことはできない。よって、本肢は誤り。なお、宅建業者は、事務所ごとに、従業者名簿を備えなければならないとする部分は正しい（業法48条3項）。

❸ 正 従業者は、取引の関係者の請求があったときは、従業者証明書を提示しなければならない（業法48条2項）。宅建業者を提示請求ができる取引の関係者から除外する旨の規定はない。したがって、宅建業者の従業者は、宅地の買受けの申込みをした宅建業者から請求があった場合には、その者に従業者であることを証する証明書を提示する必要がある。よって、本肢は正しく、本問の正解肢となる。

❹ 誤 10年間保存しなければならない。

宅建業者は，従業者名簿を最終の記載をした日から10年間保存しなければならない（業法48条3項，規則17条の2第4項）。最終の記載をした日から5年間保存ではない。よって，本肢は誤り。

問38	宅建業法総合	解答❷	合格者正解率 56.4%	不合格者正解率 40.0%	受験者正解率 51.9%

ア 正 宅建業における取引とは，売買もしくは交換又は売買，交換もしくは貸借の代理もしくは媒介をする行為をいう（業法2条2号）。したがって，自ら貸借することは宅建業法における「取引」に該当しない。よって，本肢は正しい。

イ 誤 宅地建物取引士証の交付を受けた者をいう。

宅地建物取引士とは，宅地建物取引士資格試験に合格し，都道府県知事の登録を受けたうえで，宅地建物取引士証の交付を受けた者をいう（業法2条4号）。試験に合格し，登録を受けただけの者は宅地建物取引士資格者であって，宅地建物取引士ではない。よって，本肢は誤り。

ウ 誤 売買の媒介は「取引」に当たる。

宅建業における取引とは，売買もしくは交換又は売買，交換もしくは貸借の代理もしくは媒介をする行為をいう（業法2条2号）。Bが建築請負工事の受注を目的としていても，業として宅地の売買の媒介を行う以上，当該媒介は宅建業に該当する。よって，本肢は誤り。

エ 正 宅地建物取引士は，宅地又は建物の取引に係る事務に必要な知識及び能力の維持向上に努めなければならない（業法15条の3）。よって，本肢は正しい。

以上より，正しいものはア，エの二つであり，❷が本問の正解肢となる。

問39	手付金等の保全措置	解答❷	合格者正解率 81.9%	不合格者正解率 59.5%	受験者正解率 75.7%

❶ 誤 手付金を受領する前に保全措置を講じる。

宅建業者は，手付金等の保全措置を講じた後でなければ，買主から手付金等を受領してはならない（業法41条1項本文，41条の2第1項本文）。したがって，Aは手付金を受領した後に保全措置を講じるのではない。よって，本肢は誤り。

❷ 正 保証保険契約は，保険期間が，少なくとも保証保険契約が成立した時から宅建業者が受領した手付金等に係る宅地又は建物の引渡しまでの期間であることという要

件に適合するものでなければならない（業法41条3項2号，41条の2第1項本文）。よって，本肢は正しく，本問の正解肢となる。

❸ 誤 宅建業者は，保険証券を買主に交付する必要がある。

宅建業者は，手付金等の保全措置として保証保険契約を締結することにより講ずる場合には，保険事業者との間において，保証保険契約を締結し，かつ，保険証券又はこれに代わるべき書面を買主に交付しなければならない（業法41条1項2号，41条の2第1項本文）。したがって，Aは，保険証券をBに交付する必要がある。よって，本肢は誤り。

❹ 誤 買主の承諾が必要である。

宅建業者は，保証委託契約に基づいて当該銀行等が手付金等の返還債務を連帯して保証することを約する書面を買主に交付する措置に代えて，買主の承諾を得て，電磁的方法による措置を講じることができる（業法41条5項）。したがって，Aは，保証委託契約による手付金の保全措置について，Bの承諾を得ることなく電磁的方法により講じることはできない。よって，本肢は誤り。

問40	媒介・代理契約	解答❹	合格者正解率 98.3%	不合格者正解率 82.0%	受験者正解率 93.8%

❶ 誤 購入の申込みがあった旨を報告しなければならない。

媒介契約を締結した宅建業者は，当該媒介契約の目的物である宅地又は建物の売買又は交換の申込みがあったときは，遅滞なく，その旨を依頼者に報告しなければならない（業法34条の2第8項）。したがって，Bの希望条件を満たさない申込みだとAが判断した場合であっても，AはBに報告する必要がある。よって，本肢は誤り。

❷ 誤 媒介契約の締結前に確認しなければならない。

建物が既存の建物であるときは，依頼者に対する建物状況調査を実施する者のあっせんに関する事項が，媒介契約書の記載事項となる（業法34条の2第1項4号）。したがって，Aは，媒介契約の締結前に，Bに対し，建物状況調査を実施する者のあっせんの有無を確認するのであり，媒介契約書の交付後に確認するのではない。よって，本肢は誤り。

❸ 誤 休業日数を除いて7日以内である。

指定流通機構への登録期間は，専任媒介契約の締結の日から7日であり，当該期間の計算については，休業日数は算入しない（業法34条の2第5項，規則15条の10）。したがって，指定流通機構への登録期間は，契約締結の日から休業日数を含め7日以内ではない。よって，本肢は誤り。

❹ 正 専任媒介契約にあっては，依頼者が他の宅建業者の媒介又は代理によって売買又は交換の契約を成立させたときの措置が媒介契約書の記載事項となる（業法34条の2第1項8号，規則15条の9第1号）。したがって，Aは，Bが他の宅建業者の媒介又は代理によって売買の契約を成立させたときの措置を媒介契約書に記載しなければ

ならない。よって，本肢は正しく，本問の正解肢となる。

問41	監督・罰則	解答❷	合格者正解率 63.1%	不合格者正解率 33.9%	受験者正解率 55.1%

❶ **誤** 当該都道府県の区域内で事務を行う宅地建物取引士も対象となる。

都道府県知事は，その登録を受けている宅地建物取引士及び当該都道府県の区域内でその事務を行う宅地建物取引士に対して，宅地建物取引士の事務の適正な遂行を確保するため必要があると認めるときは，その事務について必要な報告を求めることができる（業法72条3項）。したがって，甲県知事は，甲県知事の登録を受けている宅地建物取引士に限らず，甲県の区域内で事務を行う宅地建物取引士に対しても，その事務について必要な報告を求めることができる。よって，本肢は誤り。

❷ **正** 都道府県知事は，当該都道府県の区域内において，他の都道府県知事の登録を受けている宅地建物取引士が，宅建業者に自己が専任の宅地建物取引士として従事している事務所以外の事務所の専任の宅地建物取引士である旨の表示をすることを許し，当該宅建業者がその旨の表示をしたとき，当該宅地建物取引士に対し，必要な指示をすることができる（業法68条3項，1項1号）。よって，本肢は正しく，本問の正解肢となる。

❸ **誤** 登録を消除しなければならない。

都道府県知事は，その登録を受けている宅地建物取引士が不正の手段により宅地建物取引士証の交付を受けたとき，当該登録を消除しなければならない（業法68条の2第1項3号）。情状が特に重いときに登録を消除できるのではない。よって，本肢は誤り。

❹ **誤** 宅地建物取引士に対する監督処分について，公告はしない。

国土交通大臣又は都道府県知事は，宅建業者に対して業務停止処分又は免許取消処分をしたときは，その旨を公告しなければならない（業法70条1項）。しかし，宅地建物取引士に対する監督処分については，その旨を公告しなければならないとする規定はない。よって，本肢は誤り。

問42	重要事項の説明	解答❸	合格者正解率 92.4%	不合格者正解率 60.5%	受験者正解率 83.7%

ア **誤** 相手方から請求されなくても，宅地建物取引士証の提示が必要である。

宅地建物取引士は，重要事項の説明をするときは，説明の相手方に対し，宅地建物取引士証を提示しなければならない（業法35条4項）。したがって，宅地建物取引士は，重要事項の説明をするときは，取引の相手方から請求されなくても，宅地建物取引士証

を相手方に提示する必要がある。よって，本肢は誤り。

イ　誤　売主に対して重要事項の説明をする必要はない。

宅建業者は，宅建業者の相手方等に対して，その者が取得し，又は借りようとしている宅地又は建物に関し，その売買，交換又は貸借の契約が成立するまでの間に，宅地建物取引士をして，重要事項の説明書を交付して説明をさせなければならない（業法35条1項）。したがって，媒介業者は，宅建業者ではない買主に対して重要事項の説明書を交付して説明を行う必要があるが，売主に対して重要事項の説明書を交付して説明を行う必要はない。よって，本肢は誤り。

ウ　正　宅建業者は，宅建業者の相手方等が宅建業者である場合には，その者が取得し，又は借りようとしている宅地又は建物に関し，その売買，交換又は貸借の契約が成立するまでの間に，重要事項の説明書を交付しなければならない（業法35条6項，1項）。したがって，宅建業者の相手方等が宅建業者である場合には，重要事項の説明書の交付は必要であるが，宅地建物取引士による重要事項の説明は省略することができる。よって，本肢は正しい。

エ　誤　代金並びにその支払時期及び方法を説明する必要はない。

代金並びにその支払時期及び方法は，重要事項の説明事項ではない（業法35条1項参照）。したがって，宅建業者である売主は，宅建業者ではない買主に対して，重要事項として代金並びにその支払時期及び方法について説明をする必要はない。よって，本肢は誤り。なお，代金の額並びにその支払の時期及び方法は，37条書面の記載事項である（業法37条1項3号）。

以上より，誤っているものはア，イ，エの三つであり，**❸**が本問の正解肢となる。

問 43	37条書面	解答 ❹	合格者正解率 **98.9%**	不合格者正解率 **88.1%**	受験者正解率 **96.0%**

❶　誤　相手が宅建業者であっても，記載しなければならない。

移転登記の申請時期は，宅地又は建物の売買又は交換に関する37条書面の必要的記載事項である（業法37条1項5号）。そして，買主が宅建業者である場合に37条書面の記載を省略できる旨の規定はない。したがって，買主が宅建業者であっても，37条書面に移転登記の申請時期を記載しなければならない。よって，本肢は誤り。

❷　誤　売買契約が成立したときに，遅滞なく，交付する。

37条書面は，売買又は交換の契約が成立したときに，宅建業者が契約の当事者に対して，遅滞なく，交付する（業法37条1項柱書）。したがって，Aは，37条書面を売買契約成立前に交付するのではない。よって，本肢は誤り。

❸ **誤** 専任でなくてもよい。

宅建業者は，37条書面を作成したときは，宅地建物取引士をして，当該書面に記名させなければならない（業法37条3項）。記名は，宅地建物取引士にさせるのであり，専任の宅地建物取引士にさせなければならないわけではない。よって，本肢は誤り。

❹ **正** 37条書面には，天災その他不可抗力による損害の負担に関する定めがあるときは，その内容を記載しなければならない（業法37条1項10号）。よって，本肢は正しく，本問の正解肢となる。

問44	弁済業務保証金	解答❶	合格者正解率 95.7%	不合格者正解率 79.8%	受験者正解率 91.3%

❶ **正** 保証協会の社員は，相手方等から社員の取り扱った宅建業に係る取引に関する苦情について保証協会に解決の申出があり，保証協会から苦情の解決について必要があると認める場合に文書もしくは口頭による説明の求め又は資料の提出の求めがあったときは，正当な理由がある場合でなければ，これを拒んではならない（業法64条の5第3項，2項）。よって，本肢は正しく，本問の正解肢となる。

❷ **誤** 一部の事務所の廃止による場合，公告は不要である。

社員が一部の事務所を廃止したことに伴って弁済業務保証金分担金を当該社員に返還しようとするときは，保証協会が，当該社員に係る宅建業に関する取引により生じた債権に関し弁済業務保証金から弁済を受ける権利を有する者に対し，当該保証協会の認証を受けるため申し出るべき旨を公告しなければならないとする規定はない（業法64条の11第4項参照）。したがって，一部の事務所の廃止による場合，当該公告は不要である。よって，本肢は誤り。

❸ **誤** 還付は，供託所から受ける。

弁済業務保証金の供託は法務大臣及び国土交通大臣の定める供託所にしなければならない（業法64条の7第2項）。したがって，弁済業務保証金について弁済を受ける権利を有する者は，保証協会の認証を受けた額について，法務大臣及び国土交通大臣の定める供託所に請求し，当該供託所から弁済業務保証金の還付を受けるのであり，保証協会が弁済業務保証金から返還するのではない（業法64条の8第5項，弁済業務保証金規則3条）。よって，本肢は誤り。

❹ **誤** 未完成物件の場合，手付金等保管事業の対象とならない。

保証協会は，手付金等保管事業についてあらかじめ国土交通大臣の承認を受けたときは，完成物件に関する手付金等の保全措置における手付金等の寄託契約の指定保管機関の指定を受けたものとみなされる（業法64条の17の2第2項，41条の2第1項1号）。しかし，手付金等の寄託契約は，宅地の造成又は建築に関する工事の完了前における宅地又は建物の売買には手付金等の保全措置として用いることができない（業法41条参

照）。したがって，工事の完了前における買主からの手付金等の受領について，当該事業の対象とすることはできない。よって，本肢は誤り。

問45 住宅瑕疵担保履行法 解答④

合格者正解率	不合格者正解率	受験者正解率
94.1%	78.2%	89.8%

❶ **誤** 資力確保措置を講ずる義務を負う。

宅建業者でない買主に新築住宅を販売する宅建業者は，住宅販売瑕疵担保保証金の供託又は住宅販売瑕疵担保責任保険契約の締結による資力確保措置を講じなければならない（住宅瑕疵担保履行法11条1項，2項かっこ書）。住宅瑕疵担保履行法に規定する宅建業者とは，宅建業法2条3号に規定する宅建業者をいい，信託会社又は金融機関の信託業務の兼営等に関する法律1条1項の認可を受けた金融機関であって，宅建業を営むものを含む（住宅瑕疵担保履行法2条4項）。したがって，Aは，住宅瑕疵担保履行法に規定する宅建業者であり，住宅販売瑕疵担保保証金の供託又は住宅販売瑕疵担保責任保険契約の締結を行う義務を負う。よって，本肢は誤り。

❷ **誤** 電磁的方法により提供することもできる。

宅建業者による供託所の所在地等に関する説明は，書面の交付に代えて，買主の承諾を得て，当該書面に記載すべき事項を電磁的方法により提供して行うこともできる（住宅瑕疵担保履行法15条2項，10条2項）。よって，本肢は誤り。

❸ **誤** 宅建業者の主たる事務所の最寄りの供託所に供託する。

住宅販売瑕疵担保保証金の供託は，当該宅建業者の主たる事務所の最寄りの供託所にする（住宅瑕疵担保履行法11条6項）。当該住宅の最寄りの供託所に供託するのではない。よって，本肢は誤り。

❹ **正** 住宅の構造耐力上主要な部分等の瑕疵を担保する責任について買主に不利な特約は，無効となる（品確法95条2項）。住宅の構造耐力上主要な部分に瑕疵があっても売主が瑕疵担保責任を負わない旨の特約は，買主に不利な特約であり，当該特約は無効となる。したがって，当該特約があっても，宅建業者Aは，住宅の構造耐力上主要な部分の瑕疵について，住宅販売瑕疵担保保証金の供託又は住宅販売瑕疵担保責任保険契約の締結を行う義務を負う（住宅瑕疵担保履行法2条5項，11条1項，2項かっこ書）。よって，本肢は正しく，本問の正解肢となる。

問46 住宅金融支援機構法 解答②

合格者正解率	不合格者正解率	受験者正解率
94.5%	74.3%	88.6%

❶ **正** 機構は，子どもを育成する家庭もしくは高齢者の家庭（単身の世帯を含む。）

に適した良好な居住性能及び居住環境を有する賃貸住宅の建設に必要な資金の貸付けを業務として行っている（機構法13条1項8号）。よって，本肢は正しい。

❷ **誤** 新築住宅のみを対象とはしていない。

　証券化支援事業（買取型）において，買取りの対象は，自ら居住する住宅又は自ら居住する住宅以外の親族の居住の用に供する住宅についての貸付債権（機構業務方法書3条1号）であるが，新築住宅のみを対象とする旨の規定はない。したがって，買取りの対象となる貸付債権には，新築住宅のみならず中古住宅を購入するための貸付債権も含まれる。よって，本肢は誤りであり，本問の正解肢となる。

❸ **正** 機構は，証券化支援事業（買取型）において，ＺＥＨの基準に適合する住宅を取得する場合，借入金利を当初5年間は年0.5%，6年目から10年目までは年0.25%引き下げる制度を実施しており，また，省エネルギー性，耐震性，バリアフリー性，耐久性・可変性について，優れた性能を有する住宅を取得する場合，当初の5年間又は10年間の借入金利を0.25%引下げるといった制度を実施している（機構ホームページ）。よって，本肢は正しい。

❹ **正** 機構は，マンションの共用部分の改良に必要な資金の貸付けを業務として行っている（機構法13条1項7号）。よって，本肢は正しい。

問 47	景品表示法	解答 ❷	合格者正解率 81.3%	不合格者正解率 57.5%	受験者正解率 74.3%

❶ **誤** 取引する意思がない物件を広告に掲載すれば不当表示となる。

　物件は存在していても，実際には取引する意思がない物件に関する表示をしてはならない（表示規約21条3号）。したがって，実在するものであっても，実際には取引する意思がない物件を広告に掲載すれば不当表示となる。よって，本肢は誤り。

❷ **正** 物件から直線距離で50m以内に所在する街道であれば，その街道の名称を用いることができる（表示規約19条1項4号）。よって，本肢は正しく，本問の正解肢となる。なお，街道だけでなく，街道以外の道路の名称や坂の名称も同様である。

❸ **誤** 道路距離又は徒歩所要時間を明示して表示しなければならない。

　デパート，スーパーマーケット，コンビニエンスストア，商店等の商業施設は，現に利用できるものを物件からの道路距離又は徒歩所要時間を明示して表示しなければならない（表示規約規則9条31号）。自転車による所要時間を明示しておくことで，徒歩による所要時間を明示する必要がなくなる旨の規定は存在しない。よって，本肢は誤り。

❹ **誤** 「新発売」と表示することができる。

　一棟リノベーションマンションについて，一般消費者に対し，初めて購入の申込みの勧誘を行う場合は，「新発売」と表示することができる（表示規約18条1項2号）。よって，本肢は誤り。

問48 不動産の需給・統計 解答❶

合格者正解率	不合格者正解率	受験者正解率
43.1%	20.9%	36.5%

❶ **誤** 14万を超えていない。

　令和3年度宅地建物取引業法の施行状況調査（令和4年9月公表）によれば，令和4年3月末（令和3年度末）における宅地建物取引業者の全事業者数は128,597業者である。よって，「全事業者数は14万業者を超え」とする本肢は誤りであり，本問の正解肢となる。なお，「8年連続で増加した」とする点は正しい。

❷ **正** 令和5年地価公示（令和5年3月公表）によれば，令和4年1月以降の1年間の地価について，地方圏平均では，全用途平均，住宅地，商業地のいずれも2年連続で上昇し，上昇率が拡大した。工業地は6年連続で上昇し，上昇率が拡大した。よって，本肢は正しい。

❸ **正** 建築着工統計調査報告（令和4年計。令和5年1月公表）によれば，令和4年の民間非居住建築物の着工床面積は，前年と比較すると，工場及び倉庫は増加したが，事務所及び店舗が減少したため，全体で減少となった。よって，本肢は正しい。なお，事務所は514万㎡（前年比27.4％減，昨年の増加より再びの減少），店舗は415万㎡（同2.7％減，昨年の増加より再びの減少），工場は860万㎡（同27.4％増，2年連続の増加），倉庫は1,319万㎡（同1.3％増，3年連続の増加）であった。

❹ **正** 年次別法人企業統計調査（令和3年度。令和4年9月公表）によれば，令和3年度における不動産業の売上高営業利益率は11.1％と2年連続で前年度と比べ上昇し，売上高経常利益率も12.5％と2年連続で前年度と比べ上昇した。よって，本肢は正しい。

問49 土地 解答❷

合格者正解率	不合格者正解率	受験者正解率
95.5%	85.9%	92.7%

❶ **適当** 後背湿地とは，主に自然堤防や浜堤などの微高地の背後に形成された微低地をいう。自然堤防の後背湿地側の縁は，砂が緩く堆積していて，地下水位も浅い軟弱地盤であるため，地震動による地盤の液状化被害が生じやすい。よって，本肢は適当である。

❷ **最も不適当** 軟弱地盤では震動は大きくなる。

　軟弱層が厚く堆積している所では，軟弱地盤による地震動の増幅作用や共振作用などの影響で，震動は大きくなる。よって，本肢は最も不適当であり，本問の正解肢となる。

❸ **適当** 1923年の関東地震の際には，東京の不忍池から根津，駒込へと続く谷底低地や本郷台と淀橋台の間の谷底低地で多くの水道管や建物が被害を受けた。よって，本

肢は適当である。

❹ 適当 大都市の近郊の丘陵地では，丘を削り谷部に盛土し造成宅地が造られたが，盛土造成に際しては，地下水位を下げるため排水施設を設け，ローラーその他これに類する建設機械を用いて地盤を締め固める必要がある（盛土規制法 13 条 1 項，施行令 7 条 1 項 1 号参照）。よって，本肢は適当である。

問 50	建物	解答 ❸	合格者正解率	不合格者正解率	受験者正解率
			81.5%	71.4%	78.6%

❶ 適当 鉄筋コンクリート造は，「RC（Reinforced Concrete：補強されたコンクリート）造」と呼ばれる構造である。鉄筋コンクリート造は，鉄筋とコンクリートを組み合わせた構造を指し，地震や風の力を受けても，躯体の変形は比較的小さく，耐火性に富んだ構造である。よって，本肢は適当である。

❷ 適当 鉄筋コンクリート構造は，躯体の断面が大きく，コンクリートも鉄筋も重い材料なので建物の自重は大きくなる。よって，本肢は適当である。

❸ 最も不適当 異形棒鋼の方が優れている。

丸鋼とはリブや節と呼ばれるデコボコの突起を設けていない鉄筋のことであり，異形棒鋼とは表面にリブや節と呼ばれるデコボコの突起を設けている棒状の鉄筋のことである。丸鋼は表面がツルツルしているためコンクリートとの付着が乏しいが，異形棒鋼は表面がデコボコしているため丸鋼よりもコンクリートとの密着力や定着力に優れる。したがって，鉄筋とコンクリートを一体化するには，異形棒鋼の方が丸鋼より優れている。よって，本肢は最も不適当であり，本問の正解肢となる。

❹ 適当 鉄筋コンクリート構造は，コンクリートが固まって所定の強度が得られるまでに日数がかかる。また，やり直しがきかないため，窓や配管の施工といった現場での施工も，その都度ごとに入念なチェックを実施する必要があるため工事期間が長くなる。よって，本肢は適当である。

出る順宅建士シリーズ

2024年版 出る順宅建士 過去30年良問厳選模試

2020年 4 月20日　第 1 版　第 1 刷発行
2024年 3 月15日　第 5 版　第 1 刷発行

編著者●株式会社　東京リーガルマインド
　　　　LEC総合研究所　宅建士試験部

発行所●株式会社　東京リーガルマインド
　　　〒164-0001　東京都中野区中野4-11-10
　　　　　　　　　アーバンネット中野ビル
　　　LECコールセンター　☎ 0570-064-464
　　　　　　　　受付時間　平日9：30〜20：00/土・祝10：00〜19：00/日10：00〜18：00
　　　　　　　　※このナビダイヤルは通話料お客様ご負担となります。
　　　書店様専用受注センター　TEL 048-999-7581 / FAX 048-999-7591
　　　　　　　　受付時間　平日9：00〜17：00/土・日・祝休み
　　　www.lec-jp.com/

カバーデザイン●ブルーデザイン有限会社
印刷・製本●情報印刷株式会社

LEC宅建士 受験対策書籍のご案内

受験対策書籍の全ラインナップです。
学習進度に合わせてぜひご活用ください。

基礎からよくわかる！ 宅建士 合格のトリセツ シリーズ

法律初学者タイプ
・イチから始める方向け
・難しい法律用語が苦手

↓

★イラスト図解
★やさしい文章
★無料動画多数

基本テキスト
A5判 好評発売中

●フルカラー
●分野別3分冊
　＋別冊重要論点集
●インデックスシール
●無料講義動画45回分

【読者アンケート特典】
①キャラふせんセット
②スマホ対応一問一答DL

※キャラふせんセットは数に限りが
　ございます。

試験範囲を全網羅！ 出る順宅建士 シリーズ

万全合格タイプ
・学習の精度を上げたい
・完璧な試験対策をしたい

↓

★試験で重要な条文・
　判例を掲載
★LEC宅建士講座
　公式テキスト

合格テキスト
（全3巻）
❶権利関係
❷宅建業法
❸法令上の制限・税・その他

A5判 好評発売中

超速合格タイプ
・短期間で合格したい
・法改正に万全に備えたい

どこでも宅建士 とらの巻
A5判 2024年5月発刊

●暗記集『とらの子』付録

↓合格は問題集で決まる↓

─── OUTPUT ───

過去問題集
分野別なので弱点補強に最適

一問一答問題集
学習効果が高く効率学習ができる

直前対策
本試験の臨場感を自宅で体感

厳選分野別
過去問題集

A5判 好評発売中
- 分野別3分冊
- 全問収録本格アプリ
- 無料解説動画30回分
- 最新過去問DL

頻出一問一答式
過去問題集

A5判 好評発売中
- 分野別3分冊
- 全問収録本格アプリ
- 最新過去問DL

当たる!
直前予想模試

B5判 2024年6月発刊
- 無料解説動画4回分
- 最新過去問DL
- 無料採点サービス

ウォーク問
過去問題集(全3巻)

B6判 好評発売中
- 令和5年度試験問題・解説を全問収録

一問一答○×
1000肢問題集

新書判 好評発売中
- 赤シート対応
- 全問収録本格アプリ

過去30年良問厳選
模試 6回分 & 最新過去問

A5判 好評発売中
- セパレート問題冊子
- 最新過去問全問収録

要点整理本
読み上げ音声でいつでもどこでも要点をスイスイ暗記

逆解き式!
最重要ポイント555
B6判 2024年5月発刊
- 赤シート対応
- 読み上げ音声DL

※デザイン・内容・発刊予定等は、変更になる場合がございます。予めご了承ください。

基礎から万全!「合格のトレーニングメニュー」を完全網羅!

プレミアム合格フルコース <全78回>

スーパー合格講座 (34回×2.5h)	出た順必勝 総まとめ講座 (12回×2.5h)	とにかく6点アップ! 直前かけこみ講座 (2回×2h)
分野別! コレだけ演習 総まとめ講座 (3回×3.5h)	究極のポイント300 攻略講座 (3回×2h)	全日本宅建公開模試 基礎編(2回) 実戦編(3回)
マスター演習講座 (15回×2.5h)	試験に出るトコ 大予想会 (3回×2h)	ファイナル模試 (1回)

※講座名称は変更となる場合がございます。予めご了承ください。

受講形態

通学クラス　　　　**通信クラス**

● 各受講スタイルのメリット

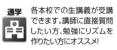
通学　各本校での生講義が受講できます。講師に直接質問したい方、勉強にリズムを作りたい方にオススメ!

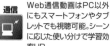
通信　Web通信動画はPC以外にもスマートフォンやタブレットでも視聴可能。シーンに応じた使い分けで学習効率UP。

内容　「スーパー合格講座」では合格に必要な重要必須知識を理解・定着させることを目標とします。講師が、難しい専門用語を極力使わず、具体例をもって分かりやすく説明します。「分野別! これだけ演習総まとめ講座」ではスーパー合格講座の分野終了時に演習を行いながら総まとめをします。WebまたはDVDでの提供となりますので進捗にあわせていつでもご覧いただけます。「マスター演習講座」では、スーパー合格講座で学んだ内容を、○×式の演習課題を実際に解きながら問題の解き方をマスターし、重要知識の定着をさらに進めていきます。「出た順必勝総まとめ講座」は、過去の本試験問題のうち、合格者の正答率の高い問題を題材にして、落としてはならない論点を実際に解きながら総復習します。最後に、「全日本公開模試・ファイナル模試」で本試験さながらの演習トレーニングを受けて、その後の直前講座で実力の総仕上げをします。

対象者　・初めて宅建の学習を始める方
　　　　　　・何を勉強すればよいか分からず不安な方

● 受講料

受講形態	一般価格(税込)
通信・Web動画+スマホ+音声DL	165,000円
通信・DVD	187,000円
通学・フォロー(Web動画+スマホ+音声DL)付	187,000円

詳細はLEC宅建サイトをご覧ください
⇒ https://www.lec-jp.com/takken/

学習経験者専用のインプットと圧倒的な演習量を備えるリベンジコース

学習経験者専用コース

再チャレンジ合格フルコース

全58回

合格ステップ完成講座 （10回×3h）	総合実戦答練 （3回×4h）	全日本宅建公開模試 ファイナル模試 （6回）
ハイレベル合格講座 （25回×3h）	直前バックアップ 総まとめ講座 （3回×3h）	免除科目スッキリ 対策講座 （2回×3h）
分野別ベーシック答練 （6回×3h）	過去問対策 ナビゲート講座 （2回×3h）	ラスト1週間の 重要ポイント見直し講座 （1回×3h）

※講座名称は変更となる場合がございます。予めご了承ください。

受講形態

通学クラス

フォロー

通学 ＋ Web通信（動画） ＋ or 音声ダウンロード / DVD

通信クラス

Web通信（動画） ＋ or 音声ダウンロード / DVD

● **各受講スタイルのメリット**

通学 各本校での生講義が受講できます。講師に直接質問したい方、勉強にリズムを作りたい方にオススメ！

通信 Web通信動画はPC以外にもスマートフォンやタブレットでも視聴可能。シーンに応じた使い分けで学習効率UP。

内容 「合格ステップ完成講座」で基本的なインプット事項をテンポよく短時間で確認します。さらに、「ハイレベル合格講座」と2種類の答練を並行学習することで最新の出題パターンと解法テクニックを習得します。さらに4肢択一600問（模試6回＋答練9回）という業界トップクラスの演習量があなたを合格に導きます。

対象者
・基礎から学びなおしてリベンジしたい方
・テキストの内容は覚えたのに過去問が解けない方

● **受講料**

受講形態	一般価格（税込）
通信・Web動画＋スマホ＋音声DL	154,000円
通信・DVD	176,000円
通学・フォロー（Web動画＋スマホ＋音声DL）付	176,000円

詳細はLEC宅建サイトをご覧ください
⇒ https://www.lec-jp.com/takken/

あなたの実力・弱点が明確にわかる！

公開模試・ファイナル模試成績表

ご希望の方のみ模試の成績表を送付します（有料）。

LECの成績表はココがすごい！

その①　正解率データが一目で分かる「総合成績表」で効率的に復習できる！
その②　自己分析ツールとしての「個人成績表」で弱点の発見ができる！
その③　復習重要度が一目で分かる「個人成績表」で重要問題を重点的に復習できる！

■総合成績表

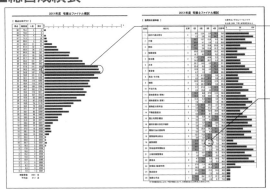

宅建士試験は競争試験です。
最も人数が多く分布している点数のおよそ2〜3点上が合格ラインとなります。
復習必要度aランクの肢はもちろん、合否を分けるbランクの肢も確実にしましょう。

ひっかけの肢である選択肢3を正解と判断した人が半数近くもいます。
ひっかけは正解肢よりも前にあることが多いです。早合点に注意しましょう。

■個人成績表

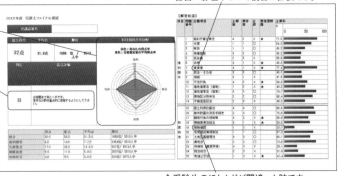

分野別の得点率が一目でわかるようにレーダーチャートになっています。

現時点での評価と、それを踏まえての今後の学習指針が示されます。

全受験生の6割以上が正解している肢です。合否に影響するので復習が必要です。

全受験生のほとんどが間違った肢です。合否には直接影響しません。深入りは禁物です。

講座及び受講料に関するお問い合わせは下記ナビダイヤルへ

LECコールセンター
☎0570-064-464　（平日9:30〜20:00　土・祝10:00〜19:00　日10:00〜18:00）

※このナビダイヤルは通話料お客様ご負担となります。
※固定電話・携帯電話共通（一部のPHS・IP電話からもご利用可能）。

2024 宅建実力診断模試

高い的中率を誇るLECの「宅建実力診断模試」を、お試し価格でご提供します。まだ学習の進んでいないこの時期の模試は、たくさん間違うことが目的。弱点を知り、夏以降の学習の指針にしてください。

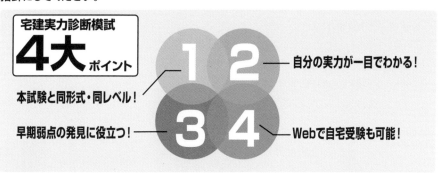

宅建実力診断模試 4大ポイント

1 本試験と同形式・同レベル！
2 自分の実力が一目でわかる！
3 早期弱点の発見に役立つ！
4 Webで自宅受験も可能！

ねらい 本試験で自分の力を十分に発揮するためには、本試験の雰囲気や時間配分に慣れる必要があります。LECの実力診断模試は、本試験と全く同じ形式で行われるだけでなく、その内容も本試験レベルのものとなっています。早い時期に本試験レベルの問題に触れることで弱点を発見し、自分の弱点を効率よく克服しましょう。

試験時間 **2時間(50問)**
本試験と同様に50問の問題を2時間で解いていただきます。試験終了後、詳細な解説冊子をお配り致します（Web解説の方はWeb上での閲覧のみとなります）。また、ご自宅でWeb解説（1時間）をご覧いただけます。

対象者 **2024年宅建士試験受験予定の全ての方**
早期に力試しをしたい方

● **実施スケジュール(予定)**
6/12(水)〜6/23(日)

スケジュール・受講料・実施校など詳細はLEC宅建ホームページをご覧下さい。

LEC宅建 [検索]

● **実施校(予定)**

新宿エルタワー・渋谷駅前・池袋・水道橋・立川・町田・横浜・千葉・大宮・梅田駅前・京都駅前・四条烏丸・神戸・難波駅前・福井南・札幌・仙台・静岡・名古屋駅前・富山・金沢・岡山・広島・福岡・長崎駅前・佐世保駅前・那覇

※現時点で実施が予定されているものです。実施校については変更の可能性がございます。
※実施曜日、実施時間については学校によって異なります。お申込み前に必ずお問合せください。

● **出題例**

実力診断模試

【問 31】 宅地建物取引業者Aが、Bの所有する宅地の売却の媒介の依頼を受け、Bと専属専任媒介契約（以下この問において「媒介契約」という。）を締結した場合に関する次の特約のうち、宅地建物取引業法の規定によれば、無効となるものはいくつあるか。
ア 媒介契約の有効期間を6週間とする旨の特約
イ Aがその業務の処理状況を5日定時に報告する旨の特約
ウ 媒介契約の有効期間が満了した場合、Bの更新拒絶の申出がなければ、媒介契約は自動的に更新したものとみなされるとする旨の特約
エ 当該宅地を国土交通大臣が指定する流通機構に登録しないこととする旨の特約
1 一つ
2 二つ
3 三つ
4 四つ

解答 2 （ア：有効、イ：有効、ウ：無効、エ：無効）

LEC宅建登録実務講習のご案内

登録実務講習実施機関登録番号(6)第2号

LECは業務を行うために必要な「宅建士証」の取得を応援します!

宅建登録実務講習とは

宅建登録実務講習とは、直近10年以内の実務経験が2年未満の方が宅地建物取引士登録をするために受講・修了が必要となる講習のことです。

試験合格から宅地建物取引士証交付までの流れ

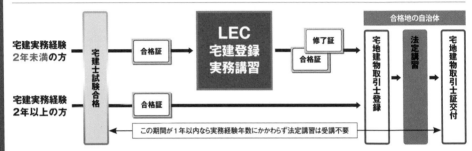

【LEC宅建登録実務講習の流れ】

【申込書入手方法】

申込書は下記の方法で入手可能です!
①https://personal.lec-jp.com/request/ より資料請求。
②お近くのLEC本校へ来校。
③LEC宅建登録実務講習ホームページよりPDFをプリントアウト。
④宅建講習専用ダイヤルへ問合せ。

スクーリングクラスには定員がございますので、お早めのお申込みをオススメします!

法定講習免除ルートで宅建士登録申請したい…

就職前の年度末までに修了証が欲しい…今から間に合う!?

ひとまずLECをあたってみる

2024 全日本宅建公開模試 全5回

多くの受験者数を誇るLECの全日本宅建公開模試。個人成績表で全国順位や偏差値、その時点での合格可能性が分かります。問題ごとに全受験生の正解率が出ますので、弱点を発見でき、その後の学習に活かせます。

基礎編（2回）　試験時間 2時間（50問）

内容 本試験の時期に近づけば近づくほど瑣末な知識に目が奪われがちなもの。そのような時期だからこそ、過去に繰り返し出題されている重要論点の再確認を意識的に行うことが大切になります。「基礎編」では、合格するために不可欠な重要論点の知識の穴を発見できるとともに、直前1ヶ月の学習の優先順位を教えてくれます。

対象者 全宅建受験生

実戦編（3回）　試験時間 2時間（50問）

内容 本試験と同じ2時間で50問解くことで、今まで培ってきた知識とテクニックが、確実に習得できているかどうかを最終チェックします。「実戦編」は可能な限り知識が重ならないように作られています。ですから、1回の公開模試につき200の知識（4肢×50問）、3回全て受けると600の知識の確認ができます。各問題の正解率データを駆使して効率的な復習をし、自分の弱点を効率よく克服しましょう。

対象者 全宅建受験生

● 開始スケジュール（一例）

			会場受験		
			水曜クラス	土曜クラス	日曜クラス
実施日	基礎編	第1回	7/24(水)	7/27(土)	7/28(日)
		第2回	8/ 7(水)	8/10(土)	8/11(日)
	実戦編	第1回	8/28(水)	8/31(土)	9/ 1(日)
		第2回	9/ 4(水)	9/ 7(土)	9/ 8(日)
		第3回	9/11(水)	9/14(土)	9/15(日)

※成績発表は、「Score Online(Web個人成績表)」にて行います。成績表の送付をご希望の方は、別途、成績表送付オプションをお申込みください。

● 実施校（予定）

新宿エルタワー・渋谷駅前・池袋・水道橋・立川・町田・横浜・千葉・大宮・新潟・梅田駅前・京都駅前・四条烏丸・神戸・難波駅前・福井南・札幌・仙台・静岡・名古屋駅前・富山・岡山・広島・山口・高松・福岡・那覇・金沢・松江殿町・長崎駅前・佐世保駅前

※現時点で実施が予定されているものです。実施校については変更の可能性がございます。
※実施曜日、実施時間については学校によって異なります。お申込み前に必ずお問合せください。

● 出題例

公開模試

> 【問 3】　Aの子BがAの代理人と偽って、Aの所有地についてCと売買契約を締結した場合に関する次の記述のうち、民法の規定及び判例によれば、誤っているものはどれか。
>
> 1　Cは、Bが代理権を有しないことを知っていた場合でも、Aに対し、追認するか否か催告することができる。
>
> 2　BがCとの間で売買契約を締結した後に、Bの死亡によりAが単独でBを相続した場合、Cは甲土地の所有権を当然に取得する。
>
> 3　AがBの無権代理行為を追認するまでの間は、Cは、Bが代理権を有しないことについて知らなかったのであれば、過失があっても、当該契約を取り消すことができる。
>
> 4　Aが追認も追認拒絶もしないまま死亡して、Bが単独でAを相続した場合、BはCに対し土地を引き渡さなければならない。

解答　2

■お電話での講座に関するお問い合わせ(平日9:30〜20:00　土・祝10:00〜19:00　日10:00〜18:00)

LECコールセンター ☎ **0570-064-464**
※このナビダイヤルは通話料お客様ご負担となります。
※固定電話・携帯電話共通(一部のPHS・IP電話からもご利用可能)。

2024 ファイナル模試 1回

本試験の約3週間前に実施するファイナル模試。受験者が最も多く、しかもハイレベルな受験生が数多く参加します。学習の完成度を最終確認するとともに、合格のイメージトレーニングをしましょう。

内 容 本試験直前に、毎年高い的中率を誇るLECの模試で、本試験対策の総まとめができる最後のチャンスです！例年、本試験直前期のファイナル模試は特に受験者も多く、しかもハイレベルな受験生が数多く結集します。実力者の中で今年の予想問題を解くことで、ご自身の本試験対策の完成度を最終確認し、合格をより確実なものにしましょう。

試験時間 **2時間**(50問)

対象者 **全宅建受験生**

● 実施スケジュール(一例)

	会場受験		
	水曜クラス	土曜クラス	日曜クラス
実施日	10/2(水)	10/5(土)	10/6(日)

※成績発表は、「ScoreOnline(Web個人成績表)」にて行います。成績表の送付をご希望の方は、別途、成績表送付オプションをお申込みください。
※自宅受験(Web解説)の場合、問題冊子・解説冊子・マークシート等の発送は一切ございません。Webページからご自身でプリントアウトした問題を見ながら、「Score Online」に解答入力をしてください。成績確認も「Score Online」になります。

● 実施校(予定)

新宿エルタワー・渋谷駅前・池袋・水道橋・立川・町田・横浜・千葉・大宮・新潟・梅田駅前・四条烏丸・京都駅前・神戸・難波駅前・福井南・札幌・仙台・静岡・名古屋駅前・富山・岡山・広島・山口・高松・福岡・那覇・金沢・松江殿町・長崎駅前・佐世保駅前

※現時点で実施が予定されているものです。実施校については変更の可能性がございます。
※実施曜日、実施時間については学校によって異なります。お申込み前に必ずお問合せください。

● 出題例

【問 19】 建築基準法(以下この間において「法」という。)に関する次のアからエまでの記述のうち、誤っているものの組合せはどれか。

ア 建築物が防火地域及び準防火地域にわたる場合においては、原則として、その全部について防火地域内の建築物に関する規定を適用する。

イ 公衆便所、巡査派出所その他これらに類する公益上必要な建築物は、特定行政庁の許可を受けずに道路内に建築することができる。

ウ 容積率を算定する上では、共同住宅の共用の廊下及び階段部分は、当該共同住宅の延べ面積の3分の1を限度として、当該共同住宅の延べ面積に算入しない。

エ 商業地域内にある建築物については、法第56条の2第1項の規定による日影規制は、適用されない。ただし、冬至日において日影規制の対象区域内の土地に日影を生じさせる、高さ10mを超える建築物については、この限りでない。

1 ア、イ
2 ア、エ
3 イ、ウ
4 ウ、エ

解答 3

■お電話での講座に関するお問い合わせ(平日9:30～20:00 土・祝10:00～19:00 日10:00～18:00)

LECコールセンター **0570-064-464** ※このナビダイヤルは通話料お客様ご負担となります。
※固定電話・携帯電話共通(一部のPHS・IP電話からもご利用可能)。

LEC Webサイト ▷▷▷ **www.lec-jp.com/**

情報盛りだくさん!

 資格を選ぶときも,
講座を選ぶときも,
最新情報でサポートします!

最新情報
各試験の試験日程や法改正情報, 対策講座, 模擬試験の最新情報を日々更新しています。

資料請求
講座案内など無料でお届けいたします。

受講・受験相談
メールでのご質問を随時受付けております。

よくある質問
LECのシステムから, 資格試験についてまで, よくある質問をまとめました。疑問を今すぐ解決したいなら, まずチェック!

書籍・問題集（LEC書籍部）
LECが出版している書籍・問題集・レジュメをこちらで紹介しています。

充実の動画コンテンツ!

 ガイダンスや講演会動画,
講義の無料試聴まで
Webで今すぐCheck!

動画視聴OK
パンフレットやWebサイトを見てもわかりづらいところを動画で説明。いつでもすぐに問題解決!

Web無料試聴
講座の第1回目を動画で無料試聴!気になる講義内容をすぐに確認できます。

LEC 全国学校案内

*講座のお問合せ，受講相談は最寄りのLEC各校へ

LEC本校

■ 北海道・東北

札　幌本校　☎011(210)5002
〒060-0004 北海道札幌市中央区北4条西5-1　アスティ45ビル

仙　台本校　☎022(380)7001
〒980-0022 宮城県仙台市青葉区五橋1-1-10　第二河北ビル

■ 関東

渋谷駅前本校　☎03(3464)5001
〒150-0043 東京都渋谷区道玄坂2-6-17　渋東シネタワー

池　袋本校　☎03(3984)5001
〒171-0022 東京都豊島区南池袋1-25-11　第15野萩ビル

水道橋本校　☎03(3265)5001
〒101-0061 東京都千代田区神田三崎町2-2-15　Daiwa三崎町ビル

新宿エルタワー本校　☎03(5325)6001
〒163-1518 東京都新宿区西新宿1-6-1　新宿エルタワー

早稲田本校　☎03(5155)5501
〒162-0045 東京都新宿区馬場下町62　三朝庵ビル

中　野本校　☎03(5913)6005
〒164-0001 東京都中野区中野4-11-10　アーバンネット中野ビル

立　川本校　☎042(524)5001
〒190-0012 東京都立川市曙町1-14-13　立川MKビル

町　田本校　☎042(709)0581
〒194-0013 東京都町田市原町田4-5-8　MIキューブ町田イースト

横　浜本校　☎045(311)5001
〒220-0004 神奈川県横浜市西区北幸2-4-3　北幸GM21ビル

千　葉本校　☎043(222)5009
〒260-0015 千葉県千葉市中央区富士見2-3-1　塚本大千葉ビル

大　宮本校　☎048(740)5501
〒330-0802 埼玉県さいたま市大宮区宮町1-24　大宮GSビル

■ 東海

名古屋駅前本校　☎052(586)5001
〒450-0002 愛知県名古屋市中村区名駅4-6-23　第三堀内ビル

静　岡本校　☎054(255)5001
〒420-0857 静岡県静岡市葵区御幸町3-21　ペガサート

■ 北陸

富　山本校　☎076(443)5810
〒930-0002 富山県富山市新富町2-4-25　カーニープレイス富山

■ 関西

梅田駅前本校　☎06(6374)5001
〒530-0013 大阪府大阪市北区茶屋町1-27　ABC-MART梅田ビル

難波駅前本校　☎06(6646)6911
〒556-0017 大阪府大阪市浪速区湊町1-4-1
大阪シティエアーミナルビル

京都駅前本校　☎075(353)9531
〒600-8216 京都府京都市下京区東洞院通七条下ル2丁目
東塩小路町680-2　木村食品ビル

四条烏丸本校　☎075(353)2531
〒600-8413　京都府京都市下京区烏丸通仏光寺下ル
大政所町680-1　第八長谷ビル

神　戸本校　☎078(325)0511
〒650-0021 兵庫県神戸市中央区三宮町1-1-2　三宮セントラルビル

■ 中国・四国

岡　山本校　☎086(227)5001
〒700-0901 岡山県岡山市北区本町10-22　本町ビル

広　島本校　☎082(511)7001
〒730-0011 広島県広島市中区基町11-13　合人社広島紙屋町アネクス

山　口本校　☎083(921)8911
〒753-0814 山口県山口市吉敷下東 3-4-7　リアライズⅢ

高　松本校　☎087(851)3411
〒760-0023 香川県高松市寿町2-4-20　高松センタービル

松　山本校　☎089(961)1333
〒790-0003 愛媛県松山市三番町7-13-13　ミツネビルディング

■ 九州・沖縄

福　岡本校　☎092(715)5001
〒810-0001 福岡県福岡市中央区天神4-4-11　天神ショッパーズ
福岡

那　覇本校　☎098(867)5001
〒902-0067 沖縄県那覇市安里2-9-10　丸姫産業第2ビル

■ EYE関西

EYE 大阪本校　☎06(7222)3655
〒530-0013　大阪府大阪市北区茶屋町1-27　ABC-MART梅田ビル

EYE 京都本校　☎075(353)2531
〒600-8413　京都府京都市下京区烏丸通仏光寺下ル
大政所町680-1　第八長谷ビル

【LEC公式サイト】www.lec-jp.com/

スマホから
簡単アクセス！

LEC提携校

＊提携校はLECとは別の経営母体が運営をしております。
＊提携校は実施講座およびサービスにおいてLECと異なる部分がございます。

■ 北海道・東北

八戸中央校【提携校】　☎0178(47)5011
〒031-0035　青森県八戸市寺横町13　第1朋友ビル　新教育センター内

弘前校【提携校】　☎0172(55)8831
〒036-8093　青森県弘前市城東中央1-5-2
まなびの森　弘前城東予備校内

秋田校【提携校】　☎018(863)9341
〒010-0964　秋田県秋田市八橋鯲沼町1-60
株式会社アキタシステムマネジメント内

■ 関東

水戸校【提携校】　☎029(297)6611
〒310-0912　茨城県水戸市見川2-3092-3

所沢校【提携校】　☎050(6865)6996
〒359-0037　埼玉県所沢市くすのき台3-18-4　所沢K・Sビル
合同会社LPエデュケーション内

東京駅八重洲口校【提携校】　☎03(3527)9304
〒103-0027　東京都中央区日本橋3-7-7　日本橋アーバンビル
グランデスク内

日本橋校【提携校】　☎03(6661)1188
〒103-0025　東京都中央区日本橋茅場町2-5-6　日本橋大江戸ビル
株式会社大江戸コンサルタント内

■ 東海

沼津校【提携校】　☎055(928)4621
〒410-0048　静岡県沼津市新宿町3-15　萩原ビル
M-netパソコンスクール沼津校内

■ 北陸

新潟校【提携校】　☎025(240)7781
〒950-0901　新潟県新潟市中央区弁天3-2-20　弁天501ビル
株式会社大江戸コンサルタント内

金沢校【提携校】　☎076(237)3925
〒920-8217　石川県金沢市近岡町845-1　株式会社アイ・アイ・ピー金沢内

福井南校【提携校】　☎0776(35)8230
〒918-8114　福井県福井市羽水2-701　株式会社ヒューマン・デザイン内

■ 関西

和歌山駅前校【提携校】　☎073(402)2888
〒640-8342　和歌山県和歌山市友田町2-145
KEG教育センタービル　株式会社KEGキャリア・アカデミー内

■ 中国・四国

松江殿町校【提携校】　☎0852(31)1661
〒690-0887　島根県松江市殿町517　アルファステイツ殿町
山路イングリッシュスクール内

岩国駅前校【提携校】　☎0827(23)7424
〒740-0018　山口県岩国市麻里布町1-3-3　岡村ビル　英光学院内

新居浜駅前校【提携校】　☎0897(32)5356
〒792-0812　愛媛県新居浜市坂井町2-3-8　パルティフジ新居浜駅前店内

■ 九州・沖縄

佐世保駅前校【提携校】　☎0956(22)8623
〒857-0862　長崎県佐世保市白南風町5-15　智翔館内

日野校【提携校】　☎0956(48)2239
〒858-0925　長崎県佐世保市椎木町336-1　智翔館日野校内

長崎駅前校【提携校】　☎095(895)5917
〒850-0057　長崎県長崎市大黒町10-10　KoKoRoビル
minatoコワーキングスペース内

沖縄プラザハウス校【提携校】　☎098(989)5909
〒904-0023　沖縄県沖縄市久保田3-1-11
プラザハウス　フェアモール　有限会社スキップヒューマンワーク内

※上記は2024年1月1日現在のものです。

書籍の訂正情報について

このたびは，弊社発行書籍をご購入いただき，誠にありがとうございます。
万が一誤りの箇所がございましたら，以下の方法にてご確認ください。

1 訂正情報の確認方法

書籍発行後に判明した訂正情報を順次掲載しております。
下記Webサイトよりご確認ください。

www.lec-jp.com/system/correct/

2 ご連絡方法

上記Webサイトに訂正情報の掲載がない場合は，下記Webサイトの
入力フォームよりご連絡ください。

lec.jp/system/soudan/web.html

フォームのご入力にあたりましては，「Web教材・サービスのご利用について」の
最下部の「ご質問内容」に下記事項をご記載ください。

> ・対象書籍名（○○年版，第○版の記載がある書籍は併せてご記載ください）
> ・ご指摘箇所（具体的にページ数と内容の記載をお願いいたします）

ご連絡期限は，次の改訂版の発行日までとさせていただきます。
また，改訂版を発行しない書籍は，販売終了日までとさせていただきます。

※上記「❷ご連絡方法」のフォームをご利用になれない場合は，①書籍名，②発行年月日，③ご指摘箇所，を記載の上，郵送にて下記送付先にご送付ください。確認した上で，内容理解の妨げとなる誤りについては，訂正情報として掲載させていただきます。なお，郵送でご連絡いただいた場合は個別に返信しておりません。

送付先：〒164-0001 東京都中野区中野4-11-10 アーバンネット中野ビル
株式会社東京リーガルマインド 出版部 訂正情報係

・誤りの箇所のご連絡以外の書籍の内容に関する質問は受け付けておりません。
　また，書籍の内容に関する解説，受験指導等は一切行っておりませんので，あらかじめ
　ご了承ください。
・お電話でのお問合せは受け付けておりません。

講座・資料のお問合せ・お申込み

LECコールセンター ☎ 0570-064-464

受付時間：平日9:30〜20:00/土・祝10:00〜19:00/日10:00〜18:00

※このナビダイヤルの通話料はお客様のご負担となります。
※このナビダイヤルは講座のお申込みや資料のご請求に関するお問合せ専用ですので，書籍の正誤に関
　するご質問をいただいた場合，上記「❷ご連絡方法」のフォームをご案内させていただきます。